UTB 2326

Eine Arbeitsgemeinschaft der Verlage

Beltz Verlag Weinheim · Basel
Böhlau Verlag Köln · Weimar · Wien
Verlag Barbara Budrich Opladen · Farmington Hills
facultas.wuv Wien
Wilhelm Fink München
A. Francke Verlag Tübingen und Basel
Haupt Verlag Bern · Stuttgart · Wien
Julius Klinkhardt Verlagsbuchhandlung Bad Heilbrunn
Lucius & Lucius Verlagsgesellschaft Stuttgart
Mohr Siebeck Tübingen
C. F. Müller Verlag Heidelberg
Orell Füssli Verlag Zürich
Verlag Recht und Wirtschaft Frankfurt am Main
Ernst Reinhardt Verlag München · Basel
Ferdinand Schöningh Paderborn · München · Wien · Zürich
Eugen Ulmer Verlag Stuttgart
UVK Verlagsgesellschaft Konstanz
Vandenhoeck & Ruprecht Göttingen
vdf Hochschulverlag AG an der ETH Zürich

CHRISTINA KRAUSE / BERND FITTKAU /
REINHARD FUHR / HEINZ-ULRICH THIEL
(HRSG.)

Pädagogische Beratung

Grundlagen und Praxisanwendung

FERDINAND SCHÖNINGH

Umschlagabbildung: dpa

Bibliografische Information der Deutschen Nationalbibliothek

Die Deutsche Nationalbibliothek verzeichnet diese Publikation in der Deutschen Nationalbibliografie; detaillierte bibliografische Daten sind im Internet über http://dnb.d-nb.de abrufbar.

Gedruckt auf umweltfreundlichem, chlorfrei gebleichtem Papier (mit 50 % Altpapieranteil)

© 2003 Verlag Ferdinand Schöningh, Paderborn
(Verlag Ferdinand Schöningh GmbH & Co. KG, Jühenplatz 1, D-33098 Paderborn)
ISBN 978-3-506-97025-1

Internet: www.schoeningh.de

Printed in Germany.
Herstellung: Ferdinand Schöningh, Paderborn
Einbandgestaltung: Atelier Reichert, Stuttgart

UTB-Bestellnummer: ISBN 978-3-8252-2326-7

Inhaltsverzeichnis

Vorwort

Wir, die Herausgeber dieses Bandes, haben vor einigen Jahren (1996) begonnen, gemeinsam eine Vorlesung zur »Pädagogischen Beratung« zu konzipieren und umzusetzen. Von Anbeginn an haben uns Kolleginnen und Kollegen aus der Praxis dabei unterstützt.

Diese konkrete Zusammenarbeit war und ist begleitet von Diskussionen zum Gegenstand »Pädagogische Beratung«, die bis heute nicht abgeschlossen sind. Diese Auseinandersetzung hat uns aber soweit geführt, dass die Idee zu diesem Buch über »Pädagogische Beratung« entstanden ist und wir anderen Fachkollegen und Fachkolleginnen sowie Studierenden der Pädagogik, der Sozialwissenschaften und des Lehramtes das Ergebnis vorlegen können. Wir möchten den Studierenden des häufig gewählten Schwerpunkts Beratung damit auch Mut machen, Beratung als Ausgangspunkt für ihre berufliche Weiterbildung ins Auge zu fassen und sich für ein eigenständiges Berufsfeld »Beratung« einzusetzen.

Noch vor wenigen Jahrzehnten war Beratung ein eher mitleidig betrachtetes Wissenschaftsgebiet und Praxisfeld, ein Abkömmling von Therapie, etwas für »Hilfspsychologen« oder »Halbqualifizierte«. Beraten, Rat-geben, zu- oder abraten meinte jeder zu kennen und zu können. Dies hat sich gewandelt: Beratung ist heute zu einer Notwendigkeit in vielen Lebensbereichen geworden, die professioneller Qualifikationen und differenzierter Kenntnisse im jeweiligen Anwendungsfeld bedarf. Pädagogische Beratung ist zu einem breiten Praxisfeld geworden und ist überall dort gefragt,

Zunehmende Professionalisierung von Beratung

- wo es Lehrende und Lernende gibt und jede Seite Hilfe braucht (z. B. Lernberatung, Schullaufbahnberatung, Berufsberatung, Bildungsberatung, Studienberatung, Supervision, Coaching, Gesundheitsberatung),
- wo Heranwachsende und Erwachsene miteinander agieren und systemisch aufeinander bezogen sind (z. B. Familienberatung, Erziehungsberatung, Schulberatung).

Praxisfelder

- wo in der gemeinsamen Tätigkeit die Koordinierung der Aktivitäten und Nutzung der Ressourcen des einzelnen für das Team und die Organisation im Vordergrund stehen (z. B. Teamentwicklungsberatung, kollegiale Supervision, Action Learning, Organisationsberatung).

Um diesen Anforderungen gerecht werden zu können, bedarf es kompetenter (pädagogischer) Berater und Beraterinnen, die flexibel, kontextbezogen und mit eigenständiger (Berater-)Identität auf die veränderten Erwartungen reagieren, und das immer mit einer Sichtweise, die sich durchaus von den Vorstellungen traditioneller Therapie oder Beratung unterscheiden kann. Bei der Standortbestimmung von Pädagogischer Beratung muss und darf es also nicht nur um Abgrenzung von Therapie und psychologischer Beratung gehen, sondern um sinnvolle Erweiterungen der Unterstützungsangebote durch interdisziplinäre, methodisch offene und auf die Bedürfnisse der Ratsuchenden zugeschnittene Konzepte. Die Autoren dieses Bandes, die alle über Erfahrungen in professioneller Beratungstätigkeit in verschiedenen Anwendungsfeldern verfügen, wollen mit ihren Beiträgen der Beratung als Wissenschaft und als Praxisfeld das ihr zustehende Gewicht geben.

Interdisziplinäre, methodisch offene und klientenorientierte Konzepte

Der Band gliedert sich in drei Teile: im ersten werden die *Grundlagen von Beratung* (Definition, Ziele, Beziehungsgestaltung, Phasen des Beratungsprozesses, Beratungskonzepte, Stellenwert von Diagnostik) skizziert, im zweiten wird *Beratung in verschiedenen Ausschnitten aus der Lebenswelt* dargestellt (Gesundheit, Schule, Studium, Familie), und im dritten Teil geht es um *Beratung, die in der Berufs- und Arbeitswelt* angesiedelt ist.

Struktur und Inhalte des Bandes

Der erste Beitrag von Christina Krause will zunächst die Frage, *was Beratung ist und leisten kann,* beantworten. Die Aktualität von Beratung wird aus den veränderten Lebensbedingungen der Menschen in der modernen risikoreichen Welt hergeleitet, und neuere Entwicklungen auf dem Helfermarkt werden aufgezeigt.

In diesem und auch in den folgenden Beiträgen des ersten Teiles wird versucht, zum einen die Verwurzelung der Beratungsarbeit in traditionellen Konzepten und zum anderen neuere Tendenzen, die vor allem durch Spezialisierung und Vertiefung entstehen, aufzuzeigen.

Beratungsbegriff

Reinhard Fuhr widmet seinen Beitrag der Analyse von *Beziehungen,* deren Bedeutsamkeit für pädagogische Praxis nicht in Frage steht, die aber kaum hinreichend erforscht sind. Er setzt sich mit dem Beziehungsbegriff auseinander, geht auf die Besonderheiten von Beratungsbeziehungen in verschiedenen Beratungsansätzen und Anwendungsfeldern ein und diskutiert schließlich die Frage, ob und wie Beziehungskompetenz erlernbar ist.

Beziehung

Bernd Fittkau erörtert das Problem der *Diagnostik* im Beratungssetting und zeigt den Weg vom klinisch zum pädagogisch orientierten, vom defizitorientierten zum ressourcenaktivierenden Diagnostizieren auf. Mit Hilfe vieler Beispiele werden Diagnosezeitpunkte im Beratungsprozess und mögliche Diagnoseinstrumente für Pädagogische Beratung erörtert.

Diagnostik

Am Beispiel »Angst in Seminarsituationen« illustriert Heinz-Ulrich
Thiel die *Phasen* des Beratungsprozesses. Als Basismodell dient
ihm dabei ein aus der empirisch fundierten Problemlöse- und
Denkpsychologie stammendes Phasenkonzept. Ein nach Teilschritten ablaufender, insgesamt aber zyklischer Problemlöseprozess
wird in seinen Konsequenzen aufgezeigt.

Im folgenden Beitrag versuchen die vier Herausgeber des Buches die grundsätzlichen Herangehensweisen traditioneller ebenso
wie neuerer *Beratungsansätze* im Überblick darzustellen. Reinhard Fuhr bietet zunächst das Quadrantenmodell des Philosophen Ken Wilber als *Orientierungsmodell* an und diskutiert die
Möglichkeit der Einordnung der bekanntesten Beratungsansätze
nach diesem Modell. *Pädagogische* Beratung müsste diesem Modell entsprechend alle vier Perspektiven des Quadrantenmodells
berücksichtigen und als gleichwertig betrachten.

Es folgen kürzere und überblicksmäßig gestaltete Beiträge zur
tiefenpsychologisch-psychoanalytischen Beratungstradition (Fittkau) zum *humanistisch-psychologischen* Beratungsansatz (Fuhr)
zum *behavioristischen* (Thiel) und zum *systemischen* (Krause).
Außer diesen Grundausrichtungen, die auch durch gängige Weiterbildungsangebote bestimmt sind, werden noch der *lösungsorientierte* (Thiel) und der *ressourcenaktivierende* Ansatz (Fittkau)
vorgestellt.

Am Anfang des zweiten Teiles zur Beratung in Lebenswelten
steht der Beitrag von Erika Voigt über *Schulberatung* für die
Schule als Organisation und für die in ihr Lehrenden und Lernenden. Sie geht der Frage nach, wer Beratung in der Schule wie
wahrnimmt. Auch die Problematik, die Beratung in diesem Feld
mit sich bringt, kommt zur Sprache

Der systemische Beratungsansatz wird von Christina Krause am
Beispiel der *Familienberatung* skizziert. Sie stellt auch die wesentlichen für die verschiedenen systemischen Schulen gleichermaßen geltenden Techniken und Interventionen dar.

Die *Gesundheitsberatung*, die danach ebenfalls von Christina
Krause vorgestellt wird, ist ein relativ neues Feld der pädagogischen Beratung. Die Autorin stellt ein Projekt zur Gesundheitsförderung von Kindern vor, das sich präventiv auf die Entwicklung
und Förderung von Ressourcen aller Beteiligten bezieht. Außerdem zielt dieses Projekt darauf, die Lehrerinnen der beteiligten
Grundschulen zu befähigen, ihren Schülern und Schülerinnen vor
allem als Beraterinnen zu begegnen.

Katrin Hille berichtet als Mitarbeiterin eines *Frauen-Notrufs*
über die Erfahrungen in der Beratung von Frauen und Kindern,

Phasen

Beratungsansätze

Anwendungsfelder
und Beratungskonzepte

die unter sexueller Gewalt gelitten haben. An Fallbeispielen wird die Notwendigkeit zur flexiblen Arbeitsweise der Beraterinnen in diesem Feld verdeutlicht.

Die beiden folgenden Beiträge beschäftigen sich mit der Beratung für Studierende. Juliane Just-Nietfeld und Bodo Kayser berichten über die Intentionen und Vorgehensweisen in der *Allgemeinen Studienberatung.* Die Beratungsbedürfnisse von Studierenden und der daraus formulierte Beratungsauftrag sowie dessen Erfüllung werden an einem Fallbeispiel verdeutlicht.

Annet Göhmann-Ebel bezieht sich in ihrer Darstellung vor allem auf die problematische Situation der Studierenden an den (Massen-)Universitäten in Deutschland und skizziert die sich daraus ergebenden *psychosozialen Probleme,* mit denen die Mitarbeiterinnen einer universitären Psychosozialen Beratungsstelle konfrontiert werden.

Der dritte Teil des Buches beginnt mit *beruflicher Beratung.* Hubert Haas gibt einen detaillierten Einblick in die historische und aktuelle Entwicklung von Arbeit, Arbeitsmarkt und Berufsberatung, skizziert Anforderungen an Berufsberater und diskutiert das neue Verständnis von Arbeit im Zusammenhang mit den veränderten Zielen von Berufsberatung.

Beratung in der Berufs- und Arbeitswelt

Reinhard Fuhr führt mit Jochen Kampmeier ein Gespräch über *Beratung in der freien Erwachsenenbildung.* Es wird deutlich, dass Beratung hier sehr stark eingebunden ist in die pädagogische Arbeit und vor allem Anregungen zur kritischen Reflexion der ErwachsenenbildnerInnen/BeraterInnen und der Lernenden gibt.

Im folgenden Beitrag stellt Reinhard Fuhr am Beispiel der Praxisberatung für Lehrende den humanistisch-pädagogischen Ansatz der *Gestalt-Supervision* dar. Er erläutert die Akzentsetzung und Vorgehensweise dieser Art von verstehensorientierter Beratung an einem konkreten Fallbeispiel und arbeitet dabei die Grundprinzipien des Gestalt-Ansatzes heraus.

Um *Supervision* geht es auch in dem Beitrag von Heinz-Ulrich Thiel. Er stellt außerdem *Coaching* als eine besondere Form von Supervision vor.

Bernd Fittkau und Heinz-Ulrich Thiel beschäftigen sich in den letzten beiden Beiträgen mit *Teamentwicklungs-* und *Organisationsberatung* und führen schließlich das *Action Learning* ein.

Dieser Band spiegelt unseres Erachtens die Vielfalt gegenwärtiger Beratungsverständnisse ebenso wider wie die teilweise sehr unterschiedlichen Akzentuierungen und Vorgehensweisen der Beratenden. Insgesamt jedoch verstehen wir ihn als einen Beitrag zur Erweiterung und Vertiefung des Verständnisses von Beratung.

»Pädagogische« Beratung

Das gemeinsame Anliegen der Autoren und Autorinnen war und ist es, die Notwendigkeiten und Möglichkeiten Pädagogischer Beratung als einer spezifischen Form professioneller Beratung herauszuarbeiten, um einen Beitrag zu ihrer Verankerung in den verschiedensten Anwendungsfeldern leisten zu können.

Göttingen, Frühjahr 2002
Christina Krause, Bernd Fittkau, Reinhard Fuhr,
Heinz-Ulrich Thiel

Teil I:

Grundfragen von Beratung

Pädagogische Beratung: Was ist, was soll, was kann Beratung?

Christina Krause

Beratung als zentraler Bestandteil pädagogischer Arbeit

Beratung ist alltäglicher Bestandteil unserer zwischenmenschlichen Interaktionen und wird mehr oder weniger hilfreich ausgeführt. Sie ist heute aber auch eines der am meisten entwickelten und vielfältigsten professionellen Hilfeangebote und ist besonders gut etabliert im medizinischen und psychologischen Arbeitsfeld. Außerdem wird Beratung immer mehr als zentraler Bestandteil pädagogischer Arbeit verstanden. Huschke-Rhein (1998) fordert sogar, dass das Erlernen von Beratungsmethoden und Beratungstechniken in der Pädagogikausbildung so selbstverständlich sein sollte, »wie es einmal das Erlernen von Lesen, Schreiben und Rechnen war« (S. 26). Er begründet es damit, dass richtig verstandene pädagogische Tätigkeit Hilfe zur Selbstorganisation ist und dem sich entwickelnden Individuum nur Impulse für seine Selbstentwicklung geben kann, Erzieher und Erzieherinnen letztlich also nur BeraterInnenfunktion ausüben.

Die Genese von Beratung, die in Deutschland in den zwanziger Jahren begann und zur Einrichtung von Beratungsstellen (Erziehungs- und Studentenberatungsstellen), zur Einrichtung von Sonderdiensten (Gesundheitsberatung der Krankenkassen, Berufsberatung beim Arbeitsamt) oder auch zu zusätzlichen Qualifikationen für einzelne Berufsgruppen (Beratungslehrer, Gesundheitsberater) führte, war immer mit gesellschaftlichen Konflikten und Verteilungskämpfen verknüpft. Eine eigenständige konzeptionelle Identität konnte sie dabei bis heute nicht entwickeln (Nestmann 1997). Bemerkenswert und eben auch wieder mit gesellschaftlichen Zwängen verbunden sind die gegenwärtigen Aktivitäten von Wissenschaft und Praxis, um dieses Defizit aufzuarbeiten. Das ist u.a. daran fest zu machen, dass in den letzten Jahren Publikationen zur Beratung erschienen sind, die den Versuch unternehmen, Beratung als professionelle Hilfeleistung für Rat Suchende zu definieren und sie neben der Psychotherapie als selbstständige Disziplin zu begründen.[1] Es ist auch daran zu erkennen, dass neben der Psychoanalyse und Verhaltenstherapie – den lt. »Psychotherapeutengesetz« zulässigen Therapieformen – eine Vielzahl von sich bewährenden anderen Formen therapeutischer oder beraterischer Hilfe entstanden ist. Wie immer ist die Lebenspraxis den gültigen gesetzlichen Bestimmungen weit voraus geeilt, die Bedürfnisse der Menschen haben die Entwicklung neuer, anderer, vielleicht auch effektiverer Ansätze vorangetrieben.

Supervision, Coaching, Mediation, Mobbingberatung, Mentoring, Kommunikationstraining, Gesundheitsförderung – das sind einige Beispiele aus der Liste der Angebote für spezifische Bedürfnisse von Hilfe. Diese Leistungen werden von Personen unterschiedlicher Berufsgruppen angeboten, unter ihnen nicht wenige Absolventen und Absolventinnen pädagogischer und erziehungswissenschaftlicher Studiengänge.

Beratung – Therapie – Erziehung

Beratung ist de facto neben Therapie präsent, auch wenn die Bezeichnungen (s. oben) schillernd sind und – vielleicht gewollt – nicht als Beratung zu erkennen sind. Es kann aber auch an der Unklarheit darüber, wie Beratung von anderen Hilfeleistungen abgegrenzt werden kann und ob ihr bei all ihrer Vielfältigkeit auch spezifische Aufgaben zugeordnet werden können, liegen.

Definitions- und Abgrenzungsprobleme

So wurde und wird Beratung

• unter Erziehung subsumiert; Mollenhauer (1965) sprach von Beratung als »fruchtbarer Moment im Erziehungsprozeß« (S.35),
• als »verdünnte Psychotherapie« abgetan; Bommert und Plessen (1978) gingen von der Synonymität der Begriffe »Psychotherapie« und »Beratung« aus, eine Unterscheidung gebe es höchstens auf der Grundlage der Interventionsdauer,
• als weniger professionelle Hilfe gesehen; Cohen (1990) unterschied Beratung von Therapie dadurch, dass BeraterInnen weniger qualifiziert seien, dass Beratung kürzer und mehr informativ sei,
• als Tätigkeit mit einem »Mittecharakter« – zwischen Erziehung und Therapie sich befindend – erklärt (Dietrich 1983).

---

[1] vgl. zum Beispiel:
Dewe, B. & Scherr, A. (1989): Beratung und Beratungskommunikation. In: Neue Praxis, H.6, 488-500.
Nestmann, F. (Hrsg.) (1997): Beratung. Bausteine für eine interdisziplinäre Wissenschaft und Praxis. Tübingen: DGVT-Verlag.
Sickendieck,U., Engel,F. & Nestmann,F. (1999): Beratung. Weinheim: Juventa.

Die Abgrenzung der Beratung von Erziehung und Therapie ist sicherlich möglich, denn jede dieser Tätigkeiten hat ihre spezifischen Ziele. Trotzdem sind die Übergänge fließend und Überschneidungen offensichtlich (vgl. Schmitz 1983). Im Mittelpunkt steht immer die psychische Entwicklung des Menschen, deren Förderung und die Hilfe bei Problemen. Letzteres – Hilfe bei Problemen – ist zwar eher ein Kennzeichen von Beratung und Therapie, jedoch kann das auch Erziehung leisten, zumindest präventiv. Verstehen sich Pädagogen und Pädagoginnen in ihrem Erziehungshandeln eher als Helfer und Helferinnen bei der Entwicklung der jungen Menschen, vertrauen sie als Berater und Beraterinnen auf die Selbsthilfekräfte von Individuen, Gruppen und Institutionen und begleiten diese auf dem Wege zur Selbsterziehung, Selbstbestimmung und –steuerung, dann wird auch die Grenze zwischen Erziehung und Beratung immer durchlässiger.

Pädagogik als Beratungswissenschaft – das ist eine Definition von Pädagogik, die noch neu und ungewohnt ist, und dementsprechend befindet sich auch die wissenschaftliche Auseinandersetzung mit solchem Verständnis von Pädagogik am Anfang. Mollenhauer hat schon 1965 darauf hingewiesen, dass im »schwierigen Geschäft« der Erziehung in modernen Gesellschaften die tradierte Erziehungspraxis nicht mehr ausreicht und das Beraten als »charakteristischer Bestandteil der Tätigkeit des Pädagogen« verstanden werden sollte (Mollenhauer 1965, S. 58). Heute – 30 Jahre später – ist die Diskussion um das »genuin Pädagogische« im Handlungsfeld Beratung oder um das »genuin Beraterische« im Handlungsfeld Erziehung noch immer oder wieder – jetzt besonders unter dem Konkurrenzdruck vielfältiger Beratungsangebote, die von unterschiedlichen Berufsgruppen besetzt werden – aktuell. Wir wollen uns mit diesem Buch daran beteiligen.

Im ersten Beitrag soll es zunächst um den Versuch einer wissenschaftssystematischen Einordnung von Beratung, der gesellschaftlichen Begründung der Aktualität des Themas, der Definition des Begriffes Beratung und Spezifizierung von »Pädagogischer Beratung« gehen.

Neues Verständnis von Pädagogik

Wissenschaftssystematische Einordnung

In dem Buch »Psychosoziale Beratung« (hrsg. von Beck, Brückner & Thiel 1991) versucht Beck, den Standort von Beratung innerhalb der relevanten Wissenschaften zu bestimmen. Die Abbildung 1 macht deutlich, wie er die Beziehung zwischen den verschiedenen Wissenschaftsdisziplinen versteht.

Es wird gezeigt, dass
- die Pädagogische Psychologie den Status einer »Grenzprovinz« (Shulman 1981) hat:

> »In bezug auf die Nation Psychologie ist die Pädagogische Psychologie eine Grenzprovinz. Sie liegt am Rande des großen Staates, und ihr Wesen spiegelt alle Vor- und Nachteile von Grenzprovinzen wider. Die Pädagogische Psychologie hat eine lange Grenze gemein mit der angrenzenden Nation Pädagogik, einer lockeren Konföderation von sich oft bekriegenden, selten kooperativen Staaten. [...]. Für die pädagogischen Muttersprachler ist der Jargon der Pädagogischen Psychologie fremdartig und theoretisch, fürs praktische Geschäft der Erziehung nicht zu gebrauchen. Den Psychologen andererseits scheint das Dialektgemisch der Pädagogischen Psychologen unsauber und ohne Eleganz (zitiert in Beck 1991).

- Beratung ein wichtiges Teilgebiet der Pädagogischen Psychologie ist und
- Beratung mit der Psychotherapie und der Sozialarbeit kooperiert.

Insgesamt wird deutlich, dass Beratung Kooperation verschiedener Berufsgruppen verlangt und fördert. Zunehmend wird Präventiv-

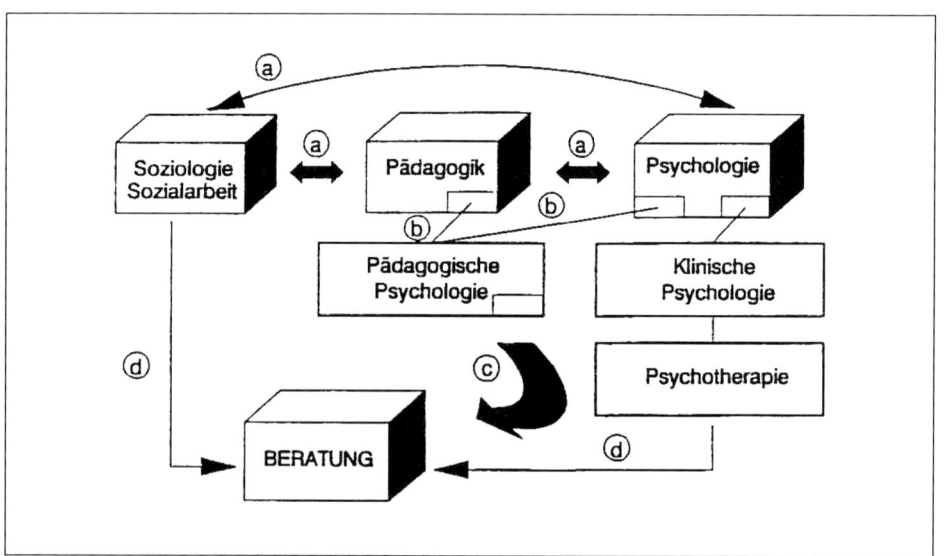

Abb. 1: Beziehungen zwischen Beratung und einschlägigen Wissenschafts-(sub)disziplinen (aus Beck u.a. 1991, 40)

Beratung nicht mehr ausschließlich von Individuen, sondern auch von Institutionen bzw. Organisationen beansprucht.

Die Pädagogik steht in dieser Abbildung gleichwertig neben der Sozialarbeit und der Psychologie, gemeinsam mit der Psychologie nutzt sie die Pädagogische Psychologie als angewandte Wissenschaft für die theoretische Begründung von Beratung.

Die Schwierigkeit der Formulierung einer eigenständigen Beratungstheorie hängt neben dem bereits Gesagten auch damit zusammen, dass Beratung multidimensional und interdisziplinär ist, dass sie in vielen Lebensbereichen angesiedelt ist und dass sie kontextbezogene gesellschaftliche und institutionelle Veränderungsprozesse aufgreift. Jedes noch so gut theoretisch begründete Handlungskonzept unterliegt selbst den Veränderungsprozessen, was ein hohes Maß an Flexibilität der Berater und Beraterinnen verlangt. Die gesellschaftlichen Veränderungen, die gegenwärtig neue Diskussionen um Beratung entfacht haben, sollen im folgenden kurz benannt werden.

Gesellschaftliche Veränderungen und neue Aktualität von Beratung

Worauf ist der »Beratungsboom«, der in den letzten Jahrzehnten des vergangenen Jahrtausends einsetzte (vgl. Schönig/Brunner 1990), zurück zu führen?

Am häufigsten wird bei der Beantwortung dieser Frage auf die *Prozesse der Individualisierung und Pluralisierung* der Lebenswelten verwiesen.

Es geht dabei um Folgendes: Die zunehmende Komplexität der Gesellschaft erzeugt einen ständigen Zuwachs an Informationen, an Wahlmöglichkeiten, an vielfältigen Angeboten zur Lebensgestaltung. In diesem Prozess sind aber auch die verlässlichen Stützsysteme, Werte, Normen und identitätsbildenden Entwicklungsaufgaben Veränderungen unterworfen.

zunehmende Komplexität der Gesellschaft

Die familialen Lebensbedingungen sind durch einen raschen Wandel gekennzeichnet, erzieherische Institutionen wie Schule und Familie haben nicht mehr die Stützfunktion, die den Heranwachsenden die Orientierung und Identitätsbildung erleichtert, sondern werden zunehmend durch Einflüsse außerhalb dieser traditionellen Institutionen, wie zum Beispiel die Welt der Medien, ersetzt bzw. ergänzt. Staatliche Institutionen tragen das ihrige dazu bei, dem Bürger seine Beratungs-Bedürftigkeit deutlich zu machen. Wer schafft es schon, seine Steuerabrechnung ohne Steuerberater zu machen oder sein Recht ohne Rechtsberatung wahrnehmen zu können!

Wandel der erzieherischen Institutionen

Diese gesellschaftlichen Entwicklungen bedeuten für die Individuen Freisetzungsprozesse (Chancen, vielfältige Möglichkeiten) einerseits und Risiken sowie Verunsicherungen andererseits. Der Spielraum für eigene Entscheidungen wird größer, das Wahrnehmen von Eigenverantwortung und die selbstständige Ausgestaltung der Freiräume stellt natürlich auch ganz andere Anforderungen an den Einzelnen. Man muss wohl nicht allzu lange suchen, um die recht unterschiedliche Bewältigung dieser Herausforderung und deren Auswirkungen zu sehen. Die Ressourcen zur Nutzung der Chancen sind an ökonomische, soziale und personale Voraussetzungen geknüpft. Diese wiederum sind nicht gleichermaßen vorhanden und eher sehr unterschiedlich verteilt. Denken wir nur an ältere Menschen, an Langzeitarbeitslose, an Behinderte, an in Armut aufwachsende Kinder!

Für die Erarbeitung von Lebensplänen, für die Nutzung der Spielräume und die Gestaltung der eigenen Biografie sind entsprechende Kompetenzen notwendig, die in der gegenwärtigen Erziehungspraxis kaum angezielt werden.

Die zunehmende Spaltung der Gesellschaft in Modernierungsgewinner und Modernierungsverlierer ist so als Folge dieser unterschiedlichen Möglichkeiten zur Nutzung der vorhandenen Entwicklungschancen zu verstehen. Es handelt sich dabei immer um das Insgesamt der Ressourcen und es wäre deshalb sehr verkürzt gedacht, wenn allein die personalen Ressourcen bzw. Kompetenzen verantwortlich gemacht werden. Im pädagogischen Zusammenhang interessiert uns natürlich besonders die Frage, welche individuellen Ressourcen entwickelt (z. B. durch Erziehung) und gestärkt bzw. wiederhergestellt werden sollten und könnten (z. B. durch Beratung).

Die deutsche Wiedervereinigung hat diese Problematik der Spaltung in Verlierer und Gewinner verschärft und sehr anschaulich gemacht. Die von vielen Menschen ersehnte Wiedervereinigung fiel in eine Zeit zunehmender ökonomischer und ökologischer Krisenentwicklung, die natürlich eine Folge der kapitalistischen Marktwirtschaft war (und nicht etwa der Wiedervereinigung, wie es einige Politiker allzu gern interpretieren wollten). Für viele Menschen in den neuen Bundesländern hatte dieser Anschluss an den anderen Teil des Landes aber auch schlimme Folgen. Sie mussten die neuen Spielräume und Anforderungen in allen Lebensbereichen und die damit verbundene Existenzgefährdung ohne Vorwarnung und ohne Aufschub verkraften und hatten wenig Ressourcen zur Verfügung (z.B. auch wenig Möglichkeiten der Inanspruchnahme von Beratungsdiensten). Das hat nicht wenige von ihnen zu Modernisierungsverlierern werden lassen. Es gibt eine Reihe von Symptomen, die dies relativ deutlich zeigten: Sprunghafter Anstieg von Suiziden, Rückgang von Geburten um 50%, Zunahme von Kriminalität, Rechtsextremismus und psychischen Krankheiten, Verschuldung, etc.

Inzwischen ist der »deutsche« Blick wieder etwas ungetrübter, und es können die Folgen der o.g. gesellschaftlichen Entwicklung nicht mehr übersehen werden.

Hilfe bei Problemen der Orientierung und Entscheidung ist mehr denn je gefragt und definiert die zentralen Herausforderungen an Beratung. Die Diskussion um Beratung wird ganz aktuell noch durch neue Verteilungskämpfe auf dem »Helfermarkt« angeheizt. Eben erst haben die psychologischen Therapeuten mit dem endlich zustande gekommenen Psychotherapeutengesetz einen Erfolg gegen die Mediziner errungen, da tut sich ein Konflikt zwischen Therapeuten und Beratern auf. Die Vorstellungen darüber, wer Hilfe zur Bewältigung der oben beschriebenen Anforderungen braucht und wie diese Hilfe zukünftig aussehen muss (weil sie so angefordert wird), gehen inzwischen weit auseinander. Der Personenkreis, den psychologische Therapeuten und Therapeutinnen behandeln können (und wollen?), ist nur ein minimaler Prozentsatz der Hilfebedürftigen. Die Modernisierungsverlierer, für die sich die Pluralisierung des Lebens in Arbeitslosigkeit, in Armut, Obdach- und Chancenlosigkeit, in Gewalterfahrungen, in Kontrollverlust, in Angst und Heimatlosigkeit manifestiert, sind wohl eher selten auf der »roten Couch« zu finden. Das hängt offensichtlich auch damit zusammen, dass sich die Psychotherapie im Rahmen der Klinischen Psychologie etabliert hat und inzwischen den Bezug zu den realen gesellschaftlichen Vorgängen und zu den Lebenskontexten ihrer Patienten und Patientinnen verloren hat. Es gibt heute aber schon eine Reihe von ganz konkreten Beratungsangeboten, die genau das tun, nämlich die Rat Suchenden in ihrer Lebenswelt und in ihrem Alltag kennen und beraten.

Es ist also offensichtlich so, dass die Psychotherapie eine Neudefinition nötig hat. Fiedler fordert z. B. in Heft 2 des Jahres 2000 der Zeitschrift »Verhaltenstherapie & Psychosoziale Praxis«: »Psychotherapeuten sollten fachkundige Beratung von Patienten oder Netzwerkintervention nicht anderen Professionen überlassen! Professionelle Patientenberatung, Patientenschulung und Patientensupervision sind für viele Probleme, die Menschen in der Gegenwartsgesellschaft haben, hochgradig interessante ›Therapieansätze‹« (S.227)

Sowohl der Handlungsrahmen von Beratung als auch der beratungsbedürftige Personenkreis ist heute bereits breiter als der von

*Verteilungs-
kämpfe auf dem
Helfermarkt*

Psychotherapie und zum Teil auch fest etabliert. Die Erkenntnis, dass Beratung »völlig neue Gestaltungsspielräume« eröffnet und die »aktive Partizipation des Therapeuten an der Neugestaltung von Lebenslagen« (ebd. S. 228) ermöglicht, ist nicht neu und wird in vielen Beratungskontexten schon längst realisiert. Im Bereich von Bildung und Erziehung zum Beispiel ist Beratung zu einer notwendigen und nicht mehr weg zu denkenden Form von Hilfe für Rat Suchende geworden. Aber auch für Menschen, die unter Mobbing leiden, für Probleme bei Scheidung, in Konfliktsituationen zur Kriseninvention und in dem großen Bereich der Prävention und Gesundheitsförderung gibt es gegenwärtig schon eine Palette von Beratungsangeboten.

Beratung ist Alternative zur Therapie

Darum wird es vor allem die Beratung sein, die sich ihrer Rolle als Angebot für alle – auch für die sozial Schwachen – zur Unterstützung bei der Bewältigung der alltäglichen Risiken bewusster als bisher werden muss und zwar nicht im Schlepptau von Therapie, sondern als Alternative und mit anderen Zielstellungen.

Versuchen wir im folgenden eine Klärung des Beratungsbegriffs.

Was ist Beratung?

Die in Kasten 1 vorgestellten Definitionen von Beratung verdeutlichen die wesentlichen Elemente, die Beratung kennzeichnen.

Drei Beispiele klassischer Definition von Beratung (Hervorhebungen von C.K.)

Dietrich (1983):

»*Beratung ist* in ihrem Kern *jene Form einer* interventiven und präventiven helfenden *Beziehung, in der ein Berater* mittels sprachlicher Kommunikation und auf der Grundlage anregender und stützender Methoden innerhalb eines vergleichsweise kurzen Zeitraums *versucht, bei einem* desorientierten, inadäquat belasteten oder entlasteten *Klienten einen* auf kognitiv-emotionale Einsicht fundierten aktiven *Lernprozeß in Gang zu bringen, in dessen Verlauf seine Selbsthilfebereitschaft, seine Selbststeuerungsfähigkeit und seine Handlungskompetenz verbessert werden können.*« (Dietrich 1983, S.2)

Schwarzer & Posse (1986):

»*Beratung ist eine* freiwillige, kurzfristige, oft nur situative, *soziale Interaktion zwischen Ratsuchenden (Klienten) und Berater* mit *dem Ziel, im Beratungsprozeß eine Entscheidungshilfe zur Bewältigung eines* vom Klienten vorgegebenen aktuellen *Problems* durch Vermittlung von Informationen und/oder Einüben von Fertigkeiten *gemeinsam zu erarbeiten.*« (Schwarzer/Posse 1986, S.634)

Brem-Gräser (1993):
»*Beratung ist eine* professionelle, wissenschaftlich fundierte *Hilfe, welche Rat- und Hilfesuchenden* Einzelnen und Gruppen auf der Basis des kommunikativen Miteinander vorbeugend, *in Krisensituationen sowie in* sonstigen *Konfliktlagen* aktuell und nachbetreuend, *dient.* Somit darf Beratung keinesfalls bestimmte Entscheidungen dem Ratsuchenden aufdrängen bzw. diese durch offenen oder verdeckten Machtmissbrauch erzwingen. Kennzeichnend für das spezifische dieses Kontakts ist, dass die Probleme des Ratsuchenden den Mittelpunkt bilden.« (Brem-Gräser 1993, S.15,

Kasten 1

Wesentliche Komponenten von Beratung sind demnach:
– ein Berater bzw. eine Beraterin,
– ein Klient bzw. eine Klientin,
– die Interaktion und Kommunikation zwischen beiden.

Diese Komponenten werden von *Dietrich* (1983) in Hinblick auf Anlässe und Ziele von Beratung noch genauer gekennzeichnet. So spricht er z. B. von einem »desorientierten, inadäquat belasteten oder entlasteten Klienten.«

In der aktuellen Diskussion werden einige zusätzliche Aspekte hervorgehoben, die Beratung deutlicher von Therapie abgrenzen (s. Kasten 2). So spricht Nestmann von »Beratung als Ressourcenförderung« (1997, S. 15) und knüpft an Ressourcenkonzepte, vor allem das von Hobfoll und Mitarbeitern (z. B. Hobfoll 1989, Hobfoll & Lilly 1993), an.

Beratung als Ressourcenförderung

Nestmann (1997):
»Beratung orientiert sich primär an den vorhandenen und entwickelbaren Ressourcen in der Bearbeitung der Anfragen und Pro-

bleme und weniger an den Defiziten und Störungen von Personen und Kontexten« (ebd., S.30);»Psychosoziale Beratung ist eine professionelle Unterstützungsleistung, die in einem gemeinsamen Prozeß der Orientierung, Planung, Entscheidung und Handlung versucht, bio-psychosoziale Ressourcen von Personen und sozialökologische und ökonomische Ressourcen von Umweltsystemen zu entdecken«. (S. 33f)

Kasten 2

Grundlegende Annahmen dieser unterschiedlichen Definitionsversuche und aktuellen Diskussionen sind:

Jeder/jede Rat Suchende kennt selbst seine/ihre Probleme am Besten, Berater und Beraterinnen unterstützen lediglich die Problembewältigung, indem sie Rat Suchenden Orientierung ermöglichen, bei der Reifung von Entscheidungen helfen, Entwicklungen fördern, Risiken bewusst machen, bei der Kompensation von Verlusten Unterstützung geben und Ressourcen aktivieren.

Jeder Mensch ist fähig zur Selbstregulierung und Selbstlenkung. Ist diese Fähigkeit nicht ausgebildet oder verkümmert, kann sie durch Beratung entwickelt und neu belebt werden.

Beratung ist ein kontinuierlicher Kommunikationsprozess zwischen Berater bzw. Beraterin und Rat Suchendem bzw. Rat Suchender.

Beratung ist Hilfe zur Selbsthilfe Beratung kann immer nur Hilfe zur Selbsthilfe sein und hat das Ziel sich selbst überflüssig zu machen. Selbsthilfe anregen, ermöglichen und einleiten (evtl. ein Stück begleiten) – das ist nur möglich, wenn die Ressourcen des/der Rat Suchenden erkannt und aktiviert werden.

Freiwilligkeit ist das oberste Gebot von Beratung. In jedem anderen Falle wäre Zwangsberatung (beispielweise im Erziehungssystem, im Gesundheitswesen, in der Familienplanung) lediglich ein Instrument zur »sozialen und politischen Anpassung von Menschen an staatlich verordnete Zustände von Normalität« (Amendt 1979, S. 195).

Um die Richtung der Beratung oder die Berufsgruppe, die diese Beratung ausübt, zu kennzeichnen, werden am häufigsten die Begriffe *psychosoziale Beratung, pädagogisch-psychologische Beratung und pädagogische Beratung* benutzt.

Wir wollen in diesem Band versuchen, die pädagogische Beratung als ein Interventionsangebot zu definieren. Die Kennzeichnung und wissenschaftliche Reflexion von Beratung als Feld pädagogischen Handelns steht noch aus, einige erste Überlegungen hierzu sollen im folgenden angestellt werden.

Was ist Pädagogische Beratung?

Von *pädagogischer Beratung* sprechen wir, wenn
* Beratungsbedarf in einem pädagogischen (erzieherischen) Handlungsfeld besteht.

Beratungsbedarf in pädagogischen Handlungsfeldern

Die Anfänge von Beratung sind genau in diesem Feld festzumachen. Beratung entstand in den 20er Jahren in den USA und zwar als Hilfe bei der Berufswahl junger Menschen an Colleges und Universitäten, um deren Bedürfnisse nach Studienorientierung und Lebensberatung zu befriedigen. Sie entstand also unabhängig von und nicht in Konkurrenz mit der Therapie. In den höheren Schulen und vielen Universitäten Mexikos und anderer Länder Lateinamerikas wird bis heute dieser Form von Beratung besondere Aufmerksamkeit geschenkt, zum Beispiel durch das Unterrichtsfach »Orientación«.

Nach dem Zweiten Weltkrieg wurden in den USA neue Inhalte und Formen von Beratung wichtig. So führten die Veränderungen der familialen Lebensformen zu einer schnellen Entwicklung von Ehe- und Familienberatung, wo schon in den 50er Jahren das systemische Denken Einzug hielt und Beratung (natürlich auch Therapie) revolutionäre Umwälzungen erfuhr. In den beiden letzten Jahrzehnten des 20. Jahrhunderts entwickelte sich die Beratung im Gesundheitswesen, es entstanden Modelle zur Prävention und Gesundheitsförderung.

Verglichen mit Deutschland ist Beratung in den USA als professionelle Hilfeleistung wesentlich besser angesehen und etabliert. Berater und Beraterinnen genießen eine spezifische Universitätsausbildung, sind öffentlich und staatlich anerkannt und in spezifischen Verbänden (zum Beispiel der American Councelling Association, ACA) verankert.

Von *pädagogischer Beratung* sprechen wir, wenn
* es um die Gestaltung von Lernprozessen geht.

Das Lernen ist ein individueller Akt des Individuums oder eines Systems, die dabei ablaufenden Prozesse können zwar beeinflusst, aber nicht fremdgesteuert werden. So können einem Kind durch Angebote von Spielmaterial die Möglichkeiten zum Lernen geschaffen werden, können seine Bedürfnisse nach neuen Eindrücken und Entwicklung in eine bestimmte Richtung gelenkt werden. Das Resultat ist aber nie vorausbestimmt, weder in seiner Qualität noch in seiner Quantität.

Lernberatung

Wird Lernen als autonomer, eigendynamischer Strukturbildungs-
prozess (vgl. Schiepek u.a. 2001) verstanden, dann ist Lernberatung in diesem Sinne das Schaffen und Gestalten von »Bedingungen für die Möglichkeit selbstorganisierter Ordnungsübergänge in
einem bio-psycho-sozialen System unter professionellen Bedingungen« (Schiepek 1999). Solche professionellen Bedingungen
wären zum Beispiel im Unterricht und in der Beratung gegeben.
Zu ihnen könnte oder sollte gehören: Sicherheit und Vertrauen
schaffen, Selbstwertstärkung im Auge behalten, Sinn- und Lebens-
bezug der Lernenden beachten, Ausnahmen und Neues zulassen
und fördern, Kommunikation dem Entwicklungsniveau der Lernenden anpassen.

Aktivieren von Ressourcen

Eine der wichtigsten Bedingungen für die Selbstorganisation und
damit auch *Ziel von pädagogischer Beratung* besteht darin,

• die Ressourcen des/der Rat Suchenden zu entdecken, zu aktivieren und weiter zu entwickeln.

Während Therapie sich eher an den Defiziten und Störungen
von Personen orientiert, wendet Beratung sich verstärkt den
Ressourcen von Personen zu. Wenn Beratung gesucht wird,
dann sind Personen meist an einem Punkt angekommen, an
dem sie vermeintlich keine Ressourcen mehr haben bzw. aktivieren können. Beratung soll und kann dann helfen, die vorhandenen Ressourcen zu identifizieren, bei der Auswahl der für
die Lösung des Problems adäquaten Ressource zu helfen, den
Einsatz dieser Ressource zu ermöglichen und die Ressource
selbst zu erhalten und für zukünftige Anforderungen weiter zu
entwickeln. Hier wird auch besonders deutlich, dass diese Aufgabe nur der/die Rat Suchende selbst übernehmen kann.

Ressourcenorientierung richtet »den Blick der Beteiligten im Beratungsprozess von der Fixierung auf das Problem und die Un-
zulänglichkeiten beim Klientel und seiner Umgebung auf deren
Stärken und Potentiale« (Nestmann 1997, S. 29). Damit könnte
pädagogische Beratung zur »Erweiterung des Horizontes an
Deutungsmöglichkeiten beitragen, vor dessen Hintergrund der
Adressat selbst seine Situation interpretiert und Handlungsalternativen entwirft« (Dewe 2001, S. 370).

In der gegenwärtigen Gesundheitsforschung wird in Anlehnung
an moderne Gesundheits- und Gesundheitsförderkonzepte – vgl.
Werner & Smith 1982, Kobasa 1982, Antonovsky 1987 – die Frage nach jenen Ressourcen, die Gesundheit erhalten und fördern,
in den Mittelpunkt gestellt (vgl. hierzu auch Beitrag von Krause
zur Gesundheitsberatung in diesem Band).

Es wurden eine Reihe von wichtigen Person- und Umweltressourcen definiert; Antonovsky (1987) diskutiert sie in seinem Buch
»Unraveling the Mystery of Health« und bündelt sie in einem Konstrukt, das er Kohärenzsinn (SOC) nennt. Die drei Elemente dieses SOC sind: Verstehbarkeit, Handhabbarkeit und Bedeutsamkeit.
Es sind jene Faktoren, die darüber entscheiden, wie man seine
Welt sieht, wie man seine Realität konstruiert und mit Stressoren
seines Lebens umgeht. Voraussetzung für den Kohärenzsinn sind
Widerstandsressourcen wie zum Beispiel ein hohes Selbstwertgefühl und soziale Unterstützung, Kontrollüberzeugungen und sozio-
ökonomische Sicherheit. Pädagogische Beratung kann – auch im
Sinne von präventiver Beratung – zur Ressourcenerhaltung und
–entwicklung beitragen, wenn sie die Eigenaktivität und –verantwortlichkeit des Individuums für die Gestaltung seines Lebens und
seiner Lebensumwelt ernst nimmt und Veränderungen für
grundsätzlich möglich hält.

*Präventive Bera-
tung zur Ressour-
cenentwicklung*

Von *pädagogischer Beratung* sprechen wir weiterhin, wenn
• die Einbeziehung des Umfeldes bzw. der bedeutsamen Elemente des Systems, in dem die Rat Suchenden und Beratenden agieren, in den Blickpunkt gerückt werden soll.
Beratung zielt sowohl auf Veränderung der Person wie auch auf
Veränderung ihres sozialen Lebensraumes ab. Nestmann (1991)
unterteilt das Umweltsystem in verschiedene Bereiche: das persönliche Netzwerk, das soziale Netzwerk von Gemeinden, das
Netzwerk von Institutionen und Organisationen sowie die natürliche Umwelt. Der Zusammenhang zwischen den einzelnen
Netzwerken und deren Merkmalen ist kompliziert und kann
auch zu Irritationen führen. So muss zum Beispiel neben der unterstützenden Funktion auch die belastende Funktion von
pädagogischer Beratung gesehen werden.
Grundsätzlich aber gilt, dass die Umweltressourcen durch Beratung aufgedeckt, zugänglich gemacht und gefördert werden sollten. Das verlangt von dem/der Beratenden Kompetenzen, die
weit über die eines »Hilfs-Therapeuten« hinausgehen, z.B. fundierte systemische Kenntnisse und evtl. auch eine systemische
Ausbildung, ein Interventionsinventar für die Leitung von Gruppen, für Moderation, Organisations- und Teamentwicklung,
Kenntnisse des sozialen Kontextes und typischer Problemsituationen bestimmter sozialer Gruppen, Kooperationsbereitschaft
und Fähigkeiten zur interdisziplinären Zusammenarbeit mit verschiedenen Beratungsdiensten sowie zuständigen Institutionen
(vgl. auch Chur 1997, S. 65f).

*Kontextbezogene
Beratung*

Anlässe und Ziele von Beratung

Beratung wird heute in fast allen Lebensbereichen angeboten, so dass die Anlässe und Ziele auch dementsprechend vielfältig sind. Drei Gruppen von Anlässen können genannt werden:

Informationsbedarf

Informationsbedarf: In bestimmten Entwicklungsetappen, z. B. beim Übergang von der Schule in die Berufswelt, ist der Bedarf an Informationen, die bestimmte Entscheidungen erleichtern können, besonders groß.

Psychische
Destabilisierung

Inadäquate Belastung bzw. Entlastung: Wenn inadäquate Belastung zu psychischer Destabilisierung führt, dann soll Beratung stabilisieren, Hilfe zur Selbsthilfe, z. B. Hilfe in Erziehungsfragen, geben.

Prävention

Prävention zur Verhinderung von antizipierten Problemen: Hier geht es um die Schaffung von Voraussetzungen, die mithelfen, bestimmte Probleme nicht eintreten zu lassen. Gesundheitsberatung kann z.B. im Sinne von Gesundheitsförderung die Herausbildung von notwendigen Kompetenzen zum Umgang mit Alltagsstress, Schulstress u.a. Stressfaktoren im Auge haben.

Der Beratungsbedarf wird von Subjekten, die in diesem Feld interagieren, erlebt und zwar als *Diskrepanz zwischen einem Ist-Zustand und einem Soll- (evtl. auch Will-) Zustand*. Anstelle von Ist-Zustand könnte auch ein Wunsch-Zustand – ein antizipierter Wird-Zustand – die Diskrepanz erwirken. Während Ist-Soll(Will)-Diskrepanzen aktuelle Beratungsanlässe sind, ist letzterer ein präventiver Beratungsanlass. Wird die Diskrepanz als »*Problem*« definiert (von den Betroffenen selbst oder ihren Bezugspersonen) und an eine Beratungsinstitution heran getragen, dann wird das Problem zu einem Beratungsfall. Ziel der Beratung wird sein, die Beratungssuchenden bei der selbständigen Lösung ihres Problems zu unterstützen, sie zur Lösung zu befähigen.

Das übergeordnete *Beratungsziel*, von dem sich alle untergeordneten Ziele ableiten lassen, ist demnach *Hilfe zur Selbsthilfe*. Die notwendigen Lernprozesse werden von den Beratenden ausgelöst und angeleitet. Lernziele könnten oder sollten der Erwerb von Fähigkeiten sein, um:

– das eigene Problem bestimmen,
– erreichbare Ziele definieren,
– reflektierte Entscheidungen treffen,
– Handlungspläne entwerfen,
– Ressourcen entdecken und nutzen,
– die selbst eingeleiteten Handlungen auf ihre Effektivität hin überprüfen zu können.

Beratung ist so nicht mehr als eine Handlungsanleitung, gibt Handlungsimpulse oder auch neue Sichtweisen.

Aus der Tatsache, dass in einem handlungsanleitenden Modell von Beratung der Kontext des Rat Suchenden zum zentralen Bezugspunkt von Diagnostik und Intervention wird, leitet Chur (1997) die Notwendigkeit »systemischer Grundorientierung einer kontextbezogenen Beratung« (S. 46) ab.

systemische Orientierung

Er begründet es damit, dass im systemischen Ansatz
– speziell auf die Transaktion zwischen Personen sowie zwischen Person und Kontext – also auf die Dynamik dieser Beziehungen – fokussiert wird,
– verschiedene Bereiche des Kontextes in ihrem Bezug zueinander bestimmt werden,
– das Regelsystem sozialer Netzwerke im Beratungsprozess sowohl in seiner fördernden als auch in seiner einengenden Funktion berücksichtigt wird,
– der differenzierende Blick des Beratenden geschärft wird, indem das Beratungshandeln selbst und seine aktiv verändernde Bezugnahme auf den institutionellen Kontext überprüft werden (vgl. Chur 1997, S. 53).

Chur macht darauf aufmerksam, dass sich Beratende in einer konfliktreichen Situation befinden: Ihr Handeln ist zum einen gerichtet auf das System der Klienten, befindet sich aber zum anderen in einem institutionellen Rahmen, der den Beratenden häufig eine bestimmte, vom Arbeitgeber definierte Berater-Klient-Interaktion vorgibt. Beide Interessen, die des eigenen institutionellen Rahmens und die des Klienten können sich widersprechen, was für die oder den Beratenden sehr konflikthaft sein kann. Für Beratungslehrer und –lehrerinnen zum Beispiel dürfte es problematisch sein, im Rahmen der Institution Schule die Autonomie und Selbstverwirklichung der Rat Suchenden und gleichzeitig den Erhalt und die Festigung der gesellschaftlichen Einrichtung Schule fördern zu wollen. Letzteres wird von Beamten und Beamtinnen – Staatsdiener/innen – erwartet und eingefordert.

Situation der Berater/innen

Verstärkt werden kann der Konflikt noch dadurch, dass verschiedene Netzwerke helfender Beziehungen am Beratungsprozess beteiligt sind und vielleicht miteinander konkurrieren. Berater und Beraterinnen sind schließlich selbst Betroffene, wenn es um den Erhalt ihrer Arbeitsplätze geht. Außerdem drängen viele unseriöse Angebote von Hilfeleistungen, die von Klienten wohl kaum durchschaut und evaluiert werden können, auf den Markt.

In den folgenden Kapiteln werden die wichtigsten, gegenwärtig die Beratung bestimmenden Theorien, Modelle und Beratungsfelder vorgestellt und diskutiert. So wird zum Beispiel der erwähnte systemische Ansatz neben anderen Ansätzen gründlicher behandelt werden. Die Interaktionen zwischen Beratenden und Rat Suchenden werden ein weiterer wichtiger Aspekt in den Beiträgen dieses Bandes sein, wobei auch das unterschiedliche Verständnis von »Beziehung« aus der Sicht der verschiedenen Konzepte und Theorien und im Hinblick auf die Anlässe, die schließlich zu den unterschiedlichen Praxisfeldern geführt haben, zu diskutieren sein wird.

Literatur

Amendt, G. (1979): Beratung als staatliche Antwort auf soziale Emanzipationsbewegungen. Die Problematik der Zwangsberatung nach § 218 bei Schwangerschaftsabbrüchen. In: Nagel, H. & Seifert, M. (Hrsg.): Inflation der Therapieformen. Reinbek: Rowohlt.

Antonovsky, A. (1987): Unraveling the Mystery of Health – How People Manage Stress and Stay Well. San Francisco: Jossey-Bass Publishers.

Antonovsky, A. (1997): Salutogenese. Zur Entmystifizierung der Gesundheit. Tübingen: DGVT-Verlag.

Beck, M. (1991): Beratung als multiprofessionelles und kooperatives Handeln. In Beck, M., Brückner, G. & Thiel, H.-U. (Hrsg.): Psychosoziale Beratung. Tübingen: DGVT Verlag.

Brem-Gräser, L. (1993): Handbuch der Beratung für helfende Berufe, Band 1, München, Basel: Ernst Reinhardt.

Bommert, H. & Plessen, U. (1978): Psychologische Erziehungsberatung. Stuttgart: Klett.

Cohen, D. (1990): Essential Psychology. London: Bloomsbury.

Chur, D. (1997): Beratung und Kontext – Überlegungen zu einem handlungsanleitenden Modell. In: Nestmann, F (Hrsg.): Beratung – Bausteine für eine interdisziplinäre Wissenschaft und Praxis, Forum für Verhaltenstherapie und psychosoziale Praxis, Bd. 37.Tübingen: DGVT-Verlag, 39-69.

Dewe, B. & Scherr, A. (1989): Beratung und Beratungskommunikation. Neue Praxis, Heft 6, 488-500.

Dewe, B. (2001): Jenseits der »Belehrung«: Das pädagogische Phänomen »Beratung«. Ethik und Sozialwissenschaften, Jg. 12, H. 3, S. 369-371.

Dietrich, G. (1983): Allgemeine Beratungspsychologie. Göttingen, Toronto, Zürich: Hogrefe.

Fiedler, P. (2000): Klinische Psychologie und Psychotherapie 2000: Ein Blick in die Zukunft. Verhaltenstherapie & Psychosoziale Praxis, 2, 223-229.

Hobfoll, S.E. (1989): Conservation of resources: A new attempt at conceptualizing stress. American Psychologist, 44, 513-524.

Hobfoll, S.E. & Lilly, R.S. (1993): Resource conservation as a strategy for community psychology. Journal of Community Psychology, 21, 128-148.

Huschke-Rhein, R. (1998): Systemische Erziehungswissenschaft. Pädagogik als Beratungswissenschaft. Weinheim: Beltz.

Kobasa, S.C. (1982): The Hardy Personality: Toward a Social Psychology of Stress and Health. In G. S. Sanders & J. Suls (Eds.): Social Psychology of Health and Illness. Hillsdale: Erlbaum.

Mollenhauer, K. (1965): Das pädagogische Phänomen »Beratung«. In Mollenhauer, K. & Müller, C.W. (Hrsg.): »Führung« und »Beratung« in pädagogischer Sicht. Heidelberg: Quelle & Meyer, 25-41.

Nestmann, F. (1991): Beratung, soziale Netzwerke und soziale Unterstützung. In Beck, M., Brückner, G. & Thiel, H.-U. (Hrsg.): Psychosoziale Beratung. Tübingen: DGVT Verlag.

Nestmann, F. (1997): Beratung als Ressourcenförderung. In : Nestmann, F. (Hrsg.): Beratung – Bausteine für eine interdisziplinäre Wissenschaft und Praxis, Forum für Verhaltenstherapie und psychosoziale Praxis, Bd. 37.Tübingen: DGVT-Verlag, 15-38.

Schiepek, G. (1999). Die Grundlagen der Systemischen Therapie. Theorie – Praxis – Forschung. Göttingen: Vandenhoeck & Ruprecht.

Schiepek, G., Kröger, H. & Eckert, H. (2002). Nichts ist praktischer als eine gute Theorie. Kontext, 32, 4, S. 265-289.

Schmitz, E. (1983). Zur Struktur therapeutischen, beratenden und erwachsenenpädagogischen Handelns. In: Schlutz, E. (Hrsg.): Erwachsenenbildung zwischen Schule und sozialer Arbeit (S. 32-43). Bad Heilbrunn.

Schoenig, W. & Brunner, E.J. (1990): Beratung in pädagogischen, sozialpädagogischen und psychologischen Praxisfeldern – Rahmenbedingungen und Probleme. In Brunner, E.J., Schoenig, W. (Hrsg.): Theorie und Praxis von Beratung. Pädagogische und psychologische Konzepte. Freiburg i. Breisgau: Lambertus.

Schwarzer, Ch. & Posse, N. (1986): Beratung. In Weidenmann, B. & Krapp, A. (Hrsg.): Pädagogische Psychologie. München: Psychologie Verlags Union, 631-666.

Sickendieck, U., Engel, F. & Nestmann, F. (1999): Beratung. Weinheim: Juventa.

Werner, E. E. & Smith, R. S. (1982): Vulnerable but Invicible: A Study of Resilient Children. New York: McGraw-Hill.

Struktur und Dynamik der Berater-Klient-Beziehung

Reinhard Fuhr

Einführung

Wir sind alle Beziehungsexperten.[1] Von Klein auf leben wir ständig in zwischenmenschlichen Beziehungen, und trotzdem haben wir mit der Gestaltung unserer Beziehungen im Alltag so unsere Schwierigkeiten: Wir zerren aneinander, missverstehen uns häufig, verpassen, bekämpfen und bekriegen uns. Sicher – wir vertragen uns auch, kooperieren und lieben uns. Aber die Gestaltung von zwischenmenschlichen Beziehungen bleibt doch immer ein recht labiles Unterfangen, sowohl im privaten und alltäglichen wie im professionellen Bereich. Daher scheint es mir gerechtfertigt zu sein, der Beziehung zwischen Berater[2] und Klient ein eigenes Kapitel zu widmen, zumal ich die Gestaltung der Beratungsbeziehung für das wichtigste, aber auch schwierigste Moment halte, zumal wir trotz unseres »natürlichen« Expertentums nicht besonders gut für diese professionelle Aufgabe vorbereitet sind. Im krassen Gegensatz zur Bedeutung von Beziehungen in allen pädagogischen Kontexten und speziell in pädagogischer Beratung steht nämlich, dass man in den Lehrplänen von Schulen und Hochschulen meist vergeblich nach Angeboten für die Aus- und Weiterbildung unserer Beziehungskompetenz sucht. Auch im Theoriebereich sieht es nicht viel besser aus: mir ist keine zusammenhängende (pädagogische) Beziehungstheorie bekannt.[3] Für staatlich anerkannte psychotherapeutische Verfahren und in

Die Bedeutung von Beziehung

---

[1] Das Wichtigste über Beziehungen – auch über Berater-Klient-Beziehungen – habe ich zusammen mit und von meiner Frau Martina Gremmler-Fuhr gelernt, mehr, als ich in Büchern gelesen oder durch Forschungen herausgefunden habe. Ich verdanke ihr auch viele Ideen zu diesem Text.

[2] Ich verwende die männliche oder weibliche grammatikalische Form für beide Geschlechter und wechsle willkürlich zwischen beiden Formen.

[3] Natürlich gibt es einige Ansätze zu Beziehungstheorien, allerdings sind diese sehr schulenspezifisch wie etwa die Objektbeziehungstheorie (die sich vor allem auf die frühen Jahre der Entwicklung einschließlich deren Auswirkungen im Erwachsenenalter beschränkt). Auch im familientherapeutischen Kontext gibt es einige wenige Ansätze wie die von Boszormenyi-Nagy & Krasner 1986).

wirtschaftlichen Feldern hat man die Bedeutung von Kommunikations- und Beziehungskompetenzen erkannt, und zwar vor allem als Wirkfaktor im Sinne der Effizienz, Qualitätskontrolle und Kostensenkung. Man mag bedauern, dass zwischenmenschliche Beziehungen auf diese Weise funktionalisiert werden – aber bisher haben wir dem von pädagogischer Seite wenig entgegen zu setzen.

Ich werde also den m.E. zentralen Stellenwert dieses Phänomens, das wir »Beziehung« nennen, für Beratung – soweit es der Rahmen eines Artikels zulässt – herausarbeiten. Dazu wird es nötig sein, genauer zu bestimmen, was ich unter Beziehung verstehe – im Unterschied etwa zu »Kommunikation« oder »Kontakt«. Ich werde Vorschläge formulieren, wie Beziehung – immer im Hinblick auf professionelle Beratung – beschrieben und erforscht werden kann, und ich werde die spezielle Bedeutung von Beziehung für das Beratungsgeschehen in verschiedenen Beratungsansätzen und Anwendungsfeldern skizzieren. Schließlich werde ich der Frage nachgehen, ob und wie (professionelle pädagogische) Beziehungskompetenz erlernbar ist.

Über Beziehung schreibe ich nicht nur als neutraler und unbeteiligter Beobachter, denn ich halte es es nicht für sehr sinnvoll, Beziehung lediglich von einer distanzierten, »objektiv-wissenschaftlichen« Position aus zu betrachten. Sicherlich gibt es Aspekte von Beziehungen, die sich aus einer (hinlänglich) objektiven oder funktionalen Perspektive aus untersuchen lassen, aber Beziehung ist in erster Linie ein Erleben zwischen Menschen mit subjektiven und intersubjektiven Aspekten.[4] Diese subjektive und intersubjektive Perspektive des Phänomens »zwischenmenschliche Beziehung« zu vernachlässigen erschiene mir ebenso sinnvoll und nahrhaft wie der Versuch, vom Anblick einer Speise und den Informationen über deren Ingredienzien satt werden zu wollen. Mit der subjektiven und intersubjektiven Perspektive wende ich mich jedoch jenen Disziplinen und Ansätzen zu, die in den letzten Jahrzehnten und Jahren in der *scientific community* zunehmend an den Rand oder ganz hinaus gedrängt wurden: die humanistischen, existentialistischen, introspektiven und interpretativen Theorien. Zusätzlich fließen in meine Betrachtung und Untersuchung von Beziehungen im pädagogischen Beratungskontext auch meine Praxiserfahrungen und mein Erleben mit Beratungsklientinnen und

Vielperspektivische Betrachtung

---

4 vgl. Fuhr, R., Beratungsansätze unter vier Perspektiven der Wirklichkeit, in diesem Band.

Trainees von Beratungsausbildungen ein sowie natürlich auch meine persönlichen Beziehungserfahrungen.

Was ist »Beziehung«?

Alltagssprachlich hat »Beziehung« viele Bedeutungen: Wir sprechen von »guten« und »schlechten« Beziehungen oder davon, dass wir »keine« Beziehung mehr haben, etwa zu Geschwistern, Elternteilen oder Freunden, mit denen wir uns verkracht haben, oder zu geschiedenen Ehepartnern. Manchmal wird »Beziehung« auch auf intime Bindungen beschränkt, wenn mir ein Bekannter etwa mitteilt, er habe gerade »keine Beziehung«.

Beziehung als Hintergrundphänomen

Für unsere Diskussion im professionellen Rahmen gehe ich davon aus, dass wir ständig in vielfältige Beziehungen eingebunden sind, selbst wenn diese gerade nicht aktiv erlebt werden. Beziehung ist ein *überdauerndes Hintergrundphänomen*. Wir haben also beispielsweise eine lebenslange Beziehung zu unseren Geschwistern oder Eltern, selbst wenn diese völlig aus dem Blick geraten sein sollten oder schon gestorben sind. Aber auch in relativ kurzzeitigen, jedoch intensiven zwischenmenschlichen Situationen wie in Beratungsgesprächen entstehen Beziehungen. Allerdings bleiben sie in der Beratung meist im Hintergrund, werden also selten direkt angesprochen und »bearbeitet« – anders als in manchen Therapieverfahren, in denen sich ein wesentlicher Teil der Arbeit auf die aktuelle Beziehung zum Therapeuten konzentriert, da man davon ausgeht, dass sich auch in diesen aktuellen professionellen Beziehungen alltägliche Beziehungsprobleme der Klienten widerspiegeln und auf diese Weise direkt erfahrbar und bearbeitbar werden können.[5] Überdies gehen manche Therapeuten davon aus, dass tiefergehende Probleme immer mit Beziehungsschwierigkeiten zusammenhängen, also die meisten psychischen Probleme letztlich als Beziehungsprobleme darstellbar sind. Soweit möchte ich in meinem Beziehungsverständnis jedoch nicht gehen, auch wenn ich die Bedeutung von Beziehungen für die Lebensbewältigung und -qualität hoch einschätze.

... und als Erfahrungsphänomen

Beziehung ist also in erster Linie ein *Erfahrungsphänomen*, das sich auf der Grundlage von erlebten Beziehungen und Zugehörigkeiten zu sozialen Einheiten und durch fortdauernde Kommunikationsprozesse herausbildet. Durch langjährige Erfahrungen mit engen und/oder bedeutsamen Beziehungspartnern und in sozialen

---

[5] Dies gilt beispielsweise für die Psychoanalyse, die eine Übertragungsbeziehung anstrebt, sowie für die Gestalttherapie und existentielle Therapien.

Zusammenhängen sowie durch vielfältige kultureller Einflüsse und Traditionen werden *Beziehungsmuster* ausgebildet, die sich wiederum auf jede neue Beziehungserfahrung auswirken. Im Unterschied zu vielen (neo-)psychoanalytischen Theorien gehe ich überdies davon aus, dass uns alle längerfristigen intimen, engen oder bedeutsamen Beziehungserfahrungen *lebenslang* prägen können – und nicht nur die »Objektbeziehungen« der ersten Monate und Jahre, auch wenn diese nachhaltiger sein mögen als spätere Beziehungserfahrungen (vgl. Kagan 2000, 119ff). Auch Beziehungserfahrungen im Erwachsenenalter können also sehr einprägsam sein; insbesondere pädagogische Beziehungen zu LehrerInnen, AusbilderInnen, TrainerInnen oder MentorInnen hinterlassen oft tiefe Spuren in unseren Biographien und beeinflussen die Art und Weise, wie wir später selbst Beziehungen zu den uns anvertrauten Menschen aufnehmen und wenn wir die Rolle von Lehrenden übernehmen (vgl. z.B. Osherson 1990). Und außerdem gibt es auch kurzfristige dramatische Beziehungserfahrungen, die uns prägen oder gar traumatisieren können.

Lebenslange Wirkung von Beziehungen

Als letztes Bestimmungsmerkmal folgt aus dem bisher Formulierten, dass ich den Begriff Beziehung *wertfrei* verstehe. Auch wenn ich einen Menschen, mit dem ich viel zusammenarbeite, ablehne und am liebsten meide, haben wir trotzdem eine Beziehung; wenn diese Ablehnung gar in Hass umschlägt, handelt es sich überdies um eine sehr enge Beziehung, wenn auch keine sehr erfreuliche.

»Beziehung« ist wertfrei

Zusammengefasst ergibt sich folgendes Begriffsverständnis von Beziehung, das mir für den Kontext von Beratung sinnvoll erscheint:

- Beziehung ist ein Hintergrundphänomen, dass sich aus bedeutsamen Kommunikations- und Kontakterfahrungen mit wichtigen Anderen herausbildet.
- Längerfristige oder dramatische Kommunikations- und Kontakterfahrungen in der Lebensgeschichte sowie kulturelle Einbindungen und Traditionen führen zu Beziehungsmustern, die wir verinnerlichen und die jede neue Beziehungserfahrung beeinflussen können.
- Beziehungserfahrungen in der frühen Kindheit und in der Bildungslaufbahn haben zwar besondere Bedeutung für alle künftigen (pädagogischen) Beziehungserfahrungen, aber auch im Erwachsenenalter können sich Beziehungsmuster neu herausbilden.
- Der Begriff Beziehung selbst ist wertfrei, aber natürlich gibt es gute und schlechte, liebevolle und schwierige, einengende und befreiende Beziehungen.

• Und schließlich: Beziehung ist ein Erfahrungsphänomen, dass sich uns vor allem durch Introspektion und innere Bewusstheit sowie durch zwischenmenschliche Verständigung erschließt, auch wenn Beziehungsprozesse beobachtbare und sogar messbare Auswirkungen haben können.

Charakterisierung und Erforschung von Beziehungen

Stellen wir uns einen Moment lang eine wichtige Beziehung zu einem anderen Menschen vor und versuchen wir, sie zu beschreiben. Welche Begriffe wählen wir, um Beziehungsqualitäten zu versprachlichen? – Beziehungen sind »vertrauensvoll«, »liebevoll«, »gespannt«, »konflikthaft«, »verlässlich«, »distanziert« und »kühl« oder »knisternd«. Alle diese Begriffe geben überwiegend innere individuelle oder soziale Erfahrungen und Atmosphären wieder, also Empfindungen, Gefühle, Einstellungen und Atmosphären, vielleicht auch noch Abhängigkeits- und Machtverhältnisse oder Dynamiken (wie »lose«, »fest«, »einengend«, »wechselhaft«, »beständig« oder »turbulent«). In jedem Fall sind unsere Charakterisierungen von Beziehungen zwar erlebbar, aber kaum objektiv beschreibbar und quantifizierbar. Einzelne Aspekte davon können sicher in objektivierender Weise dokumentiert werden: Rollen und Funktionen stehen in Arbeitsverträgen oder sind in der Rechtssprechung verankert, es gibt Arbeitsverträge, die Beziehungen nachweisbar regeln, und in jeder Beratung sollte ein Arbeitsbündnis zwischen Beraterin und Klientin ausgehandelt worden sein, das auf einklagbaren (meist mündlichen) Vereinbarungen beruht. So wichtig diese »äußeren« Faktoren auch sein mögen – wesentliche Aspekte von Beziehungen werden dabei nicht erfasst. Wir können Beziehungen *interpretieren,* aber nur in begrenztem Maß objektivierend untersuchen.

Damit aber haben wir in der Wissenschaft erhebliche Schwierigkeiten. Zwar gibt es in den Geisteswissenschaften auch qualitative und interpretative Verfahren, aber sie gehören nicht zum Hauptrepertoire wissenschaftlicher Forschung und haben überdies Schwierigkeiten, als »richtige« Forschung anerkannt zu werden. Selbst wenn diese qualitativen Methoden verwandt werden, müssen sie oft genug noch in quantitative Aussagen übersetzt werden, um Gültigkeit beanspruchen zu können. Die Folge davon ist, dass Beziehungen wissenschaftlich mehr oder weniger unerforscht sind:

> Für den instrumentellen Teil, das Arbeitsbündnis, steht eine wissenschaftliche Theorie und Sprache zur Verfügung – darü-

Merkmale von Beziehungen

Schwierigkeiten der Erforschung

ber kann klug geredet und publiziert werden. Für die zwischenmenschliche, personale Seite der Beziehung müssen wir auf die Alltagssprache oder aber auf Dichtung und Literatur zurückgreifen – dafür ist im wissenschaftlichen Diskurs kein Platz (Brandl-Nebehay 1995, S. 154).

Diese Aussage der Psychotherapeutin Andrea Brandl-Nebehay gilt auch unverändert für die Beratungsforschung. Wir finden also eine ähnliche Situation vor, wie sie in einem bekannten Witz dargestellt wird: Ein Betrunkener sucht, wie ein Passant herausbekommt, im Licht einer Straßenlaterne nach einem verlorenen Schlüssel. Der Passant fragt dann weiter, ob der Mann seinen Schlüssel denn auch dort, wo er suche, verloren habe. »Nein,« antwortet dieser, »aber hier kann man doch wenigstens was erkennen!« Wissenschaftlich erforscht werden zwar nicht ganz unwichtige Aspekte von Beratung, aber einer der wichtigsten – die Berater-Klient-Beziehung – bleiben ausgespart, weil sie mit den vorherrschenden Zugehensweisen wissenschaftlicher Forschung nicht zu erfassen sind. Wenn wir uns also in der wissenschaftlichen Literatur über Beratungsbeziehungen kundig machen wollen, müssen wir uns die einzelnen Bruchstücke an Erkenntnissen über Beziehungen aus vielen verschiedenen Disziplinen zusammensuchen, und auch dann ist es nicht ganz leicht, fündig zu werden.

Defizite in der Forschung

Zu solchen Fundstellen zählen Außenseiterpositionen in der Psychoanalyse wie die von Thea Bauriedl, die Beziehungen in den Mittelpunkt ihrer (familien-)therapeutischen Konzeption stellte (Bauriedl 1984; 1994). In der Objektbeziehungstheorie, einer Weiterentwicklung der Psychoanalyse, kann man ebenfalls fündig werden. Dort wurden die ersten Beziehungen des Babies und Kleinkinds zum »Objekt«, also meist der Mutter, erforscht (z.B. Winnicott 1978; Stern 1992) sowie die Auswirkung fehl gelaufener Beziehungen im Erwachsenenalter (z.B. Cashdan 1990). Die Transaktionsanalyse als Weiterentwicklung der Psychoanalyse stellt mit ihrem Transaktionskonzept ein viel verwendetes Modell zur »objektiven« Analyse von Beziehungen bereit (z.B. Stewart 2000). Zu nennen sind weiterhin Erkenntnisse aus der Frühzeit der Systemtheorie; hier leistete der inzwischen fast vergessene Anthropologe und interdisziplinäre Forscher Gregory Bateson (1981) unschätzbare Beiträge. Er war derjenige, der Beziehungen als einer der ersten als *Prozesse und Dynamiken* begriff, die nicht an den Bezugspersonen festzumachen sind, sondern sie führen ein Eigenleben und folgen überdies den Gesetzmäßigkeiten der Selbstorganisation, sind also nicht ursächlich erklärbar und kontrollierbar. Daraus haben dann

Fundstellen in der Theorie

Paul Watzlawick u.a. in verkürzender Weise eine systemische Kommunikationstheorie entwickelt (Watzlawick 1969). Aber alle diese Ansätze sind recht weit weg von pädagogischer Beratung angesiedelt und beschränken sich zu einem großen Teil auf die *beobachtbaren* Phänomene von Beziehungen, sparen die subjektiven und intersubjektiven Erfahrungen also meist aus (einige neuere tiefenpsychologische Ansätze ausgenommen), und sie helfen uns daher nur bedingt beim Verständnis unseres Gegenstandes. Doch, wie gesagt, wir sind selbst Beziehungsexperten und können unsere eigenen Erfahrungen zu einem tiefergehenden Verständnis nutzen.

Wir sind Beziehungsexperten

Besonderheiten von Beratungsbeziehungen

Beratungsbeziehungen sind nun noch etwas Besonderes: Ich sitze als Klient einer Beraterin gegenüber und trage mein Anliegen vor. Die Beraterin hört mir aufmerksam zu und versucht mich zu verstehen und sich in mich einzufühlen. Ich werde von ihr ernst genommen, selbst wenn ich zwischendrin ausweichend bin, mich öfters verhaspele oder auch einmal Unsinn rede. Ich muss nicht befürchten, von der Beraterin am Ende des Gesprächs eine einstufende Bewertung oder gar eine Note zu bekommen. Außerdem nehme ich diesen Beratungstermin freiwillig war, denn niemand kann mich dazu zwingen, und die Entscheidungen, wie ich mit meinen Problemen letztlich umgehe, bleiben allein mir vorbehalten. Die Informationen, die ich der Beraterin mitteile, sind selbstverständlich vertraulich, d.h. ich kann mich darauf verlassen, dass sich meine Beraterin nicht anschließend mit meinem Chef oder meiner Ehefrau kurzschließt.

Intensität der Beratungsbeziehung

So oder ähnlich stellt sich die Beziehungssituation aufgrund völlig legitimer Erwartungen an professionelle Beratung dar – und das ist sehr ungewöhnlich. Eine einzige Stunde solch einer Beratung übertrifft die Dauer und Intensität von Gesprächen zwischen täglich miteinander umgehenden Erwachsenen im Alltag während einer ganzen Wochen in aller Regel um ein Vielfaches. Auch normale Gespräche in Bildungsinstitutionen oder am Arbeitsplatz zwischen Kollegen oder mit dem Vorgesetzten folgen meist sehr anderen als den genannten Prinzipien und sind daher wesentlich weniger intensiv und vertrauensvoll. Gerade weil aber Beratungsgespräche von ihrer Intensität her vielleicht noch am ehesten in die Nähe von solchen mit guten Freunden oder Liebespartnern zu rücken sind, ist ihre Gestaltung durch die Beraterinnen so wichtig und bedarf einer gründlichen Ausbildung. Dies umso mehr, als sich in solche intensiven und fast intim zu nennenden Gespräche oft Beziehungsmuster einschleichen, die wir in unseren Herkunftsfamilien oder in familienähnlichen Strukturen gelernt haben und die ganz rasch zu Verwicklungen führen können.

Auch wenn Beratungsbeziehungen ungewöhnlich intensiv und sogar durch eine gewisse Intimität gekennzeichnet sein können, unterscheiden sie sich doch deutlich von alltäglichen persönlichen Beziehungen. Einmal unterliegen sie – wie schon angedeutet – bestimmten ethischen Prinzipien wie Vertraulichkeit und Achtung vor der Würde der Klientinnen, was immer diese auch vorbringen mögen. Beratungsbeziehungen sind zeitlich recht genau begrenzt und durch eine klare Rollenverteilung gekennzeichnet: Die Klientinnen haben ein Anrecht auf die Unterstützung und Hilfe des Beraters und nicht umgekehrt. Jede Beratungsbeziehung ist also – wie jede andere pädagogische Beziehung auch – »doppelbödig« (Abb. 2): Berater und Klient können – und sollten – sich als gleichberechtigte, sich gegenseitig achtende Personen begegnen, sie sind also symmetrisch -, und sie haben darüber hinaus eine funktionale Beziehung, die nicht nur eine bestimmte Rollenverteilung, sondern auch eine Kompetenzhierarchie mit sich bringt und daher asymmetrisch ist (vgl. auch Fuhr & Gremmler-Fuhr 2002, S. 191 ff.). Der Berater ist ausgewiesener Experte auf einem bestimmten, für das Beratungsgespräch wichtigen Gebiet gegenüber der Klientin. Diese beiden Beziehungsebenen – die personale und die funktionale – müssen immer wieder in Balance gebracht werden, zumal sich auch zwischen Beraterin und Klientin Sympathien und Antipathien entwickeln, die den Beratungsprozess ebenso unterstützen wie in eine falsche Richtung führen können.

Professionelle Merkmale

funktionale und personale Ebene

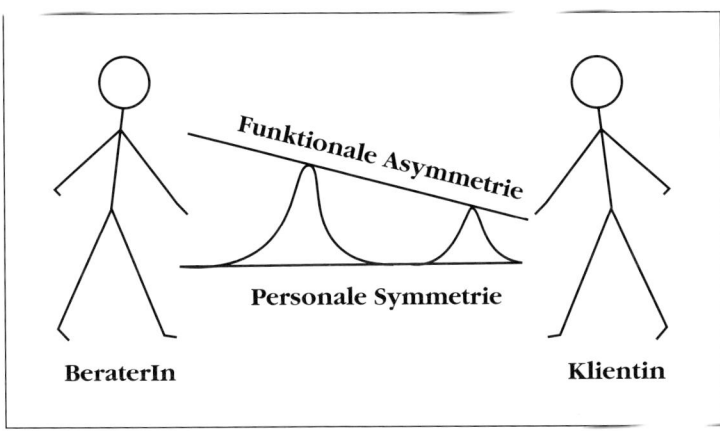

Abb. 1: Die Berater/Klient-Beziehung (nach Fuhr / Gremmler-Fuhr 2002, S. 193)

Beziehung als Thema in der Beratung

Wie aber kommt das Thema »Beziehung« in Beratungssituationen zum Tragen? Wie ich noch erläutern werde, hängt dies sehr davon ab, welchem Ansatz der Berater folgt, denn hierin sind große Unterschiede zwischen verschiedenen Beratungsansätzen und Herangehensweisen zu entdecken. Allgemein kann man aber schon feststellen, dass »Beziehung« auf zweierlei Weise »zum Thema« in Beratung wird: Einmal in der Beziehung zwischen Berater und Klient (beides auch in der Mehrzahl als Beziehung zwischen Beratungsteam und Klientengruppe); diese Beziehung entsteht immer und beeinflusst daher auch das Beratungsgeschehen ständig mit. Zum anderen sind Schwierigkeiten und Störungen in alltäglichen Beziehungen sehr häufig Anlass für die In-Anspruch-Nahme von Beratung oder sie verstecken sich hinter anderen Problemen, die der Klient zur Sprache bringt.

Ständige Wirkung von Beziehungen

Darüber hinaus kann man davon ausgehen, dass die Beziehungsschwierigkeiten der Klientin in der Beratungssituation auch dann wirksam und daher unmittelbar erlebbar werden können, wenn sie nicht Thema des Beratungsgesprächs sind. Dieses Phänomen kann vom Berater genutzt werden, je nach seinem Ansatz und seiner Vorgehensweise. Einige Beispiele mögen diese »Isomorphie« von alltäglichen Beziehungsmustern und Beziehungsphänomenen in der Beratung verdeutlichen: Bei Klienten, die im Alltag oft Kontaktängste oder -schwierigkeiten haben, werden sich diese auch gegenüber dem Berater in irgend einer Weise zeigen, allerdings meist unbewusst. Oder: Klienten, die gelernt haben, Beziehung vor allem als eine Konkurrenz- oder Kampfangelegenheit zu begreifen, werden besonders forsch oder aggressiv auftreten oder sich vielleicht auch gegenteilig zu ihren üblichen Gewohnheiten, also eher zaghaft oder unterwürfig, verhalten. All dies kann sehr subtil erfolgen und ist vielleicht nur für das geübte Gespür oder Auge erkennbar – in jedem Fall aber wirkt es. Der Berater reagiert auf diese Beziehungsangebote in der einen oder anderen Weise – und er sendet auch selbst welche aus, und daraus kann sich leicht eine Störung oder Verwicklung oder ungute Kollusion ergeben. Der Berater muss sich also seiner eigenen Beziehungsgewohnheiten, -empfänglichkeiten und -empfindlichkeiten bewusst werden können. Denn Störungen in der Berater-Klient-Beziehung führen in fast allen Fällen zu Schwierigkeiten in der inhaltlichen Beratungsarbeit. Diese Annahme ist zwar empirisch kaum nachzuweisen, aber ich würde ihr trotzdem fast generelle Gültigkeit zusprechen. In der Themenzentrierten Interaktion fand diese Erfah-

Gestörte Beratungsbeziehung

rung ihren Niederschlag im »Störungs-Prioritäts-Prinzip«: Wann immer Störungen im Beziehungsgeschehen auftauchen, müssen sie soweit bereinigt werden, dass die inhaltliche Arbeit schadlos weitergeführt werden kann (Cohn 1975, S. 122 f.). Dies mag erst einmal als Beleg dafür genügen, dass die Entwicklung der eigenen Beziehungskompetenz und des eigenen Beziehungsbewusstseins zu den unverzichtbaren Elementen einer Beratungsausbildung (wie überhaupt einer pädagogischen Ausbildung) zählen müsste.

Beziehung in verschiedenen Beratungsansätzen und -feldern

Nicht einmal, wenn ich mich von einer Finanzbeamtin beraten lasse, welche Lohnsteuerklasse am günstigsten sei, ist die Beziehung, die in diesem Beratungsgespräch zur Wirkung kommt, ganz bedeutungslos. Aber natürlich ist die Sachkompetenz dieser Beraterin in jedem Fall wichtiger als ihre Beziehungskompetenz. Anders, wenn ich mich wegen eines Ehekonflikts beraten lassen möchte. Das heißt, dass die Berater-Klient-Beziehung eine umso größere Rolle spielt, je mehr sie sich von der reinen Informationsweitergabe zu beruflich oder persönlich bedeutsamen Themen hin bewegt (Abb. 2). Je intensiver sich Berater also mit Problemen der Lebenswelt des Klienten zu beschäftigen haben, desto mehr werden sie zu »Beziehungsarbeitern«.

Unterschiedliche Bedeutung von Beziehung

Dabei spielt auch eine Rolle, dass professionelle Beratung heute teilweise Funktionen übernimmt, die früher bei Großfamilien, reli-

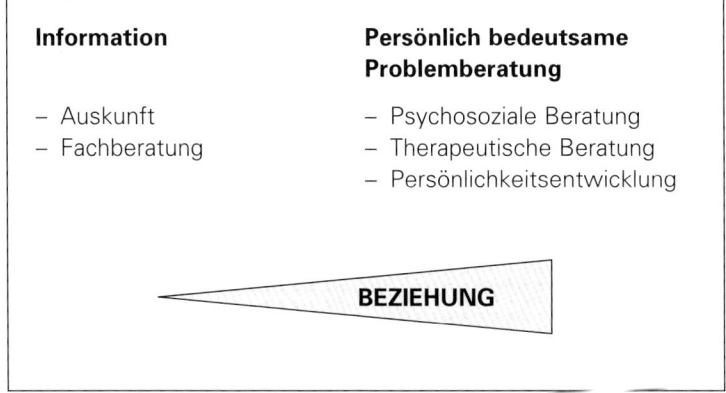

Abb. 2: Die Bedeutung der Beziehung in Beratungskontexten

giösen Gemeinschaften und Gemeinden lagen; Beratung und Therapie ersetzen also teilweise sowohl die Einbindung der Menschen in soziale Netze als auch die traditionellen »Beraterrollen« in diesen Gemeinschaften (Pastoren, Hausärzte, Lehrer, Onkel, Tanten und Großeltern).

Kompensation der Beziehungskälte durch Beratung

Auch ist oft die Rede davon, dass die Überschwemmung mit vielfältigen, aber meist unverbindlichen und kurzfristigen Beziehungsangeboten durch moderne Kommunikationsmittel und die globale Vernetzung ein Defizit an vertrauensvollen und unterstützenden Beziehungen erzeugt, das durch Beratung, Therapie und Gruppenkulturen wenigstens teilweise kompensiert werden muss.

Darüber hinaus ist die Bedeutung von Beziehungen in jedem Fall auch anthropologisch bedingt: Wir sind »von Natur aus« Beziehungswesen, die sich vor allem durch Sprache verwirklichen, die ja letztlich nur in Beziehungen erlernt werden kann und der Verständigung in Beziehungen dient. Daneben gilt aber auch die existentialphilosophische Erkenntnis, dass der Mensch in existentieller Isolation gefangen ist, sich seine eigene, einzigartige Wirklichkeit schafft, die er nur teilweise mit anderen teilen kann und will (Yalom 1989, S. 430 ff.). Wir leben also in einem sich ständig verändernden Spannungsfeld von Eingebundensein und Zugehörigkeit (*Interdependenz*) auf der einen Seite und Eigenständigkeit und Isolation (*Autonomie*) auf der anderen Seite (Gremmler-Fuhr 2001, S. 408 f.):

Zugehörigkeit ◄————————► **Eigenständigkeit**

Dieses unauflösbare Spannungsfeld wirkt auch in Beratungssituationen. Zum einen wird es in der Beziehung zwischen Beraterin und Klientin wirksam: Aus der Klientenperspektive geht es darum, inwieweit sich diese auf die Beraterin einlassen kann und will, wie viel Eigenständigkeit diese von ihr fordert oder ihr lässt; aus der Beraterperspektive geht es darum, wie sehr sich diese in die Klientin hineinfühlen und -fantasieren, aber wie gut sie sich auch abgrenzen kann z.B. gegenüber dem Leiden der Klientin oder deren Tendenzen, sie im Hinblick auf alltägliche Konfliktsituationen auf ihre Seite ziehen zu lassen.

Spannungsfelder

Wenn ich die Rolle, die Beziehung in den verschiedenen Beratungsansätzen (siehe auch Krause et al., »Ausgewählte Beratungsansätze« in diesem Band) spielt, überprüfe, komme ich zu vier Stufen der Bedeutsamkeit und des Anspruchsniveaus von Berater-Klient-Beziehungen; sie reichen vom funktionalen Arbeitsbündnis über das Sich-Aufeinander-Einlassen von Berater und Klienten(systems) über die »normative« dialogische Beziehung bis hin zu einer »integralen« dialogischen Beziehung (Gremmler-Fuhr 2001, S. 393 ff.).

Stufe 1: Das Arbeitsbündnis

In allen mir bekannten Beratungsansätzen wird eine gute *Arbeitsbeziehung* als grundlegend erachtet. Das heißt, dass die Rollen klar sind, die vertraglichen Bedingungen geklärt und ebenso eingehalten werden wie Vereinbarungen wie beispielsweise das Vertraulichkeitsgebot. Unausgesprochen gilt auch, dass ethische Mindeststandards beachtet werden müssen, also etwa der Schutz vor Missbrauch aller Art. Dieses »Arbeitsbündnis« muss in einigen Beratungssituationen allerdings erst mühsam hergestellt werden, etwa wenn die Beratung nicht ganz freiwillig erfolgt, sondern nur die weniger schlechte Alternative zu einem Gefängnisaufenthalt bei Straftätern darstellt, oder wenn ein Mitarbeiter vom Chef zur Beratung geschickt wird, weil seine Arbeitsleistung nachlässt und er ihm noch eine Chance geben will.

Stufe 2: Sich-Aufeinander-Einlassen

Besteht also hinsichtlich der Bedeutung des Arbeitsbündnisses noch Konsens, werden die Unterschiede zwischen den verschiedenen Beratungsansätzen schon deutlicher, wenn es um die *Qualität* der Beziehung geht, die angestrebt werden soll. Für alle strategischen Beratungsansätze, die die Lösungsorientierung in den Vordergrund stellen,[6] gilt ausgesprochen oder unausgesprochen die Maxime, dass sich die Klientin (immer ist auch ggf. ein Klientensystem gemeint) auf die Kompetenz des Beraters einlassen können sollte, und in eingeschränktem Maß gilt dies auch umgekehrt: der Berater muss sich auf durch Zugewandtheit und Konzentration auf die Klientin einlassen. Dies gilt bei selbstorganisierten Beratungen (kollegiale Supervisionen) dann entsprechend auch für die jeweiligen Leiter des Beratungsgesprächs. Dieses Sich-Einlassen kann einerseits über die Präsenz des Beraters vermittelt werden, der dazu einlädt, oder auch durch spezielle Methoden und Techniken etwa der Tranceinduktion, die (mit dem Einverständnis des Klienten) eingesetzt werden. Auch Beratungsansätze, die sich an der klassischen psychoanalytischen Tradition orientieren, würde ich hier einreihen: Der Klient wird eingeladen, den Berater als Übertragungsobjekt zu nutzen, um auf diese Weise an sei-

Strategische Beratungsansätze

Übertragungs-beziehung

---

6   vgl. Fuhr, R., Beratungsansätze unter vier Perspektiven der Wirklichkeit, in diesem Band.

ne Einstellungen, Ängste und Gefühle auf andere Bezugspersonen zu kommen und sie in der Beratung bearbeiten zu können. Die Person des Beraters bleibt dabei allerdings außen vor, d.h. er bringt sich nicht persönlich, sondern nur als Experte und deutend in den Prozess (etwa in einer Gruppenberatung) ein.

Stufe 3: Normative dialogische Beziehung
Eine dritte Stufe der Bedeutsamkeit der Berater-Klient-Beziehung für das unmittelbare Beratungsgeschehen wird in der klienten- oder person-zentrierten Beratung nach Carl R. Rogers deutlich. Beraterin und Klientin gehen hier – der Intention nach – eine sehr vertrauensvolle und gleichberechtigte Beziehung ein. Die Beraterin begegnet der Klientin auf gleicher Ebene mit vorbehaltloser Zuwendung, Akzeptanz und Authentizität und versucht dadurch einen Beziehungsprozess in Gang zu setzen, bei dem die Resourcen der Klientin zur Problembewältigung freigesetzt werden. Die Beraterin *folgt* dabei der Klientin, weder treibt sie sie also an, noch geht sie ihr voraus.

Klientenzentrierte Beratung

Ich nenne diese Vorgehensweise normativ-dialogisch, weil die Person des Beraters dabei den normativen Vorgaben dialogischer Verhaltensweise folgt (vgl. Hartkemeyer & Dhority 1998, S. 78 ff.): Der Berater hört akzeptierend zu, enthält sich jeder Deutung, suspendiert seine Bewertungen und akzeptiert den Klienten bedingungslos. Darauf baut auch generell das grundlegende Beziehungsverständnis humanistisch-psychologischer Beratungs- und Therapieansätze auf.

Stufe 4: Integraler Dialog
Im Hinblick auf die Gestaltung der Berater-Klient-Beziehung ist diese vierte Stufe der Beziehungsqualität am anspruchsvollsten und in Beratungskontexten wohl auch nur in Ansätzen realisierbar. Die normativ-dialogische Verhaltensweise des Beraters wird hierbei insofern transzendiert, als er sich selbst auch als personales Gegenüber der Klientin mit abweichenden Einstellungen und Beurteilungen zeigt. Natürlich gilt jedoch auch hier, dass der Berater die Klientin vollständig in ihrer Existenz akzeptiert und bestätigt, dabei aber durchaus auch andere Sichtweisen der Klientin gegenüber vertreten kann. Dies schließt sogar die Möglichkeit ein, den Dialog auch einmal abzubrechen.

Personzentrierte Beratung

Exkurs: »Dialog«

Da es sich bei »Dialog« zwar um ein traditionsreiches, gleichwohl wenig verbreitetes Verständnis von Kommunikation und Beziehung handelt, will ich es in einem kurzen Exkurs zusammenfassen (vgl. auch Gremmler-Fuhr 2001; Fuhr & Gremmler-Fuhr 2002). Mit »Dialog« meine ich, wie schon angedeutet, eine besondere Kommunikations- und Beziehungsqualität – wenngleich der Begriff auch für Gespräche jeder Art, etwa in der Politik, verwendet wird.

Einer der wichtigsten geistigen Väter des Dialogs war Martin Buber, der als Religionsphilosoph an der Universität Frankfurt lehrte, bis er 1935 nach Israel auswandern musste und dort bis 1951 tätig war. In seiner Philosophie des Dialogs unterschied Buber zwischen einer *Ich-Du-* und einer *Ich-Es-Beziehung*. In einer Ich-Es-Beziehung *behandeln* wir den anderen, wir betrachten ihn als Objekt, als ein Es. In einer Ich-Du-Beziehung dagegen begegnen sich Personen, die sich als eigenständige Wesen gegenseitig respektieren und überdies ein »Zwischen« schaffen, das mehr und etwas qualitativ anderes ist als die beiden Beziehungen der sich begegnenden Personen zueinander – es transzendiert die Personen der Beteiligten. Keine Beraterin (und keine Klientin) kommt allerdings ohne einen Anteil an Ich-Es-Beziehung aus.[7]

Begegnung im »Zwischen«

Zur Einstimmung in das Bubersche Beziehungsverständnis zitiere ich einige Aussagen Bubers in der ihm eigenen archaischen und poetischen Sprache:

> Beziehung ist Gegenseitigkeit [...]
> Stehe ich einem Menschen gegenüber, spreche das Grundwort Ich-Du zu ihm, ist er kein Ding unter Dingen und nicht aus Dingen bestehend. [...]
> Beziehung kann bestehn, auch wenn der Mensch, zu dem ich Du sage, in seiner Erfahrung es nicht vernimmt. Denn Du ist mehr, als Es weiß. Du tut mehr, und ihm widerfährt mehr, als Es weiß. Hierher langt kein Trug: hier ist die Wiege des wirklichen Lebens. [...]
> Ich werde am Du; Ich werdend spreche ich Du.
> Alles wirkliche Leben ist Begegnung.

(Buber 1923)

Die Merkmale einer dialogischen Beziehung können (aus Beraterperspektive) leicht aufgezählt werden, sind aber schwer zu erfüllen und setzten im Allgemeinen langjährige persönliche Lernprozesse voraus:

---

[7] Dies ist besonders dann der Fall, wenn der Berater den Klienten im herkömmlichen Sinn diagnostiziert wie ein Arzt seine Patienten.

Merkmale dialogischer Beziehung

- Ich muss neugierig auf den Anderen sein können und auf sein Werden; und ich muss gleichzeitig auch neugierig sein können auf mich selbst in Beziehung zum Anderen.
- Ich habe Respekt vor dem Anderen, was aber nicht damit zu verwechseln ist, dass ich alles gut heißen müsste, wie der Andere ist und was er tut; es bedeutet auch nicht, dass ich den anderen lieben müsste oder mich nicht ihm gegenüber nicht auch abgrenzen dürfte, wo ich es für wichtig und notwendig halte.
- Ich behandle den Anderen immer als ganze Person in seiner existentiellen Situation, ganz gleich welches Thema oder welcher Sachverhalt gerade im Vordergrund unserer Arbeit steht.
- Ich kann dem anderen zuhören und ihn da, wo er ist, existentiell bestätigen; meine Bewertungen suspendiere ich derweil.
- Ich nehme mir Zeit mit dem Anderen und für den Anderen, d.h. ich reagiere in der Regel nicht impulsiv, sondern nachdenklich und selektiv authentisch; das ist nicht zu verwechseln mit Kontrolliertheit und fehlender Spontaneität.
- Ich kann Widersprüche und Gegensätze mit dem Anderen aushalten und auch stehen lassen.
- Bei konflikthaften Gegensätzen können wir gemeinsame Lösungen finden, die unsere Gegensätze transzendieren und besser sind, als unsere jeweils bevorzugten individuellen Lösungen; dies ist nicht zu verwechseln mit Kompromissen, bei denen jeder ein Stück nachgibt.
- Ich bin in der Lage, mir meiner selbst, meines Gegenübers und des Prozesses zwischen uns jeder Zeit bewusst zu werden; d.h. ich kann mich disidentifizieren und von meinen Selbstidentifikationen loslassen.

normativer versus integraler Dialog

Der Unterschied zwischen dem normativen und dem integralen Dialog kann an einer historischen Begegnung zwischen Carl R. Rogers und Martin Buber im Jahr 1957 (Buber & Rogers 1997) deutlich werden. Während Rogers für die völlige Gleichberechtigung und Gleichwertigkeit der Beziehung zwischen Berater/Therapeut und Klient plädiert, macht Buber geltend, dass es eine zweite Ebene der Beziehung gibt, bei der die »Gegenseitigkeit« nicht gewährleistet werden kann und soll: Der Berater handelt im Interesse der Klientin und stellt seine persönlichen Anliegen zurück (»Umfassung«), gleichzeitig lässt er sich jedoch auf eine intensive personale Beziehung mit der Klientin ein, wobei *zwischen* Berater und Klientin ein kreativer Raum und eine gemeinsam geschaffene Wirklichkeit entstehen kann. Durch die »Umfassung« von Seiten des Beraters entsteht nach Buber die »eingeschränkte Gegenseitigkeit« jeder pädagogischen Beziehung (Gremmler-Fuhr 2001, S. 411). Zu dieser Zeit plädierte Rogers also noch eher für einen normativen Dialog seitens des Beraters, während Buber schon für den integralen Dialog einsteht, der nicht nur auf Wohlwollen und Gleichwertigkeit gegründet ist, sondern gleichzeitig hierarchische Unterschiede sieht, und daher umfassender ist.[8]

eingeschränkte Gegenseitigkeit

Beratungsansätze, die diesen integralen Dialog zu verwirklichen suchen, setzen auf die heilende Kraft zwischenmenschlicher Beziehung, eine Annahme, die viele bekannte Therapeuten, Berater und Beziehungsforscher über viele Jahrzehnte hinweg nachhaltig vertreten haben, die aber im Zuge der einseitigen Effizienzorientierung in der Beratung fast in Vergessenheit geraten zu sein scheint (Friedman 1987; L. Perls 1989 ; siehe auch Fuhr & Gremmler-Fuhr 1991).

Beziehungslernen

Am Schluss dieser Reflexionen über die Berater-Klient-Beziehung möchte ich der Frage nachgehen, inwieweit Beziehungskompetenzen und -einstellungen gelehrt und gelernt werden können. Das anfangs erwähnte Fehlen von curricularen Angeboten zu dieser Thematik in unseren Ausbildungsgängen könnte zu der Annahme verleiten, dass »Beziehung« eine Begabung sei, die man hat oder nicht. Aber von einer ähnlichen Annahme ging man früher auch bei Pädagogen aus: entweder man sei ein geborener Lehrer oder nicht ...

Bedenken sind dennoch angebracht. »Beziehungslernen«, also das Erlernen von Einstellungen, Haltungen, Kompetenzen und Verhaltensweisen, die für die Gestaltung von professionellen (und natürlich auch persönlichen) Beziehungen konstruktiv und förderlich sind, lassen sich nicht in gleicher Weise vermitteln und erwerben wie Beratungsmethoden und Techniken und schon gar nicht wie Theorien und Konzepte. Beziehungslernen erfasst die ganze Person und ist tief in ihrer Geschichte und ihren Lebenserfahrungen verankert. Beziehungslernen lässt sich überdies nicht in gleicher Weise überprüfen und bewerten wie kognitive Leistungen oder Fertigkeiten. Daher gehe ich davon aus, dass die Dimensionen zwischenmenschlicher Beziehungen in unseren Bildungsinsti-

»Beziehungslernen erfasst die ganze Person«

---

[8] Rogers hat seine Auffassung insofern modifiziert, als er gegen Ende seines Lebens dafür plädierte, dass »Authentizität« die wichtigste seiner Variablen sei. Damit sind dann auch Gegensätze und (hierarchische) Unterschiede zwischen Therapeut und Klient im Dialog möglich und wahrscheinlich.

tutionen nur sehr eingeschränkt in curricularer Weise verwirklicht werden können. Sicher ließen sich Seminarreihen zu Beziehungstheorien vorstellen (wenn es sie denn gäbe), auch könnten Beziehungen mit Hilfe qualitativer Methoden der Sozialforschung untersucht werden, aber ob dabei tatsächlich das für Beratung erforderliche Beziehungslernen stattfinden kann, bleibt fraglich. Am ehesten gelänge dies noch, wenn die Lehrenden sich selbst als Beziehungslernende verstehen und Praxislernen zu dieser Thematik anbieten könnten.

Beziehungslernen in Zusatzausbildungen

Damit aber bleibt die Förderung von Beziehungskompetenzen für professionelle Beratung überwiegend eine persönliche Angelegenheit angehender Beraterinnen und eine Aufgabe von Zusatzausbildungen auf dem freien Markt, die Beziehungskompetenzen vermitteln und vielleicht sogar dialogische Prinzipien verfolgen. In diesem Fall hat es sich als notwendig erwiesen, dass die Trainees in einem überschaubaren Beziehungskontext, also in übersichtlichen und kontinuierlichen Gruppen (von 12-14 Teilnehmenden) über längere Zeit mit Trainern arbeiten können; diese Trainer müssen selbst Modelle für die Arbeit in der Beziehung sein und die Gruppenmitglieder anleiten können, untereinander Beziehungsarbeit zu leisten.

Die technischen Voraussetzungen für die Herstellung eines Arbeitsbündnisses (Stufe 1) und Methoden und Techniken, die das Sich-Aufeinander-Einlassen fördern (Stufe 2), lassen dagegen relativ einfach lernen. Ob sie dann überzeugend in der Praxis eingesetzt werden können, hängt dagegen wieder davon ab, ob die angehenden Berater sich aus eigenem Anstoß persönlichen Prozessen des Beziehungslernens unterziehen oder diese Methoden und Techniken nur unbeteiligt anwenden.

Technische und curriculare Möglichkeiten

So gibt es zunächst einmal Möglichkeiten, an Kommunikationstrainings aller Art teilzunehmen. Hier werden meist hilfreiche Formen der Kommunikation eingeübt und Konfliktlösungsstrategien erarbeitet. Dazu gehört biespielsweise auch das Einüben des »aktiven Zuhörens«, das auf eine sehr technische Weise praktiziert werden kann, das aber auch eine hohe Kunst darstellen kann. Jedenfalls gehört »aktives, fokussierendes Zuhören« (nach der klientenzentrierten Gesprächsführung) m.E. zur »Grundausstattung« jeden Beraters. Auch in vielen Selbsterfahrungsgruppen – nach welchem Verfahren auch immer – spielt Beziehungslernen eine Rolle. Hier ist es möglich, seine eigenen »Beziehungsmacken« kennen zu lernen und mit anderen kommunikativen und beziehungsmäßigen Einstellungen, Haltungen und Verhaltensweisen zu üben. Und schließlich gibt es immer die Möglichkeit für angehende und praktizierende Beraterinnen, selbst in Therapie zu gehen und/oder an Supervisionen teilzunehmen, in denen das Beziehungslernen als wichtige Aufgabe angesehen wird.

So wichtig aber auch jedes Training, jede Selbsterfahrung, Therapie und Supervision sein mögen, erfahrungsgemäß reichen selbst diese für ein professionelles Beziehungslernen auf die Dauer nicht aus. Hinzu kommen müsste einerseits eine ernsthaftere Beschäftigung der Pädagogik und der Wissenschaft mit dem Phänomen »Beziehung«, damit die Orientierung in diesem komplexen Lernfeld erleichtert wird und es aus der Ecke vernachlässigter, aber existentiell wichtiger Themen herausgeholt wird. Andererseits müssen wir uns zugestehen, dass Beziehungslernen eine lebenslange Aufgabe bleibt, die der immer wiederkehrenden Anregung und Unterstützung durch Mentoren und Supervisoren ebenso bedarf wie der durch Beziehungspartner im Alltag. Allerdings ist dies auch eine der faszinierendsten lebenslangen Lernherausforderungen, die ich kenne.

»Beziehung« als lebenslange Aufgabe

Literatur

Bateson, G. (1981): Ökologie des Geistes. Frankfurt a.M: Suhrkamp.

Bauriedl, T. (1984): Beziehungsanalyse. Frankfurt a.M.: Suhrkamp.

Bauriedl, T. (1994): Auch ohne Couch: Psychoanalyse als Beziehungstheorie und ihre Anwendungen. Stuttgart: Klett-Cotta.

Boszormenyi-Nagy, I., Krasner, B. (1986): Between Give and Take. New York: Brunner & Mazel.

Brandl-Nebehay, A. (1995): Die therapeutische Beziehung in der systemischen Therapie. Psychotherapie Forum, Heft 3, 147-158.

Buber, M., Rogers, C. R. (1997): Dialogue. A New Transcript with Commentary. Albany: State University of New York Press.

Buber, M. (1983): Ich und Du. Heidelberg: Schneider.

Cashdan, S. (1990): Sie sind ein Teil von mir. Objektbeziehungstheorie in der Psychotherapie. Köln: Edition Humanistische Psychologie.

Fuhr, R., Gremmler-Fuhr, M. (1991): Dialogische Beratung. Person, Beziehung, Ganzheit. Köln: Edition Humanistische Psychologie.

Fuhr, R., Gremmler-Fuhr, M. (2002): Gestalt-Ansatz. Köln: Edition Humanistische Psychologie.

Fuhr, R., Gremmler-Fuhr, M. (2002): Kommunikation und Persönlichkeitsentwicklung. In Fuhr, R., Dauber, H. (Hrsg.): Forschung und Praxisentwicklung im Bildungsbereich. Bad Heilbrunn: Klinkhardt (303-342).

Fuhr, R. (2002): The Martin Buber – Carl Rogers Dialogue 1997. Gestalt Review, Heft 1, 67-71.

Gremmler-Fuhr, M. (2001): Dialogische Beziehung in der Gestalttherapie. In Fuhr, R., Sreckovic, M., Gremmler-Fuhr, M. (Hrsg.): Handbuch der Gestalttherapie (393-416). Göttingen: Hogrefe.

Hartkemeyer, M. & J., Dhority, L. F. (1998): Miteinander Denken. Das Geheimnis des Dialogs. Stuttgart: Klett-Cotta.

Kagan, J. (2000): Die drei Grundirrtümer der Psychologie. Weinheim: Beltz.

Osherson, S. (1990): Die ersehnte Begegnung. Köln: Edition Humanistische Psychologie.

Perls, L. (1989): Leben an der Grenze. Essays und Anmerkungen zur Gestalt-Therapie. Köln: Edition Humanistische Psychologie.

Stern, D. (1992): Die Lebenserfahrung des Säuglings. Stuttgart: Klett-Cotta.

Stewart, I., Vann, J. (2000): Transaktionsanalyse. Freiburg: Herder.

Watzlawick, P., Beavin, J. H., Jackson, D. D. (1969): Menschliche Kommunikation. Bern: Huber.

Winnicott, D. W. (1978): Familie und individuelle Entwicklung. München: Kindler.

Yalom, I. (1989): Existentielle Psychotherapie. Köln: Edition Humanistische Psychologie.

Zum Stellenwert von Diagnostik in der Pädagogischen Beratung

Bernd Fittkau

Definitionen

»Diagnose« = »Krankheitserkennung von gr. diágnôsis »unterscheidende Beurteilung, Erkenntnis«
»Diagnostik« = ärztliche Kunst, Krankheiten zu erkennen

Wir halten fest: Es handelt sich hier um einen der Medizin (und dem medizinischen Menschenbild) entlehnten Begriff, der den Fokus der Wahrnehmung auf Krankheiten legt. Mit der Steigerung der diagnostischen Kompetenz wird die Sensibilität für die Unterscheidung zwischen »gesund«- »normal« und »krank«-»unnormal« (meist mit dem defizitorientierten Wahrnehmungsfokus auf »krank«) erhöht.

Medizinisches Menschenbild

Im Rahmen der Entwicklung einer empirischen Pädagogik und den Bildungsreformen der 60-er und 70-er Jahren wurde der diagnostische Fokus auch im Bereich der Pädagogik verstärkt (z.B. Klauer 1978): »Pädagogische Diagnostik im engeren Sinn umfaßt die Diagnostik zum Zweck der Planung und Kontrolle von Lehr- und Lernprozessen, im weiteren Sinn alle diagnostischen Aktivitäten im Zuge von Beratungsaufgaben im Bildungssystem« (Rollett 1976).

Ambivalenzen

Für *psychologische* Diagnostiker und Berater, die sich am medizinischen Modell orientieren, scheint das Verhältnis von Diagnose und Beratung weitgehend geklärt (siehe Bastine 1977; Heller, Heyse 1985). Vermutlich wären meine Ambivalenzen hinsichtlich der Übertragung des medizinisch geprägten Diagnosebegriffes deutlich geringer, wenn die Medizin eine Gesundheits-Wissenschaft und -Kunst wäre und keine Krankheitslehre. Einerseits scheint mir der diagnostische Kernsatz schlüssig:

• »Ohne präzise Diagnose keine treffsichere Therapie«

Andererseits gilt aber auch:

• Durch bestimmte (präzise) Diagnosen (z.B. »schizophren« oder »unintelligent«) werden Menschen in gesellschaftliche Schubladen gepackt, aus denen sie kaum wieder herauskommen, so dass eine erfolgreiche Beratung, Persönlichkeits-Entwicklung oder Therapie dadurch stark behindert werden kann.

Offensichtlich stehe ich mit meinen »Bauchschmerzen« nicht allein. Wolfgang Mutzeck, ein profunder Kenner des pädagogischen Diagnose- und Beratungsfeldes bemerkt dazu kritisch: »Egal ob Förderdiagnostik oder Interventionsdiagnostik, es ist kritisch zu prüfen, ob hinter diesen Etiketten nur eine Verknüpfung bisheriger selektiver Diagnostik und Förderung bzw. Intervention verbirgt, oder ob man mit diesem Ansatz einer Person als Individuum gerechter wird... Die Gefahr besteht, dass sich auch die Förderdiagnostik nur an Normalabweichungen, Differenzen zum Mittelwert einer Bezugsgruppe, an Defiziten etc. orientiert und im Mittelpunkt nicht den Schüler in seinem Umfeld mit seiner Selbst- und Weltsicht, seinen subjektiven Sinnstrukturen, seinen Kompetenzen und Ressourcen sieht... Erst wenn es gelungen ist, ...einen Ansatz zu entwickeln, in dem die individuumsorientierte diagnostische Arbeit und die praktische Förderung eine untrennbare Einheit bilden, und wenn eine solche Konzeption im Alltagshandeln umgesetzt wird, sollte man von einem wirklichen Paradigmenwechsel in der ...Diagnostik sprechen« (Mutzeck 2000, 1)

Paradigmenwechsel in der Diagnostik

Gefahren

Etikettierung und Self-fullfilling-prophecy-Prozesse

Die größte Gefahr von Diagnosen dürfte in der Auslösung und Verstärkung von Etikettierungs- und Stigmatisierungs-Prozessen und entsprechender »Self-fullfilling-prophecy«-(Teufels-) Kreisprozessen liegen. Ich möchte dazu an den sog. »Pygmalion-Effekt« (auch »Rosenthal-Effekt« genannt) erinnern: Kinder, die der Lehrer (durch vermeintliche testdiagnostische Informationen) fälschlicherweise für besonders intelligent hielt, zeigten am Ende des Schuljahres einen messbaren Zuwachs des Intelligenzquotienten. Ratten, deren Versuchsleitern man die (falsche) Information gegeben hatte, ihre Ratten seien von einem »unintelligenten Stamm«, lernten in Labyrinthversuchen deutlich schlechter als Ratten, deren Versuchsleiter (zu Unrecht) annahmen, sie seien von einem »intelligenten Stamm« (siehe Mietzel 1973, 41,170f).

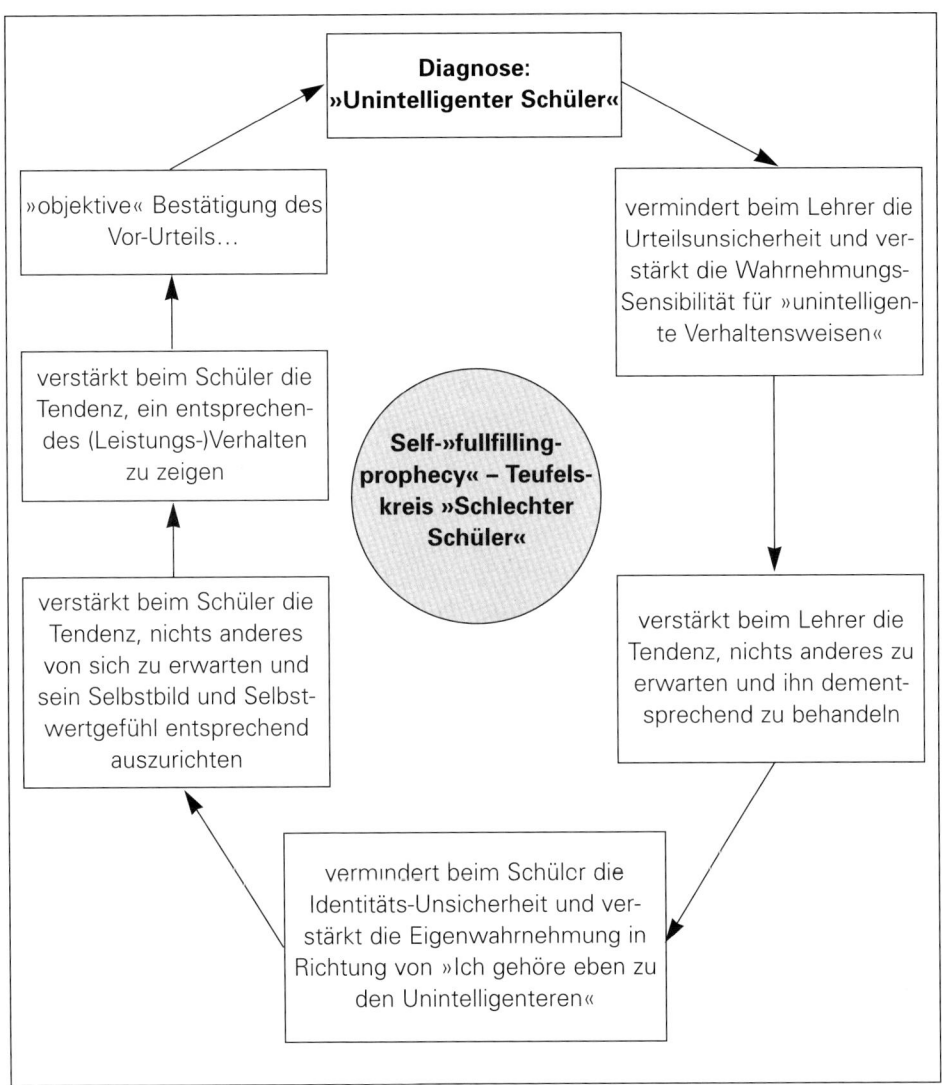

Abb. 1: Gefahren diagnose-initiierter Teufelskreise

Zur Beziehungsbotschaft des Diagnostikers

Ich möchte Sie noch zu einem weiteren kleinen – allerdings stark suggestiven – Eigenexperiment einladen: Werfen Sie dazu einen Blick auf die Abb. 2 und beantworten Sie die dort gestellte Frage.

Abb. 2: »Kennen Sie diesen Blick?«

Vielleicht lautet Ihre Antwort so ähnlich wie »der seelische Röntgenblick des Psychologen«. Psychologen und Psychiatern wird oft als Teil ihrer Berufsrolle eine solche diagnostische Tiefenblick unterstellt. Wie wirkt sich ein solcher »diagnostische Blick« vermutlich auf das Beziehungsverhältnis zwischen Berater und Klient aus? – Und warum? Die allermeisten – vermutlich auch Sie – empfinden spontan einen solchen Blick eher beziehungshemmend und wenig -förderlich.

der »diagnostische Blick«

Die Antwort, die dieses kleine Experiment nahelegt, scheint klar, selbst wenn man den suggestiven Charakter berücksichtigt: Wenn man davon ausgeht, dass die Qualität der Beziehung in der Beratung ein wichtiger Erfolgsfaktor ist, dann ist der mögliche beziehungshemmende Einfluss durch eine starke Diagnoseorientierung als problematisch einzuschätzen für den Beratungserfolg. Die Gründe liegen auf der Hand: Kein Mensch möchte »durchleuchtet« und »durchschaut« werden, ohne dafür einen Auftrag erteilt zu haben. Man erlebt ein solches Verhalten als Eingriff in die Intimsphäre und geht automatisch auf Distanz. Zudem haben viele Personen die Erfahrung gemacht, dass der diagnostische Blick mit der sozialen Funktion von Klassifizierung, Etikettierung und Selektion gekoppelt ist in den Kategorien:

- gesund – krank
- geeignet – ungeeignet
- normal – abweichend etc.

Hier haben Psychologen und Berater ein Problem: Sie können nicht verhindern, dass Ihnen ein solcher »vertrauensstörender Blick« unterstellt wird. BeraterInnen tun deshalb gut daran, von vorn herein dem Klienten deutlich zu machen, dass Diagnosen nur nach Auftrag und in lösungsförderlicher Form angeboten werden.

Diagnosen in der Pädagogik

Die wichtigsten Diagnose-Werkzeuge in der Pädagogik sind die berühmt-berüchtigten Ziffern-Zensuren und -Zeugnisse mit ihren Einschätzskalen von »1« (= sehr gut) bis »6« (= ungenügend). Mit diesen Leistungs-Diagnosen verbinden sich für viele Menschen außerordentlich emotional geladene Erfahrungen von Hoffnung, Erfolg, Angst, Misserfolg, Enttäuschung – von Schmerz, Niederlage, Selbstverachtung bis Selbstwertbestätigung und Triumph. – Warum?

Ziffern-Zensuren, Zeugnisse

Einiges wird klarer, wenn wir uns die drei wichtigsten *gesellschaftlichen Funktionen von Schule* vergegenwärtigen:

1. die Förder- und Qualifizierungs-Funktion
Zensuren sind hier eine grobe, zahlencodierte Form der Rückmeldung, wo wieviel Förderbedarf besteht

Förderfunktion

2. die Sozialisations- und Integrations-Funktion
Zensuren sind hier ein Mess-/Ranking-System und Symbol zur Einübung ins gesellschaftliche Leistungs- und Wettbewerbssystem

Sozialisationsfunktion

3. Die Selektions- und Chancenverteilungs-Funktion
Zensuren dienen hier einem Screening-System zur legitimierbaren Zugangsverteilung zu Bildungschancen und daran gekoppelten Zugangsberechtigungen zu den gesellschaftlich begrenzten Ressourcen und Privilegien.

Selektionsfunktion

Ein Blick auf unsere Schlüsselfrage: Was können wir als pädagogische Berater mit einer Ziffernnote als diagnostische Basis für eine Lernberatung eines Schülers anfangen? Vermutlich herzlich wenig! Am ehesten würde sie uns noch helfen, wenn die Zensur ein Abbild einer *kriteriumsorientierten Leistungsmessung* der folgenden Art wäre:

Kriteriumsorientierung

»1« = »der Schüler beherrscht über 90% des geforderten Lernstoffes«
»2« = ...80-90%..., »3« = ...65-79%..., »4« = ...50-64%...,
»5« = ...35-49%..., »6« = ...weniger als 35%...

Normorientierung

Meist sind aber Ziffernnoten normorientierte Vergleichsmessungen, die sich am Leistungsniveau des Klassendurchschnitts orientieren. Neuere Vergleichsuntersuchungen zeigen, wie bedeutsam diese Normen für den Wert von Zensuren sind: Im internationalen Vergleich erbringen deutsche Schüler nur bestenfalls durchschnittliche Leistungen (siehe die Ergebnisse der jüngsten PISA-Studie 2001)

Vor allem aber die Selektions-Funktion der Noten (Motto: »Die Guten ins Töpfchen, die Schlechten ins Kröpfchen«) macht es notwendig, dass die Zensuren-Diagnosen eigentlich die hohen wissenschaftlich geforderten messtheoretischen Standards erfüllen müssten, die z.B. an psychologische Testverfahren gestellt werden (siehe: Standards für pädagogisches und psychologisches Testen

Objektivität
Zuverlässigkeit
Gültigkeit

1998): Sie sollten *objektiv* sein (d.h. zwei Beurteiler sollten zu demselben Ergebnis kommen), *zuverlässig* (= reliabel) sein (d.h. zu zwei unterschiedlichen Zeitpunkten sollte sich dasselbe Ergebnis zeigen) und vor allem sollten die Diagnosen *gültig* (= valide) sein (d.h. mit dem Diagnoseverfahren sollte wirklich das erfasst werden, was es vorgibt zu erfassen). Zensuren sollten also beispielsweise die zukunftig von den Schülern zu erwartenden Beiträge für die gesellschaftlichen notwendigen Leistungen vorhersagen.

»Fragwürdigkeit
der Zensuren-
gebung«

Ich kann und will hier nicht die Diskussion zur »Fragwürdigkeit der Zensurengebung« wiederholen. Sie ist über 30 Jahre alt, und es hat sich daran m. E. nichts verändert (siehe Ingenkamp 1971; Sternberg 1998). Zensuren erfüllen die wissenschaftlichen Kriterien guter Diagnose-Instrumente nur sehr unzureichend und sind für die Zwecke pädagogischer Beratung zu pauschal und inhaltsleer!

Diagnosen in der Medizin und Psychotherapie

Wir hatten eingangs erwähnt, dass der Begriff der »Diagnose« aus der Medizin stammt. In der Medizin geht es um das höchste Gut, das menschliche Leben. Und sie arbeitet mit (therapeutischen) Mitteln, deren potentielle Nebenwirkungen erheblich sein können. Entsprechend viel wird in diagnostische Verfahren investiert. Mediziner arbeiten nach dem Prinzip »Ohne genaue Diagnose keine Therapie«. – Ob der differential-diagnostische Aufwand immer gerechtfertigt ist angesichts des Fehlens erfolgversprechender Therapieverfahren (z.B. bei bisher unheilbaren Krankheiten) mag strittig sein. Und auch die Fokussierung der Medizin auf die Heilung von Krankheiten, statt auf ihre Vorbeugung (nach dem Motto: »Vorbeugen ist besser als heilen«) ist kritisierbar. Medizin ist in unserer Tradition keine Gesundheitswissenschaft, sondern eher eine Krankheitslehre.

»Vorbeugen ist besser als heilen«

Das eröffnet uns als Pädagogen immerhin die Möglichkeit, Gesundheits-Aufkärung und -Beratung anzubieten. Und die Psychologen können Methoden entwickeln, wie die Selbstheilungskräfte des Organismus über mentale Techniken verbessert werden können (siehe die neue medizinpsychologische Disziplin der Psychoneuroimunologie).

Die Medizin ist die Leitwissenschaft, wenn es um die Heilung von Menschen geht. Entsprechend orientieren sich auch die kassenzugelassenen psychotherapeutischen Verfahren, die Psychoanalyse und Verhaltenstherapie, am diagnoseorientierten medizinischen Behandlungs-Paradigma. – Die humanistisch-psychologischen Therapie- und Beratungsverfahren sind sicher nicht weniger erfolgreich, aber verzichten meist aus oben diskutierten Gründen auf eine gezielte Eingangsdiagnose und beschränken sich auf Prozessdiagnostik. Sicher ist das ein Grund dafür, dass diese Verfahren keine Kassenzulassung als Heilungsverfahren erhalten haben.

Halten wir fest: Der Stellenwert der Diagnose im Bereich der Medizin und ihrer Behandlungsangebote ist extrem hoch. Dieser Einfluss der Medizin bestimmt sicher auch in hohem Maße die Erwartungshaltung der Menschen, wenn sie zum Psychotherapeuten gehen und vermutlich auch, wenn sie einen (pädagogischen) Berater aufsuchen.

Diagnosen in der Beratungs-Forschung

Für die Beratungsforschung scheint mir die Diagnostik dagegen eine Conditio sine qua non, sowohl für die empirische Prozessforschung als auch für die Evaluationsforschung. Denn ohne die praktisch-konkretisierende, »operationale« Definition eines Merkmals ist ein KnowHow-Transfer innerhalb der Wissenschaftsgemeinschaft kaum denkbar (siehe z.B. Schiepek u.a. 2001, Wiegant-Grefe u.a. 2001). Für solche post-hoc-Analysen von Beratung scheint mir Diagnostik unverzichtbar. Ob dadurch Impulse gesetzt werden für die kreative Weiterentwicklung der Pädagogischen Beratungspraxis bleibt offen. Diagnosen in der Forschung fixieren (wegen der Wiederholbarkeitsforderung) eher die Beratungs-Me-

Evaluations-forschung

thoden und -Prozesse und können so ihre Weiterentwicklung behindern. Hier befindet sich der forschende Praktiker in einem Dilemma.

Wir hatten schon mehrfach erwähnt, dass die Klient-Berater-Beziehung wichtig für den Beratungserfolg ist. Wie hat man versucht, die Qualität dieser erfolgsbestimmenden Beziehung diagnostisch zu erfassen?

Beziehungsqualität

Die Berater-Klient-Beziehung steht im Zentrum der »Klientenzentrierten Beratung« von Carl Rogers, einem der großen Persönlichkeiten der Humanistischen Psychologie in den USA. Reinhard Tausch, bei dem ich in meiner hamburger Zeit gelernt habe (und der gerade seinen 80. Geburtstag gefeiert hat), hat diesen Beratungsansatz in Deutschland verbreitet. Rogers und Tausch haben ihr Leben lang die These vertreten und erforscht, dass es eine notwendige und vielfach auch hinreichende Bedingung für eine heilsame Beratung ist, wenn es dem Berater gelingt, durch Einstellung und Verhalten eine Beziehung herzustellen, die durch folgende drei Variablen gekennzeichnet ist:

Wertschätzung
Empathie
Echtheit

(1) Bedingungslose Akzeptanz-Wertschätzung
(2) Empathisches, emotionales Verstehen
(3) Echtheit-Kongruenz

Wie lassen sich diese Merkmale diagnostizieren? Vor allem Reinhard Tausch hat sich bemüht, diese beraterischen Grundhaltungen durch Einschätzungs-Skalen des Beraterverhaltens zu erfassen, um sie der empirischen Erforschung zugänglicher zu machen (Abb. 3).

Ziele Pädagogogischer Beratung

Kommen wir zu einem ersten Zwischenfazit: Pädagogische Berater sollten davon ausgehen, dass sich auch ihr Klientel oft am medizinischen Behandlungsmodell orientiert und entsprechende Erwartungen an den Berater hat, nämlich »Zuerst Problem-Diagnose, dann Beratung!«. Insofern dürften Berater eher einen professionellen Eindruck erzeugen, wenn sie eine Eingangsdiagnose machen. Das kann man als Pädagogischer Berater aber durchaus ambivalent sehen, denn wenn das zentrale Ziel Pädagogischer Beratung »Hilfe zur Selbsthilfe« ist, kann hierdurch eine ungünstige Expertenorientierung beim Klienten erzeugt werden (»Expertenfalle«, Bellardi 1999, 71f.). Wir müssen uns also etwas ausführlicher mit dem Thema »Ziele Pädagogischer Beratung« beschäftigen. Die weiterführende Frage lautet: »Welche Beratungsziele werden durch welche Formen von Diagnose gefördert?«

»Exportfalle«

• Achtung-Wärme-Sorgen einer helfenden Person gegenüber einem anderen

Mißachtung-Kälte-Härte	Achtung-Wärme-Sorgen
• eine Person empfindet Geringschätzung und Mißachtung für den anderen, sie mißbilligt seine Art des Fühlens und Erlebens, sie urteilt ihn nach ihren eigenen Wertmaßstäben ab • sie ist gegenüber dem anderen abweisend, sie lehnt ihn ab, wertet ihn ab, sie mißbraucht ihn, nutzt ihn aus • sie geht mit ihm unfreundlich, herzlos um, sie ist ihm gegenüber unnachsichtig, sie demütigt ihn • sie entmutigt ihn, sie mißtraut ihm • ...... • sie ist ihm gegenüber distanziert, sie verschließt sich ihm, gibt nichts Persönliches von sich preis	• eine Person empfindet Achtung und Wertschät-zung für den anderen, sie akzeptiert seine Art des Fühlens und Erlebens, auch wenn diese ge-gensätzlich zu ihren eigenen Wertmaßstäben ist • sie nimmt Anteil an ihm, sie beachtet ihn, läßt ihn gelten, anerkennt ihn, läßt ihn erfahren, daß er willkommen ist, sie ist ihm zugeneigt • sie geht mit ihm freundlich, herzlich um, sie ist sorgend um ihn bemüht • sie ermutigt ihn, sie vertraut ihm • ...... • sie ist ihm nahe, sie öffnet sich ihm gegenüber, gibt Persönliches von sich preis

deutliche Mißachtung,	.		sowohl als auch		deutliche Achtung, ..
1	2		3	4	5

• Einer helfende Person versteht einfühlend und nicht-wertend die innere Welt eines anderen und läßt ihn das erfahren

Kein einfühlendes Verstehen	Vollständiges einfühlendes Verstehen
• eine Person geht auf die Äußerungen des anderen nicht ein • sie geht nicht auf die vom anderen ausgedrückten oder hinter seinem Verhalten stehenden gefühlsmäßigen Erlebnisinhalte ein • sie versteht den anderen deutlich anders, als dieser sich selbst sieht • sie bemüht sich nicht, die Welt mit den Augen des anderen zu sehen • ...... • ihre Handlungen und Maßnahmen sind nicht der inneren Welt des anderen angemessen, sie gehen an dem Fühlen und den inneren Bedürfnissen des anderen vorbei	• eine Person erfaßt vollständig die vom anderen geäußerten gefühlsmäßigen Erlebnisinhalte und gefühlten Bedeutungen • sie versteht den anderen so, wie dieser sich im Augenblick selbst sieht • sie ist dem anderen dem nahe, was dieser fühlt, denkt und sagt • ...... • sie drückt die vom anderen gefühlten Inhalte und Bedeutungen in tiefgreifenderer Weise aus, als dieser es selbst konnte • ihre Handlungen und Maßnahmen sind dem persönlichen Erleben des anderen angemessen

Kein Verstehen		mäßiges einfühlendes Verstehen		vollständiges Verstehen
1	2	3	4	5

• Echtsein einer helfenden Person gegenüber einem anderen

Unechtsein - Fassadenhaftigkeit	Echtsein - Ohne-Fassade-sein
• eine Person drückt Gegensätzliches zu dem aus, was sie fühlt und denkt • sie gibt sich anders, als sie wirklich ist • sie verhält sich gekünstelt, mechanisch, spielt eine Rolle • sie gibt sich amtlich, professionell, routinemäßig • sie lebt hinter einer Fassade, einem Panzer • ihr ist nicht vertraut, was in ihr vorgeht und setzt sich nicht damit auseinander • sie ist unehrlich sich selbst gegenüber, macht sich etwas vor, vermeidet sie selbst zu sein • ...... • sie drückt keine tiefen gefühlmäßigen Erlebnisse aus	• Ihre Äußerungen entsprechen ihrem Fühlen und Denken • sie gibt sich so, wie sie wirklich ist • sie verhält sich ungekünstelt, natürlich, spielt keine Rolle • sie ist ohne professionelles, routinemäßiges Gehabe • sie ist sie selbst, sie lebt ohne Fassade und Panzer sie ist vertraut mit dem, was in ihr vorgeht und sie setzt sich damit auseinander sie ist aufrichtig und heuchelt nicht • sie ist ehrlich sich selbst gegenüber, macht sich nichts vor, ist bereit, das zu sein, was sie ist • ...... • sie drückt tiefe gefühlsmäßige Erlebnisse aus

deutliche Unechtheit, ..		sowohl als auch		deutliche Echtheit, ..
1	2	3	4	5

Quelle: Tausch, Tausch 1979, 31 ff.

Abb. 3: Klient-Berater-Beziehungs-Diagnose

Das zentrale Ziel Pädagogischer Beratung kann aus meiner Sicht wie folgt beschrieben werden:

Hilfe zur Selbsthilfe und Ressourcenaktivierung von sich selbst organisierenden Systemen (Individuen, Gruppen, Organisationen) zur Verbesserung ihrer Lebens- und Leistungs-Qualität.

Wir gehen also von der prinzipiellen Selbstverantwortung des Menschen aus, also auch davon, dass kein Mensch einem anderen helfen kann, es sei denn dieser andere will es. Damit wir keine »hilflosen Helfer« (Schmidtbauer 1977) werden, brauchen wir einen angemessenen Beratungs-Auftrag vom Klienten, damit wir in unserer Rolle als Dienstleister tätig werden können. Was der Klient sagt, nachdem Sie gefragt haben: »Was führt Sie zu mir?« ist also in diesem Zusammenhang zentral.

Das kann bei unmündigen Kindern und uneinsichtigen Kranken (z.b. Anorexie) durchaus zum Problem werden. In jedem Fall sollte es der erste Schritt einer Beratung sein, Beratungsauftrag und -Zielsetzung mit dem Klienten abzuklären. Wenn sich das als schwierig erweist, sollten wir unser Hilfsangebot als (pädagogische) Berater noch einmal gründlich überdenken.

Bei Klienten vom Typ »Kunde« (» Ich habe folgendes Problem und Ziel.: … Können Sie mich bei der Erreichung dieses Zieles unterstützen?«) ist die Auftragsklärung meist kein Problem. Bei anderen Kliententypen z.B. vom Typ »Klagender« (»Ich leide unter … Die anderen haben Schuld an meinem Leid. Die müssen sich ändern!«) oder vom Typ »Besucher« (»Ich habe kein Problem. Ich bin geschickt worden…«) liegt in der Auftragsklärung eine erste wichtige Beratungs-Herausforderung (siehe Mücke 1998).

Nehmen wir einmal an, Beratungsauftrag und -Ziele sind klar, dann können diese ganz unterschiedlicher Natur sein. Der erste diagnostische Schritt, den ein Berater in diesem Zusammenhang tun sollte, ist die Klärung der Frage: »Ist dieser Klient bei mir richtig aufgehoben? – Oder gibt es andere Institutionen und BeraterInnen, die diesen Auftrag von ihrer Expertise und Persönlichkeit her besser erfüllen können?« Hier spielen immer die Kompetenzen des Beraters, sein Selbstverständnis und die Abgrenzung zu anderen (regionalen) Beratungsangeboten eine Rolle.

Welche Formen von Diagnose können in diesem Sinne nützlich sein?

1. Generell ist zu vermuten, dass der Berater alle die Klienten mit einer Eingangsdiagnose zufrieden stellt, wenn sie mit einer Erwartungshaltung zum Berater kommen, die durch das medizinische Paradigma geprägt ist: »Ohne Diagnose keine erfolgreiche

Beratung«. Für diese Klienten stellt die Diagnose eine positive Ankoppelung an das Klientensystem (i.S.v. *»Pacing«*) dar. Hier muss der Berater allerdings deutlich machen, dass die Ergebnisse der Diagnose lediglich ein Deutungsangebot für die Situation des Klienten ist, das daraufhin zu untersuchen ist, ob es ihm hilft, seine Zielsetzung leichter zu erreichen. Insbesondere muss der Pädagogische Berater dem Klienten deutlich machen, dass er sich nicht in der Rolle einer »Heilungs-Autorität« sieht, weil die Verantwortung des Zielerreichungsprozesses beim Klienten liegt.

»Pacing«

2. Alle ressourcenorientierten diagnostischen Verfahren dürften die lösungsorientierte Motivation und das Selbstwertgefühl des Klienten verbessern, sein aktuelles Ziel eigenmotiviert zu erreichen. (Motto: »Entdecken Sie die Stärken Ihres Kindes – Grosser Test mit Spassfaktor«, FOCUS–Titel 33/01)

ressourcenorientierte Diagnosen

3. Alle klinisch-störungsorientierten Verfahren, die defizitorientiert diagnostizieren (z.B. im Sinne von Krankheitssymptomen, wie

defizitorientierte Diagnosen

Affektlabilität	Gedächtnisstörungen	Minderwertigkeits-	Selbstwertgefühl
Aggressivität	Gefühlskälte	gefühle	übersteigertes oder
Ängstlichkeit	Geltungsdrang	Motorische Koordina-	mangelndes
Antisozialität	Haarausreissen	tionsstörungen	Spielunfähigkeit
Apathie	Hautausschlag,	Nägelkauen	Sprachstörungen
Aufmerksamkeits-	nervöser	Nervösität	Stehlen
störung	Hyperaktivität	Onanie, exzessive	Stimmungs-
Bindungsstörung	Hypochondie	Oppositionelles	schwankungen
Brutalität	Impulsivität	Trotzverhalten	Störungen des
Clownerien	Intoleranz	Perversion	Sozialverhaltens
Daumenlutschen	Interessenlosigkeit	Phobien	Stottern
Depressionen	Kommunikations-	Prostitution	Streitsüchtigkeit
Distanzlosigkeit	schwäche	Pyromanien	Suizidneigung
Drogensucht	Kontaktschwäche	Rechenschwäche	Tierquälerei
Durchfall, nervöser	Legasthenie	Regressivität	Trotz
Elternfeindlichkeit	Lehrerfeindlichkeit	Reizbarkeit	Überangepasstheit
Einzelgängertum	Leistungsschwäche	Renintenz	Überregbarkeit
Enuresis	Leistungsver-	Sadismus	Übergefügigkeit
Essstörungen	weigerung	Schlägereien	Ungehorsam
Euphorie	Lernstörungen	Schulschwänzen	Unselbstständigkeit
Faulheit	Lügen, exzessives	Schwächeanfälle	Unruhe, motorische
Fortlaufen	Manie	Selbstkontrolle,	Verlangsamkeit
Frustrationstoleranz,	Masochismus	geringe	Zerstörungssucht
geringe			Zwangshandlungen

Abb. 4: Auszug aus einer »Symptomliste von Verhaltensstörungen« (nach Myschker)

Angst, Persönlichkeitsschwächen etc.; siehe z.B. Dilling u.a. »Internationale Klassifikation psychischer Störungen ICD-10 der WHO«) sind als problematisch zu bewerten, da sie die Wahrnehmung des Klienten in Richtung seiner Probleme fokussieren und sein Selbstbild in dieser Richtung fesseln können (»Etikettierung«, »Stigmatisierung«, »self-fullfilling-prophecy« – siehe Abb.4: »Symptomliste von Verhaltensstörungen«)

Von der defizitorientierten zu einer ressourcen-aktivierenden Diagnostik

Wenn man nun aber als Berater mit einer solchen defizitorientierten Diagnose oder Selbstsicht – oft erhärtet durch Testergebnisse oder ärztliche Aussagen – von Seiten des Klienten konfrontiert wird, was tun? Der pädagogische Berater kann dies als Chance aufgreifen, um daraus eine ressourcenaktivierende Kraft zu entwickeln.

Ich möchte Ihnen einen solchen ressourcenaktivierenden Prozess einmal beraterisch demonstrieren anhand eines nachgestellten Fallbeispiels:

Jüngere Lehrerin (Klientin K) zur Beraterin: »Ich hab da ein Problem mit der Mutter eines Schülers. Sie beschwert sich immer wieder bei mir als Klassenlehrerin, dass ihre Tochter nicht gerecht behandelt wird. Diese Mutter macht jetzt auch Stimmung bei anderen Eltern und droht auch mit Beschwerden«
Beraterin B: »Das ist eine schwierige Situation für Sie, so angegriffen zu werden, und Ihr guter Ruf wird gefährdet, wenn die Mutter sich jetzt auch noch offiziell beschwert«
K: »Ja, genau und ich merke, wie ich immer aggressiver, aber auch unsicherer werde und anfange, ihre Tochter wie ein rohes Ei zu behandeln«

Wenn die Beraterin jetzt auf die innere Situation der Lehrerin eingeht, z.B. »Sie merken, wie stark Sie emotional reagieren und wie Sie diese Situation innerlich mitnimmt und verunsichert«, dann würde die Beraterin das Gespräch zunehmend in Richtung einer *psychologisch-therapeutischen Beratung* steuern. – Die beratungsmethodisch wichtige Frage ist: Wie kann die Beraterin intervenieren, um das Gespräch in Richtung einer *ressourcenaktivierenden Diagnose und Beratung* zu lenken?

B: »Ich möchte Sie an dieser Stelle gerne fragen: Mit welchen Eltern haben Sie einen Kontakt, wie es besser läuft und wie Sie ihn sich mehr wünschen?«

therapeutische Beratung

ressourcenaktivie-rende Beratung

lösungsorientierte Frage

K: »Da gibt es einige, die rufen mich direkt an, wenn sie unzu-
frieden sind oder sich Sorgen machen…«
B: »Angenommen, diese besonders besorgte und unzufriedene
Mutter würde Sie auch direkt anrufen und den direkten Draht
zu Ihnen suchen, wenn sie sich Sorgen macht, – wie wäre das
für Sie?«
K: »Ja, das wäre die richtige Richtung, aber…«
B: »O.K.. Ich möchte Sie zu einer kleinen Eigendiagnose er-
muntern.
Stellen Sie sich eine Skala von »0« bis »10« vor.   Skalierungsfrage
»0« bedeutet: Die Beziehung zur Mutter ist denkbar schlecht.
»10« bedeutet: Die Beziehung zur Mutter ist denkbar gut.
Welchen Wert würden Sie momentan der Beziehung zu Ihrer
sehr unzufriedenen Mutter geben?«
K: »Na, ja, … ich würde sagen: ungefähr »3«
B: »Aha, ziemlich schlecht, aber es könnte auch noch schlechter
sein. Wie würde sich Ihre Beziehung verändern, wenn diese
Mutter Sie auch direkt anrufen würde? Welchen Wert würden
Sie dann Ihrer Beziehung geben?«
K: »Ich würde sagen vielleicht »4«, könnte aber auch in Rich-
tung »5« geben«
B: »Klingt so, als ob das in die richtige Richtung geht: »4« bis »5«,
statt »3«. Vielleicht können Sie eine entsprechende Verabre-
dung auch mit dieser Mutter hinkriegen. Mein Vorschlag ist,
dass sie bis zu unserem nächsten Gespräch noch weitere Ideen   lösungsorientierte
entwickeln, wie Sie Ihre Beziehung zu dieser Mutter sogar in   Frage, Aufgaben-
Richtung »6« verbessern können. Ich bin neugierig, was Ihnen   stellung
da einfällt. – Wie sehen Sie das?«
K: »Ja, finde ich gut. Aber ich möchte schnell etwas verändern,
bevor es noch schlechter wird.«
B: »Gut, dann sind Sie jetzt vielleicht schon auf einem guten
Weg…«

Anhand dieses Beispiels wird deutlich, wie jeder diagnostische Akt
mit Hilfe von lösungsorientierten Ausnahme-Fragen und Skalie-
rungsfragen unmittelbar in einen lösungs- und ressourcenorientierten, also einen pädagogischen Beratungsprozess, überführt
werden kann.

Es spricht einiges dafür, daß jede konkretisierte und erlebnisak-
tivierende Fokussierung von zielorientierten Zuständen und Zwi-
schenschritten beim Klienten auf seinem Weg zum »Realziel« (z.B.
»8«; Ideal-Ziel =»10«) einen kleinen gesamtorganismischen Zielim-
puls ermöglicht, so dass der aktuell mögliche Zielbereich ständig

zielorientierte
»Sogkräfte«

etwas erweitert wird und eigene organismische Sogkräfte entwickelt. Wenn dieser zielbezogene Sog-Effekt groß genug ist, kann der zielorientierte Veränderungsprozess sich von selbst verstärken: Der Klient wird seinen gesetzten Zielzustand selbstständig und -verantwortlich erreichen und dabei als kompetenter in der eigenen Selbstwahrnehmung aus dem Beratungsprozeß hervorgehen.

Dann wäre das zentrale Ziel jeder pädagogischen Beratung erreicht! In Abb. 5 ist dieser Transformations-Prozess noch einmal bildlich zusammengefasst.

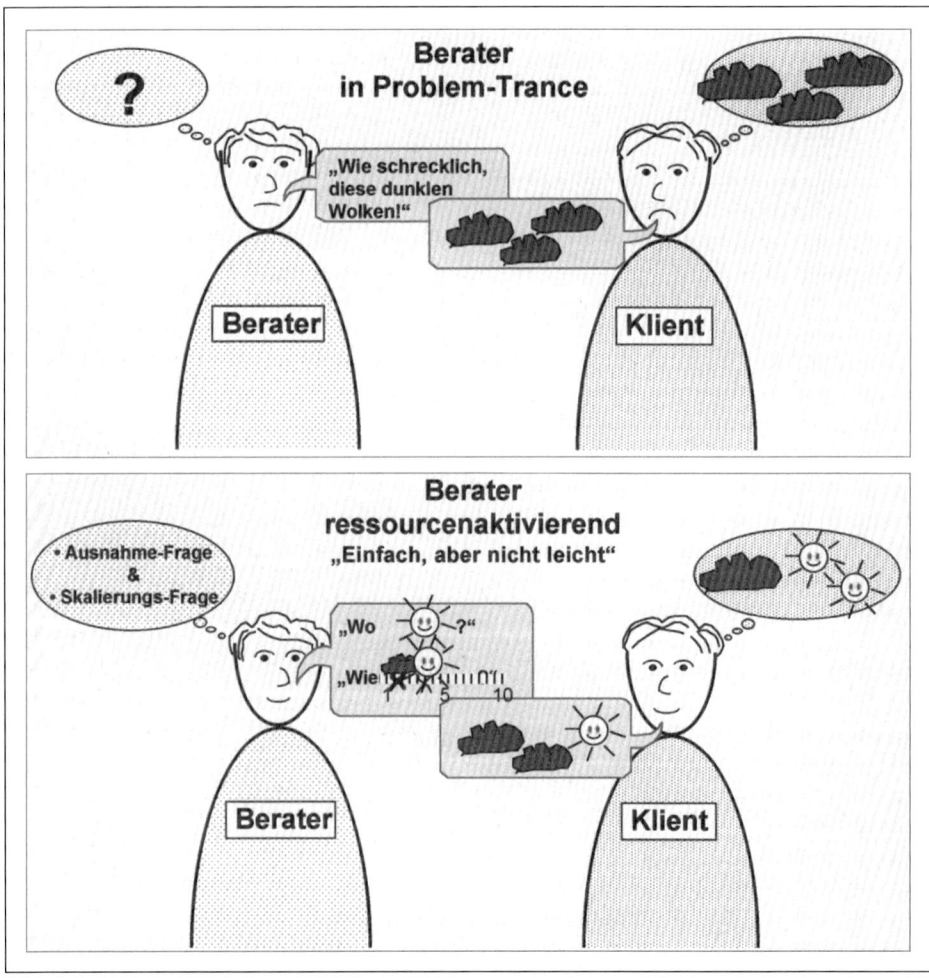

Abb.5: Von der Problemfokussierung zur Ressourcenaktivierung

Eine weitere Möglichkeit, zu einer ressourcenaktivierenden Diagnose- und Beratungsprozess zu kommen, besteht darin, das (defizitorientierte) Diagnose-Instrument ressourcenfokussierend um- »Problem-Trance...«

Bitte rufen Sie sich ein Kind in Erinnerung, dass Sie in der Vergangenheit mit seiner Unruhe häufiger genervt hat. Bitte charakterisieren Sie es dann mit Hilfe des folgenden Fragebogens .

	Ausmaß der Aktivität			
	überhaupt nicht 0	ein wenig 1	ziemlich stark 2	sehr stark 3
1. ist unruhig oder übermässig aktiv				
2. ist erregbar, impulsiv				
3. stört andere Kinder				
4. bringt angefangene Dinge nicht zu einem Ende, kurze Aufmerksamkeitsspanne				
5. ist ständig zappelig				
6. ist unaufmerksam, leicht abgelenkt				
7. Erwartungen müssen umgehend erfüllt werden, ist leicht frustriert				
8. weint leicht und häufig				
9. zeigt schnellen und ausgeprägten Stimmungswechsel				
10. hat Wutausbrüche, explosives und unvorhersagbares Verhalten				

Im Anschluss beantworten Sie sich die Frage, was wohl als erstes geschehen müsste, um eine Änderung zu erreichen. – Danach vollziehen Sie die selben Schritte mit dem folgenden Fragebogen:

	Ausmaß der Aktivität			
	kaum 0	wenig 1	viel 2	sehr viel 3
1. ist angemessen aktiv				
2. kontrolliert Erregung				
3. kooperiert mit anderen Kindern				
4. beendet angefangene Dinge				
5. ist ruhig				
6. ist aufmerksam				
7. kann abwarten				
8. ist fröhlich				
9. zeigt angemessene Stimmung				
10. zeigt Wut angemessen				

Abb. 6: Von der defizitorientierten zur ressourcenaktivierenden Diagnostik (aus Burr, in Vogt-Hillmann, Burr 2000)

zuarbeiten. In seinem Artikel »Schau mal, was schon da ist! – Ressourcenfocussierende Diagnostik« gibt Wolfgang Burr (in Vogt-Hillmann, Burr 2000) hierfür ein schönes Beispiel: Er lädt uns zu folgendem Eigenexperiment ein:

...oder Ressourcenaktivierung?!

Welche unterschiedlichen Wirkungen zeigen sich bei den diagnostizierenden Beratern? Einige Aussagen: »Das Kind war mir sympathischer nach dem 2. Bogen«, » Ich hatte viel mehr Ideen, was man tun könnte« etc. – Wie ging es Ihnen als LeserInnen?

Diagnose-Zeitpunkte im Beratungs-Prozess

Drei Diagnose-Zeitpunkte lassen sich im Beratungsprozesse unterscheiden:

Eingangs-Diagnose

1. *Eingangs-Diagnose* : Sie kann es dem Berater leichter machen,
– sich auf das Klientensystem einzustellen,
– die Stärken des Klienten zu erkennen und das, was ihm fehlt,
– den Klienten dort abzuholen, wo er steht,
– Verständnis zu entwickeln für das, was der Klient braucht, um sich verstanden und akzeptiert zu fühlen,
– die Sprache des Klienten zu sprechen etc.

Für diese Ankopplung an das Klientensystem wird zunehmend der Begriff des »*Pacing*« i.S.v. »ankoppeln ans Klientensystem« benutzt. Im klienten-zentrierten Beratungsgespräch wird das Pacing in beispielhafter Weise durch das »aktive, empathische Zuhören« gesichert.

Prozess-Diagnose

2. *Prozess-Diagnose und -Reflektion* : Das regelmäßiges Reflektieren mit dem Klienten, ob der eingeschlagene Weg zum gewünschten Ziel führt und ob Weg- oder auch Zielkorrekturen und -Ergänzungen (z.B. Abbau von überhöhten Ansprüchen) nötig werden, weist dem Klienten immer wieder die Primärverantwortung für den Beratungsprozeß zu.

Ergebnis-Diagnose

3. *Ergebnis-Diagnose* : Ist das Ziel der Beratung schon in befriedigender Weise erreicht? Kann die Beratung beendet werden? Was hat die Beratung erfolgreich gemacht? Was hat sie ggf. behindert?

Berater sollten darum bemüht sein, die Effekte ihrer Beratung nachzuweisen. Ähnlich wie von Psychotherapeuten könnten zukünftig solche Qualitätsnachweise auch von Beratern gefordert werden. Dazu kann es nützlich sein, mit formellen – möglich ressourcenaktivierenden – Testverfahren Pre-Post-Vergleichsmessun-

gen durchzuführen, um so die Wirkungen des Beratungsprozesses Evaluation
zu evaluieren.

Diagnostische Verfahren und Instrumente in der Pädagogischen Beratung

Die Zahl der Diagnose-Verfahren im pädagogischen und klinisch-psychologischen Raum, den Schnittbereichen der Pädagogischen Beratung, sind kaum überschaubar. Allein im »Testkatalog der Testzentrale Göttingen 2002/03« werden über 750 psychodiagnostische Verfahren angeboten (im Katalog 1998/99 waren es erst »über 650«). Auch die steigende Zahl der Tests in Publikumszeitschriften zeigt das diagnostische Interesse der Öffentlichkeit. – Wie lassen sich diese Verfahren systematisieren?

Folgende Matrix (Abb. 7) dürfte die meisten Diagnoseformen erfassen:

Diagnoseformen	Zielgruppen pädagogischer Beratung			
	Individuen	Familien	Gruppen/Teams	Organisationen
• Beobachtungshilfen	„Beurteilungs- hilfen für Lehrer" (Fittkau ua. 1982)			
• Interview-Leitfragen		„Wirklichkeits- u. Möglichkeits- Konstruktion" (Abb. 8)		
• Einschätz-/Rating- Skalen	„Ratingskalen in der pädag. Beurteilung" (Fittkau 1978)			„Organisations- Kultur-Profil" (Schreyögg 1998, S. 273f.)
• Fragebogen			„Führungs- verteilung im Team" (Abb. 9)	
• Leistungs-Tests	FOCUS 33/01: „Entdecken Sie die Stärken Ihres Kindes"			
• Projektive und kreative Verfahren			„Team- Selbstbilder" (Abb. 10)	

Abb. 7: Diagnoseformen und Zielgruppen Pädagogischer Beratung (mit ausgewählten Beispielen)

Wir wollen zur Veranschaulichung einen kurzen Blick werfen auf einige Diagnose-Verfahren, die im Bereich der Pädagogischen Beratung interessant sein können.

Fragen, die bisher noch nicht verwirklichte Berziehungsmöglichkeiten durchspielen

1. Lösungsorientierte Fragen („Verbesserungsfragen")
1) Fragen nach Ausnahmen vom Problem:
- Wie oft (wie lange, wann) ist das Problem nicht aufgetreten?
- Was haben Sie und andere in diesen Zeiten anders gemacht?
- Wie haben Sie es gesschafft, in diesen Zeiten das Problem nicht auftreten zu lassen?
2) Fragen nach Ressourcen:
- Was möchten Sie in Ihrem Leben gern bewahren, wie es ist?
- Was machen Sie gern, gut?
- Was müssten Sie tun, um mehr davon zu machen?
3) Die Wunderfrage:
- Wenn das Problem plötzlich weg wäre (weil eine Fee Sie geküsst hat, nach einer Operation, durch Gottes Wirken oder aus sonstigen Gründen):
- Was würden Sie am Morgen danach als Erstes anders machen? Was danach?
- Wer wäre am meisten überrascht davon?
- Was würden Sie am meisten vermissen in ihrem Leben, wenn das Problem plötzlich weg wäre?

2. Problemorientierte Fragen („Verschlimmerungsfragen")
- Was müssten Sie tun, um Ihr Problem zu behalten oder zu verewigen oder zu verschlimmern? Was könnte ich/könnten wir tun, um Sie dabei zu unterstützen?
- Wie könnten Sie sich so richtig unglücklich machen, wenn Sie dies wollten?
- Wie könnten die anderen Sie dabei unterstützen? Wie könnten die anderen Sie dazu einladen, es sich schlechtgehen zu lassen?

3. Kombination lösungsorientierter und problemorientierter Fragen
1) Fragen nach dem Nutzen, das Problem (vorläufig) noch zu behalten:
- Wofür wäre es gut, das Problem noch eine Weile zu behalten oder es gelegentlich noch einmal einzuladen?
- Was würde schlechter, wenn das Problem weg wäre?
2) Zukunfts-Zeitpläne:
- Wie lange werden Sie Ihrem Problem noch einen Platz in Ihrer Wohnung gewähren?
- Wann werden Sie es vor die Tür setzen? Wie lange wäre es dafür noch zu früh?
3) Fragen nach einem „bewussten" Rückfall
- Wenn Sie Ihr Problem schon längst verabschiedet hätten, es aber noch einmal „einladen" wollten: Wie könnten Sie das tun?
4) „Als-ob"-Fragen
- Wenn Sie genüber anderen nur so tun wollten, als ob Ihr Problem wieder zurückgekeht wäre, ohne daß es da ist, wie müssten Sie sich verhalten?
- Würden die anderen erkennen, ob Ihr Problem tatsächlich wieder da ist, oder ob Sie nur so tun, als ob?

Quelle: Schlippe, Schweitzer 1997, 147

Abb. 8: Fragen zur Möglichkeitskonstruktion

Im folgenden finden Sie eine Reihe von Führungsfunktionen, die normalerweise eine oder mehreren Personen im Team realisieren. Lesen Sie jede Frage sorgfältig durch, und machen sie ein Kreuz in die Spalte(n), die am genauesten beschreibt, wer diese Aufgaben in Ihrem Team wahrnimmt.

Führungs-Funktionen	niemand so richtig	der Vorge-setzte	Team-Mitgl. (Name)
1. Wer koordiniert die Arbeit der Gruppenmitglieder?			
2. Wer garantiert, daß Entscheidungen getroffen werden?			
3. Wer eröffnet unsere Sitzungen oder schickt uns an die Arbeit?			
4. Wer überprüft, ob Ziele gesetzt sind?			
5. Wer sorgt dafür, daß die Zusammenarbeit klappt?			
6. Wer motiviert uns, wenn wir anfangen sollen oder nicht mehr weiter wissen?			
7. Wer überwacht unsere Arbeit und bemerkt, wenn wir etwas vergessen haben?			
8. Wer schafft Informationen von außen herbei, damit unsere Arbeit relevant bleibt?			
9. Wer vertritt unsere Gruppe bei den anderen?			
10. Wer faßt unsere Diskussionen zusammen und schafft Klarheit?			
11. Wer ermuntert die Mitglieder, ihre Fähigkeiten zu entfalten?			
12. Wer hilft anderen Mitgliedern in schwierigen Situationen?			

Quelle: Francis/Young

Abb. 9: Führungsverteilung im Team

Die potentiell beziehungsschädigende Wirkung von Diagnosen kann im Beratungsprozess teilweise dadurch aufgefangen werden, dass alle diagnostischen Prozesse transparent gehandhabt werden und nicht ohne Auftrag durch den Klienten ablaufen. Die diagnostischen Ergebnisse werden prinzipiell dem Klienten (-System) rückgemeldet, um darüber in ein neuen zielorientierten Dialogprozess einzutreten.

Transparenz

Fazit

Der »Stellenwert der Diagnostik in der Pädagogischen Beratung« kann in dem Maße hoch sein, wie sie dem Klienten auf seinem oft beschwerlichen Weg zur Erreichung seines Entwicklungszieles (z.B. »Lösung seines Problems«) zielführende und ressourcenaktivierenden Impulse gibt (siehe Abb. 11).

Die folgenden Bilder stammen von der Gruppenleiterin und zwei Subteams eines Serviceteams, denen wir die Aufgabe gestellt haben: »Bitte stellen Sie Ihr Team in einem Bild dar«

Abb.10: Team-Selbstbilder

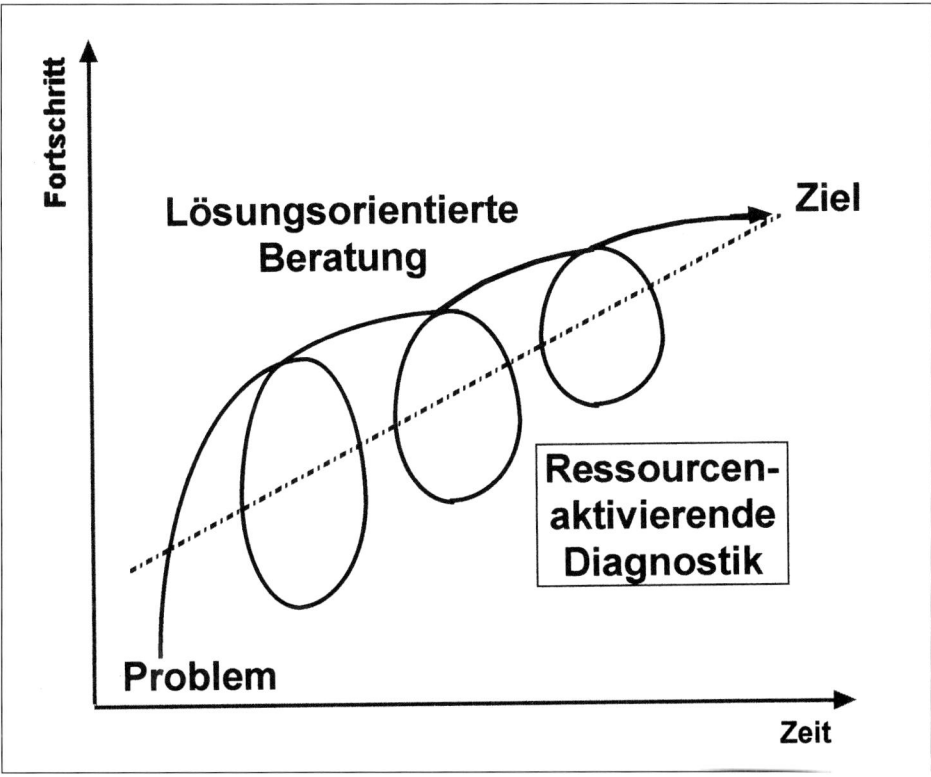

Abb. 11: Zielführende Diagnose und Beratung

Literaturhinweise:

Bastine, I. (1977): Beurteilung und Beurteilungsverfahren (Diagnostik) im Hinblick auf Beratung. In: Hornstein u.a. (Hrsg.): Beratung in der Erziehung, Frankfurt: Fischer.

Bellardi, N. u.a. (1999): Beratung. Weinheim: Beltz.

Fittkau, B. (1978): Ratingskalen in der pädagogischen Beurteilung. In: Klauer, K. J. (Hrsg.): Handbuch der Pädagogischen Diagnostik, Düsseldorf: Schwann, Bd 3, S. 727-747.

Fittkau, B., Rauer, W., Janowski, A. (1982): Beurteilungshilfen für Lehrer. In: Twellmann, W. (Hrsg.): Handbuch Schule und Unterricht, Düsseldorf: Schwann, Bd. 1, S. 178-197.

FOCUS 33/2001: Titel: »Entdecken Sie die Stärken Ihres Kindes«.

Francis, D., Young, D. (1992): Mehr Erfolg im Team. Hamburg: Windmühle.

Harnach-Beck, V. (1997): Psychosoziale Diagnostik in der Jugendhilfe. Weinheim, München: Juventa.

Heller, K., Heyse, H. (Hrsg. 1985): Pädagogisch-psychologische Diagnostik: Beratungsanlässe, Funktionen, Untersuchungsvariablen und Methoden (Studienbrief 3 des Studienblocks II: Pädagogisch-psychologische Diagnostik in der Schulberatung). Basistext des Fernstudiums Ausbildung zum Beratungslehrer. Tübingen: DIFF.

Ingenkamp, K. (Hrsg., 1971): Die Fragwürdigkeit der Zensurengebung. Weinheim: Beltz.

Janowski, A., Fittkau, B., Rauer, W. (1981): Beurteilungshilfen für Lehrer (BFL), Braunschweig: Westermann Test.

Klauer, K. J. (Hrsg., 1978): Handbuch der Pädagogischen Diagnostik (4 Bände), Düsseldorf: Schwann.

Mietzel, G. (1973): Pädagogische Psychologie. Göttingen: Hogrefe.

Mücke, K. (1998): Systemische Beratung und Psychotherapie. Berlin: Ökosysteme Verlag.

Mutzeck, W. (Hrsg, 2000): Förderdiagnostik bei Lern- und Verhaltensstörungen. Weinheim: Deutscher Studien Verlag.

Riemann, F. (1974): Grundformen der Angst. München: Ernst Reinhard.

Rollett, B. (1976): Pädagogische Diagnostik. In: Roth, l. (Hrsg.): Handlexikon zur Erziehungswissenschaft. München: Ehrenwirth.

Schiepek, G., Kröger, F., Eckert, H. (2001): Nichts ist praktischer als eine gute Theorie. In: Kontext 32,4, S.265-289.

Schlippe, A. v., Schweitzer, J. (1997): Lehrbuch der systemischen Therapie und Beratung, Göttingen: Vandenhoeck & Ruprecht.

Schmidbauer, W. (1977): Die hilflosen Helfer. Reinbek: Rowohlt.

Schreyögg, G. (1998): Organisation. Wiesbaden: Gabler, S. 273 f.

Standards für pädagogisches und psychologisches Testen, Diagnostica; 1998, Suppl. 1.

Sternberg, R. J. (1998): Erfolgsintelligenz. München: Lichtenberg.

Tausch, R., Tausch, A.-M. (1979): Gesprächs-Psychotherapie. Göttingen: Hogrefe.

Testkatalog 2002/03 der Testzentrale Göttingen, Göttingen: Hogrefe.

Vogt-Hillmann, M., Burr, W. (Hrsg., 2000): Kinderleichte Lösungen. Dortmund: borgmann.

Wiegant-Grefe, S., Zander, B., Balck, F. (2001): Zur Effektivität Systemischer Therapie. In: Kontext 32,4, S. 290-304.

Phasen des Beratungsprozesses

Heinz-Ulrich Thiel

Ein Problem kann in der professionellen Beratung nur verstanden und bearbeitet werden, wenn man den Prozess in Schritte bzw. Abschnitte aufteilt. Das hier zugrundegelegte, weit verbreitete Phasenmodell ist aus der systemischen Problemlösepsychologie entlehnt. An einem Beispiel – nämlich ›Angst in Seminarsituationen‹ – werden die verschiedenen Phasen illustriert. Diese Vorstellung vom Prozess der Beratung wird um den Gedanken der zirkulären Vernetzung der Phasen und der Existenz von Verlaufszyklen ergänzt. Zum Schluss werden der Sinn sowie die Geschichte von Phaseneinteilungen kurz beleuchtet.

Beratung als phasenorientierter Problemlöseprozess

Pädagogisches Beraten lässt sich allgemein als *Hilfe zum Lösen eines subjektiv bedeutsamen Problems* definieren. Das kann eine Person, eine Gruppe bzw. ein Team oder die Gesamtorganisation betreffen. In dieser groben Ziel- und Funktionsbestimmung haben die meisten Beratungsansätze und -definitionen einen gemeinsamen Nenner (vgl. Brem Gräser 1993, Schwarzer- Posse 1986, S. 634; s. Kapitel von C. Krause in diesem Buch). Dabei kann sich die Beratung auf Schwierigkeiten, Aufgaben oder Herausforderungen in der privaten Lebenswelt (z.B. Erziehung, Partnerschaft, Familie etc.), im beruflichen Bereich (z.B. Führungskonzept, Kooperation und Konflikte in einem Team, Weiterentwicklung der Gesamtorganisation) oder auf den politisch-sozialen Sektor beziehen (Politikberatung; s. Abb. 1: Alltägliche, kollegiale und professionelle Beratung).

> Problemlösehilfe als Ziel jeder Beratung

Dörner (1993) definiert ein Problem durch drei Merkmale: nämlich einen unerwünschten Ausgangszustand (= »Ist-Situation«/ Problembereich), eine gewünschte Veränderung als Ziel (= »Soll-Zustand«/ Zielbereich) und eine Wegstrecke, die überwunden werden muss – also ein u. U. längerer Weg vom ›Hier und Jetzt‹ der Ausgangssituation zum ›Dort und Dann‹ des gewünschten Zielzustandes. Um mit dieser Komplexität und Unsicherheit in einem längerfristigen, risikoreichen Prozess – wie es ein dynamischer Beratungsverlauf darstellt – umgehen zu können, benötigen

> 3 Merkmale eines Problems

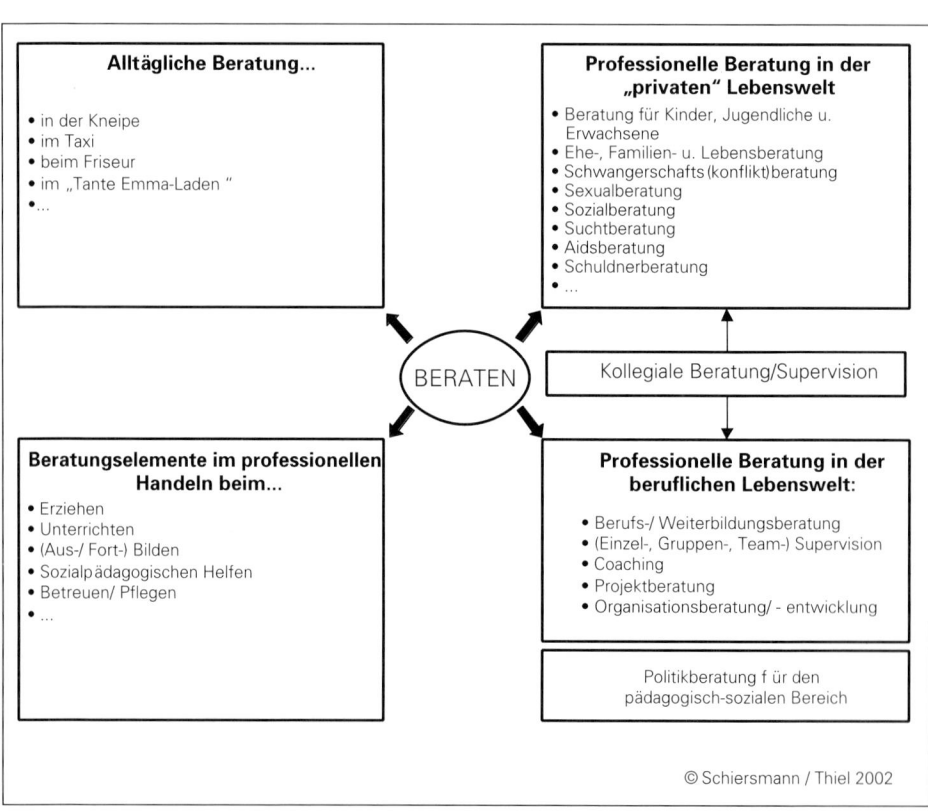

Abb. 1: Alltägliche, kollegiale und professionelle Beratung

die Beteiligten sowohl eine handlungsleitende *Vorstellung vom Gesamtablauf* als auch *Verfahren/ Methoden bzw. Techniken* für die Gestaltung einzelner Abschnitte. Es ist vermutlich einleuchtend, dass eine transparente Ablaufstruktur sowohl für die professionellen BeraterInnen als auch das Klientel einen Orientierungshorizont und eine Verständigungsbasis bildet und dadurch zugleich die Selbsthilfe bzw. Selbstorganisation des Klientel gefördert wird, zumal Veränderungsprozesse tendenziell mit Verunsicherung und Angst einhergehen. Im Vergleich zu Gesprächen mit ›alltäglichen Helfern‹ (beim Friseur, in der Kneipe, im Taxi; vgl. Nestmann 1988) ist eine professionelle Beratung u.a. dadurch charakterisiert, dass sie einen ›Plan‹ besitzt oder eine bildhafte Vorstellung entwickelt hat, in welche inhaltlichen bzw. zeitlichen Abschnitte, Stadien oder Phasen sich der Verlauf einer Beratung strukturieren

Phaseneinteilung als Hilfe für ratsuchende und beratende Person

lässt. Das ist insbesondere notwendig, wenn das Problem komplex ist, das Klientel aus mehreren Personen besteht (z.B. eine Familie oder ein Team) und sich der Prozess über einen längeren Zeitraum erstreckt. Leider fehlen bisher elaborierte Phasenmodelle in pädagogischen und psychologischen Handbüchern der Beratung (vgl. Brem-Gräser 1993, Dietrich 1983). Vergleichsweise ausgefeilte Phaseneinteilungen findet man demgegenüber in den verschiedenen Ansätzen zur kollegialen Supervision insbesondere für LehrerInnen (s. Thiel 2000), wo prozessorientierte Leitfäden die Selbstorganisation und Ressourcen der Teilnehmenden unterstützen.

Phasenmodelle in der kollegialen Supervision

Als Basismodell wird im folgenden ein aus der empirisch fundierten Problemlöse- und Denkpsychologie stammendes Phasenkonzept zugrundegelegt, das eine weite, multidisziplinäre Verbreitung gefunden hat (s. Abb 2: Phasen der Beratung als Problemlöseprozeß).

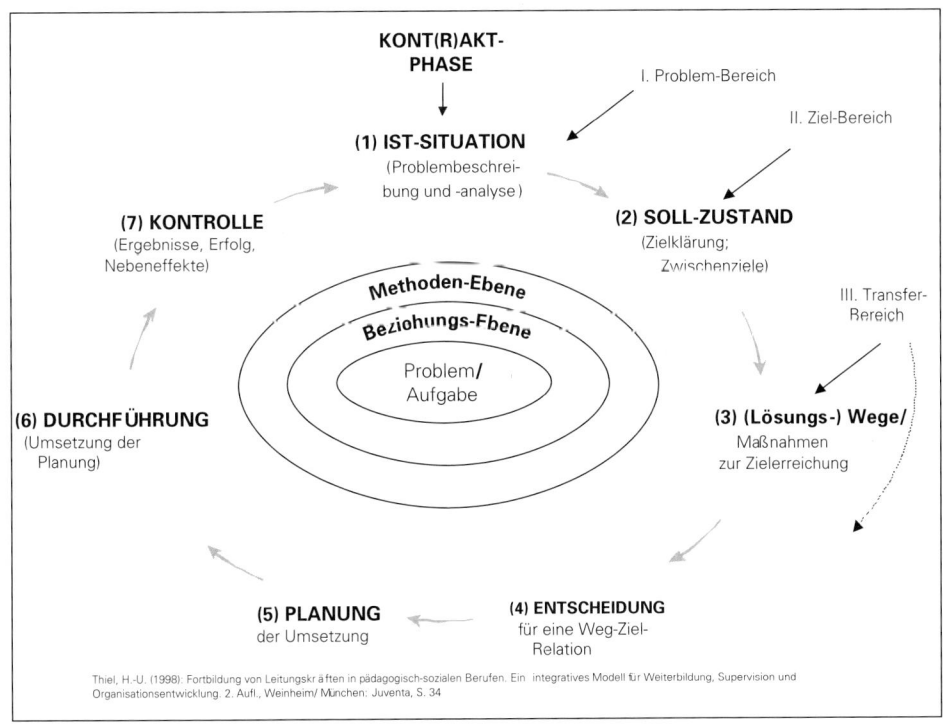

Thiel, H.-U. (1998): Fortbildung von Leitungskräften in pädagogisch-sozialen Berufen. Ein integratives Modell für Weiterbildung, Supervision und Organisationsentwicklung. 2. Aufl., Weinheim/ München: Juventa, S. 34

Abb 2: Phasen der Beratung als Problemloseprozeß

Diese Problemlösemethodik als Verstehens- und Handlungsorientierung teilt – im Hinblick auf die Planung und Steuerung des Gesamtprozesses einer Beratung – den Ablauf in Phasen auf, die bei verschiedenen Autoren/ in der Literatur in der Anzahl und Bezeichnung variieren, aber in der Grundstruktur einem ähnlichen Muster folgen. In der problemlöseorientierten Beratung von Individuen, Teams und Organisationen wird davon ausgegangen, dass eine für alle Seiten zufriedenstellende Lösung eines Problems nicht zu bewerkstelligen ist ohne die Berücksichtigung dieser Phasen, in denen ganz bestimmte Teilschritte bearbeitet werden müssen (z.B. Zielklärung, mögliche Wege zur Zielerreichung, Entscheidung für eine Maßnahme, Planung der Umsetzung, Kontrolle der Durchführung, Evaluation der Ergebnisse). Erst die Zusammenschau der verschiedenartigen Phasen, in denen jeweils unterschiedliche Methoden/ Verfahren angewandt werden können (Diagnosebögen, Rollenspiele, kreative Materialien etc.) und sich die Beziehung zwischen Beratungs- und Klientensystem in je besonderer Weise gestalten kann, gibt einen Eindruck von der ›Verlaufskomplexität‹ (Luhmann/ Schorr 1979) eines Beratungsprozesses.

Grundstruktur der Phasenmodelle

Illustration der Phasen an einem Fallbeispiel

Im folgenden stelle ich das problemlöseorientierte Phasenmodell vor und illustriere es an einem Beispiel – »Angst einer Studentin im Seminar«. Der *Kontakt* zwischen einer Studentin – nennen wir sie ›Marie‹ – und einer Studienberaterin ist telefonisch zustande gekommen. Der *Kontrakt* besteht darin, der Studentin bei der Bewältigung eines konkreten Problems zu helfen, nämlich ihrer Angst in Seminaren. In der Phase der Beschreibung und Analyse der »*Ist-Situation*« bzw. des »*Problem-Bereichs*« besteht die Aufgabe – je nach Beratungskonzept unterschiedlich pointiert – darin, die subjektive Wahrnehmung und persönliche Bedeutsamkeit des Problems bzw. *unerwünschten Ausgangszustands* zu eruieren und zu verstehen, die situativen Umstände darzulegen (Wo und wann geschieht das (nicht)? Wer ist (nicht) anwesend?), einzelne Szenen und Verhaltensweisen genauer zu erinnern mitsamt den ausgelösten Gefühlen und zugrunde liegenden Einstellungen sowie etwas von der Vorgeschichte des Problems zu erzählen. Für die Gestaltung dieser Phase (vgl. B. Fittkau über die Diagnostik in der Beratung in diesem Buch) kann die pädagogische Beratung Anleihen bei verschiedenen Konzepten machen (s. Kapitel über tiefenpsychologisch-psychoanalytische, verhaltensmodifikatorische, humanistisch-psychologische, systemische und neurolinguistisch-lösungsorientierte Beratungsansätze).

Angst in Seminaren

Vor dem Hintergrund dieser Datensammlung, die allerdings um der Handhabbarkeit willen nicht zu detaillistisch ausfallen sollte (vgl. Putz-Osterloh 1994, S. 88), werden vorläufige Hypothesen über den Problemzusammenhang konstruiert: Bei Seminaren ab 15 Personen und in Anwesenheit eines bestimmten Dozenten oder von zwei männlichen ›Vielrednern‹ wird die Studentin – wenn sie einen Wortbeitrag leisten will – äußerlich unruhig und innerlich erregt. Nach anfänglichen Überlegungen meldet sie sich dann doch nicht. Sie sagt zu sich innerlich: »Ach, andere können das bestimmt besser ausdrücken«. »Wenn ich rede, gucken einige immer so komisch, fast abfällig!« »Das, was die Kommilitonin da gerade sagt, wollte ich auch sagen – aber jetzt ist es zu spät«. Kurzfristig spürt sie sogar so etwas wie Erleichterung, danach setzen ihre Selbstzweifel ein. Ihre Selbstsicherheit und ihr Selbstwertgefühl gehen im Laufe der Zeit langsam gegen Null. Und sie fragt sich schließlich, ob sie überhaupt für ein Studium geeignet ist, wo sie doch nicht einmal frei reden kann. Ohne Leistung (= Melden in Seminaren) kann sie eben keine Anerkennung von anderen erwarten oder auf sich selbst stolz sein (Selbstanerkennung). Nach diesem Motto wurde schon im Elternhaus und in der Schule verfahren: Es gilt das Prinzip »*Leistung gegen Anerkennung bzw. Liebe*«. Sie hat in der Seminarsituation versagt und verdient auch nichts Besseres. Und das als Frau in einer von Männern dominierten Seminar- bzw. Redesituation!

Die Thematisierung und Klärung der gewünschten Veränderung als »*Soll-Zustand*« (der »*Ziel-Bereich*«) ist ein weiterer Schritt bei der Problembearbeitung. Beim »Soll-Zustand« sind Fragen der Zielfindung, -ausarbeitung und -entscheidung relevant: Was möchte sie erreichen und wie begründet sie das? Wie soll das Ergebnisziel bzw. Endverhalten konkret aussehen? ›Alleinrednerin‹ will sie auf keinen Fall im Seminar sein. Strebt sie einen selbstsicheren Umgang mit Autoritäten im allgemeinen oder einer bestimmten männlichen Person im Seminar an oder die Verbesserung ihrer rhetorischen Kompetenzen? Ziele müssen reflektiert und präzisiert werden – ein schwieriger und manchmal langwieriger Vorgang. Außerdem sollen die Ziele – bei aller gewünschten Veränderung – erreichbar sein und zur eigenen Persönlichkeit und Weltsicht passen! Auch wenn Personen ihr Problemverhalten gut beschreiben können und vielleicht Erklärungen dafür finden, ist noch nicht gesagt, daß ihnen die Richtung ihres neuen Zielverhaltens klar ist. Die Zielvorstellung dieser Studentin ist, selbstsicherer in Seminarsituationen zu werden und mindestens einmal pro Woche ihre Meinung durch einen Wortbeitrag im Seminar vorzutragen.

Auf welchem *Wege* bzw. durch welche Maßnahmen kann und will sie das Ziel erreichen? Die Studentin weiß inzwischen zwar das Ziel, kennt aber nicht die Mittel und Wege dahin. Es gibt zumeist mehrere Wege oder Maßnahmen als *Handlungsalternativen* bzw. Lösungsmöglichkeiten:

Für einen Weg zum Ziel muß man sich entscheiden...

– Sie könnte beispielsweise ihre Selbstgespräche auf ihren Wahrheits-/ Realitätsgehalt überprüfen (Können wirklich *alle* anderen das besser ausdrücken als sie?)

– Sie könnte ein Selbstsicherheitstraining absolvieren, um sicherer aufzutreten und selbstbewußter zu reden. Dabei könnte sie in einem Rollenspiel üben, gerade mit den Vielrednern besser umzugehen.

– Sie könnte ihre positiven Erlebnisse aktivieren, indem sie sich intensiv an eine Situation erinnert, wo sie relativ frei von Angst geredet und andere überzeugt hat und zufrieden mit ihrem Beitrag war. Was war das für eine Ressource, die sie da besaß und noch – wenn auch schlummernd – besitzt? Kann sie diese Kompetenz wieder aktivieren?

– Sie kann sich durch Gespräche mit den Prinzipien/ Einstellungen der eigenen Herkunftsfamilie auseinandersetzen (eventuell insbesondere mit ihrem Vater).

... ihn planen und ‚kontrollieren'

Aber sie kann das nicht alles auf einmal machen! Logischerweise muss eine Phase der *Entscheidungsfindung* über die richtige Ziel-Weg-Relation anschließen, in der auch die Frage der Machbarkeit eine Rolle spielt. Die Studentin hat sich für ein Selbstsicherheitstraining in einer Gruppe von Gleichbetroffenen entschieden. In einem nächsten Stadium muss nun genauer das »*Wie« der Umsetzung geplant* werden. Wenn Übungen im Zentrum stehen: Über welchen Zeitraum sollen wie viele Sitzungen in der kleinen Gruppe von Gleichbetroffenen in den Räumen der Studienberatung und wann der Versuch in-vivo in bestimmten Seminarsituationen stattfinden? Wie sollen während der Durchführung (*Controlling*) und am Ende die Erfahrungen ausgewertet und der Grad des (Miss)Erfolgs festgestellt werden *(Evaluation)*? Wie zufrieden ist die Studentin schließlich mit dem Ergebnis und inwiefern entspricht es ihrer ursprünglichen Zielsetzung?

Bei Unzufriedenheit mit dem Ergebnis kann die Prozedur von vorne losgehen: Ist etwa ein anderes Problem im Beratungsverlauf aufgetaucht und dringlicher geworden (z. B. die Auseinandersetzung mit dem Vater/ Elternhaus)? Oder: Es stimmt die Problembeschreibung, aber die Studentin möchte ein anderes Veränderungsziel verfolgen (z.B. eine intensivere Vorbereitung auf die

Seminarsitzungen). Oder: Ist und Soll stimmen, aber der Weg zur Zielerreichung (=Effizienz) war nicht optimal gewählt (›blödes Training‹)! Oder: Die Entscheidung war richtig, aber die Planung der Maßnahme war oberflächlich und ungenau. Oder: Es haperte bei der Kontrolle der Durchführung (die vereinbarten Treffen fanden nicht regelmäßig statt). Die benannten Phasen sind folglich nicht starr und linear aufzufassen. Die ›Unsicherheit‹ und Nicht-Prognostizierbarkeit des Beratungsprozesses wächst nicht nur dadurch, dass innerhalb einer jeden Phase eine Vielfalt an Methoden und Konzepten zur Auswahl steht, sondern auch dadurch, dass die Phasen miteinander vernetzt und rückgekoppelt sind, über die Gestaltung der potentiell kritischen Übergänge zwischen den ein-

... dennoch läßt sich der Beratungsverlauf nicht vorhersagen

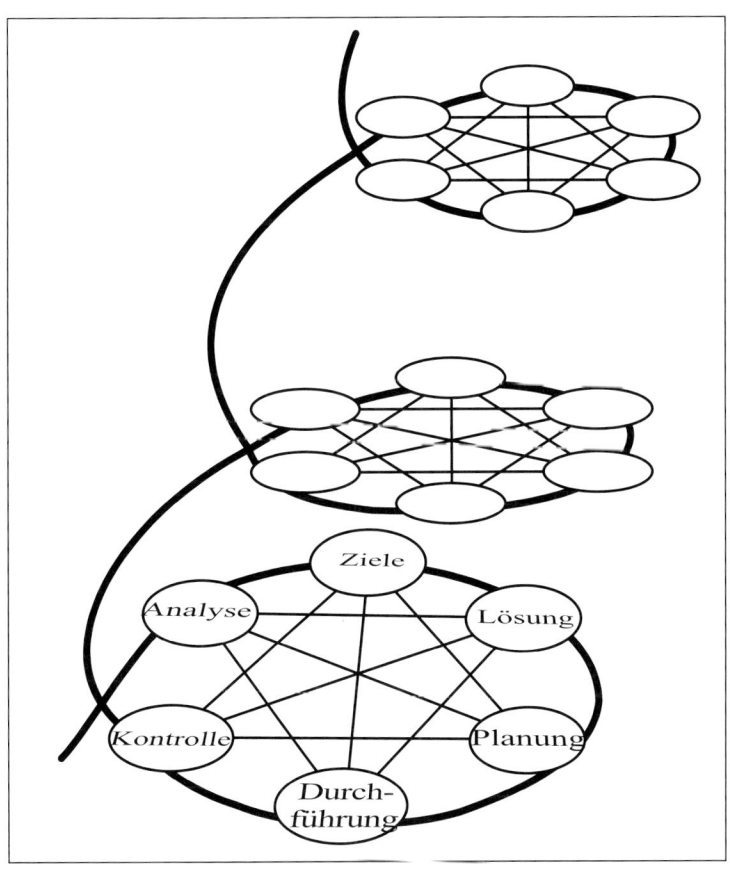

Abb. 3: Zyklisches Spiralmodell der Beratung

zelnen Phasen kaum Erfahrungen dokumentiert sind und die spezifischen, situationsabhängigen Beziehungen zwischen den je besonderen, in der Beratung anwesenden Personen von Einfluss auf den Verlauf sind. Die Dynamik – sowohl im Hinblick auf die Analyse als auch die Veränderung – ergibt sich daraus, dass sich die Zustände *in der Zeit* durch interne und externe Ereignisse – auch spontan und ungeplant – verändern können. Die Gesamtheit dieses Zusammenspiels macht das ›Systemische‹ aus, nämlich die Beratung als komplexen und dynamischen Verlaufsprozess in der Zeit.

Werden bestimmte Phasen mehrmals durchlaufen, müsste die Abbildung 2 durch ein Netz von zirkulären Rückkoppelungsschleifen ergänzt werden. Werden gar alle Phasen mehrmals ›abgearbeitet‹, müsste der gesamte Problemlösekreislauf graphisch als mehrfacher ›Zyklus‹ dargestellt werden (s. Abb. 3: Zyklisches Spiralmodell der Beratung; vgl. den »Theorie-Praxis-Zyklus« von Petzold 1995, S. 240 für die supervisorische Gestaltberatung; Baumgartner u.a. 1998, S. 103 für die Organisationsentwicklung).

Konsequenzen aus dem Phasenmodell und mögliche Funktionen einer Phaseneinteilung

Auswirkungen des Phasenmodells auf eine Definition von Beratung und das Kompetenzprofil des Beraters

Beleuchtet man verbreitete Definitionen von Beratung vor dem Hintergrund des Phasenmodells, so wird häufig nur ein Teilaspekt, d.h. eine bestimmte Phase des Gesamtprozesses besonders fokussiert. Beratung im Sinne einer ›Orientierungshilfe‹ (vgl. Nestmann 1996, S. 11) betont eher die normative *Ziel*dimension. Manche Ansätze charakterisieren die Beratung eher als Hilfe zur *Entscheidungsfindung* oder als Vermittlung von *Handlungskompetenzen.* Vor dem Hintergrund des Phasenmodells bedeutet Beraten eine sich potentiell über alle diese Phasen erstreckende Hilfe. Phasenkonzepte legen also eine umfassendere Definition von Beratung nahe. Eine zentrale Qualifikation des professionellen Beraters besteht offensichtlich in einer *Prozesskompetenz* im Hinblick auf die Gestaltung des Phasenverlaufs. Dazu gehören Fähigkeiten zur genaueren Beschreibung und Analyse einer Problemsituation, zur Reflexion von Zielen und Suche nach alternativen Lösungswegen, zur Planung der Umsetzung, zur Steuerung der Durchführung und

Gestaltungskompetenz in einem ‚unsicheren' Prozess

zur Überprüfung der Wirkung (vgl. die Aufzählung subjektiver, pädagogisch-psychologischer Wissensbestände eines Beraters nach Hofer/ Papastefanou 1996).

Je nach Beratungsansatz wird den Phasen ein unterschiedliches Gewicht zugewiesen. Eine konzeptionelle Alternative zu dem problemlöseorientierten Phasenmodell eines Beratungsprozesses, das denkpsychologischen Untersuchungen mit einem lern- und systemtheoretischen Hintergrund verpflichtet ist, stammt aus dem gestaltpädagogischen Theorieansatz (vgl. den »Gestaltzyklus des Erlebens« bei Nevis 1988 und Fuhr 1999). Der Unterschied zwischen den beiden Phasen-Modellen besteht im wesentlichen darin, daß der gestaltpädagogische stärker die energetische Seite des Erlebens und das Verstehen der sinnhaften Bedeutung des Problems betont (s. Phasen 1-3 in Abb. 2), während der problemlöseorientierte vergleichsweise stärker die detaillierte Planung, praktische Durchführung und Kontrolle/ Bewertung der Verhaltensänderung im Auge behält (s. Phasen 4-7 in Abb. 2).

Phasenspezifische Auswahl von Methoden vor dem Hintergrund einer theorieschulenübergreifenden Beratungskonzeption

Das Modell einer Beratung als komplexer Prozess legt als weitere Konsequenz nahe, dass eine einzige Beratungstheorie wahrscheinlich nicht alle Phasen gleichgut ›bedienen‹ kann. Je nach Phase und Zustand des Klientensystems müssen folglich verschiedene Beratungsansätze kombiniert werden – wie es Grawe u. a. (1994) nach einer jahrzehntelangen intensiven Analyse von Studien zur Wirkungsforschung für den Therapiebereich gefordert haben.

»Der Gedanke scheint nicht so abwegig, dass für unterschiedliche Patienten und unterschiedliche Phasen einer Therapie verschiedene Vorgehensweisen besonders geeignet sein könnten und dass derjenige insgesamt der bessere Therapeut ist, der nicht nur eine, sondern verschiedene dieser Möglichkeiten nutzen kann« (Grawe u.a. 1994, S. 724). .....»Solange Patienten in der Regel mit der Methode behandelt werden, die der Therapeut gerade beherrscht, an den sie auf die eine oder andere Weise gelangen, werden die Möglichkeiten, die die Psychotherapie heute insgesamt bietet, sicher bei weitem nicht ausgeschöpft.« (Ebd. S. 730)

Die begründete Forderung nach einer theorien- bzw. schulenübergreifenden Beratungskonzeption hat wiederum Konsequenzen für die Bestimmung des Kompetenzprofils eines Beraters. Hier werden – auf dem Wege zu einer Wissenschaft von der Beratung – in Zukunft empirisch gestützte Kriterien und Regeln für sinnvolle und effiziente Kombinationsmöglichkeiten von unterschiedli-

Notwendige Kombination verschiedener Beratungsansätze

chen Konzepten und Verfahren im Hinblick auf bestimmte Phasen aufgestellt werden müssen.

Phasenkonzepte zur Gestaltung und Reduktion der ›Verlaufskomplexität‹

Funktionen von
Phasenmodellen

Die Abarbeitung von Phasen als grober Leitfaden der professionellen Beratung unterstützt das Lernen *in der Zeit*, eine mögliche Weiterentwicklung von Personen, Gruppen und Organisationen dadurch, dass – ausgehend vom häufig allgemeinen Problemanlass oder diffusen Unbehagen – die zu bearbeitende Situation immer konkreter wird und der Lösungsweg dadurch letztlich überschaubarer wird. Durch das Gehen vom Allgemeinen bzw. Groben – beispielsweise einer ersten ungefähren Problembeschreibung – zum Detail bzw. Konkreten und Besonderen werden die Erfolgsaussichten eines Beratungsprozesses gesteigert. Phaseneinteilungen tragen somit zur Überschaubarkeit auf dem Weg vom ›Ist‹ zum ›Soll‹ bei und ermöglichen als komplexitätsreduzierende Vorgehensweise das ›Managen‹, d.h. das Planen und Steuern komplexer Situationen sowohl aufseiten des ratsuchenden als auch das beratenden Systems.

Phasenkonzepte sind eine Antwort auf den von Luhmann/ Schorr (1979) in einem aufsehenerregenden Buch empirisch nachgewiesenen Vorwurf eines ›Technologiedefizits‹ in der Pädagogik. In der Geschichte der Pädagogik stünden ethische und normative Fragen über das Ziel von Erziehung im Mittelpunkt (z. B. Erziehung zur ›Autonomie‹ und ›Mündigkeit‹; vgl. Oelkers 1994). Angesichts dieser hehren Zieldiskussion und diesem hohen Wertekatalog bekäme man kaum Auskunft darüber, *wie* denn mit welchen Mitteln im *Verlauf der Zeit* – also im Rahmen eines komplexen, dynamischen Prozesses – dieses Ziel verwirklicht und erreicht werden soll. Zu diesem Bereich der Verlaufskomplexität gehört im Falle des Beratungsprozesses die systematische, theoriegeleitete Unterscheidung von miteinander vernetzten Phasen. Diese Prozess- und Phasenorientierung stellt einen Versuch dar, mit einer längerfristigen Zeitperspektive gestalterisch umzugehen. Phasenmodelle in der pädagogischen Beratung stellen ein ›prozedurales‹ bzw. strategisches Handlungswissen dar (vgl. Putz-Osterloh 1994, S. 86).

Allgemeiner Trend zur Prozeßorientierung

Nach meiner vorläufigen Recherche lassen sich die Grundlagen des allgemeinen Phasenkonzepts und seine wachsende Bedeutsamkeit in verschiedenen Branchen und Berufsbereichen bis auf die Problemlösediskussion von Dewey Ende der 30er Jahre und den systemtheoretischen Ansatz von Bertalanffy Ende der 40er Jahre des letzten Jahrhunderts zurückverfolgen. Phasenmodelle haben sich speziell beim Projektmanagement im Rahmen von Wehrtechnik und Raumfahrt seit etwa 1960 in den USA bzw. ein Jahrzehnt später im deutschen Sprachraum herausgebildet (vgl. Saynisch 1989). Eine enge Verknüpfung von Phasenkonzept und Problemlösezyklus existiert nicht nur im Rahmen des Projektmanagements, sondern ebenfalls im Bereich von Therapie, Sozialmanagement, kollegialer und professioneller Supervision und Moderation sowie in der Organisationsentwicklung und -beratung (s. Schiersmann/ Thiel 2000, S. 136 f.).

Vor diesem geschichtlichen Hintergrund ist nicht verwunderlich, dass in den letzten Jahren das Planen und Steuern von Prozessen (= Managen) sowohl im gewerblichen als auch sozialwirtschaftlichen (Non-Profit-)Bereich als neue Kompetenz in den Mittelpunkt rückt und die Fixierung auf das Produkt in den Hintergrund tritt. Nach Baethge/Schiersmann (1998, S. 23) hat sich ein »Wandel von einer funktions-/ berufsorientierten zu einer prozessorientierten Betriebs- und Arbeitsorganisation« ergeben. Tatsächlich wird das sog. Prozessmanagement für die Analyse und Gestaltung von Entwicklungen im Bereich von Person, Team und Organisationen in den letzten beiden Jahrzehnten immer wichtiger. Die Expansion spezifischer Beratungsformen zur Persönlichkeits-, Team-, Organisations- und Qualitätsentwicklung entsprechen diesem Trend.

Prozessmanagement als neue Kernkompetenz

Literatur

Baumgartner, I. u.a. (1998): OE-Prozesse – Die Prinzipien systemischer Organisationsentwicklung. 5. Aufl., Bern/ Stuttgart :Haupt.

Baethge, M., Schiersmann, C. (1998): Prozeßorientierte Weiterbildung – Perspektiven und Probleme eines neuen Paradigmas in der Kompetenzentwicklung für die Arbeitswelt der Zukunft. In: Arbeitsgemeinschaft Qualifikations-Entwicklungsmanagement Berlin (Hrsg.): Kompetenzentwicklung '98. Münster u.a. :Waxmann, S. 15-87.

Beck, M. (1991): Beratung als multiprofessionelles und kooperatives Handeln. In: Beck, M., Brückner, G., Thiel, H.-U. (Hrsg.): Psychosoziale Beratung. Tübingen: dgvt-Verlag, S. 37-46.

Brem-Gräser, L. (1993): Handbuch der Beratung für helfende Berufe. München: Ernst Reinhardt.

Dietrich, G. (1983): Allgemeine Beratungspsychologie. Göttingen u.a.: Hogrefe.

Dörner, D. (1993): Die Logik des Mißlingens. Strategisches Denken in komplexen Situationen. Reinbek bei Hamburg: Rowohlt Taschenbuch.

Fuhr, R. (1999): Gestaltberatung. In: Fuhr, R. u.a. (Hrsg.): Handbuch der Gestaltberatung. Göttingen u.a.: Hogrefe, S. 1003-1023.

Grawe, K. u.a. (1994): Psychotherapie im Wandel. Von der Konfession zur Profession. Göttingen u.a.: Hogrefe.

Hofer, M., Papastefanou, C. (1996): Theoriebestände für pädagogisch-psychologisches Beratungshandeln. In: Hofer, M., Wild, E., Pikowsky, B.: Pädagogisch-psychologische Berufsfelder. Beratung zwischen Theorie und Praxis. Bern : Hans Huber, S. 25 – 55.

Kämmerer, A. (1983): Die therapeutische Strategie »Problemlösen«. Münster: Aschendorff.

Luhmann, N, Schorr, E. (1979): Reflexionsprobleme im Erziehungssystem. Stuttgart: Klett-Cotta.

Nestmann, F. (1988): Die alltäglichen Helfer. Berlin: de Gruyter.

Nestmann, F. (1996): Die gesellschaftliche Funktion psychosozialer Beratung in Zeiten von Verarmung und sozialem Abstieg. Verhaltenstherapie und psychosoziale Praxis, H. 1, S. 5-16.

Nevis, E. C. (1988): Organisationsberatung. Ein Gestalttherapeutischer Ansatz. Köln: Ed. Humanist. Psychol.

Petzold, H. (1995): Mehrperspektivität – ein Metakonzept für Modellpluralität, konnektivierende Theorienbildung und sozialinterventives Handeln in der Integrativen Supervision. Gestalt und Integration 1, S. 225-297.

Putz-Osterloh, W. (1994): Wissen und die Bewältigung komplexer Entscheidungssituationen. In: Götz, K. (Hrsg.): Theoretische Zumutungen. Vom Nutzen der systemischen Theorie für die Managementpraxis. Heidelberg: Carl Auer, S.79-96.

Oelkers, J. (1994): Erziehung als Kommunikation. In: Götz, K. (Hrsg.): Theoretische Zumutungen. Vom Nutzen der systemischen Theorie für die Managementpraxis. Heidelberg: Carl Auer, S. 65-78.

Saynisch, M. (1989): Grundlagen des Phasenorientierten Projektmanagements. In: Schelle, H. (Hrsg.): Symposium Phasenorientiertes Projektmanagement. Köln :Verlag TÜV Rheinland, S. 1-28.

Schiersmann, C., Thiel, H.-U. (2000): Projektmanagement als organisationales Lernen. Ein Studien- und Werkbuch (nicht nur) für den Bildungs- und Sozialbereich. Opladen :Leske & Budrich.

Schwarzer, C., Posse, N. (1986): Beratung. In: Weidenmann, B., Krapp, A. (Hrsg.): Pädagogische Psychologie. München: Psychologie Verlags Union, S. 631-666.

Thiel, H.-U. (1998): Fortbildung von Leitungskräften in pädagogisch-sozialen Berufen. Ein integratives Modell für Weiterbildung, Supervision und Organisationsentwicklung. 2. Aufl. Weinheim/ München: Juventa.

Thiel, H.-U. (2000): Zur Verknüpfung von kollegialer und professioneller Supervision. In: Pühl, H. (Hrsg.): Supervision und Organisationsentwicklung. 2. Aufl., Opladen : Leske & Budrich, S. 184 – 200.

Ausgewählte
Beratungsansätze

Beratungsansätze unter vier Perspektiven der Wirklichkeit – ein Orientierungskonzept

Reinhard Fuhr

KlientInnen nehmen Beratung unter anderem deshalb in Anspruch, weil sie »nicht mehr durchblicken«; sie wissen nicht, wie sie mit einem Problem, einer schwierigen Situation oder einer Herausforderung (besser) umgehen sollen und brauchen professionelle Unterstützung bei der Klärung ihres Durcheinanders.

Auch die Vielfalt der Beratungsansätze und die Frage, welcher Ansatz für welche Zwecke am besten geeignet sein kann oder für welchen Ansatz man sich professionell weiterbilden möchte, erzeugt häufig ein Durcheinander, für das ich ein Orientierungsmodell anbieten möchte. Dieses Modell geht zurück auf die Arbeiten des Bewusstseinsforschers und Philosophen Ken Wilber, der ein generelles Rahmenkonzept – das Quadrantenmodell – entworfen hat (Abb. 1), nachdem er sich mit (fast) allen verfügbaren Entwicklungs- und Bewusstseinstheorien in Ost und West auseinander gesetzt und versucht hatte, die Unterschiede zu verstehen (Wilber 1996, 1997). Wilber kam zu der Überzeugung, dass alle Theorien im Prinzip zutreffen, wenn auch nur partiell, weil sie die Wirklichkeit aus jeweils einer bestimmten Perspektive betrachten.

Klärung von Durcheinander

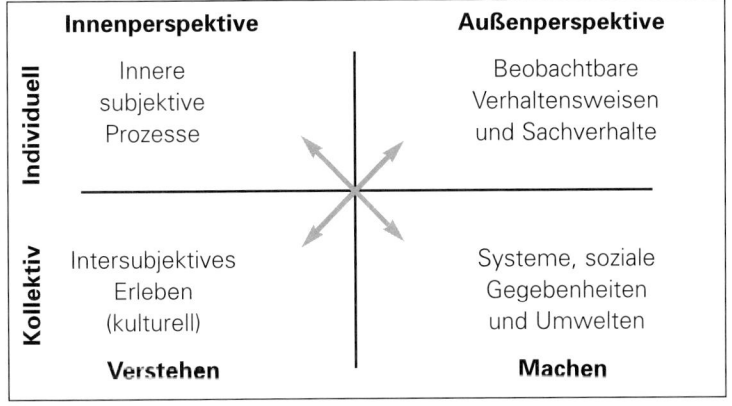

Abb. 1: Quadrantenmodell (nach Wilber 1996)

Alle Phänomene – also auch die Erfahrungen von Berater und Klient in der Beratungssituation – können grundsätzlich unter vier verschiedenen Perspektiven betrachtet werden: Die Ereignisse können aus einer *Außenperspektive* beobachtet werden und von einer *Innenperspektive* erlebt werden, und dies jeweils im Hinblick auf *Einzelne* und auf *Kollektive*.

Wenn eine Klientin in einer Beratungssitzung von ihrer Angst berichtet, die sie vor einem Referat oder Examen überfällt, kann die Beraterin ihren Worten zuhören, sie kann die Körpergesten, die Stimmqualität und den Gesichtsausdruck der Klientin von außen beobachten, und sie kann die Aufgaben und Funktionen der Klientin in familiären oder anderen sozialen Systemen und ihre finanzielle Situation herausarbeiten; das ist die »Draufsicht« mit Hilfe unserer Sinne auf die individuellen oder kollektiven Phänomene. Mit Hilfe medizinischer Geräte könnten auch der Pulsschlag, der Blutdruck oder sogar die Gehirnströme der Studentin im Zustand der Angst beobachtet und gemessen werden, aber auch dies geschähe aus einer Außenperspektive, von der aus die *Oberflächenstrukturen* wahrgenommen werden.

Außensicht und Innensicht

Wenn die Beraterin wissen will, wie sich diese Angst für die Klientin von innen anfühlt und vor welche subjektiv erlebten Anforderungen sich die Klientin gestellt sieht, kann sie sie nur fragen oder sich in sie hineinfühlen und hineinfantasieren; hier geht es um die »Innensicht« mit Hilfe der inneren Wahrnehmung, die die Beraterin nur im Gespräch mit der Klientin herausfinden und interpretieren kann. Das innere Erleben eröffnet uns Zugang zu den *Tiefenstrukturen*, die wir aus unserem Gewordensein heraus interpretieren können.

Um dies noch an einem gängigen anderen Beispiel zu veranschaulichen: Das Gehirn des Menschen lässt sich beobachten und vermessen, der Geist und das Bewusstsein dagegen nicht, da diese nur von innen her erlebt werden können. Diese Unterscheidung in Innen- und Außenperspektive gilt übrigens auch, wenn wir sie auf uns selbst anwenden: Wir können uns »von außen« (mit den Augen eines Anderen) betrachten, oder wir können uns unserer Selbst von innen her bewusst werden.

Individuen und Kollektive

Diese Unterscheidung in Innen- und Außenperspektive gilt – wie zuvor angedeutet – auch für Kollektive: In einer Gruppe können wir »von außen« die Redebeiträge der einzelnen Gruppenmitglieder und ihre nonverbalen Äußerungen beobachten und zählen, wir können auch die objektiven Bedingungen betrachten, unter denen die Gruppe steht (etwa die politische Situation einer Gruppe, die Arbeits- und Wohnbedingungen), oder wir können die Kommunikationsabläufe und deren Dynamik in der Gruppe feststellen. Über das Innenleben der Gruppe können sich die Gruppenmitglieder nur selbst verständigen; als Berater oder Supervisor kann man auch Vermutungen (also Interpretationen) über das Innenleben einer Gruppe anstellen, aber ob diese zutreffen, lässt sich nur im Gespräch herausfinden.

Zusammengefasst heißt das, dass wir die folgenden Kategorien von Phänomenen aus den jeweiligen Perspektiven wahrnehmen bzw. beobachten können:

Linker oberer Quadrant (LO)
Wahrnehmung und Interpretation des *inneren Erlebens* von Individuen wie Gedanken, innere Bilder und Fantasien, Empfindungen, Gefühle, Stimmungen, innere Dialoge etc.

Linker unterer Quadrant (LU)
Wahrnehmung und Interpretation von *Erwartungen und Übereinkünften* in einer sozialen Einheit hinsichtlich bestimmter Rollen, Regeln, Beziehungen, Mythen, Wertorientierungen etc.

Rechter oberer Quadrant (RO)
Beobachtung und Messung von *Verhaltens- und Reaktionsweisen* sowie *äußere Erscheinungsformen* von Einzelnen.

Rechter unterer Quadrant (RU)
Beobachtung der *äußeren Bedingungen*, unter denen soziale Einheiten leben und der *sozialen bzw. systemischen Dynamiken*, die sich in diesen sozialen Gebilden entwickeln.

Jedes Ereignis lässt sich aus einer Innen- und einer Außenperspektive und jeweils in der Einzahl und im Plural betrachten, und für jede dieser Perspektiven oder Dimensionen gelten eigene Wahrheitskriterien: (*annäherungsweise*) *Objektivität* für RO, *Passung* für RU, *Konsens* für LU und *Wahrhaftigkeit* für LO.

Zu einem umfassenden Verständnis der Wirklichkeit sind *alle vier Perspektiven* wichtig, d.h. die Oberflächenstrukturen sind ebenso bedeutsam wie die Tiefenstrukturen, die individuellen Perspektiven sind ebenso wichtig wie die kollektiven. Zwar gibt es zwischen der Außen- und der Innensicht gewisse Zusammenhänge: die Angst der Studentin wird vermutlich auch von außen sichtbar sein und könnte sicher an ihrem Puls gemessen werden, und die inneren Spannungen einer Gruppe werden sich meist auch im Kommunikationsverhalten widerspiegeln. Aber es gibt *keine kausalen Zusammenhänge* zwischen der Innen- und der Außensicht, zumal für jede Perspektive eigene Wahrheitskriterien gelten.

Wenn wir uns jetzt also den verschiedenen Beratungsansätzen zuwenden und sie danach betrachten und ordnen, welche Perspektiven und Dimensionen sie jeweils in den *Mittelpunkt ihres*

vier Quadranten

Interesses stellen, was für sie zum Fokus wird, woran sie ihren Erfolg oder Misserfolg in erster Linie messen, kommen wir zu der Übersicht (Abb. 2).

	INNENPERSPEKTIVE	AUSSENPERSPEKTIVE
INDIVIDUELL	**Psychoanalytische und tiefenpsychologische Ansätze**	**Verhaltenstheoretisch begründete Ansätze**
	Humanistisch-psychologische Ansätze - Klientenzentrierte Beratung - Gestaltberatung - Psychodramatische Beratung	- Verhaltensmodifikation - Lösungsorientierte (kognitive oder integrative) Ansätze
	Kognitive analytische Ansätze - Transaktionsanalyse ...	
KOLLEKTIV	**Gruppenberatung** - Soziodrama - Themenzentrierte Interaktion - Genogrammarbeit	**Systemische Beratung** - Verschiedene Ansätze ("Schulen") systemischer Beratung
	- Partner und Familienberatung - Teamberatung - Organisationsberatung	- Partner und Familienberatung - Teamberatung - Organisationsberatung
	VERSTEHENSORIENTIERT	**LÖSUNGSORIENTIERT**

Abb. 2: Beratungsansätze unter vier Perspektiven der Wirklichkeit (nach Fuhr/Dauber 2002)

Natürlich verschreiben sich die Beratungsansätze und ihre VertreterInnen nicht ausschließlich einer einzigen Perspektive, aber es ist nach meiner Einschätzung nicht zu übersehen, dass alle mir bekannten Beratungsansätze einer bestimmten Perspektive die *Priorität* einräumen. Dieser bevorzugten Perspektive entsprechend beziehen sich die verschiedenen Beratungsansätze auch auf unterschiedliche Theorien und philosophisch begründete Grundannahmen und entwickeln entsprechende Modelle zur Darstellung von Beratungsaufgaben und -prozessen. Die Beratungsansätze der rechten Perspektiven beziehen sich vor allem auf behaviorale Lerntheorien und (kognitive) Verhaltenstheorien bzw. auf systemische Theorieansätze, während Beratungskonzepte der linken Seite des Quadrantenmodells tiefpsychologische, humanistische und (kultur-)anthropologische Theorien zur Begründung ihrer Ansätze heranziehen.

Alle Beratungsansätze, die vor allem *Verhaltensänderungen* und *Problemlösungen* anstreben, ordne ich daher der rechten Seite des Quadrantenmodells zu im Unterschied zu denjenigen Ansätzen, denen es vor allem um das *Verstehen von Problemen und der Sinngebung* von Lebenssituationen geht. Natürlich kommen auch bei lösungsorientierten Ansätzen Beratungsaktivitäten vor, die dem Verstehen dienen, aber dieses Verstehen wird in den Dienst der beobachtbaren und nachweisbaren Veränderungen gestellt; und umgekehrt kommen bei verstehensorientierten Beratungsansätzen auch Überlegungen zu Problemlösungen vor, aber sie stehen nicht im Zentrum der Arbeit, und der Erfolg/Misserfolg wird nicht vorrangig daran gemessen, ob und welche Lösungen gefunden wurden.

Lösungsorientierung versus Verstehensorientierung

Der grundlegenden Ausrichtung eines Beratungsansatzes entsprechend stehen also die Entwicklung und Anwendung von *Veränderungsstrategien* (für die Beratungsansätze auf der rechten Seite des Quadranten) im Mittelpunkt der Beratungsaktivität oder der *verstehende Dialog* (für Beratungsansätze auf der linken Seite des Quadranten). Dementsprechend folgen die typischen *Phasen* eines Beratungsgesprächs auch unterschiedlichen Modellvorstellungen: während die Erforschung der Problemsituation und der Definition des Problems bei den verstehensorientierten Ansätzen den Hauptteil der Zeit in Anspruch nehmen, wird die meiste Zeit und Aufmerksamkeit bei lösungsorientierten Ansätzen für die Erarbeitung und Evaluation von Lösungsstrategien verwendet; in neueren lösungsorientierten (NLP-)Ansätzen wird dem Problem selbst schließlich gar keine Aufmerksamkeit mehr gewidmet, sondern nur noch der Aktivierung der Ressourcen der KlientInnen für Lösungen.[1]

Strategien versus Dialog

Für kollektive Beratungen wie Familien-, Team oder Organisationsberatung gibt es sowohl verstehens- wie lösungsorientierte Ansätze, daher tauchen sie auf der linken und der rechten Seite auf.

---

[1] vgl. auch Thiel, H.-U.: Die Beratung als phasenorientierter Verstehens- und Problemlöseprozess; sowie Fuhr, R.: Gestalt-Supervision für Lehrende, in diesem Band.

Dementsprechend orientieren sich die BeraterInnen eher an humanistischen Gruppenansätzen (wie Gestalt, TZI oder Psychodrama) oder aber an systemischen Ansätzen.

Bei einigen Beratungsansätzen kann man sicher über die Zuordnung, die ich (Abb. 2) vorgenommen habe, streiten, zumal auch viele lösungsorientierte Ansätze inneres Erleben nutzen, und verstehensorientierte Ansätze oft auch versuchen, messbare Erfolge nachzuweisen. Entscheidend ist für mich, welche Grundintentionen in der jeweiligen Beratungssituation und bei dem jeweiligen Berater verfolgt werden:

Grundeinstellungen und Philosophie der Beratungsansätze

• Geht es in erster Linie um Problemlösung oder um Verstehen und Sinngebung?
• Dienen die Interventionen im Beratungsgespräch in erster Linie der Veränderung von problematischen Situationen oder der Erhöhung der Einsicht und damit den Entscheidungsmöglichkeiten der KlientInnen?
• Welche Philosophie des Menschen und Theorien des Lernens stehen ausgesprochen oder unausgesprochen hinter dem jeweiligen Ansatz?

Kein Zweifel besteht für mich darin, dass beide Grundausrichtungen – Lösungs- und Verstehensorientierung – ihre Berechtigung haben und sinnvoll sein können.

Von *pädagogischer* Beratung würde ich allerdings nur unter bestimmten Bedingungen sprechen. In der Pädagogik geht es in aller erster Linie um Lern- und Bildungsprozesse von Einzelnen und Gruppen, also um Selbstwerdung und Sinngebung in Gemeinschaften. Lernen und Bildung sind vor allem innere subjektive und kollektive Prozesse (LO, LU), die nur sehr partiell durch Außenbeobachtung (RO, RU) erfasst werden können; nur einen Beratungsansatz, der diese »inneren« Wirklichkeiten als vollgültig (neben den »äußeren« Wirklichkeiten) anerkennt, würde ich daher »pädagogisch« nennen. Ein traditionell lerntheoretischer (behavioraler) Ansatz, der Lernen und Bildung als Veränderung von Verhaltensweisen (RO) begreift, kann danach nicht pädagogisch genannt werden (er wird auch nur noch selten so einseitig vertreten). Eine weitere Bedingung für »pädagogische« Beratung ist m.E. die ernsthafte Berücksichtigung und die (professionelle) Gestaltung der Beziehungen zwischen den Lernenden und Lehrenden und Anleitenden und untereinander.[2] Aber auch die Beziehungsdimension

»pädagogische« Beratung

---

[2] siehe hierzu auch meinen Text über »Struktur und Dynamik der Berater-/Klient-Beziehung« in diesem Band.

ist in erster Linie eine »innere« Angelegenheit (LU). Daher spreche ich nur dann von *pädagogischer Beratung*, wenn *alle vier Perspektiven des Quadrantenmodells in einem Beratungsansatz berücksichtigt und als grundsätzlich gleichwertig bewertet werden*, welcher Dimension auch immer jeweils Priorität gegeben werden mag. Ein Beratungsansatz, der sich beispielsweise (fast) ausschließlich auf die technische Durchführung von Projekten oder auf die (soziologischen) Strukturen und Prozesse einer Organisation bezieht, wäre demnach ebenso wenig als *pädagogischer* Ansatz zu verstehen wie einer, der sich auf das innere psychische Erleben des Klienten beschränkt.

In den westlichen Bundesländern und weiten Teilen der Welt – nicht nur der westlichen Welt, da westliche Beratung auch in die Dritte Welt exportiert wurde – herrschen gegenwärtig die lösungsorientierten Beratungsansätze vor (wie auch die verhaltensorientierten Ansätze in der Psychotherapie). Die verstehensorientierten und interpretativen Ansätze sind dagegen marginal und/oder befinden sich unter einem starken Rechtfertigungsdruck. In der alltäglichen Praxis werden die *methodischen Herangehensweisen* der verschiedenen Beratungsansätze zwar oft gemischt und je nach Situation der Klientel, der Biographie der BeraterInnen und deren persönlichen Stilen sowie den Anforderungen der Auftraggeber integrativ eingesetzt. Von einer *Integration* der verschiedenen Ansätze auf einer umfassenderen theoretischen und konzeptionellen Ebene in einem Gesamtkonzept sind wir jedoch noch sehr weit entfernt. Das heißt, dass vorerst niemand umhin kommt sich zu entscheiden, welche Konzeption und Ausrichtung er oder sie schwerpunktmäßig wählen will sowohl für eigene In-Anspruch-Nahmen von Beratung als auch für eigene Weiterbildungen zur professionellen Beratung.

»Integrative« Beratung als Utopie

Literatur

Fuhr, R. / Dauber, H. (2002): Einführung: Auf dem Weg zu einem integrativen Ansatz für Forschung und pädagogische Praxis. In: dies.: Praxisentwicklung im Bildungsbereich – ein integraler Forschungsansatz, 15-30. Bad Heilbrunn: Klnihardt.

Wilber, K. (1996): Eros, Kosmos, Logos. Frankfurt a.M.: Krüger.

Wilber, K. (1997): Die vier Gesichter der Wahrheit. Transpersonale Psychologie und Psychotherapie, Heft 1, 4-17.

Die tiefenpsychologisch-psychoanalytische Beratungstradition

Bernd Fittkau

Die tiefenpsychologische Perspektive

archaische Triebkräfte

Tiefenpsychologie und Psychoanalyse werfen einen Blick auf das Dunkle im Menschen, auf die archaischen Triebkräfte unseres tierischen Erbes, auf die unbewußt-unwillkürlich ablaufenden Reaktions- und Verhaltensmuster, auf den morastig-blutig-brodelnden Urgrund, auf dessen Kruste sich der aufgeklärte Mensch in scheinbarer Sicherheit bewegt. Die Geschichte der Menschheit spiegelt

Abb.1: Archaische Potentiale des Menschen unter der Eisbergspitze des Bewussten

die grausame Macht dieser Triebkräfte. Die Tiefenpsychologie hat sie in den Blick genommen und Freud hat sie dem aufgeklärten Menschen unvergeßlich ins Bewußtsein geschrieben und dem wissenschaftlichen Diskurs zugänglich gemacht (siehe Abb. 1).

Freuds kulturhistorischer Beitrag

Sigmund Freud, der Vater der Psychoanalyse und damit der meisten der modernen Therapie- und Beratungsverfahren, veröffentlichte vor ziemlich genau 100 Jahren sein Hauptwerk »*Die Traumdeutung*«. Er lebte in einer Zeit in Wien, in der die Friedensphasen in Europa nur dazu zu dienen schienen, Kraft zu schöpfen und die nächste Männergeneration heranwachsen zu lassen für einen weiteren Krieg gegen die Blutfeinde im Osten oder Westen. Und der 1. und 2. Weltkrieg liessen nicht lange auf sich warten. Im Traum, dem »*Königsweg zum Unbewussten*«, konnten diese dunklen Triebkräfte an die Oberfläche kommen. Freuds aufklärerische Hoffnung war, dass diese dunklen Kräfte – durch *Deutung* bewußt gemacht – unter Kontrolle des Bewußtseins gebracht werden können und damit ihre unheilvolle Wirkung verlieren.

Aufklärung des Unbewußten

Rudolf Bock (1984) sagt in seinem lesenswerten Artikel »Am Anfang war die Couch«:

»Für Freud ist »*Psychoanalyse der Name*

»Psychoanalyse«

1. eines Verfahrens zur Untersuchung seelischer Vorgänge, welche sonst kaum zugänglich sind;

2. einer Behandlungsmethode neurotischer Störungen, die sich auf diese Untersuchung gründet;

3. einer Reihe von psychologischen, auf solche Wege gewonnene Einsichten, die allmählich zu einer neuen wissenschaftlichen Disziplin zusammenwachsen« .

Freuds kulturhistorischer Einfluß mag durch folgendes Zitat deutlich werden:

> »*Der ursprüngliche FREUD sche Ansatz, der eine Trieb (Es)-Psychologie zum Inhalt hatte, wurde zunächst am Modell der patriarchalischen Familie entwickelt und griff immer wieder auf kindliche Früherfahrungen, speziell im ausgeweiteten sexuellen Bereich, zurück. FREUD und seine Psychoanalyse brachen mit einer Reihe gesellschaftlicher Tabus und setzten sich hierdurch heftigsten Anfeindungen und Verfolgungen aus.*

frühkindliche Erfahrungen

> *Die große Bedeutung, die den Sexualtrieben und der kindlichen Sexualität im weitesten Sinne für die Entwicklung des*

Sexualtriebe

Einzelnen beigemessen wurde, »die partielle Ableitung der Kunst, Religion, sozialer Ordnung, von der Mitwirkung sexueller Triebkräfte (FREUD G.W., Bd XIV, S. 105), die Forderung, »mit der Strenge der Triebverdrängung nachzulassen« (S. 107) und FREUDs Angriff auf die »Kulturheuchelei« (S. 106), die geringe Bedeutung, die dem bewußten Ich im Verhältnis zum übermächtigen Unbewußten beigemessen wurde, all dies war eine »psychologische Kränkung« seiner Zeitgenossen, beleidigte das Individuum und rief entsprechenden Widerstand hervor« (Massing u.a. 1999, S. 29 f.)

Freuds Angriff galt also der Selbstüberschätzung der Ich-Stärke und Willenskraft der aufgeklärten Persönlichkeit, des neuzeitlichen Individuums. Viele hochwertig eingeschätzte kulturelle Leistungen haben nach Freud ihren Ursprung in unbewußten Trieben. Wenn wir hier also Vorlesungen halten, würde Freud möglicherweise fragen, inwieweit dies wirklich dem wissenschaftlichen Sachertrag dient und nicht mehr dem heimlichen Bedürfnis nach narzistischer Bestätigung und libidinös-erotischen Ambitionen und Alfred Adler, ein wichtiger Schüler Freuds würde vielleicht fragen, ob wir hier nicht unsere latenten Minderwertigkeitsgefühle kompensieren wollen.

libidinöse Ambitionen

Minderwertigkeitskompensation

Hier werden aber auch gleich wichtige Probleme deutlich, die in der tiefenpsychologisch-aufklärenden Beratungsmethode stecken. Nicht wenige Adressaten einer solchen Deutung ihrer geheimen Motive würden das als unangemessenen Eingriff in ihre persönliche Privatsphäre empfinden und als Unterstellung und Übergriff zurückweisen. Wenn nun der Berater diese Spontanreaktion auch noch als »natürlichen Widerstand« und indirekte Bestätigung seiner Hypothese interpretiert, würde sich der Klient bereits in einer unheilvollen Ambivalenz befinden: Einerseits möchte er Unterstützung, andererseits will er nicht in eine mißtrauensschwangere Beziehungssituation gedrängt werden, in der er den Interventionen des Beraters hilflos ausgesetzt ist. Insbesondere Pädagogische Berater, die ja in aller Regel keinen klinischen Therapieauftrag haben, sollten mit ihrem tiefenpsychologischen Wissen äußerst zurückhaltend umgehen. Der Schaden in der Beziehungsgestaltung ist fast immer grösser, als der Autoritäts- oder Wahrheitsgewinn durch den psychoanalytischen »Tiefenblick«. Das scheint mir auch der Kern der humanistisch-psychologischen Kritik an der Psychoanalyse. – Dennoch soll auch hier die psychoanalytische Methode vorgestellt werden, weil sie Ausdruck unseres westlichen Denkens ist und dieses im letzten Jahrhundert in hohem Maße, insbesondere was Psychotherapie und Beratung betrifft, geprägt hat und eine *Basistheorie für alle verstehenden Beratungsverfahren* darstellt (siehe z.B. Junker 1977).

verstehende Beratungsverfahren

Die Psychoanalyse als Behandlungsmethode

Wenden wir uns unserem Fallbeispiel zu, einer Studentin mit Angst in Seminarsituationen. Das Ziel einer psychoanalytisch orientierten Beratung ist es, die Klienten wieder »*arbeits- und liebesfähig*« zu machen. Dazu sollen die unbewußten Ursachen der Angst aufgeklärt, bewußt gemacht werden. Freuds Zielformel lautet:»*Wo ES war, soll ICH werden*«. Er bezieht sich dabei auf das zugrundeliegende *Persönlichkeits-Modell*, in welchem die inneren Konflikte des Individuums verdeutlicht werden: Das ICH zwischen den Triebansprüchen des ES und den gesellschaftlichen Anforderungen des ÜBERICH. Freud hatte diese konflikthafte Grundsituation des Menschen in der *Metapher des Eisberges* dargestellt (siehe Abb. 2)

»Wo ES war, soll ICH werden«

Wie nun kann sich der Berater diesen unbewußten Hintergründen annähern?

- Zunächst vereinbart der Berater ein vertrauensstiftendes »*Arbeitsbündnis*« mit der Klientin: Die Klientin verpflichtet sich, alles was ihr in den Sinn kommt – Angenehmes, Unangenehmes, Unklares, Unlogisches, Peinliches, Unanständiges, Dunkles, Böses usw. – offen auszusprechen. Dadurch könne man sich am ehesten dem oft unbewußten Hintergrund des Problems annähern. Das Ganze unterliege selbstverständlich der Schweigepflicht des Beraters. – Im wesentlich durch zwei Methoden versucht der Berater, den Weg zum Unbewußten zu bahnen:

Arbeitsbündnis

- Durch *freies Assoziieren*: Die Klientin soll alles zu ihrer Angst sagen, was ihr in den Sinn kommt, ohne darüber nachzudenken, ob das Sinn macht oder nicht, ob sie dabei an Pferde, Tunnel, Riesen oder … oder… denkt

freies Assoziieren

- und durch das *Erzählen ihrer Träume*, der »Via regia zum Unbewußten«: Die Klientin wird ermuntert, sich an Ihre Träume zu erinnern, diese aufzuschreiben und zur nächsten Sitzung mitzubringen. – Angenommen, die Klientin berichtet über einen Traum, den sie gelegentlich träumt, etwa folgender Art:

Traum-Deutung

Der Traum
»Ich bin Lehrerin, stehe vor einer Klasse. Das Pult steht auf einem Podest. Ich traue mich nicht, mich frei darauf zu bewegen. Aber dann werde ich unvorsichtig, mache doch einen

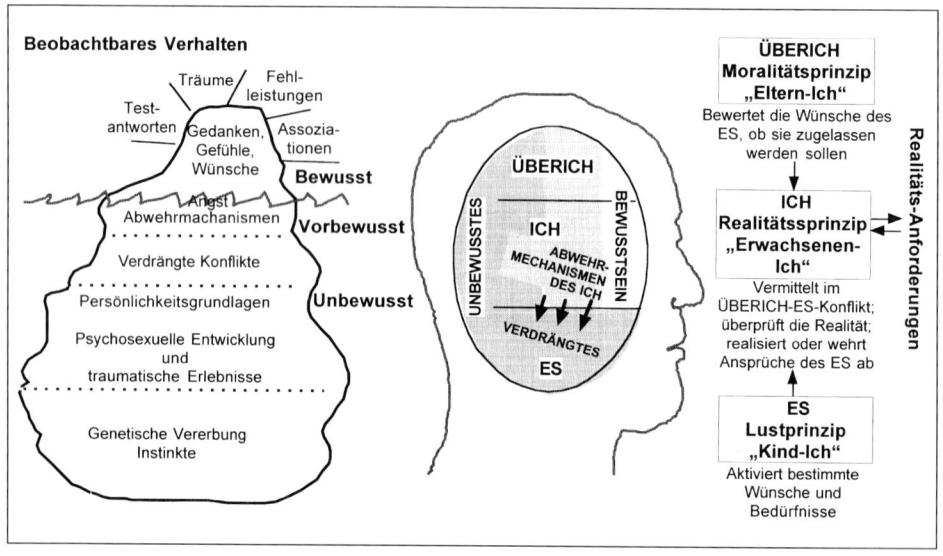

Abb. 2: Psychoanalytische Persönlichkeits-Modelle

Schritt und breche ein, falle durch eine Art Falltür. Ich kann mich gerade noch am Rand mit den Fingern anklammern und hänge irgendwie über einer Grube. Ich kann mich kaum noch halten, habe Angst, bekomme Panik, versuche, um Hilfe zu rufen. Aber es kommt nur ein ersticktes Wimmern.

Da kommt mein Vater. Seine Arme sind eigenartig an seinen Körper gefesselt oder mit ihm verwachsen. Er sagt streng, aber auch irgendwie feierlich – es erinnert mich ans Jüngste Gericht: »Jetzt kann ich dir nicht mehr helfen. Ich kann dir meine Hand nicht reichen. Weil du meine Warnungen in den Wind geschlagen hast, sind meine Hände nun gebunden. Er tritt über mich hinweg und ich kann ihn nicht mehr sehen...

An dieser Stelle wache ich meist auf«.

Der psychoanalytisch orientierte Berater wird sich an dieser Stelle bemühen, diesen Traum (als Material aus dem Unbewußten) einer *Deutung* zuzuführen.

Obwohl der Berater der Klientin in einer Haltung »*freischwebender, nicht wertender Aufmerksamkeit*« zugehört und darauf geachtet hat, welche *Bilder* in ihm aufsteigen, welche *Assoziationen* ihm spontan in den Sinn kommen und welche *Beziehungsgefühle* zur Klientin und ihrem Traum in ihm aufsteigen, hält er sich zurück

»freischwebende
Aufmerksamkeit«

(*»therapeutische Abstinenz«*), damit die Chance grösser wird, dass die Klientin ihre unverarbeiteten Beziehungsprobleme (hier: zu ihrem Vater) auch auf den Berater *übertragen* kann.

Er wird vielleicht fragen: »Was sagt Ihnen dieser Traum?«

- Die Klientin wird jetzt vielleicht Erinnerungen an ihren Vater und ihre Beziehung zu ihm als Kind beschreiben. Vielleicht wird sie sich erinnern, dass in ihrer Familie Anerkennung und Zuwendung an die Erbringung von Leistungen gekoppelt waren (»Liebe gegen Leistung«) und dass sie nie das Gefühl hatte, bedingungslos nur um ihrer selbst willen geliebt worden zu sein. Eine solche Einsicht mag dann Trauer und/oder Wut auslösen und die Beziehung zu den Eltern in ein neues realisticheres Licht rücken.

- Vielleicht wird sie eine Situation berichten, wo sie sich nach einer schlechten Note mit der Hoffnung auf Trost und Hilfe an ihn gewand hat. Und er hätte sie dann kritisch zurückgewiesen: »Nächstes Mal komm früher. Jetzt ist es zu spät!«

- Oder sie wird vielleicht ihre Situation im Traum als Lehrerin, die sich kaum bewegen mag, um keinen falschen Schritt zu tun, mit Ihrer Verkrampfung im Seminar vergleichen, wenn sie vorn steht und ein Referat halten soll.

- Oder sie wird ihre Angst, über einem Abgrund zu hängen und abzustürzen, mit ihrer Angst und Hilflosigkeit im Seminar in Verbindung bringen, dass ihr der Boden unter den Füßen wegrutscht oder dass sie vor Scham am liebsten im Boden versinken möchte

- Oder sie blickt den Berater hilfesuchend an und bittet mit kindlicher Stimme: »Ich habe keine Ahnung… können Sie mir nicht sagen, was dieser Traum bedeutet?«

- Oder sie zögert und fragt dann überraschend zutraulich: »Aber Sie hätten mir doch die Hand gereicht?«

- Oder ……

Der psychoanalytische Berater hält sich, wie gesagt, in seinen Reaktionen eher zurück, um Leerräume entstehen zu lassen, in denen sich die problematischen Gefühle der Klientin (hier: Angst) entfalten können – eventuell auch in der Beziehung zum Berater. In diesem Fall spricht die Psychoanalyse von *Übertragung*. Dahinter steht die psychoanalytische Überzeugung, dass unverständliche und unkontrollierbare (»neurotische«) (Angst)Reaktionen oder *Angstabwehr-Muster* im Erwachsenenalter oft ihren Ursprung in (früh)kindlichen, *traumatischen Erfahrungen* mit wichtigen Beziehungspersonen (meist Mutter oder Vater) in sensiblen *Entwick-*

Übertragung

traumatische
Erfahrungen

lungsphasen haben. In ähnlich strukturierten sozialen Situationen im späteren Leben werden diese frühkindlichen Reaktionsweisen wieder reaktiviert und wiederholt (»*Wiederholungszwang*«). In der Beratungssituation können alle diese Gefühlsmomente *durchgearbeitet* und dem Bewußtsein zugänglich integriert werden.

»Wiederholungs-
zwang«

Ein psychoanalytischer Berater wird also vermutlich bei einer Angstproblematik auf die *psychoanalytische Entwicklungs- und Angsttheorie* zurückgreifen, um die Problematik der Klientin besser verstehen und deuten zu können. Welche Ängste haben ihren möglichen Ursprung in Beziehungserfahrungen in (früh)kindlich sensiblen Phasen, die damals traumatische Spuren hinterlassen haben? Wie kann der Berater die Angstsituation der Klientin auf diesem (diagnostisch noch relativ dürftigen) Informations-Hintergrund einordnen? In folgender Abb.3 sind die entsprechenden theoretischen Ansätze, wie sie der Autor integriert hat, tabellarisch zusammengefasst.

psychoanalytische
Entwicklungs-
phasen

(1) Die Psychoanalyse trennt zwischen *Realangst* und *neurotischer Angst*. Die Angst vor Leistungssituationen der Studentin scheinen über das natürliche Maß an Leistungsstressgefühl (»Lampenfieber«) hinauszugehen. Diesen »neurotischen« Angstanteil gilt es aufzuklären.

neurotische Angst

(2) Diese Angst könnte mit der fehlenden Sicherheit, von der Erde getragen, gehalten zu werden (»*fehlendes Urvertrauen*«) zusammenhängen, aber auch mit der Angst, eigene selbständige Schritte machen zu können, ohne einzubrechen und die Kontrolle zu verlieren. (Möglicherweise gibt es Beziehungs- und Selbstwert-Störungen aus der narzistischen, oralen und analen Phase)

»Urvertrauen«

(3) Dabei scheint die *Beziehung der Klientin zum Vater* bedeutsam zu sein: Er erscheint als erbarmungsloser Richter (beim Jüngsten Gericht) überhöht und unberührbar (»*schizoid*«). Wer seinen Gesetzen zuwider handelt, wird bestraft und kann auf keine Gnade rechnen. Seine Arme sind durch *hohe moralische Standards* (»*Überich*«) gebunden. Nur wer diese Standards erfüllt, kann mit Zuwendung und Hilfe (»Liebe«) rechnen. (Möglicherweise hat sich die Klientin mit den Normen des Vaters überidentifiziert und kann keine eigenen ihrer Person und Situation angemessenen Standards entwickeln)

»Überich«

Der psychoanalytische Berater geht davon aus, dass diese und weitergehende bewußtmachende Deutungen (z.B. der ödipalen Problematik der Klientin zu ihrem Vater – analog zum »*Ödipus-Komplex*«: der »Elektra-Komplex«) des Unbewußten bei den Klien-

ödipale Problematik

Phase	Lust-Quelle	Ziel	Objekt	Thema der Interaktion	Persönlichk-Entwick-lungsziele	Grundformen der Angst (-"Typen")
Primär-narzistisch (1.-2. Monat)	Haut	Verschmel-zen	positives Selbst-Introjekt	Sein	existentielles Urvertrauen	Körperkontakt-Verlust-/Selbst-hingabe-Angst („**Schizoid**")
Oral (1. Lbj.)	Mund	Saugen, Lutschen	Mutter, Brust	Bekommen, genießen, zusammen-sein	Vertrauen, Entspannung, Wir-Gefühl	Trennungs-/Liebesverlust-Angst („**Depressiv**")
Anal (2. Lbj.)	After	Ausschei-den, zurück-halten	Eltern, Exkre-mente	Behalten, geben	Autonomie, Scham, Kontrolle, Disziplin	Angst vor Kontrollverlust, Wandel, Unsicherheit („**Zwanghaft**")
Phallisch-genital (3.-6. Lbj.)	Penis, Klitoris	Onanie	Vater oder Mutter (werden begehrt)	Wünschen, verzichten („Ödipus-Komplex")	Gewissen, Geschlechts-rollen-identifikation, Lust auf Neues	Angst vor Endgültigkeit, Unfreiheit („**Hysterisch**")

Quelle: Eikmann; Riemann

Abb. 3: Psychoanalytische Entwicklungs-Phasen- und Angst-Theorien

ten Ängste auslösen kann vor der Bewußtwerdung dieser unbekannten inneren Es-Prozessen. Er geht davon aus, dass die Klienten typische *Widerstände* in Form von *Angstabwehrmechanismen* aktivieren.

Widerstände

Wichtige *Angstabwehrmechanismen* sind:

Angstabwehr-mechanismen

- *Verdrängung*: angstmachende Triebimpulse (z.B. Sexwünsche gegenüber Vater, Mutter; Mordimpulse) werden vollständig ins Unbewußte abgespalten und wirken von dort unkontrolliert ins Alltagsverhalten hinein und beeinflussen es
- *Verleugnung*: angstmachende Sinneseindrücke werden »übersehen« (Wahrnehmungsverzerrungen und -verkennungen)
- *Identifikation*: aus Angst vor Ablehnung, Trennung wird das Verhalten einer anderen Person übernommen (z.B. Identifikation mit dem Aggressor, z.B. einem bedrohlichen Vater)
- *Regression*: aus Angst vor Selbstverantwortung falle ich in frühere, kindliche Muster zurück
- *Reaktionsbildung*: aus Angst vor abgelehnten Triebregungen (z.B. Aggression gegen das ungewollte Kind) verkehren sich

diese Impulse ins Gegenteil in Richtung (aggressiver) Überfürsorglichkeit

• *Projektion*: aus Angst vor Selbstwerteinbußen werden eigene Triebansprüche einem anderen Menschen zugesprochen (z.b. wenn ich Angst habe, zu meinen aggressiven Impulsen zu stehen, nehme ich Aggresionen bei den anderen überdeutlich wahr und unterstelle sie ihnen)

• *Rationalisierung*: durch fadenscheinige Begründungen von problematischen Verhaltensweisen (z.b. aggressiv-sadistisches Verhalten gegenüber den eigenen Kindern als „Erziehung für die Härten des Lebens" darstellen) wird das eigene Selbstbild verteidigt

• *Sublimierung*: Triebaufschub und Triebverzicht zugunsten kulturell wünschenswerter Leistungen (z.b. statt direkter sexueller Kontakt ein Liebesgedicht schreiben)

Sollten solche Abwehrmuster den Beratungsprozess behindern, wird der Berater das thematisieren und ebenfalls der Klientin bewußt machen oder aber dafür sorgen, dass sie in einen anderen Beratungskontext wechselt, in dem diese Widerstände den Beratungsprozess nicht so stark behindern.

Mit welchen Widerständen kann der Berater bei unserer Klientin rechnen?

Aufgrund des »*Traummaterials*« dürfte eine »*Identifikation mit dem Vater*« und seinen Überich-Anteilen naheliegen. Andere Angstabwehrmuster scheinen zunächst nicht dominant. Die Klientin scheint sich ihren Ängsten stellen zu wollen.

Der Berater wird also den Fokus auf die Aufarbeitung der angstbesetzten Beziehung der Klientin zu ihrem Vater legen. Die Hypothese der psychoanalytischen Beratung ist:

Wenn die Klientin ihre Angst im Kontext ihrer eigenen Biographie einordnen und verstehen kann, hat ihr neurotischer Anteil als hintergründiger Hilferuf der Seele keine psychische Notwendigkeit mehr und kann sich auflösen.

Literaturhinweise:

Bock, R. (1984): Psychoanalyse – Am Anfang war die Couch. In: Petzold, H. (Hrsg.): Wege zum Menschen, Bd.II, 101-173, Paderborn: Junfermann.

Eikmann, J. (1979): Die Psychoanalyse nach Sigmund Freud. In: Sieland, B., Siebert, M. (Hrsg.): Klinische Psychologie für Pädagogen. S. 38-68, Braunschweig: Westermann.

Junker, H. (1977): Theorien II: Einführung in die Psychoanalyse. In: Hornstein u.a. (Hrsg.): Beratung in der Erziehung, Frankfurt: Fischer.

Junker, H., Junker-John, M. (1977): Von der Alltagswahrnehmung zur wissenschaftlichen Theoriebildung – der verstehend-psychoanalytische Zugang zu Beratungsproblemen. In: Hornstein u.a. (Hrsg.): Beratung in der Erziehung, Frankfurt: Fischer.

Massing, A., Reich, G., Sperling, E. (1999): Die Mehrgenerationen-Familientherapie. Göttingen: Vandenhoeck&Ruprecht.

Riemann, F. (1974): Grundformen der Angst. München: Ernst Reinhard.

Humanistisch-psychologische Beratungsansätze

Reinhard Fuhr

Humanistische Psychologie und Beratung

Zu den humanistisch-psychologischen Beratungsansätzen zähle ich eine Reihe von Verfahren, die sich alle auf einige gemeinsame philosophische Grundannahmen und ein ähnliches Methodenrepertoire berufen. Die Themenzentrierte Interaktion nach Ruth C. Cohn (1975; s.a. Freudenreich & Meyer 1992) gehört ebenso zu diesen Ansätzen wie die klienten- oder personzentrierte Gesprächsführung nach Carl R. Rogers (1991; Rogers & Schmid 1991), die Gestaltberatung auf der Grundlage der Gestalttherapie-Theorie von Frederick S. und Laura Perls sowie Paul Goodman (1979; Fuhr, Sreckovic, Gremmler-Fuhr 2001) oder die psychodramatische Beratung auf der Grundlage des Psychodramas von Jacob L. Moreno (1989; Buer 1992, 1996). Die Grenzen zwischen Beratung und Therapie sind in den humanistisch-psychologischen Ansätzen dabei recht fließend, da auch die therapeutische Arbeit nicht in erster Linie als Behandlung von Problemen und Störungen von Patienten/Klienten verstanden wird.

Gemeinsame Grundannahmen

Welches sind die gemeinsamen Grundannahmen? Alle humanistisch-psychologischen Ansätze gehen davon aus, dass der Mensch als Einheit von Körper-Seele-Geist, eingebunden in ein größeres Ganzes, zu betrachten ist. In jedem Menschen wohnt überdies eine Tendenz inne, sich zu entwickeln und zu entfalten. Und schließlich geht man davon aus, dass die Beziehungen zu und der Dialog mit anderen Menschen und der Umwelt ganz wesentlich für die Klärung von Schwierigkeiten und Problemen, wie sie in der Beratung zur Sprache kommen, sind. Kurz: der Mensch ist eine Ganzheit aus Körper-Seele-Geist und Spiritualität, er strebt zur Entfaltung, wobei die Beziehungen zu anderen und zur Umwelt grundlegend sind.

Geschichtliche Herkunft

Historisch gesehen basieren die humanistisch-psychologischen Beratungsansätze auf philosophischen und psychologischen Ideen, die sich im Europa der Zeit vor dem II. Weltkrieg entwickelt hatten. Insbesondere die Gestaltpsychologie Max Wertheimers, Martin Goldsteins u.a. sowie die Feldtheorie Kurt Lewins, die existentialistischen Philosophien Martin Heideggers, Martin Bubers und Paul

Tillichs oder die Theatertradition von Max Reinhardt spielten dabei eine große Rolle; sie wurden ergänzt durch Einflüsse östlicher Psychologien wie Buddhismus und Taoismus. Diese Ideen wurden von deren Vertretern – bis auf Carl Rogers waren sie alle jüdischer Herkunft und kamen aus Westeuropa – ins US-amerikanische Exil mitgenommen und fanden dort ihre Entfaltung. Sie wurden ergänzt und gestützt von US-amerikanischen Forschern wie Abraham Maslow, der ein Grundlagenwerk zur Humanistischen Psychologie schrieb (1973). Diese humanistisch-psychologischen Ansätze wurden dann schließlich von der Humanistischen Bewegung (*human potential movement*) mitgetragen, einer politischen Gegenkultur (Hippie-Bewegung), die sich gegen eine rigide politische und kulturelle Landschaft in den USA auflehnte. Die Humanistische Bewegung breitete sich von der Westküste der USA in den 50er Jahren nach Osten hin aus und fasste schließlich auch in Europa in den 70er Jahren Fuß. Die Ansätze der humanistischen Psychologie wurden also quasi nach Europa reimportiert, erlebten in den 70er und 80er Jahren hier eine gewisse Blüte und ringen seither um offizielle Anerkennung; das ist angesichts der sogenannten Qualifizierungsbewegung und Verrechtlichung im Therapiebereich und zunehmend auch im Beratungsbereich (nur das zählt, was empirisch nachweisbar und quantifizierbar ist) nur von wechselnden Erfolgen gekennzeichnet. Viele Methoden der humanistischen Psychologie wurden inzwischen allerdings auch von den etablierten Therapie- und Beratungsansätzen übernommen – oft ohne dass deren Herkunft benannt wurde, da diese Herkunft ja als »unwissenschaftlich« galt und auch heute noch vielfach gilt.

Humanistische Bewegung in USA und Europa

Die Humanistische Psychologie hatte sich in den USA als *dritte Kraft* gegenüber einer verkrusteten psychoanalytischen Tradition und einem technizistischen Behaviorismus (klassische Verhaltenstherapie und Verhaltensmodifikation) verstanden. Im Überschwang dieser Gegenbewegung wurden überall da, wo die Humanistische Psychologie Fuß fasste, zunächst der Gefühlsausdruck der Klienten in Therapie und Beratung sehr gestützt und teilweise auch forciert, und damit wurden viele Tabus gebrochen. Diese »Kinderkrankheiten«, wie sie jeder größeren Bewegung eigen sind, haben sich längst ausgewachsen – trotzdem bestehen viele Vorurteile gegenüber humanistisch-psychologischen Verfahren ungeschmälert bis heute fort[1] und werden auch in neuesten Handbüchern ungeprüft fortgeschrieben, indem das humanistische

... und ihre »Kinderkrankheiten« sowie überholten Vorurteile

---

[1] vgl. z.B. Schmidbauer 1994, Brockert 2000, S. 271 ff.; teilweise auch bei Jaeggi 1997, S. 132 f., 139.

Menschenbild beispielsweise auf die Berücksichtigung subjektiver Erfahrungen reduziert wird.

Die *Theorie* der humanistischen Psychologie wurde nach einer Phase der Stagnation und gewissen Theorie-Abstinenz während des Booms dann seit den 90er Jahren des vorigen Jahrhunderts grundlegend weiterentwickelt, und die praktischen Anwendungsbereiche haben sich von den ursprünglichen Begrenzungen auf Psychotherapie und Selbsterfahrungsgruppen erheblich erweitert. Insbesondere im Beratungsbereich sind humanistisch-psychologische Ansätze stark vertreten, zumindest im Methodenrepertoire vieler BeraterInnen.

Da es den Rahmen dieses Textes erheblich sprengen würde, alle humanistisch-psychologischen Beratungsansätze darzustellen, will ich mich zunächst beispielhaft auf den Ansatz beschränken, den ich selbst seit vielen Jahren praktiziere und mit weiterentwickelt habe – den Gestalt-Ansatz und speziell die Gestaltberatung (s.a. Fuhr 2001). Anschließend werde ich sehr kurze ergänzende Hinweise zu anderen humanistisch-psychologischen Beratungsansätzen geben.

Bei meiner Darstellung der Gestaltberatung sollte berücksichtigt werden, dass es viele verschiedene Möglichkeiten gibt, dieses Verfahren zu verstehen. Der Gestalt-Ansatz wurde von ihren Begründern Friedrich S. Perls und Laura Perls sowie Paul Goodman ganz bewusst als ein offenes Verfahren konzipiert, dass sich trotz einiger grundlegender Prinzipien und philosophischer Grundannahmen ständig weiterentwickelt. Schon die Gründerpersönlichkeiten selbst vertraten recht verschiedene Auffassungen des Ansatzes und benutzten unterschiedliche Vorgehensweisen.

Bei der Darstellung meiner Vorgehensweise in der Gestaltberatung beziehe ich mich auf den vorgestellten »Fall« einer Studentin, die in größeren Seminaren Angst hat, sich zu äußern und diese Problematik in einer Beratung zur Sprache bringen möchte.

Gestaltberatung

Ich stelle mir eine Gestaltberatung mit der Studentin, die ich Anna nennen möchte, vor und folge dabei sowohl den Grundprinzipien *verstehensorientierter* Beratung im allgemeinen,[2] als auch einem idealtypischen Gesprächsverlauf, der sich an den Phasen der *Ge-*

---

[2] vgl. Fuhr, R., Beratungsansätze unter vier Perspektiven der Wirklichkeit - ein Orientierungskonzept, in diesem Band.

staltberatung orientiert.[3] Der Erforschung der Problemsituation wird dabei also Vorrang vor einer evtl. Problemlösung, dem Verstehen und der Sinngebung Vorrang vor einer Verhaltensänderung eingeräumt. Die Gesprächsphasen, die ich im folgenden beispielhaft charakterisiere, sind: Orientierung, Bestandsaufnahme, Bedeutung und Perspektive (Abb. 1). Diese Prozessstruktur geht auf das Gestaltkonzept des Kontaktzyklus mit ebenfalls vier Phasen zurück: Vorkontakt, Kontaktaufnahme, Voller Kontakt, Nachkontakt (vgl. Gremmler-Fuhr 2001, S. 345 ff.).

Verstehen und Sinngebung vorrangig

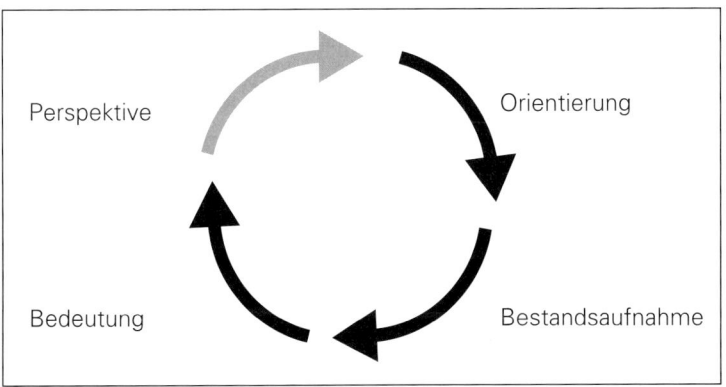

Abb. 1: Phasen des Beratungsprozesses

Orientierungsphase

In dieser ersten Phase des Beratungsgesprächs geht es darum, die Bedingungen zu klären, unter denen das Gespräch bzw. die Gesprächsfolge stattfinden soll. Dazu gehören die üblichen Vereinbarungen über die (voraussichtliche) Zahl der Sitzungen, die verfügbare Zeit, die Bezahlung (falls die Beratung privat finanziert wird). Für besonders wichtig halte ich die Vertraulichkeit der Informationen, die ich von der Klientin erhalte (und natürlich wird dieses Vertraulichkeitsgebot noch viel wichtiger in einer Gruppe etwa im Rahmen einer Supervision). Außer zu dieser Vertraulichkeit bin ich professionell auch verpflichtet, auf die Unantastbarkeit der Würde der Klientin zu achten, so gut es nur geht. All das dürfte nicht wesentlich von Vereinbarungen in anderen Verfahren abweichen. Als Gestaltberater ist es jedoch besonders wichtig, dass die Beziehung

Vereinbarungen

---

[3] vgl. Fuhr, R., Gestalt-Supervision für Lehrende, in diesem Band.

zwischen meiner Klientin und mir klar ist. Nehmen wir an, Anna und ich hätten schon mehrere Sitzungen zusammen gearbeitet, dann wäre es durchaus denkbar, dass sich Unstimmigkeiten eingeschlichen haben, dass Anna einen »Rest« mit mir hat – sie sich vielleicht an einer Stelle nicht richtig verstanden fühlte, sie eine

Voraussetzungen für dialogisches Miteinander

Reaktion von mir irritierte oder dass ich noch etwas verärgert bin, weil sie eine vorherige Sitzung sehr kurzfristig abgesagt hatte usw. In solchen Fällen geht es erst einmal darum, die Beziehung so weit wie möglich zu klären, denn Gestaltberatung vollzieht sich der Intention nach zwischen zwei real existierenden Menschen im Hier-und-Jetzt. Ich versuche also, mit der Klientin von Anfang an einen Dialog zwischen zwei Personen zu ermöglichen, bei dem wir eine gemeinsame Wirklichkeit schaffen können. Dabei gehe ich von der Annahme aus, dass wir in sehr verschiedenen Wirklichkeiten leben, und es gehört zu meiner Aufgabe, mich in die Wirklichkeit der Klientin hinein zu fantasieren und zu fühlen (freilich ohne mich darin zu verlieren). Von Anna erwarte ich das natürlich nicht in gleicher Weise, denn sie ist es, die der Unterstützung bedarf, und es ist nicht ihre Aufgabe, sich mit mir und meinen Anliegen zu beschäftigen. Trotzdem werde ich ihr auch meine Realität immer wieder einmal anbieten und sie damit konfrontieren, in der Hoffnung, dass sie sich davon anregen und ggf. auch herausfordern lassen kann.

Meine Aufgabe als Gestaltberater besteht also in dieser ersten Phase unseres Gesprächs zunächst darin, dass wir unsere Wellenlängen aufeinander abstimmen und die Voraussetzungen für ein dialogisches Miteinander so gut wie möglich gestalten. Dazu kann durchaus auch ein wenig *small talk* gehören, damit wir nicht gleich mit der Tür ins Haus fallen. Ob der Dialog letztlich gelingt, ist dennoch jedes Mal wieder eine offene Frage.

Bestandsaufnahme

professionelle Neugier

Damit können wir in die Phase eintreten, in der wir die Problemsituation erforschen. Dies setzt voraus, dass ich ein Mindestmaß an Neugier für Anna und ihre Problemsituation aufbringen kann. Da ich ohnehin ein neugieriger Mensch bin, fällt mir diese »professionelle« Neugier allerdings meist nicht schwer. Zur Erinnerung: Anna leidet darunter, dass sie in Seminaren von mehr als 15 Teilnehmenden Angst hat, sich zu äußern, obwohl sie glaubt, gute Redebeiträge leisten zu können. Ich möchte nun gerne erfahren, wie sich die angstauslösende Situation für Anna in den betreffenden Seminaren darstellt, angefangen von den äußeren Bedingungen, in denen die Angst auftritt: Ob Anna von Anfang an Angst hat, wann ihr diese Empfindungen, die sie Angst nennt, bewusst werden, wie sich diese Angst anfühlt usw.

Die Erforschung der Problemsituation bezieht sich also sowohl auf *Fakten* (Außenperspektive) als auch auf das *innere Erleben* der Klientin. Normalerweise treten bei der Erforschung des Innenraums erste Widerstände auf. Da wir es – vor allem in der akademischen Kultur – nicht gewohnt sind, auf unser Innenleben, also unsere Empfindungen, Gefühle, Fantasien und dgl. zu achten und diese wichtig zu nehmen, muss ich als Berater damit rechnen, mit meinem Anliegen, das Befinden der Klientin in der problematischen Situation möglichst genau zu erforschen, auf unbekanntes Gelände gerate, und das kann natürlich wieder Angst und Abwehr auslösen: »Wieso, was soll ich schon dabei empfinden, ich habe doch gesagt, dass ich Angst bekomme!« Ich möchte aber gerne wissen, wie sich diese Angst anfühlt, welche Körperreaktionen Anna wahrnimmt, die sie »Angst« nennt, was in ihrem Kopf davor, während und nach der Situation vor sich geht, ob sie verwirrt ist, ob innere Bilder entstehen, ihr Gedankensplitter durch den Sinn gehen, sie erstarrt oder sehr nervös wird, ob sie sich dann abwertet, wenn sie merkt, dass sie wieder in diesen Zustand geraten ist usw.

äußere Fakten und inneres Erleben

Widerstände sind nach meinem Gestalt-Verständnis Reaktionen der Klientin auf meine Fragen und Angebote, die in eine *andere* Richtung gehen, als ich mir das gerade vorstelle. Statt solche Widerstände also ignorieren, übergehen oder gar durchbrechen zu wollen, nehme ich sie ernst und versuche, sie mit der Klientin zusammen zu erkunden: Was sie also beispielsweise daran hindert, einmal genauer nachzuspüren, wie es ihr in der Angstsituation in den betreffenden Seminaren geht. Vielleicht wehrt sie sich, etwas erforschen zu wollen, was ihr zunächst keinen Sinn macht, und erst nachdem ich ihr erklärt habe, weshalb mich ihr Erleben im einzelnen interessiert, kann sie sich auf meine Fragen einlassen. Vielleicht stoßen wir aber auch an Grenzen, die selbst wieder zu viel Angst auslösen – das Innenleben ist ja oft, wie angedeutet, ein zu unvertrautes Terrain -, als dass sich die Klientin in dieser Beratungssituation auf weitere Erforschungen einlassen möchte. In diesem Fall ginge es darum, mit dem Widerstand respektvoll und konstruktiv umzugehen. Wir haben möglicherweise eine Grenze erreicht, wo nur eine intensivere Therapie weiterführen könnte, und müssen in diesem Beratungskontext in etwas flacheren Gewässern verbleiben. Es kann aber auch gut sein, dass wir der Sache gerade dadurch auf den Grund kommen, indem die Klientin etwa feststellt, dass Angstgefühle etwas sind, was sie eigentlich niemals haben durfte und darf, was also nicht zu ihrem Selbstbild passt. In dieser Weise nähern wir uns allmählich und manchmal über einige Umwege einer genaueren und stimmigeren *Problemdefinition.*

Problembestimmung

Die Intention in dieser Gesprächsphase besteht zum einen darin, die existentielle Situation der Klientin im Hinblick auf das Ausgangsproblem gemeinsam zu erforschen und die Klientin in dieser existentiellen Situation zu »sehen« und zu bestätigen. Es geht dabei erst einmal darum, das, was ist, so zu akzeptieren, wie es ist, und es als *eine Form der kreativen Anpassung* an schwierige Lebenssituationen zu begreifen und sogar wert zu schätzen, so unpraktisch, dysfunktional und störend diese Form der Anpassung auch sein mag. Auf dieser Grundlage geht es zum anderen in dieser Gesprächsphase darum, das Problem so treffend wie möglich zu formulieren. Denn ich gehe davon aus, dass eine Problembestimmung, die sich für die Klientin stimmig und treffend anfühlt (und die auch für mich überzeugend klingt), die Lösungsmöglichkeiten bereits in sich trägt.

Auf welcher Ebene wir das Problem formulieren, hängt von verschiedenen Faktoren ab, etwa von der Dringlichkeit der Problemsituation und von Handlungsmöglichkeiten der Klientin. Ist etwa die Fortsetzung des Studiums gefährdet, wenn Anna dieses Problem nicht in den Griff bekommt? Beeinträchtigen diese Angsterfahrungen ihre gesamte Studienmotivation und ihr Wohlbefinden? Die Verhaltensweisen von Dozenten oder die Überfüllung von Seminaren beispielsweise, die auf Anna einwirken, wird sie wohl kaum ändern können, und deshalb wäre es müßig, die Problemformulierung auf diese zu fokussieren, obwohl dies zweifellos ein Problemfeld für viele Studierende darstellt. Es gibt also nicht *die richtige* Problembestimmung, schon gar nicht in der Weise, dass *ich* Anna diagnostiziere und ihr mitteile, wo nach meinem professionellen Wissen und Urteil das »eigentliche« Problem liegt. Nein, wir erarbeiten die Problemdefinition gemeinsam; ich steuere dabei den Prozess des Erforschens in einer Art und Weise, die den Interessen und Möglichkeiten der Klientin gerecht werden kann und der, soweit es irgendwie geht, im Einvernehmen mit ihr geschieht.

»Es gibt nicht die richtige Problembestimmung«

Nehmen wir an, wir finden heraus, dass sich Anna gegenüber den anderen KommilitonInnen minderwertig fühlt, wenn sie keine Wortbeiträge in den betreffenden Seminaren leistet, dass sie sich außerdem massiv unter Druck setzt, weil sie eigentlich etwas zu sagen hätte, aber Angst hat, Fehler zu machen und lächerlich zu wirken, weil sie sich z.B. verhaspelt.

Wir gelangen auf diese Weise zu einer *Problemformulierung*, die etwa so lauten könnte: Anna setzt sich unter Druck, Wortbeiträge in den betreffenden Seminaren leisten und sich auch gegenüber »Vielrednern« durchsetzen zu müssen, hat aber Angst, Fehler zu machen oder sich zu verhaspeln und dann vor den anderen SeminarteilnehmerInnen und den Dozenten lächerlich zu wirken. Sie ist jetzt an einem Punkt, wo sie ihre Fähigkeit, weiter zu studieren, daher in Frage stellt.

Damit können wir in unserem idealtypischen Beratungsgespräch zur nächsten Phase, der Bedeutungsfindung, übergehen.

Bedeutungfindung

In der vorherigen Phase des Beratungsgesprächs haben wir uns auf die *Fakten und die Wahrnehmungen* der Klientin begrenzt. Ich als Berater habe versucht, mich in die Situation der Klientin hinein zu fantasieren und zu fühlen und mich bemüht, sie in dieser ihrer Situation zu »sehen« und zu bestätigen. Jetzt – und erst jetzt – geht es darum, die Bedeutung des Problems herauszufinden, also zu *interpretieren*. Diese Interpretationen können sich auf die individuelle Lebensgeschichte, auf die gegenwärtige persönliche und berufliche Situation der Klientin beziehen, aber auch auf zwischenmenschliche, institutionelle und gesellschaftliche Ebenen. Welche dieser Ebenen wir ansteuern und genauer erkunden, hängt von den Interessen der Klientin ab und davon, wie nützlich diese Erkundung ist. In jedem Fall aber nehme ich die Interpretationen wiederum nicht eigenständig als Experte vor, sondern wir erarbeiten sie gemeinsam, wobei ich aus meinem Expertenwissen durchaus mit Vorschlägen beitragen kann. Entscheidend aber ist, ob diese von der Klientin akzeptiert und von ihr nachvollzogen werden können. *(Randnotiz: Bedeutungen des Problems)*

Bei Anna stellt sich beispielsweise heraus, dass ihr Studienfortgang von den Ängsten, die sie in den Seminaren erlebt, faktisch nicht berührt ist. Auch ihr soziales Netz ist kaum davon belastet – sie fühlt sich deshalb nicht isoliert. Vielmehr geht es ihr darum, den Druck, den sie anlässlich dieser Seminarsituationen erlebt, loszuwerden, da er sie belastet und er sich auch auf ihre Studienmotivation außerhalb dieser Seminare auswirkt, manchmal den Schlaf raubt und sie an sich zweifeln lässt. Was ihre Angst, sich zu blamieren betrifft, wäre es sicher auch sinnvoll und hilfreich, wenn wir die Lebensgeschichte von Anna daraufhin abklopfen könnten, wo sie vielleicht Situationen erlebt hat (z.B. in der Schule), in denen sie bloß gestellt wurde, weil sie sich verhaspelt oder Fehler *(Randnotiz: ... in der Lebenssituation)*

Grenzen zur
Therapie

gemacht hatte. Doch hier geraten wir möglicherweise an die Grenzen von Therapie, die ein anderes Setting erfordern würde und nicht in wenigen Beratungssitzungen erledigt werden kann. In unserem Beratungsgespräch mit Anna stellt sich aber bei genauerer Überprüfung heraus, dass die Angstsituation in den Seminaren vor allem ein Anzeichen dafür ist, dass sie sich sehr stark unter den Druck setzt (oder gesetzt fühlt), das Studium möglichst rasch und erfolgreich zu absolvieren, da die Eltern dies von ihr erwarten. Wir können die Angst in bestimmten Seminaren also auch als einen Hinweis auf eine grundlegendere Schwierigkeit in der Studiensituation von Anna interpretieren.

Perspektive

Handlungsalter-
nativen erhöhen

Wir treten damit in die letzte Phase des Beratungsgesprächs ein, in der wir versuchen, einige Handlungsalternativen zu formulieren. Es geht hier nicht darum, *die* Lösung zu finden, sondern die bisherigen Einstellungen und Handlungsmöglichkeiten von Anna zu erweitern. Diese Erweiterung könnte zunächst darin bestehen, dass sich Anna mit ihrer Angst akzeptieren lernen kann. Aufgrund der Problembestimmung und dessen Bedeutung, die wir gemeinsam herausgearbeitet haben, bietet es sich darüber hinaus vielleicht an, dass Anna mit ihren Eltern ein Gespräch führt und überprüft, ob ihre Annahme, sie müsste das Studium so rasch und gut wie nur möglich abschließen, tatsächlich stimmt. Sie könnte auch zu dem Schluss kommen, dass es in Ordnung ist, in den betreffenden Seminaren still zu bleiben, da es zu anstrengend und wenig Erfolg versprechend wäre, sich gegen Vielredner durchzusetzen. Sie könnte auch bewusst einmal das Risiko eingehen wollen, sich zu melden und dabei zu verhaspeln; vielleicht stimmt es ja gar nicht, dass sie dann ausgelacht wird, oder sie könnte das Redeverhalten einiger Kommilitonen in den betreffenden Seminaren einmal ansprechen.

Mit diesen und ähnlichen Einstellungs- und Handlungsalternativen können wir das Beratungsgespräch zu Ende führen; vielleicht möchte Anna noch Vereinbarungen mit mir treffen, welche der Alternativen sie ausprobieren will, aber vielleicht genügt es ihr im Augenblick auch, die neuen Sichtweisen und Möglichkeiten erst einmal wirken zu lassen.

Andere humanistische Verfahren

Gestaltberatung diente mir als Beispiel für humanistisch-psychologische Beratungsansätze. Methoden und Techniken spielen bei diesem Verständnis von Beratung nur eine untergeordnete Rolle. Im Vordergrund der Vorgehensweise steht der Dialog sowie die Konzentration des Bewusstseins auf verschiedene Dimensionen des Erlebens, Wahrnehmens und Beobachtens. Dabei können verschiedene Methoden und Techniken zum Einsatz kommen wie kurze Rollenspiele, Fantasie-Übungen, die Inszenierung innerer Dialoge oder Gestalt-Experimente.[4]

Andere humanistisch-psychologische Verfahren setzen andere Akzente, berufen sich bei aller Gemeinsamkeit auch oft auf einige andere theoretische Traditionen und verwenden andere Methoden und Techniken. Im Rahmen dieser kurzen Skizzierung kann ihnen nicht gebührend Rechnung getragen werden, aber einige kurze Hinweise seien erlaubt.

Bei *psychodramatischer Beratung* liegt der Akzent nicht auf dem dialogischen Gespräch (obwohl dies auch eine Rolle spielt), sondern auf der Inszenierung der problematischen Situationen (vgl. Buer 1996; 2000; 2001; Krüger 1990; Wegehaupt-Schneider 1997). Das Erleben steht hier noch viel stärker im Vordergrund als in dem zuvor dargestellten Verständnis von Gestaltberatung. Für solche Inszenierungen gibt es eine Vielzahl von Methoden und Techniken wie Hilfs-Ich, Rollenwechsel und Rollentausch, Spiegeln usw.

Psychodrama

Im Kontrast dazu steht das einfühlende Gespräch bei der *klientenzentrierten Beratung* eindeutig im Vordergrund. Hier wird besonderer Wert darauf gelegt, den Klienten zu verstehen, sich in ihn einzufühlen und hinein zu fantasieren, die verstandenen Erlebnisinhalte zu verbalisieren und ihn in seinem So-Sein zu bestätigen. Dabei setzt die klientenzentrierte Arbeit vor allem auf die Wirkung der Selbstaktualisierungstendenz der Klienten.

klientenzentrierte Beratung

Die Themenzentrierte Interaktion schließlich legt mehr Wert auf die didaktische Struktur und die thematische Zentrierung des Beratungsgeschehens (Freudenreich / Meyer1992). Das Erleben und die Belange des Einzelnen (»Ich«), die Beziehungsprozesse in der Klient-Berater-Dyade oder in der Gruppe (»Wir«) und die anstehenden Themen (»Es«) sollen in ein Gleichgewichtsverhältnis gebracht werden und dies jeweils unter Beachtung des umgebenden Feldes und der Ereignisse in der Welt (»Globe«) (Cohn 1975).

TZI

Alle diese und andere humanistischen Verfahren nehmen das bewusste Erleben der Klientinnen besonders ernst, ihnen ist an einer tragfähigen Beziehungsgestaltung gelegen und sie setzen alle stark auf Selbstregulierungskräfte und Mitverantwortung der Klien-

---

[4] vgl. z.B. Staemmler 2001.

ten in einem akzeptierenden, bestätigenden aber auch kritisch fordernden Umfeld. Dies unterscheidet sie sehr deutlich von all jenen Verfahren, die das Handeln in Problemsituationen und die Lösungen ins Zentrum ihrer Aufmerksamkeit und Methodik setzen, was sich ganz offensichtlich auch in der Zeitverteilung im Phasenverlauf niederschlägt: bei humanistisch-psychologischen Verfahren, wie ich sie verstehe, dient die weitaus meiste Zeit dem Verstehen, der Bestätigung und der Problemdefinition auf verschiedenen Ebenen, nur geringe Zeit ist für die Formulierung und ggf. Erprobung von alternativen Handlungsmöglichkeiten erforderlich.

Annahmen über die Wirksamkeit humanistischer Beratung

Von außen betrachtet erscheinen Beratungsgespräche – wenn ich mich nun wieder auf den Gestalt-Ansatz konzentriere – recht unspektakulär und »normal«, aber sie sind oft durch eine ungewöhnliche Intensität gekennzeichnet. Was wirkt in solchen Gesprächen nach den Annahmen der humanistischen Psychologie und Philosophie?

Bewusstheit   Die erhöhte Bewusstheit des Erlebens im Hinblick auf die problematische Situation, die durch das Beratungsgespräch angeregt wird, sowie die Erweiterung des Bewusstseins von den vielen möglichen Bedeutungen der Problemsituation hat bereits verändernde Wirkung, was sich vor allem in den inneren Einstellungen und Haltungen niederschlägt; diese wirken sich – wenn auch manchmal nur indirekt – auf die sichtbaren Verhaltensweisen aus. Nur das, was man bewusst akzeptiert, kann sich nachhaltig verändern. Das ist ein Credo des Gestaltansatzes, der sich in der Praxis immer wieder neu bewahrheitet. Allerdings kann man die Veränderungen der inneren Einstellungen nicht so leicht und zuverlässig messen (falls überhaupt) wie Verhaltensänderungen, und es ist auch nicht sehr sinnvoll, kausale Zusammenhänge über Ursachen und Wirkungen zu rekonstruieren.

dialogische   Das Bewusstwerden geschieht in einer dialogischen Beziehung
Beziehung   zwischen Berater und Klientin. In dieser kann sich die Klientin akzeptiert und bestätigt fühlen; zusätzlich wird die Klientin oft von der anderen Wirklichkeit des Beraters herausgefordert und kann sich damit auseinander setzen. Diese Beziehungserfahrung kann eine nicht zu unterschätzende heilende Wirkung ausüben (vgl. Friedman 1987).

Als Berater vertraue ich weniger meinen klugen Ideen, als vielmehr der Kreativität, die sich in solch einem dialogischen Prozess zwischen der Klientin und mir entfalten kann, insbesondere dann, wenn die Angst der Klientin dabei gering bleiben kann. Methoden und Techniken, die in dieser Art von humanistischer Beratung zur Anwendung gelangen, sind zweitrangig. Sie können unterstützende und anregende Funktion haben, sollten jedoch nicht die Beziehungsqualität und das Vertrauen in den gemeinsamen kreativen Prozess ersetzen. Es setzt allerdings eine intensive und längerfristige Ausbildung des Beraters mit kontinuierlicher Selbsterfahrung und Selbsterforschung voraus, damit er sich von seinen eigenen »Macken« (zumindest zeitweise) befreien kann, um sich auf die Klientin und das unmittelbare Geschehen mit gelassener Aufmerksamkeit und Achtsamkeit einlassen kann.

Methoden und Techniken zweitrangig

Theorien und Modelle

Humanistische Beratungsansätze beziehen eine Fülle von Theorien und Modellen ein, die ich hier nicht im einzelnen aufführen und erläutern kann. Diese Theorien und Modelle sind im Grundverständnis von Lernen sowie Kommunikation und Beziehung verankert. Einige Stichworte mögen dies verdeutlichen:

- Die Vorgehensweise humanistisch-psychologischer Beratung ist in erster Linie *phänomenologisch und hermeneutisch*, d.h. dass die (inneren und äußeren) Erscheinungsformen so, wie sie sind, ernst genommen und unvoreingenommen erforscht und gemeinsam interpretiert werden (vgl. Danner 1989).

Phänomenologie und Hermeneutik

- Alle humanistischen Verfahren haben spezielle *Beziehungs- und Kontaktkonzepte*. Gestaltberatung legt das Kontaktmodell zu grunde, da es erlaubt, die Prozesse des Menschen im Wechselspiel mit seiner Umwelt darzustellen und aktuelle oder chronische Schwierigkeiten in diesem Wechselspiel zu erkennen (Fuhr & Gremmler-Fuhr 2002; Gremmler-Fuhr 2001a). Ähnliche Konzepte für die Beziehung zwischen Berater und Klient gibt es auch in der klientenzentrierten Beratung (die »Beziehungsvariablen«) oder in der psychodramatischen Beratung (das »Tele«).

Kontaktmodell

- Alle humanistischen Verfahren haben ein *Selbstkonzept*, das von der Gestaltungskraft des Lebendigen ausgeht und dieses zu unterstützen versucht. Bei der klientenzentrierten Beratung ist dies die »Selbstaktualisierungstendenz«, bei der Gestaltberatung sind es die »Selbstfunktionen und die Selbst-Unterstützung« und beim Psychodrama die »Spontaneität des Selbst«, die in der Beratung nach Möglichkeit gefördert werden.

Selbstkonzept

- Humanistische Verfahren gehen von einem *ganzheitlichen Menschenbild* aus. Der Mensch wird als Einheit von Körper, Seele,

Ganzheit

Geist und von Spiritualität angesehen. D.h. auch, dass der Mensch in seinem Eingebundensein in soziale Einheiten sowie in übergreifende politische und gesellschaftliche, aber auch kosmische Zusammenhänge verstanden wird.

Existenz

• Allen humanistischen Verfahren liegt daran, die *Personen in ihrer existentiellen Situation* zu »erkennen« und zu bestätigen und sie dabei zu unterstützen, sich selbst und das, was ist, zu akzeptieren, ohne alles gutheißen zu müssen. Sie beziehen sich dabei auf existentialistische Philosophien und Theorien.

Selbst- und Mitverantwortung

• In allen humanistischen Beratungsansätzen spielt daher die *Mitverantwortung* für die Anderen und die Umwelt eine ebenso große Rolle wie die *Selbstverantwortung und Autonomie* des Menschen.

Dialog

• Daher ist die *Philosophie des Dialogs* vom Anspruch her für alle humanistischen Verfahren grundlegend; dabei bezieht man sich auf existentielle Philosophen wie Martin Buber (1983) oder Rollo May (1991) oder auf Pädagogen wie Paulo Freire (1981) und viele andere (vgl. auch Fuhr & Gremmler-Fuhr 1991; Gremmler-Fuhr 2001b).

Erleben

• Im Hinblick auf die Praxistheorie von Beratung spielen vor allem solche Konzepte und Methoden eine große Rolle, die die *Kreativität und das unmittelbare Erleben* aktivieren und unterstützen wie Rollenspiel, Fantasiearbeit, Experimente und alle Methoden, die die Intensität bewussten Erlebens fördern können und in den Rahmen von Beratung passen.

Erfolgskriterien

Aus den zuvor angedeuteten theoretischen und methodischen Grundlagen sowie den Prinzipien, die ich am Beispiel eines idealtypischen Beratungsgesprächs verdeutlicht habe, folgt, dass die Erfolgskriterien für humanistische Beratung nicht in erster Linie in einem messbaren veränderten Verhalten und in der erfolgreichen Lösung spezieller Probleme gesehen werden. Vielmehr geht es um

Erweiterung der Bewusstheit

die Erhöhung der Bewusstheit der Klientin, der Kreativität und Nutzung ihrer Potentiale und Resourcen sowie um das Erkennen von Handlungsalternativen für Problemsituationen. All diese Erfolgskriterien sind nur sehr partiell beobachtbar und messbar, aber sie sind erlebbar und ebenso wirklich wie objektive Qualitätskriterien.

Damit widersetzt sich humanistische Beratung auf sehr deutliche Weise dem *mainstream* der fast flächendeckenden Einführung von Erfolgskriterien im Gesundheits- und Bildungswesen, die ja allesamt beobachtbar und messbar sein sollen. Dies führt jedoch dazu, dass sich auch humanistisch orientierte Berater oft diesen Normierungen unterwerfen und versuchen nachzuweisen, dass ihre Herangehensweisen und Methoden in diesem Sinn effektiv sind. Dagegen würde ich keine Einwände erheben, solange wir uns dessen bewusst sind, dass wir auf eine geistige und psychische Verarmung und kulturelle Verödung zusteuern, wenn diesen beobachtbaren und messbaren Erfolgskriterien *alleinige Gültigkeit* zugesprochen wird. Daher sehe ich in den humanistischen Verfahren eine wichtige Ergänzung und ein Gegengewicht zu den eher auf unmittelbaren Erfolg und schnelle Lösungen ausgerichteten Verfahren der Beratung.

gegen geistige und kulturelle Verödung

Literatur

Buber, M. (1983): Ich und Du. Heidelberg: Schneider.

Buer, F. (1992): Psychodramatische Beratung. In: Psychodrama, Heft 1, 63-78.

Buer, F. (1996): Methoden in der Supervision-psychodramatisch angereichert. Organisationsberatung; Supervision; Clinical Management, Heft 1, 21-44.

Buer, F. (2000): Supervision als Ort moralphilosophischeer Besinnung. Oder: Was auch in der Arbeitswelt entscheidend ist.. Supervision, Heft 4, 4-20.

Buer, F. (2001): Praxis der psychodramatischen Supervision. Ein Handbuch. Opladen: Leske + Budrich.

Cohn, R. C. (1975): Von der Psychoanalyse zur Themenzentrierten Interaktion. Stuttgart: Klett-Cotta.

Danner, H. (1989): Methoden geisteswissenschaftlicher Pädagogik. München u.a.: Reinhardt.

Freire, P. (1981): Der Lehrer ist Politiker und Künstler. Reinbek: Rowohlt.

Freudenreich, D. & Meyer, U. (1992): Supervision und Beratung mit der Themenzentrierten Supervision. In: Pallasch, W. u. (Hrsg.): Beratung, Training, Supervision (213-223). München: Juventa.

Friedman, M. (1987): Der heilende Dialog in der Psychotherapie. Köln: Edition Humanistische Psychologie.

Fuhr, R. & Gremmler-Fuhr, M. (1991): Dialogische Beratung. Person, Beziehung, Ganzheit. Köln: Edition Humanistische Psychologie.

Fuhr, R. & Gremmler-Fuhr, M. (2002): Gestalt-Ansatz. Köln: Edition Humanistische Psychologie.

Fuhr, R., Sreckovic, M. & Gremmler-Fuhr, M. (Hrsg.) (2001): Handbuch der Gestalttherapie. Göttingen: Hogrefe.

Fuhr, R. (2001): Gestaltberatung. In: Fuhr, R., Sreckovic, M. & Gremmler-Fuhr, M. (Hrsg.): Handbuch der Gestalttherapie. Göttingen: Hogrefe, 1003-1024.

Gremmler-Fuhr, M. (2001): Dialogische Beziehung in der Gestalttherapie. In Fuhr, R., Sreckovic, M. & Gremmler-Fuhr, M. (Hrsg.): Handbuch der Gestalttherapie (393-416). Göttingen: Hogrefe,.

Gremmler-Fuhr, M. (2001): Grundkonzepte und Modelle der Gestalttherapie. In Fuhr, R., Sreckovic, M. & Gremmler-Fuhr, M. (Hrsg.): Handbuch der Gestalttherapie (345-392). Göttingen: Hogrefe,.

Jaeggi, E. (1997): Zu heilen die zerstoßenen Herzen. Reinbek: Rowohlt.

Krüger, R. (1990): Psychodrama als Supervisionsmethode. In Pühl, H. (Hrsg.), Handbuch der Supervision (323-340). Berlin: Ed. Marhold im Wiss.-Verl. Spiess.

Maslow, A. (1973): Psychologie des Seins. München: Kindler.

May, R. 1991: Die Kunst der Beratung. Mainz: Grünewald.

Moreno, J. L. (1989): Psychodrama und Soziometrie. Köln: Edition Humanistische Psychologie.

Rogers, C. (1991): Klientenzentrierte Psychotherapie. In: Rogers, C. R. & Schmid, P. F. (Hrsg.): Person-zentriert. Grundlagen von Theorie und Praxis (185-237). Main: Grünewald.

Rogers, C. R. & Schmid, P. F. (1991): Person-zentriert. Grundlagen von Theorie und Praxis. Mainz: Grünewald.

Staemmler, F. (2001): Gestalttherapeutische Methoden und Techniken. In Fuhr, R. M., Gremmler-Fuhr, M. (Hrsg.), Handbuch der Gestalttherapie (439-462). Göttingen: Hogrefe.

Wegehaupt-Schneider, I. (1997): Psychodramatische Methoden in der Einzelsupervision. Organisationsberatung; Supervision; Clinical Management, Heft 4, 371-380.

Verhaltensmodifikatorische Elemente in der Beratung

Heinz-Ulrich Thiel

Nach einem Definitionsversuch werden drei markante geschichtliche Stationen der Verhaltenstherapie dargestellt – nämlich der traditionell-*behavioristische* Ansatz, die sog. »*kognitive Wende*« der Verhaltensmodifikation in Deutschland in den 70er Jahren und *gegenwärtige Entwicklungen.* Ausgewählte Methoden und Prinzipien der Verhaltensmodifikation werden in ihrer Bedeutung für die pädagogische Beratung an dem Fallbeispiel der Angst einer Studentin in einem Seminar illustriert. In diesem Zusammenhang wird die Forderung einer schulenübergreifenden und multi-professionellen Grundausbildung in der Beratung begründet.

Allgemeine Charakteristika der Verhaltensmodifikation

Die Verhaltenstherapie gehört nach den über 10jährigen, umfangreichen Untersuchungen von Grawe u.a. (1994) zu den wissenschaftlich am besten untersuchten und vergleichsweise effektivsten Therapieformen. Sie ist – neben der Psychoanalyse und tiefenpsychologisch orientierten Verfahren – im Therapeutengesetz in den Genuß der berufs- und sozialrechtlichen (=kassenärztlichen) Anerkennung gekommen – einem Privileg, dem viele VerhaltenstherapeutInnen kritisch gegenüberstehen.

> »*Verhaltenstherapie kann definiert werden als die systematische Anwendung der Ergebnisse der experimentellen Psychologie auf die Analyse und Veränderung von problematischen Verhaltensweisen*« *(Hoffmann/ Frese 1975, S. 16).*

Das Aufstellen von Gesetzmäßigkeiten, nach denen menschliche Verhaltensweisen (behavior) gelernt, aufrechterhalten, ›umgelernt‹ oder verlernt – also verändert, d. h. ›modifiziert‹ – werden, ist ein wichtiges Ziel der experimentellen Psychologie. Dabei steht insbesondere der Zusammenhang zwischen Verhalten und den jeweiligen konkreten Umweltbedingungen bzw. dem situationsspezifischen Kontext im Mittelpunkt des Interesses – also die einem ›beobachtbaren‹ Verhalten vorausgehenden und nachfolgenden Ereignisse. Signale (S') und Folgen (=C) halten nämlich das uner-

Verhaltensänderung aufgrund empirischer Lerngesetze

wünschte Verhalten aufrecht (s. Abb 1: Verhaltensgleichung in der Verhaltensmodifikation).

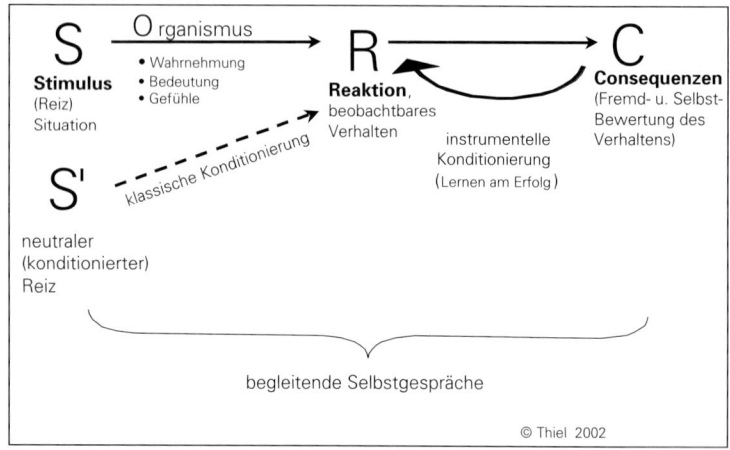

Abb 1: Verhaltensgleichung in der Verhaltensmodifikation

In der Verhaltenstherapie bzw. -modifikation besteht eine sehr enge Beziehung zwischen dem diagnostischen und dem ›eigentlichen‹ Veränderungsprozess: In der *Verhaltensanalyse*, die als Diagnose der geplanten Veränderung vorausgeht, werden die unerwünschten Verhaltensweisen genau beschrieben und die Bedingungen ihrer Entstehung sowie ihrer gegenwärtigen Aufrechterhaltung herausgearbeitet. In der eigentlichen Interventionsphase wird das Verhalten durch verschiedene Verfahren in die gewünschte Richtung *modifiziert*. Verhaltenstheoretische bzw. -therapeutische Prinzipien – z.B. das Lernen in kleinen Schritten – haben beispielsweise in der Sozialarbeit, im Elterntraining, in der Supervision sowie im schul- und erwachsenenpädagogischen Bereich Eingang gefunden. Diese Entwicklung hat vermutlich mit dazu beigetragen, daß innerhalb der Pädagogik der Begriff des Lernens dem der Bildung zunehmend Konkurrenz macht (vgl. Mollenhauer 1987). Was sind nun die experimentellen Befunde zum Lernen und Verändern des Verhaltens, die beratungsrelevant sein können?

Enger Bezug von Analyse und Veränderung

Der behavioristische Ansatz und die sog. ›Verhaltensgleichung‹

Dass die Verhaltenstherapie (VT) – dieser Begriff wurde erst spät von Eysenck eingeführt – gegen die ›spekulative‹ Psychoanalyse mit dem für viele unbeweisbaren Unbewussten und der intrapsychischen, triebtheoretischen Ursachenerklärung polemisierte, sehe ich als eine verständliche Entwicklungslinie an. Vergleichbare Korrekturen sind auch gegenüber anderen, späteren Therapietheorien zu beobachten. Die Grundannahme der VT, dass der Mensch (fast) alle Verhaltensweisen – die moderne VT fasst darunter auch Gedanken, Gefühle und Beziehungen – im Laufe der Zeit *gelernt* hat und sie folglich auch um- oder verlernen kann, gefällt mir und entspricht der pädagogischen Tradition. Es sind der russische Neurologe Pawlow und der Amerikaner Watson, die in den 20er Jahren das Lerngesetz der *klassischen Konditionierung* illustrierten (s. Abb. 1) – der eine an einem Hund, der schließlich auf ein ›neutrales‹ Lichtzeichen hin speichelte, das vorher mehrmals zusammen mit einem natürlichen Stimulus/ Reiz – nämlich Futter – dargeboten worden war, der andere an seinem 11 Monate alten Sohn Albert (Konditionierung einer natürlichen Schreckreaktion durch eine Lärmquelle auf eine weiße Ratte, mit der er vorher ohne sichtliche Angst gespielt hatte).

Alles Verhalten ist gelernt

Bezogen auf das Fallbeispiel der Studentin mit ihrer Angst in einem Seminar (s. Thiel zu Phasen der Beratung in diesem Buch) wirft die *klassische Konditionierung* folgendes Licht: Auf die ›natürliche‹ Situation (S = Ansammlung vieler Menschen/ Öffentlichkeit bzw. Seminar mit Leistungsanforderungen verbunden) reagiert die Studentin Marie – wie auch andere Menschen – eher mit Anspannung und Verunsicherung (=R). Mit der Zeit aber löst bereits der bloße Anblick (S') des einen Dozenten (ohne ein Wort zu ihr gesagt zu haben) oder einer der beiden Vielredner diese Unsicherheit bzw. das Nicht-Melden aus. Es kann sich soweit steigern, dass der bloße Seminarraum (ein vorher ganz neutraler Reiz) zum Signal wird: »Hier werde ich mich nicht wohl fühlen! Ich werde kein Wort über die Lippen bringen!« Die verhaltenstheoretischen Grundlagen der klassischen Konditionierung können aber auch Grundlage von Veränderungs-/ Interventionsmöglichkeiten sein: Sich dieser Reizsituation nicht auszusetzen, indem man dem Seminar fernbleibt (Vermeidung), paßt nicht zu Marie (das Seminarthema interessiert sie). Man könnte im Beratungsgespräch allerdings ausgewählte Elemente aus der Methode einer *systematischen Desensibilisierung* einsetzen: In einer entspannten Situation stellt sich Marie – erst der Vorstellung bzw. in Gedanken und später in der Realität – den angstauslösenden Signalen. Die aufgestellte subjektive Angsthierarchie wird so abgearbeitet, bis sich die Studentin auch bei der schwierigsten Situation entspannen kann. Das geschieht in kleinen vorher verabredeten Schritten – fortschreitend

spezifische Interventionsmethoden

von einer leichten Vorstellungssituation – z.b. Vorstellung des Seminarraumes – zu schwereren Verunsicherungs- bzw. Angstsituationen – z.b. der Vielredner neben ihr fängt gerade an zu reden. Daß Verhaltensweisen vor allem durch die nachfolgende Rückmeldung bzw. das Feedback gelernt bzw. verändert werden (von Skinner in den 50er Jahren als operante bzw. *instrumentelle Konditionierung* bezeichnet, s. Abb. 1), ist inzwischen jedem als Lernen am Erfolg plausibel. Maries Nichtmelden hat Konsequenzen (C): *kurzfristig* ist sie den Druck und die Verunsicherung los und atmet entspannt auf. Ihr Verhalten wird dadurch (negativ) bestärkt, d.h. die Auftretenswahrscheinlichkeit dieses (an sich unerwünschten) Verhaltens erhöht sich oder wird dadurch zumindest aufrechterhalten. Nach längerer Zeit kommt allerdings die Verunsicherung in der Form wieder, dass sie sich schämt und erst recht (zum wiederholten Male) für unfähig hält. Dieser Prozess kann dazu führen, dass bereits der Anblick des Seminarraums oder des Dozenten in Marie die Erwartung ihres oben beschriebenen Endverhaltens auslöst.

Der Berater könnte bei der Relation R->C ansetzen und mit der Ratsuchenden herausarbeiten, wie der erste kleine Schritt in Richtung einer Verhaltensänderung aussehen könnte und was sie subjektiv als Verbesserung bewerten würde. Ein Fortschritt wäre beispielsweise, wenn sie sich meldet, auch wenn sie dann nicht drankommt. Es wird abgemacht, dass und wie sie sich äußerlich (z.B. Kino, Essen im Lieblingsrestaurant) oder innerlich (durch Worte) belohnt, wenn sie einen ersten kleinen Schritt in die richtige Richtung macht. Dieses Lernprinzip hat sich insbesondere das Verhaltens- bzw. Selbstsicherheitstraining zu eigen gemacht. Die Verhaltensänderung (shaping) geschieht in kleinen Schritten durch Selbstbelohnung und auch Feedback von anderen Studierenden. Bei diesem Training sozialer Kompetenzen können Rollenspiele (mit Videokamera) und Übungen zwischen den Sitzungen eine hilfreiche Unterstützung bieten.

Änderung in kleinen Schritten

Die »kognitive Wende« in der Verhaltensmodifikation der 70er Jahre

Zur boomartigen Rezeption der VT in der BRD der 70er Jahre hat vor allem die sog. »kognitive Wende« beigetragen. Der Mensch – so die Kritik an der behavioristischen Position – lernt nicht nur durch Konditionierung nach dem Reiz-Reaktions-Schema, sondern auch durch Einsicht. Das in einer Situation gezeigte Verhalten ist abhängig von vielen inneren Prozessen (z. B. von der subjektiven, selek-

Lernen durch Einsicht

tiven Wahrnehmung und persönlichen Bedeutungszuschreibungen, von den ausgelösten Emotionen, den Prozessen der Selbstbewertung nach bestimmten Kriterien, s. Abb. 1). Es sind beispielsweise die eine Handlung begleitenden Selbstgespräche, -verbalisation bzw. -instruktion und ganz persönliche Einstellungen und Grundprinzipien (*beliefs*), die einer Situation bzw. einem Ereignis die jeweilige Bedeutung geben (vgl. Ellis 1977) und positive oder negative innere Kommentare und Bewertungen darstellen. Das Hauptziel der sog. kognitiven Verhaltenstherapie liegt in der Bewusstmachung und Überprüfung verinnerlichter Normen, Wertmaßstäbe und immer wiederkehrender Gedanken im Sinne von ›privaten Landkarten‹, an denen sich der Mensch orientiert. Fehlerhafte‹ gedankliche Abläufe sollen modifiziert werden – d.h. irrationale Überzeugungen bzw. störende verbale und bildhafte Kognitionen werden einer rationalen Analyse unterzogen, um produktives Handeln und Verhalten zu ermöglichen. »Die anderen können das besser ausdrücken. Manche gucken mich bestimmt komisch an«. Maries sich selbst abwertende Selbstgespräche lösen negative Gefühle (z.B. Angst vor Blamage) aus und führen schließlich zum entsprechenden (Vermeidungs-)Verhalten bzw. Nicht-Melden. Die sog. kognitive rational-emotive Therapie nach Ellis geht davon aus, dass z.B. unrealistische Überzeugungen oder irrationale Erwartungen an sich selber und andere nicht eingelöst werden können, dann negative Gefühle und ein entsprechendes Verhalten auslösen.

(un-)realistische Einstellungen

Ich würde mir mit Marie diese Selbstgespräche/ Gedanken angucken und die dahinter liegenden Beliefs/ Überzeugungen herausarbeiten und auf ihren Wirklichkeitsgehalt hinterfragen.

- Können wirklich *alle* besser formulieren und sicherer auftreten als Marie? Gibt es nicht doch mehrere Studierende, die sich ebenfalls nicht melden?
- Bin ich wirklich weniger/ nichts wert, wenn ich mich nicht melde?
- Und woran genau (Kriterien) misst Marie, was sicheres Auftreten und besseres Formulieren ist? Mit wem will sie sich vergleichen? Zu hohe Erwartungen verunmöglichen irgendwelche Selbst- oder auch Fremdanerkennungen.
- Gehen Gefahren wirklich und objektiv von dem großen Seminar aus – oder nicht doch eher von ihrer subjektiven Vorstellung/ ihren inneren Gedanken und Gefühlen über diese Situation (also ihrer inneren Landkarte; z.B. Angst vor Verletzung des Selbstwertgefühls)?

Es geht im hilfreichen beratenden Gespräch, das Anleihen bei dieser kognitiven Verhaltensmodifikation macht, darum, andere realistischere Überzeugungen (beliefs) an die Stelle zu setzen. Beispiel: »Es wird immer einige geben, die sicherer auftreten (wie die beiden). Aber ich gebe mir Mühe und bin zufrieden, wenn es mir manchmal auch gelingt.« Die Diskussion der Bewertungsmuster soll erkennen lassen, wann und warum die Denkweise den Klienten daran hindert, sich so zu fühlen bzw. zu reagieren, wie er es eigentlich angemessener findet. Durch die praktische Umsetzung der neuen Erkenntnisse können alte Denkmuster verändert werden.

Ausdifferenzierung verhaltensmodifikatorischer Ansätze und Kombinationen mit weiteren Therapierichtungen zur Unterstützung des ›Selbstmanagements‹

Die Situation seit den 80er Jahren bis in die Gegenwart ist dadurch gekennzeichnet, dass es innerhalb der Verhaltensmodifikation zu einer weiteren Ausdifferenzierung von Konzepten kommt sowie zu zahlreichen Kombinationen mit anderen Therapierichtungen. Die Spannbreite reicht von einer Vielzahl von Programmen zur Selbstveränderung bzw. Eigensteuerung (z.B. Teegen u.a. 1975) – also Konzepte, mit deren Hilfe der Klient (evtl. nach kurzer Anleitung durch einen Berater) selber seine unerwünschten Verhaltensweisen und Einstellungen reguliert – bis hin zu Fiedlers Buch »*Therapieziel Selbstbehandlung*« (1981), wo versucht wird, die »Patienten von Anfang an zu Psychotherapeuten ihrer selbst auszubilden« – also das allgemeine Prinzip einer ›Hilfe zur Selbsthilfe‹ auch wirklich einzulösen. Gegenwärtig rücken beide Aspekte – die Eigen- wie auch die Fremdhilfe – unter der Chiffre des *Selbstmanagements* näher zusammen (vgl. Kanfer u.a. 2001) – sowohl als Ziel jeglicher Intervention als auch als spezifische Methode der Selbsthilfe.

Bereits seit Mitte der 80er/ Anfang der 90er Jahre konnte die Frage nach dem Besonderen der VT und dem Gemeinsamen der verschiedenen VT-Richtungen auf Kongressen kaum mehr eindeutig beantwortet werden – so vielfältig waren die Orientierungen unter diesem Dach. Darüber hinaus sah man sich in der Praxis gezwungen, »Anleihen bei anderen Therapierichtungen zu machen« (Bambeck 1985, S. 76f.):

> *Längst zählten gesprächstherapeutische und eine ganze Reihe kognitiver Methoden zum Grundrepertoire eines jeden Verhaltenstherapeuten, bevor letztere in der »kognitiven Wende« als*

Beratungsziel ›Selbstmanagement‹

*notwendige Erweiterung (um nicht zu sagen Voraussetzung)
für eine praktikable VT diskutiert wurden. Mit dem Effekt, dass
viele seither fürchten, die VT nicht mehr eindeutig von anderen Therapieeinrichtungen unterscheiden zu können. Dabei
sieht es im Therapiealltag noch viel »schlimmer« aus: Der eine
hat seine Vorliebe für gestalttherapeutische Übungen entdeckt,
der andere für Körperarbeit und Focussing, man interveniert
paradox und logotherapeutisch, benützt Encounter- und Me-
ditationstechniken, man experimentiert mit Hypnose und NLP,
versucht systemtheoretisch zu denken, bespricht mit dem Klienten auf die verschiedenartigste Weise dessen Träume, sucht gar
nach tiefenpsychologischen Zusammenhängen, man interpretiert und interveniert hin und wieder transaktionsanalytisch,
muss zur Zeit wissen, wer Murphy ist...und sollte sich mit der
Frage auseinandersetzen, ob Watzlawicks neuestes Modell eines konstruktivistischen Therapieansatzes ....eine sinnvolle oder
gar notwendige Repertoireerweiterung darstellen könnte!*

In Analogie zur Forderung nach einer *therapieschulen-übergrei-
fenden* Grundausbildung (vgl. Grawe u. a. 1994) darf sich auch eine allgemeine Theorie der Beratung bzw. das Kompetenzprofil eines Beraters nicht nur auf Anleihen bei der Verhaltensmodifikation
beschränken. Für die pädagogischen Praxis- und Handlungsfelder
der Beratung müssen darüber hinaus weitere Disziplinen ›anschlussfähig‹ sein bzw. ›passend‹ gemacht werden (vgl. Beck u.a.
1991, S. 40). Außerdem werden in der pädagogischen Beratung in
vielen Bereichen – außer Beratungskompetenzen im engeren Sinne (z. B. pädagogisch – psychologische Kommunikationsfähigkei-
ten) – spezifische *Feldkompetenzen* bzw. angebbares Wissen vom
Professionellen erwartet – beispielsweise medizinische Fakten in
der Aidsberatung, juristisches Grundwissen in der Schuldnerbera-
tung, arbeitsrechtliche und betriebswirtschaftliche Aspekte in der
Organisationsberatung und sozio-demografische Kenntnisse in der
GWA-Beratung (vgl. Thiel u.a. 1991, S. 13 f.). Die Verhaltensmodifikation bereichert die pädagogische Beratung in zweierlei Hinsicht: zum einen durch ihre direktive, auf Genauigkeit abzielende
Fragetechnik (z.B. Wo, wann tritt das Verhalten (nicht) auf? Wer ist
anwesend? Was haben Sie unternommen, das Problem zu lösen?)
und zum anderen durch das interventionsrelevante Wissen um Gesetzmäßigkeiten des Lernens (beispielsweise die Identifikation aus-
lösender Reize und verstärkender Konsequenzen, das Vorbildler-
nen und das sozial-kognitive Lernen nach Bandura 1979) im
Hinblick auf die Veränderungen von problematischen Verhaltens-

Schulenüber-
greifende Be-
ratungsausbildung

weisen und Einstellungen durch Unterbrechung von Problem-Ver-
haltensketten, durch den Aufbau alternativer innerer Dialoge oder
neuer Verhaltensmuster oder die Desensibilisierung bei Angst.

Literatur

Bambeck, J. (1985): Verhaltenstherapie – die Quadratur des Kreises? verhaltenstherapie & psychosoziale praxis 1, S. 75-80.

Bandura. A. (1979): Sozial-kognitive Lerntheorie. Stuttgart : Klett.

Beck, M., Brückner, G., Thiel, H.-U. (Hrsg.) (1991): Psychosoziale Beratung. Klient/inne/n – Helfer/innen – Institutionen. Tübingen : dgvt Verlag.

Ellis, A. (1977): Die rational-emotive Therapie: das innere Selbstgespräch
bei seelischen Problemen und seine Veränderung. München.

Fiedler, P. (Hrsg.) (1981): Psychotherapieziel Selbstbehandlung. Weinheim
u.a.

Grawe, K. u. a. (1994): Psychotherapie im Wandel. Von der Konfession zur
Profession. Göttingen : Hogrefe.

Hoffmann, N., Frese, M. (1975): Verhaltenstherapie in der Sozialarbeit. Salz-
burg : Otto Müller Verlag.

Kanfer, F. H., Reinecker, H., Schmelzer, D. (2001): Selbstmanagement –
Therapie. Ein Lehrbuch für die klinische Praxis. 3. Aufl., Berlin u.a.:
Springer.

Mollenhauer, K. (1987): Korrekturen am Bildungsbegriff? Z.f.Päd., 33. Jg.,
H. 1, S. 1-20.

Teegen, F., Grundmann, A., Röhrs, A. (1975): sich ändern lernen. Anleitung
zur Selbsterfahrung und Verhaltensmodifikation. Reinbek bei Hamburg :
Rowohlt Taschenbuch.

Thiel, H.-U. u.a. (1991): Beratung: Momentaufnahmen eines professionellen pädagogisch-psychologischen Handlungsfeldes. In: Beck, M. u.a.
(Hrsg.): Psychosoziale Beratung. Tübingen : dgvt Verlag, S. 11-19.

Systemische Beratungsansätze

Christina Krause

Thomas S. Kuhn hat 1962 mit seinem Buch »The structure of Scientific Revolutions« ein Erklärungsmodell für Wissenschaftsentwicklung vorgelegt. So vertrat er u.a. die Meinung, dass Wissenschaftsentwicklung nicht kontinuierlich verlaufe – also nicht eine Kumulation neuer Erkenntnisse darstelle – sondern in Brüchen, in sog. »wissenschaftlichen Revolutionen« bzw. »Paradigma-Wechseln«. Zwischen diesen »Brüchen« finde normale Wissenschaft statt, d.h. ein bestimmtes Paradigma (wissenschaftliches Denkmuster) bestimme die relevanten Fragestellungen und Lösungsversuche, die Methoden und Erklärungsansätze.

Paradigma-Wechsel

Zu einem neuen Denkmuster gehören neue Formen der Erkenntnisgewinnung, die neue Erkenntnisse erst möglich machen. So liefern neue Paradigmen zwar ganz andere Erklärungen, setzen sich jedoch sehr langsam durch, weil die Vertreter des alten Paradigma schwer zu überzeugen sind. Kuhn meint sogar, dass das Neue sich nur dadurch durchsetzen könne, indem die Vertreter des Alten langsam aussterben würden.

Die systemische Denkweise wird als ein solches »neues Paradigma« bezeichnet und ist gekennzeichnet durch neue Regeln, durch eine andere Herangehensweise bzw. andere Form, um zu Erkenntnissen zu gelangen.

Einige der wesentlichen Prämissen dieses Ansatzes und vor allem die neuere Entwicklung und Diskussion sollen im folgenden dargestellt werden.

Die Vertreter der systemischen Beratung und Therapie vertreten die Auffassung, dass es sich nicht einfach um eine weitere Therapieform handele. Systemisch arbeitende Therapeuten und Therapeutinnen wollen herausfinden, wie Menschen gemeinsam die Wirklichkeit erzeugen, welche Regeln bzw. Prämissen (Überzeugungen) ihrem Verhalten und Erleben zugrunde liegen und welche Möglichkeiten zur Veränderung vorhanden sind.

Zunächst soll etwas zum Begriff »System« gesagt werden, danach die wichtigsten Unterschiede des systemischen Denkens zum linear-kausalen Denken benannt und schließlich die gegenwärtig diskutierten Veränderungen auf dem Wege von der Kybernetik 1. Ordnung zur Kybernetik 2. Ordnung aufgezeigt werden.

Was ist ein System?

Ein System ist die Summe seiner Elemente

Systeme werden von den Beziehungen seiner Teile untereinander bestimmt

Häufig zitiert wird die recht globale Definition von Hall und Fagen (1956): »A system is a set of objects together with relationships between the objects and their attributes« (S.18).

Systeme sind zunächst formale Modelle, kognitive Organisationsinstrumente. Sie werden von uns – den Beobachtern – genutzt, um Wirklichkeit zu konstruieren. Ein System ist nichts »Greifbares«, d.h. wir konstruieren und definieren, was ein System sein soll. Das tun wir, indem wir es von seiner Umwelt unterscheiden. Wilke (1983) definiert System als »ganzheitlichen Zusammenhang von Teilen, deren Beziehung untereinander quantitativ intensiver und qualitativ produktiver sind als ihre Beziehungen zu anderen Elementen. Die Unterschiedlichkeit der Beziehungen konstituiert eine Systemgrenze, die System und Umwelt des Systems trennt« (S. 282).

Familienmitglieder zum Beispiel haben untereinander intensivere und produktivere Beziehungen als zu anderen Menschen. Vor allem unterscheidet sich die Art der Beziehung, die zum Beispiel das Kind als Familienmitglied zu den anderen Mitgliedern der Familie hat, von der Beziehung, die es im System Schule zu den Mitschülern hat. Betrachten wir die Familie als System, dann ist die Schulklasse, die ja eigentlich auch ein System ist, für das System Familie Umwelt. Immer kommt es bei der Kennzeichnung eines Systems also auf die Organisation der Beziehung der Teile zueinander an, die in unterschiedlichen Systemen verschieden sein kann. Da die innere Struktur lebender Systeme außerdem einem ständigen Wechsel und permanenter Eigendynamik unterlegen sind, sind sie nur begrenzt analysier- und beeinflussbar.

Nach Simon (1990) gilt: »Alles verändert sich, es sei denn, irgendwer oder –was sorgt dafür, daß es bleibt, wie es ist« (S.29).

Systemdenken berücksichtigt	
Muster, Strukturen, Zusammenhänge	anstelle von Einzelelementen
Rekursivität und Kohärenz	anstelle von einseitiger Kausalität

Lebende Systeme haben eine unendliche Zahl von Möglichkeiten, sich zu verhalten. Irgendwie müssen sie aber für eine gewisse Ordnung sorgen, um vorhersagbar zu werden. Daraus ergibt sich die interessante Frage: Was schränkt die Möglichkeiten so sein, dass wir uns aufeinander verlassen können?

Prämissen des systemischen Denkens

»Welches Muster verbindet den Krebs mit dem Hummer und die Orchidee mit der Primel und alle diese vier mit mir? Und uns alle sechs mit den Amöben in einer Richtung und mit dem eingeschüchterten Schizophrenen in einer anderen? [...] Was jetzt gesagt werden muß, ist schwierig, scheint ganz leer zu sein und ist doch von sehr großer und tiefer Bedeutung für Sie und mich. In diesem historischen Zeitpunkt halte ich es für wichtig, was das Überleben der gesamten Biosphäre angeht, die, wie Sie wissen, bedroht ist. Welches ist das Muster, das alle Lebewesen verbindet?« (Bateson 1982, S.15).

Bateson – einer der wichtigsten Vordenker der Systemtheorie und seiner Anwendung auf lebende Systeme – formulierte hier die systemische Sichtweise.

Was also ist dieses neue Denken? Nicht das Denken an sich, sondern die *Art* des Denkens ist neu, die bisher bekannten, üblichen, vertrauten Erklärungsmuster und Hintergrundannahmen werden in Frage gestellt.

Am deutlichsten wird das Neue im Vergleich mit dem Alten:

SYSTEMISCHES DENKEN – EIN NEUES PARADIGMA	
Linear-kausales Paradigma	**Systemisches Paradigma**
Suche nach Ursachen (Ursache-Wirkungs-Denken)	Suche nach Regeln, die die Wirklichkeit erklären (Betrachtung des komplexen Interaktionsfeldes)
Zentraler Begriff: Linearität	Zentraler Begriff: Zirkularität
Es gibt die »Wahrheit«.	Alles ist in Bewegung.
Wir leben in einer Welt von Individuen. Der Mensch kann die Welt erkennen und verändern.	Wir leben in einem komplexen globalen System mit eigenen Gesetzmäßigkeiten.
Die Theorie kann die Wirklichkeit abbilden.	Die Theorie kann die Wirklichkeit nicht abbilden, es ist die Wirklichkeit in Beziehung zum Beobachter.

Ein zentrales Konzept unseres Denkens ist die *lineare Kausalität,* also die Überzeugung, dass alles eine oder mehrere Ursachen habe. Deshalb erscheint uns die Frage nach dem »Warum« besonders wichtig. Dieses Denken in Ursache-Wirkungs-Zusammenhängen macht – so meinen wir – die Realität erklärbar, kontrollierbar, messbar und übersichtlich. Das ist sinnvoll, solange wir in Alltagssituationen mit der gegenständlichen Welt konfrontiert sind: Wer Licht haben möchte und auf den Schalter drückt, hat kausal gedacht und ein funktionales Ergebnis erzielt. Wir haben es mit einem pragmatisch effektiven Erkenntnisvorgang zu tun.

In Bezug auf lebende Systeme ist solches Vorgehen wenig sinnvoll und evtl. ethisch nicht vertretbar, denn es kann daraus leicht eine Schuldzuweisung entstehen und wichtige Zusammenhänge werden außer Acht gelassen. »Er geht immer weg, weil die Ehefrau nörgelt.« In einem kleinen Ausschnitt gesehen, ist das sicherlich richtig. Es ist aber eine Komplexitätsreduktion. Beide Personen als Teil eines gemeinsam entwickelten Musters zu sehen, wird dem rekursiven Prozeß gerechter: »Sie nörgelt, er geht weg. Er geht weg, sie nörgelt.«

Kausalität ist uns ein Bedürfnis und hat etwas mit dem Wunsch nach Ordnung, Vorhersagbarkeit, Erklärbarkeit zu tun.

Ein Blick in das für psychologische Diagnostik zur Verfügung stehende Diagnostische Manual (DSM-III-R oder ICD 10) veranschaulicht recht gut, wie sauber und klar alles, was über psychische Krankheiten bekannt ist, in eine »vermeintliche Ordnung« gebracht worden ist. Wenn also das, das und das Phänomen, Symptom usw. vorliegt und so und so oft pro Woche auftritt, dann ist die Patientin depressiv, oder schizoid oder psychotisch usw. Warum ist sie depressiv? Weil sie die entsprechenden Symptome hat. Warum hat sie diese? Weil sie .... und hier gibt es dann unterschiedliche Erklärungsmuster in Abhängigkeit vom theoretischen Konzept. Der Psychoanalytiker würde also die Kindheits- und Ablösungskonflikte für die Ursachenerklärung bemühen, die Verhaltenstherapeutin die erlernten und sich immer neu verstärkenden Kognitionsmuster, der humanistische Psychologe die nicht oder unzureichend entwickelte bzw. zeitweise verschüttete Selbststärke und Selbstakzeptanz.

Zirkuläres Denken: Regeln, Verhaltensmuster, Zusammenspiel der Elemente erkennen

Die Betonung des *zirkulären Denkens* ist eine grundlegende Prämisse im systemischen Konzept. »Sie erlauben mir nicht, meine Freunde zum Spielen zu mir einzuladen«, behauptet das Kind. »Wir haben es versucht, aber es kommt ja nie jemand, da wollen wir ihm die Enttäuschung lieber ersparen«, behaupten die Eltern. Und dieser Zirkel kann sich unablässig fortsetzen.

Die systemische Betrachtungsweise sucht nicht nach Ursachen, sondern nach den Regeln, nach der Zirkularität, wie Reiz und Reaktion (Ursache und Wirkung) in einem komplex vernetzten Prozeß aufeinander einwirken.

Diese Regeln sind in gewisser Weise auch Einschränkungen der Verhaltensmöglichkeiten. Regeln sind Beschreibungen eines Beobachters, der meint, erkannt zu haben, worauf sich die Mitglieder des Systems der Familie zum Beispiel geeinigt haben. »In dieser Familie wird nicht über Gefühle gesprochen«. Diese Regel sagt etwas darüber aus, wie Wirklichkeit in der Familie definiert wird, welches Verhalten als möglich, welches als unmöglich angesehen wird und welche Bedeutung den Dingen zugewiesen wird. Regeln wie »Immer wenn...dann...« (Beschreibung) oder auch »Wenn...dann tue...« (Verhaltensanweisung) sind implizit im System vorhanden und regulieren das Verhalten der Systemmitglieder.

Bemerkenswert dabei ist: Das System behält unabhängig von den einzelnen konkreten Personen seine Struktur. Stabil bleibt nicht die Struktur der einzelnen Elemente (z.B. das Verhältnis Eltern/Kind), sondern die Struktur des *Prozesses,* der das Gleichgewicht im System immer wieder neu herstellt. Also immer wenn...dann ...,die Struktur des Prozesses bleibt stabil.

Eine wichtige Prämisse ist oder war die Vorstellung davon, dass jedes System einen Gleichgewichtszustand anstrebt. Wird eine Abweichung von diesem Zustand der Homöostase wahrgenommen, dann wird Verhalten ausgelöst, um Homöostase wieder herzustellen. Dahinter steckt die Vorstellung von Ordnung, von einem Idealzustand, an dem der Ist-Zustand eines Systems gemessen wird. Real existierende Systeme können so aber leicht eine negative Konnotation erfahren. Sie sind nämlich dauernd korrekturbedürftig, weil sie dem Idealzustand nicht entsprechen.

In der Diskussion wurde deshalb die Frage wichtig: Wie organisieren sich Systeme? Wie entsteht Ordnung?

Antworten kamen zunächst aus den Naturwissenschaften, so zum Beispiel aus der Physik und Biologie.

Aus der Chaostheorie wissen wir inzwischen, dass sich Systeme selbst organisieren. Es ist untersucht worden, wie das geschieht. Für die Beratung heißt das, dass die chaotischen Prozesse genutzt werden müssen, um dem System zu helfen, von einem unbefriedigenden Zustand in einen anderen überzugehen, eine neue Ordnung zu finden. Es ist jedoch nicht vorhersagbar, welche Ordnung das sein wird.

Selbstorganisation des Systems

Aus der Theorie autopoietischer Systeme (Autopoiese = Selbsterzeugung) ist bekannt, dass lebende Systeme sich selbst erzeugen, regulieren und erhalten. Sie sind demnach nicht von außen bestimmbar, d.h. instruktive Interaktion ist nicht möglich. Diese Er-

Systeme erzeugen, regulieren und erhalten sich selbst

kenntnis hatte weit reichende Folgen für die Therapie. Sie wurde mehr kooperativ, ihr Ziel wurde weniger die Veränderung, sondern eher Verstehen.

Übergang von der Homöostase zum evolutionären Paradigma

Lynn Hoffmann (1995, S. 329ff) definiert die gegenwärtige Entwicklung als Übergang von der Homöostase zum evolutionären Paradigma. Diesen Übergang macht sie an folgenden Punkten fest:

1. Die Betonung des zirkulären Denkens ist und bleibt grundlegend.

2. Das linear-kausale Denken erklärt nicht das Geschehen in Systemen. Auch das bleibt eine zentrale Prämisse. Man sollte anstelle von Ursache von »Zueinanderpassen« sprechen. Zueinanderpassen meint, dass in Familiensystemen vorkommende Verhaltensweisen eine allgemeine Komplementarität aufweisen.

3. Homöostase sollte man ersetzen durch Kohärenz. Mit Kohärenz ist das *Zusammenpassen* der Teile eines Systems, und zwar nach innen und nach außen, gemeint.

4. Das Symptom ist als jener Faktor anzusehen, der die Familie in Richtung auf einen neuen und anderen Zustand hinschiebt. Das Symptom kann so als Vorbote der Veränderung angesehen werden und erhält eine positive Konnotation. Beratung sollte diese Veränderung, den Übergang von einer Ordnung in eine andere unterstützen. Lebensvorgänge – Ordnungsübergänge – sind immer irreversibel. Man kann nicht zweimal in denselben Fluss steigen.

5. Die Idee des Beraters als einer auf Klienten wirkenden Kraft sollte aufgegeben werden. Damit wäre das Prinzip der Neutralität durchsetzbar.

6. Auch die traditionelle Idee des Widerstands ist zu überdenken. Nach Dell (1982) »leistet das System keinen Widerstand, sondern verhält sich nur in Übereinstimmung mit seiner eigenen Kohärenz« (zitiert nach Hoffmann 1995, S. 330).

7. Instabilität ist dem Gleichgewicht vorzuziehen. Lebende Systeme sind dauernde Instabilitäten. In instabilen Systemen schwanken die Wahrscheinlichkeiten der Prozessabläufe häufig um etwa 50%. Es ist unvorhersagbar, ob das System in den einen oder den anderen Zustand fällt. Die winzigsten Zufälle können bedeutsam werden, beispielsweise der Flügelschlag eines Schmetterlings.

8. Dem Zufall sollte deshalb mehr Aufmerksamkeit geschenkt werden. Beratungsgespräche dienen eher der Anregung, sollen Turbulenzen, »Verstörungen« erzeugen, die das System zu neuer Selbstorganisation anregen. Die Kontrolle über das, was dann entsteht, ist nicht möglich. Es wird etwas Neues entstehen; was

es sein wird, entzieht sich der Kontrolle des Beraters / der Beraterin.

Zu ergänzen wäre noch, dass auch die Rückbesinnung auf die Person (das Individuum) innerhalb der Systemischen Theorie stattfindet. In der »personzentrierten Systemtheorie« (Kriz 1994) werden ausdrücklich die psychischen und physischen Aspekte der Kommunikation zum Thema gemacht. Es wird zwar auch von den beobachtbaren Regelmäßigkeiten in den Interaktionen ausgegangen, gleichzeitig werden jedoch diese Interaktionen auch als persönlicher Ausdruck der beteiligten Individuen verstanden.

Personzentrierte Systemtheorie

In der Familie ist jede Person als »Transformator« an den ständig ablaufenden Kommunikationen beteiligt. Man kann eben nicht nicht kommunizieren. Dazu gehören auch die selbstreferenten Kommunikationen. Jedes Mitglied der Familie nimmt ununterbrochen Eindrücke auf (nimmt aktiv wahr), kommuniziert ständig, d.h. handelt, drückt sich aus und ist mit sich selbst im Dialog. Diese Elemente bilden die stabilen Strukturen der Prozesse, die das Muster der Interaktion in der Familie bestimmen. Dabei ist die besondere Stabilität der familiären Kommunikation durch die gemeinsame Geschichte, die gemeinsamen Regeln und Sinndeutungen bestimmt. Es ist schon beeindruckend, wie stabil solche Interaktionsmuster sein können. Die leid-erzeugenden Kommunikationen werden immer und immer wiederholt. Auch hoch zerstrittene Familienmitglieder »arbeiten zusammen«, um ihr Muster aufrecht zu erhalten, z.B. das Muster, in dem sich jeder als Verlierer, als Beschuldigter u.a. fühlt. Außenstehende können sehr verwundert sein, weil die Reaktionen unverständlich sind und den Eindruck erwecken, als würden die Beteiligten nicht aufeinander reagieren.

> *»Was haben Sie wahrgenommen?«*
> *»Wie mein Mann mich angeguckt hat, wußte ich schon Bescheid.«*
> *»Haben Sie gehört, was er gesagt hat?«*
> *»Nein, mir ist sowieso klar, was er sagen würde, wenn er so guckt.«* (Beispiel aus Schlippe & Schweitzer 1998, S. 77)

Wie das Beispiel verdeutlicht, wird der Kommunikation von vornherein eine bereits erwartete Deutung gegeben. Es wird nicht auf das tatsächlich Geschehene reagiert, sondern auf das Erwartete. Möglichkeiten für Änderungen sind reduziert, da neue Erfahrungen nicht zugelassen werden und die Beteiligten daran arbeiten, ihr gewohntes Muster – auch wenn es quälend ist – aufrechtzuerhalten.

Suche nach dem
»Unterschied, der
einen Unterschied
macht«

Die systemisch orientierte Fragestellung würde lauten: Kann das Muster, in dem eine Person mit sich selbst oder mehrere Personen miteinander kommunizieren, verändert werden, lässt sich konstruktiv etwas Neues, ein »Unterschied, der einen Unterschied macht« (Bateson) einführen?

Literatur

Bateson, G. (1982): Geist und Natur. Frankfurt: Suhrkamp.

Dell, P. (1982): Beyond Homeostasis: toward a Concept of coherence. Family Process 21, 21-41. (Dt. 1986: Über Homöostase hinaus: Auf dem Weg zu einem Konzept der Kohärenz. In Dell,P. (Hrsg.): Klinische Erkenntnis, 46-77. Dortmund: Verlag Neues Lernen.

Hall, A., Fagen, R. (1956): Definition of Systems. In Bertalanffy,L.v., Rappaport,A. (Hrsg.): General Systems Yearbook I.,18-29, Ann Arbor.

Kriz, J. (1994): Personzentrierter Ansatz und Systemtheorie. Personzentriert, Zeitschrift der ÖGWG, Wien/Linz 1, S. 17-70.

Kuhn, Th. S. (1962): The structure of Scientific Revolutions, dt. 1976: Die Struktur wissenschaftlicher Revolutionen. Frankfurt: Suhrkamp.

Hoffmann, L. (1995): Grundlagen der Familientherapie. Salzhausen: iskopress.

Schlippe, A.v. & Schweitzer, J. (1998): Lehrbuch der systemischen Therapie und Beratung, 5. Aufl. Göttingen, Zürich: Vandenhoeck & Ruprecht.

Simon, F.B. (1990): Meine Psychose, mein Fahrrad und Ich. Heidelberg: Carl Auer.

Wilke, H. (1983): Methodologische Leitfragen systemtheoretischen Denkens: Annäherung an das Verhältnis von Intervention und System, Zeitschrift für Systemische Therapie, 1, H.2, 23-37.

Lösungsorientierte und neurolinguistische Beratungsansätze

Heinz-Ulrich Thiel

Der lösungsfokussierte und der neuro-linguistische Beratungsansatz sind zwei relativ neuere, miteinander ›verwandte‹ Beratungsansätze. Im Vergleich zu ›klassischen‹ Ansätzen fokussieren beide eine vergleichsweise stärkere Ziel-, Lösungs- und Ressourcenorientierung und favorisieren ein effizientes, d.h. kurzzeitberaterisches Setting. Sie haben insbesondere in der Person des Hypnotherapeuten Milton Erickson eine gemeinsame historische Wurzel und integrieren u.a. humanistische, systemische und konstruktivistische Theorieelemente. Es sollen im folgenden exemplarisch beratungsrelevante Elemente dargestellt werden, die für den ›alternativen‹ Ansatz charakteristisch sind. Ausgewählte Verfahren – die sog. ›Wunderfrage‹ in der lösungsorientierten Beratung und die Technik des ›Ankerns‹ im NLP – sollen den Gesamtansatz beleuchten und auf das praktische Beispiel »Angst in Seminaren« heuristisch angewandt werden. Zum Schluss werden – aus Sicht der beiden Beratungsansätze – der problemorientierte und der neuere lösungsfokussierte Typus der Beratung gegenübergestellt sowie kritische Stimmen gegenüber letzterem benannt.

Die lösungsfokussierte Beratung

De Shazer (1999) und Bamberger (1999) gehen davon aus, dass es für die Lösung eines Problems nicht nötig ist, seine Entstehung zurückzuverfolgen oder den komplexen Problemzusammenhang im Detail zu verstehen. »Nur weil das, was der Klient beklagt, kompliziert ist, muss die Lösung nicht gleichermaßen kompliziert sein« (Shazer 1999, S. 13). Die Problemlösungen – so behaupten sie – ähneln sich stärker als die Probleme, denen die Intervention gilt. Ein relativ kleiner Bund an ›Dietrichen‹ öffnet einen weiten Bereich von ›Schlössern‹. Deshalb konzentriert sich die Beratung von Anfang an auf die Lösungssuche (im Sinne einer ›Lösungstrance‹) und nicht auf das Problem (= ›Problemhypnose‹).

Lösungssuche statt Problemfokussierung

> »... Ziel ist es, den Klienten (wieder) in die Lage zu versetzen, seine vielfältigen Kompetenzen und Ressourcen auch in den Verhaltensbereichen zu nutzen, die gegenwärtig als problematisch

erlebt werden – und das unter Verzicht auf die Analyse irgendwelcher tieferliegender ›Störungen‹.« (Bamberger 2000, S. 11)

In der lösungsorientierten (Kurz-)Beratung wird bereits in der ersten von evtl. 4-5 Beratungssitzungen auf *Ausnahmen* von dem Problemverhalten abgezielt und über *Lösungsvorschläge* kommuniziert.

Eher in symbolischer und illustrierender Absicht möchte ich eine hypothetische Lösungssuche durch die sog. *Wunderfrage* (vgl. Pallasch u.a. 2001, S. 89) als charakteristische Intervention im Modell der lösungsorientierten Beratung vorstellen und auf den Fall »Angst einer Studentin (Marie) in Seminarsituationen« anwenden:

> »Marie, stell' Dir vor, Du wachst morgens auf und Dein Problem hat sich über Nacht auf wundersame Weise gelöst. Woran würdest Du am Morgen zuerst merken, dass das Problem weg wäre? Was wäre anders? Wie würden andere merken, dass sich etwas verändert hat? Wie würde Dein Tag verlaufen, nachdem das Wunder geschehen ist? (Handlungen nach dem Wunder genau beschreiben lassen)«.

Die Frage, was in dem Verhalten der Studentin im Seminar anders wäre, wenn durch ein Wunder das Problem plötzlich gelöst wäre, wendet sich an die Phantasie, Visions- und Imaginationskraft der Ratsuchenden und ist eine suggestive Einladung, »sich Entwicklungen und Änderungen, auch im Sinne von Problemlösungsprozessen, vorzustellen.« (Bamberger 1999, S. 12). Marie könnte z.B. antworten: »Ich glaub', ich habe vor meinem Wortbeitrag nicht lange nachgedacht. Es ist aus mir rausgeplatzt!« Daraus können wichtige Impulse für entsprechende Schritte der Ratsuchenden in der ›Wirklichkeit‹ entstehen. Diese Vorstellung des ›Als ob‹ ist auch für das strategische Vorgehen im NLP charakteristisch.

NLP-orientierte Beratung

Der Linguist John Grinder und der Informatiker und Psychologe Richard Bandler (nebenbei als Gestalttherapeut tätig) wollten Mitte der 70er Jahre dem Geheimnis erfolgreicher Kommunikationsstrategien auf die Spur kommen und beobachteten erfolgreiche Vertreter aus unterschiedlichen Bereichen – nicht nur aus Psychotherapie (den Hypnotherapeuten Milton Erickson, den Gestalttherapeuten Fritz Perls und die systemische Familientherapeutin Virginia Satir), sondern auch aus Wirtschaft, Rechtswesen und Erziehung (2001). Bei allen Personen entdeckten sie ähnliche Grundmuster, woraus sie ein Modell bildeten, »...das anwendbar ist

Muster erfolgreicher ›Professionals‹

für effektive Kommunikation, persönliche Veränderung, beschleunigtes Lernen und natürlich dazu, größeren Genuß und Freude im Leben zu haben...« (O'Connor/ Seymour 2000, S. 25). Das erweiterte Modell nannten sie später ›NLP‹ (= Neurolinguistisches Programmieren). Das Kürzel zielt auf ein Modell der persönlichen Entfaltung, Kommunikation und auch Beratung, in dem sinnesphysiologisch basierte Erfahrungen der Welt (=›Neuro‹) über Sprache vermittelt werden (= ›Linguistisch‹) und von Denk- und Handlungsmustern gesteuert sind (=›Programme‹), die veränderbar sind. NLP versteht sich als Konzentrat bereits vorhandener Ansätze.

,Genuß und Freude im Leben' – wer will das nicht?

In den Mittelpunkt möchte ich das so genannte »Vereinigte Feld« von Dilts stellen (vgl. O'Connor/ Seymour 2000, S. 137; s. Abb. 1: Dimensionen der Diagnose und Intervention im NLP).

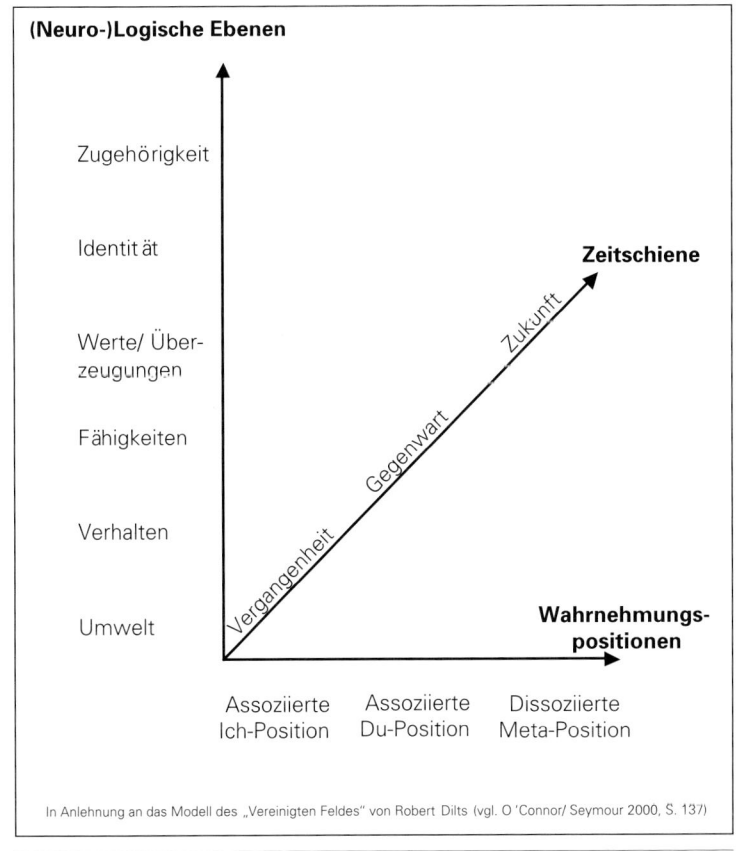

Abb. 1: Dimensionen der Diagnose und Intervention im NLP

Dilts geht davon aus, daß Probleme aus einer mangelnden Balance von Zeitdimension, Wahrnehmungsposition und (neuro)logischer Ebene entstehen. Das vereinigte Feld zeigt somit an, auf welche Bereiche sich diagnostisch eine Beratung erstrecken kann, und gibt zugleich die Folie für die Auswahl aus den inzwischen in die Hunderte gehenden Techniken an. Die Studentin Marie aus unserem Fallbeispiel »Angst in Seminarsituationen« fokussiert fast ausschließlich die *Kompetenz- und Verhaltensebene* (= logische Ebene nach Dilts) in der *gegenwärtigen* Situation (= Zeitschiene) und erlebt diese immer *mit voller eigener emotionaler Betroffenheit* (=assoziierte Ich-Position) – wobei sie andere Dimensionen weitgehend vernachlässigt (z.B. die Sicht anderer Studierender auf ihre Situation, Fragen der Identität, den Blick zurück und nach vorn).

,Anker' als Zugang zu eigenen Ressoucen

Von den vielen Techniken im NLP ist das »Ankern« eines der charakteristischen und wirkungsvollsten. Hier wird gezielt und geplant ein (neutraler) Außenreiz an einen inneren Zustand gekoppelt. Anker lösen immer etwas aus – entweder innere Gedanken und Gefühle oder ganz konkretes, äußeres Verhalten. »Ein ›Anker‹ für Weihnachten zum Beispiel ist für viele Menschen der Duft von Zimt und Nelken. Sie denken und fühlen automatisch »Weihnachten«, wenn sie den Duft riechen. ...Oft reicht ein Tonfall, ein bestimmter Blick, eine Gestik, ein Duft, um den eigenen Zustand durch eine Erinnerung zu verändern« (www. metasys.de/nlp.htm). Folglich kann man sich mit der Ankertechnik einen Zugang zu den eigenen Ressourcen und Fähigkeiten schaffen.

Wenn sich die Studentin Marie aus dem Fallbeispiel an eine Situation erinnert (= Vergangenheit als Zeitdimension nach Dilts), wo sie selbstsicher einen Wortbeitrag geliefert hat (= Verhaltensebene nach Dilts; z.B. in der Schule oder einem anderen Seminar), versetzt sie sich – allein oder mit Hilfe des Beraters – mit allen Sinnen (Sehen, Hören, Riechen, Spüren, Schmecken) in dieses Erlebnis hinein und ›ankert‹ diesen Zustand – beispielsweise durch Berührung oder ein inneres Wort (=Ressourceanker). Mit dieser eigenen Kompetenzerfahrung geht sie dann – vorerst in der Vorstellung – in die gegenwärtige Herausforderung hinein und sieht, welche Wahlmöglichkeiten sich auftun und was sich dadurch ändert.

Gemeinsamkeiten von lösungsfokussierter und NLP-orientierter Beratung

Die beiden neueren Beratungsansätze haben – trotz aller nuancenreichen Differenzen – mehr Gemeinsamkeiten als Unterschiede:

- Sie haben *gemeinsame ›geistige‹ Wurzeln* in der Person des Hypnotherapeuten Milton Erickson. Dessen 1954 veröffentlichter Aufsatz »Special Techniques of Brief Hypnotherapy« beeinflußte wesentlich die ›Kurzzeittherapie‹ innerhalb der ›systemischen Bewegung‹ Anfang der 70er Jahre (vgl. Bamberger 1999, S. 10). Das Kriterium der Effizienz – also des optimalen Einsatzes von Mitteln zur Zielerreichung – kommt u.a. auch in der möglichst geringen Sitzungsanzahl zum Tragen.
- Beide Beratungsansätze nehmen – exemplarisch gesehen – alle bisherigen Beratungs- bzw. Therapie-Traditionen auf:
- Zumindest das NLP operiert auch mit dem ›Unbewußten‹ – einer bisherigen Domäne der Psychoanalyse.
- Der Vorgang des Ankerns ähnelt der klassischen Konditionierung in der Verhaltensmodifikation (s. Thiel über verhaltensmodifikatorische Elemente in der Beratung in diesem Band).
- Beide Ansätze knüpfen im Hinblick auf die Weiterentwicklung der Persönlichkeit direkt an den *subjektiven* Erfahrungen der ratsuchenden Person an – d.h. an ihrer jeweiligen internen Vorstellungswelt, der individuellen Wirklichkeitskonstruktion bzw. Erlebniswelt als ›innerer Landkarte‹. Der Respekt vor der Weltbild-Konstruktion des Klienten und seinen Ressourcen bestimmt eine weitgehend gleichberechtigte kommunikative Beziehung bei aller funktionalen Autorität des Beraters. Insofern liegt ein *humanistisches Menschenbild* zugrunde.

Integration vieler Theorieelemente

- Sie verstehen sich insofern *systemisch*, als beispielsweise verschiedene Persönlichkeitsanteile im ›System Mensch‹ zusammenspielen und auch die Differenzierung von Verhaltensweisen in spezifischen Kontexten wichtig ist – folglich auch ein aus Sicht des Ratsuchenden unerwünschtes Verhalten unter Umständen nicht grundsätzlich in sämtlichen Siituationen dysfunktional ist.
- Beide gehen davon aus, daß ein Grübeln über vergangene Mischgeschicke, ein längeres Verweilen in einem blockierenden Problemzustand zu einem negativen (Defizit)Gefühl und einem Mangel an (innovativen) Wahlmöglichkeiten führt. Während ›klassische‹ Ansätze – wie beispielsweise die Psychoanalyse und (kognitive) Verhaltenstherapie – einen ihrer Schwerpunkte in der *Problemorientierung* bzw. theoriefundierten *Ursachenerforschung* haben, fokussieren die beiden neueren Ansätze generell eine mit dem Beratungsbeginn einsetzende *Ziel- bzw. Lösungsorientierung* (s. Abb. 2: Problem- versus Lösungsfokussierung in der Beratung). Manchmal hege ich den Verdacht, daß Berater mit ihrer Vielzahl an theoretisch fundierten Perspektiven auf ein Problem und einer Empathie für die Leidenssituation des Ratsu-

Problem(lösungs)-Fokussierung in ›klassischen‹ Beratungsansätzen	**Lösungs**-Fokussierung in der ressourcenorientierten Beratung
Beratungsbeginn: Problem(e) herausfinden, detailliert beschreiben (einschließlich der Defizite, negativen Gefühle etc.) und evtl. hierarchisieren	Beratungsbeginn: Was möchtest Du erreichen? Zielorientierung als Idee des Klienten über die gewünschte Zukunft (im eigenen Einflußbereich liegend) Ausnahmefrage: Gibt es Zeiten, in denen das Problem weniger stark oder sogar überhaupt nicht auftritt? Was läuft da anders? Unterscheidung: In welchen Kontexten/ Situationen ist das ›Problemverhalten‹ sogar sinnvoll und muß beibehalten werden?
Geschichte des Problems in die Vergangenheit zurückverfolgen	Kleine Erfolge aus der Vergangenheit suchen und evtl. als Ressource ›ankern‹.
Ursachen erforschen/ Zusammenhänge verstehen, Diagnose/ Hypothesen über Ist-Zustand formulieren	Welche Ideen fallen Dir ein, um Deinem Ziel näher zu kommen? Förderung der Auseinandersetzung über derzeitige u. künftige Chancen; eigene Ressourcen entdecken u. nutzen; Mobilisierung benötigter Energien zur Veränderung. Was sind Deine nächsten Schritte?
›Problemhypnose‹	›Lösungstrance‹ (z.B. ›Wunderfrage‹) Woran genau wirst Du merken, daß Du Dein Ziel erreicht/ Dein Problem gelöst hast? Was machst Du da anders? Muß Dein Ziel voll erreicht werden oder wärst Du mit einem Teilziel zufrieden (Skalierungsfrage)?
›Passung‹ eines Problems und seiner Lösung	eine Lösung (›Dietrich‹) paßt zu vielen Problemen (›Schlössern‹); ein Schloß kann mit verschiedenen Schlüsseln geöffnet werden

Abb. 2: Problem- versus Lösungsfokussierung in der Beratung
Thiel 2002

chenden aus einer längeren Phase der Problemanalyse eventuell ein vergleichsweise größeres Maß an Selbstbestätigung bzw. Gefühl der Professionalität ›herausziehen‹ als aus einer bereits früh einsetzenden Phase der Lösungssuche, die u.U. sowohl aufseiten des Ratsuchenden (er kann sich noch gar nicht realistisch vorstellen, wie alles einmal aussehen wird) als auch des Beraters eher mit einem Stück Ungewißheit und Verunsicherung einhergeht.

- Beide Ansätze arbeiten mit *Visualisierungsübungen* bis hin zu tranceartigen Zuständen (s. ›Wunderfrage‹ und ›Ankern‹). Die Hilfestellungen und Verfahren des NLP sind dabei im Vergleich mit dem lösungsorientierten Ansatz in der Tendenz umfang- und variantenreicher und erstrecken sich auch auf weitere Sinneskanäle. Teilweise können die Übungen in Eigenregie durchgeführt werden – wie beispielsweise in der sog. ›Selbst-Supervision‹ für Lehrende auf NLP-Basis von Hagemann/ Rottmann (2000). Nach der boomartigen Expansion des NLP-Ansatzes – insbesondere im Bereich von Management und Coaching im Sinne der Leitungsberatung – wird in Zukunft vermutlich die lösungsorientierte Kurzzeitberatung (vgl. Bamberger 1999) weiterhin Geländegewinne im pädagogischen Bereich machen (vgl. die »Kurz-Zeit-Supervision« von Pallasch u.a.2001).

sinnliche Erfahrungen

Allerlei Kritik an den Modellen

Kritische Stimmen haben sich bisher eher auf den NLP-Ansatz konzentriert (vgl. Weerth 1992; DER SPIEGEL 1993; Möller 1995). Übliche Vorwürfe beziehen sich auf eine grenzenlose Vermarktung dieser ›populärpsychologischen Modetherapie‹ und oberflächlichen ›Wundermethode‹, die ›Illusion totaler Machbarkeit‹ und Veränderung der eigenen Identität/ Persönlichkeit allein aus eigener Kraft ohne Rücksicht auf frühere prägende Erlebnisse und ungünstige äußere Umstände. Schwerer wiegen für mich schon Einwände gegen die Intransparenz des Forschungsprozesses bei den Begründern sowie Widersprüche im NLP-Modell selber, das Argument fehlender empirischer Untersuchungen über die Wirksamkeit bzw. behauptete Überlegenheit dieses Ansatzes sowie die Grenze des Ansatzes als Hilfe eher für Gesunde und nicht psychisch schwer gestörte Menschen. Aber die meisten dieser Argumente – so erinnere ich – gab es in der Tendenz fast bei jedem neu aufkommenden Interventionsansatz! Die Verletzung des vorherrschenden wissenschaftlichen Paradigmas, das fast allen Beratungsansätzen zugrundeliegt – nämlich einer detaillierten Analyse und eines gründlichen Verstehens der Sachverhalte *vor* einer Veränderung – wiegt für mich am schwersten. Dennoch: Es handelt sich ›nur‹ um ein weiteres ›Modell‹, dem eine pädagogische Beratung je nach Situation neue Strategien entnehmen kann – nämlich die vergleichsweise stärkere Ressourcen- und Lösungsorientierung als Korrektiv bisheriger Ansätze. Zielorientierte Fragetechniken stellen hierbei eine zentrale Kompetenz professioneller Berater dar.

Literatur

Bamberger, G.C. (1999): Lösungsorientierte Beratung. Weinheim : Beltz.

Bandler, R., Grinder, J. (2001): Neue Wege der Kurzzeit-Therapie. Neurolinguistische Programme. Frogs into Princes. 13. Aufl. (amerikanische Ausgabe 1979), Paderborn : Junfermannn.

DER SPIEGEL 47/1993, S. 150-58.

Hagemann, M., Rottmann, C. (2000): Selbst-Supervision für Lehrende. Konzept und Praxisleitfaden zur Selbstorganisation beruflicher Reflexion. 2. Aufl. Weinheim/ München : Juventa.

Möller, B. (1995): NLP: Ein Erlebnisbericht. Stuttgart : Evangelische Zentralstelle für Weltanschauungsfragen.

O'Connor, J., Seymour, J. (2000): Neurolinguistisches Programmieren: Gelungene Kommunikation und persönliche Entfaltung. Kirchzarten bei Freiburg.

Pallasch, W., Hänsler, H., Petersen, R. (2001): Experimentelles Laboratorium: Kurz-Zeit-Supervision. Kiel Advanced Studies (Kiel).

Shazer, S. de (1999): Wege der erfolgreichen Kurztherapie. (1. Aufl. 1989), Stuttgart : Klett-Cotta.

Trageser, W., v. Münchhausen, M. (2001): NLP-Kartei. Practitioner-Set. Paderborn : Junfermann.

Weerth, R. (1992): NLP & Imagination. Paderborn : Junfermann.

www. Metasys.de/nlp.htm.

Ressourcenaktivierende Kurzzeit-Beratung

Bernd Fittkau

Was ist das typisch »Pädagogische« an der Ressourcenaktivierenden Kurzzeit-Beratung (RKB)?

Eine sehr plakative Aussage könnte lauten: »Wenn du an persönlichen Problemen arbeiten willst, gehe zum *Psychologischen* Berater. Willst du deine Stärken entdecken und zielführend nutzen, gehe zum *Pädagogischen* Berater«. Eine solche Grenzziehung kann natürlich bestenfalls marketingorientierenden Charakter haben. Zudem warnt uns unser normales Denken sofort: »Können nicht wichtige Ressourcen einer Person »unter einem Berg von Problemen verschüttet« oder aus dem angstdominierten »Tunnelblick« geraten sein?! Aufgrund unseres metapherngeleiteten Denkens erscheint es sofort logisch, dass dann zunächst der »Berg der Probleme abgetragen« oder die »Angst abgelegt« sein muss, bevor der »Weg frei ist« zu den Ressourcen. Wie nun, wenn dieses Denken sich selbst und den Berater problemfokussierend fesselt und verhindert, dass trotz aller Hindernisse und Beschwerlichkeiten das »Zimmer der Ressourcen durch eine Hintertür« betreten werden kann? – Ich kann diese Vermutung immer weniger zurückweisen, je länger ich mich mit der Theorie und Praxis der »Lösungsorientierten Kurzzeit-Beratung« von Insoo Kim Berg und Steve de Shazer beschäftige. Ich möchte diese Beratungsrichtung hier unter dem spezifisch pädagogischen Fokus als »ressourcenaktivierend« bezeichnen. Denn auch die problemorientierten Beratungsansätze sind letztlich »lösungsorientiert«. Diese Neubezeichnung halte ich auch deshalb für nützlich, weil gerade in diesem Beratungsansatz der Bedeutung der Sprache und dem daran gekoppelten Denken und Bewusstsein eine zentrale Rolle für das Finden von Lösungen zugeschrieben wird.

Anders gesagt: In dem breiten Feld der Beratungsangebote gibt es eine große Mehrheit von Ansätzen, die sich dem problemlösungsorientierten Beratungs-Paradigma zuordnen lassen. Und es gibt ein anderes Beratungs-Paradigma, das davon ausgeht, dass der Berater dem Klienten helfen kann, sich von seinem Problem zu lösen und sein Ziel zu erreichen, ohne dass der Berater auch

> »Stärken zielführend nutzen«

> metapherngeleitetes Denken

> problemfokussierende Fesselung

> »Ressourcenaktivierung«

nur einmal auf das Problem eingegangen ist, geschweige denn, es verstanden zu haben. Diese Sicht widerspricht unseren gesamten linearen Ursache-Wirkungs-Denkgewohnheiten so fundamental, dass viele eine solche Sicht zunächst spontan für absurd halten. Deshalb scheint es nützlich, hier von einem *Paradigmenwechsel* in der Beratungswissenschaft zu sprechen.

Paradigmenwechsel in der Beratung

Meine Auffassung ist, dass es für die sich langsam profilierende Richtung einer »Pädagogischen Beratung« sinnvoll und nützlich sein kann, sich zukünftig vornehmlich von diesem »ressourcenaktivierenden« Paradigma leiten zu lassen. Vor allem wegen der hohen Zielkonsistenz: Pädagogik soll den Menschen kontinuierlich »begaben« (Heinrich Roth), »Pädagogische Beratung« soll dem Menschen helfen, in Veränderungssituationen seine »Ressourcen zu aktivieren«. Der Pädagogische Berater soll also nach diesem Selbstverständnis dem Klienten vor allem helfen, die aus Lebensveränderungen möglicherweise resultierenden Schwierigkeiten und Störungen als Herausforderung zu erleben, die eigenen (eventuell durch die Problemfesselung vergessenen) Ressourcen zielführend wiederzuentdecken, einzusetzen und weiterzuentwickeln. Ganz nach dem Motto: »Problem als Wachstums-Herausforderung – Krise als (Lern-) Chance«.

»Krise als Lern-Chance«

Das klingt vielleicht einfach, ist aber keineswegs leicht. Vor allem, weil der Berater selbst ständig von der Verführung bedroht wird – seinem Streben nach Situationskontrolle folgend – das Problem begreifen und lösen zu wollen und damit in die Problem-(Teufels-)Kreise des Klienten hineingezogen zu werden. Damit kann er dann, ohne sich dieser Wirkung bewusst zu sein, das Problem sogar verstärken. Denn: Verstehen verstärkt das Verstandene. Zum anderen verstehen die meisten Berater aufgrund ihrer Ausbildung die Problemwelten ihrer Klienten meist recht gut. Oft verstehen sie auch noch ihre eigenen Sichtweisen zu möglich erscheinenden Problemlösungen. Nicht annähernd so gut verstehen sie die Möglichkeiten ihrer Klienten, sich von ihren Problemen zu lösen und ihren Weg zu ihren Zielen zu finden und zu gehen. Das ist auch nur natürlich, denn jeder lebt in seiner eigenen, selbst konstruierten Welt. Diese für Pädagogen und Berater desillusionierende Tatsache hat schon Galilei sinngemäß so formuliert: »Kein Mensch kann einen anderen etwas lehren, es sei denn, er entdeckt es in sich«. – Was wir allerdings sicher wissen: Die einzig richtigen Lösungen sind die, die für den Klienten und seine Systeme passen und zielführend sind. Dazu kann der Berater aus der Außenperspektive fragen, zu welchen Zielen die vom Klienten gewählten Wege führen und ob dies die Ziele sind, die der Klient

Verstehen verstärkt das Verstandene

selbst konstruierte (Eigen-)Welt

(jetzt und zukünftig) erreichen will. Und er kann den Klienten fragen und ermuntern, solche ihm gemäßen Wege zu finden und zu beschreiten, die ihn seinem Ziel näher bringen. Wesentlich für diese Beratungsausrichtung ist also die Klärung der Klienten-Ziele.

Klärung der Klienten-Ziele

In diesem Buch werden auch die psychoanalytisch- und humanistisch-psychologischen, problemverstehenden Beratungsansätze vertreten, weil wir selbst von diesen Traditionen in unserem Denken und Handeln geprägt sind. Meine berufspolitische Auffassung ist allerdings, dass hier die Psychologen aufgrund ihrer Ausbildung und ihrer spezifischen psychologischen Perspektive die besseren Möglichkeiten mitbringen. Dieses Beratungs-Feld, basierend auf dem problemorientierten Paradigma, sollten die Pädagogen nach meiner Auffassung den Psychologen nicht streitig machen. Pädagogen wären vermutlich gut beraten, wenn sie sich zukünftig von diesem Feld lösen, um frei zu sein für ein eigenständiges, zukunftsweisendes Pädagogisches Beratungsfeld und Selbstverständnis. Dabei dürfte es zielführend und zukunftsweisend sein, gerade die Chancen des »ressourcenaktivierenden« Paradigmas für ihre Profession zu nutzen und weiterzuentwickeln – nicht zuletzt auch wegen der *Kurzzeit*-Orientierung und der guten Effekte dieser Ausrichtung (siehe Kim Berg, de Shazer 1998; de Shazer 1999).

problemorientiertes Paradigma

ressourcenaktivierendes Paradigma

Vielleicht trifft für uns als Berater die bekannte Sufigeschichte zu: »*Ein Betrunkener sucht nachts im Schein einer Laterne nach seinem Schlüssel. Ein Bekannter kommt vorbei und hilft beim Suchen bis er schließlich fragt:* »*Wo hast du denn den Schlüssel verloren?*« *Der Betrunkene antwortet:* »*Dort im Dunkeln*«. »*Aber warum suchst du dann hier?!*« »*Weil es hier hell ist und man gut sehen kann*«. – Wie gelingt es uns, den Klienten (und uns selbst) zu ermuntern und zu stärken, Schritte in die Dunkelheit zu tun?!

Ein weiteres Argument für einen Paradigmenwechsel der Pädagogischen Beratung ist die Tatsache, dass das ressourcenaktivierende Paradigma recht gut anschlussfähig ist an die sozialpädagogische Beratungstradition, wie sie heute von Nestmann (1997), Sickendiek u.a. (1999), Bellardi (2001) vertreten wird, genauso wie an die systemisch-organisationsorientierte Beratung, wie sie von König und Vollmer (z.B. 1997) dargestellt wird und an Arbeiten der Kieler Pädagogischen Berater um Pallasch (z.B. 2001), die selbst den lösungsorientierten Ansatz ins Zentrum ihrer Supervision und Beratung rücken. Dieser lösungsorientierte Ansatz wird sehr praxisnah-zusammenfassend von Bamberger (2001) dargestellt.

pädagogische Beratungstradition

In Abb. 1 sind diese Grundgedanken noch einmal zusammengefasst.

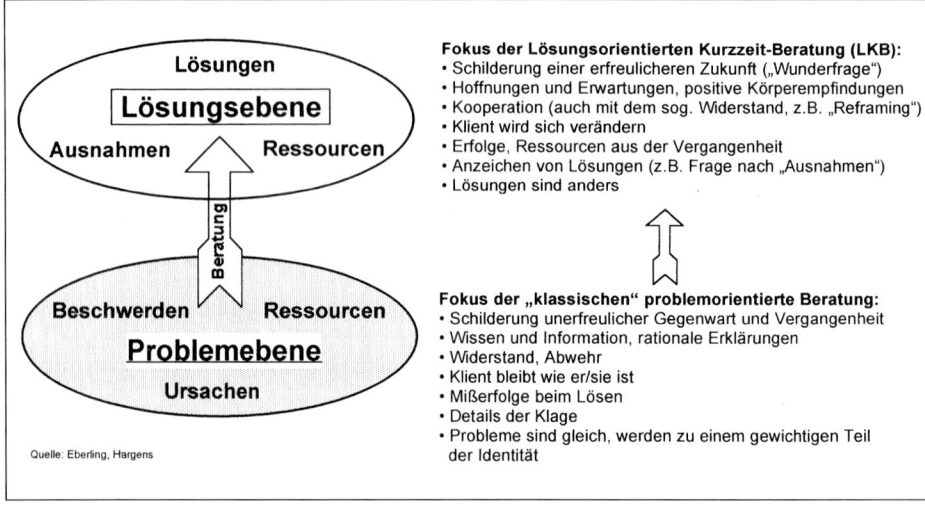

Abb. 1: Vom Problem- zum Lösungs-Fokus im Beratungsprozess

Leitfaden und Leitfragen eines ressourcenaktivierenden Beratungsansatzes

Im folgenden möchte ich zur Konkretisierung einen Leitfaden vorstellen, mit dem man sich einem ressourcenaktivierenden Vorgehen in der Beratung annähern kann (siehe Abb. 2).

Grundgedanken eines ressourcenaktivierenden Beratungsansatzes

positive Ziel-
formulierung

alternatives
Verhalten

»Problemtrance«

»Lösungstrance«

1. *Wenn ich weiß, was ich nicht will, weiß ich meist noch nicht, was ich will.*

2. *Es ist sehr schwer, mit einem Verhaltensmuster aufzuhören, ohne dafür etwas anderes zu tun. Das problematische Verhalten erfüllt ja meist eine Funktion im System des Klienten.*

3. *Wenn der Klient in seinem problemorientierten Bewusstseinszustand (»Problemtrance«) verbleibt, ist es schwierig für ihn, die Perspektive so zu erweitern, dass er neue mögliche Lösungsideen und Wege entdeckt.*

4. *Fragen, die den Klienten in Richtung eines lösungsentwickelnden Bewusstseinszustand (»Lösungstrance«) führen, erhöhen die Chance, dass er für sich passende Lösungen findet .*

Phasen	**Zielführende Fragen**
Definieren eines erwünschten Zielzustandes (Zielvision bzw. „Wunderfrage")	• „Angenommen, unsere Beratung hier ist sehr erfolgreich und ich treffe Sie einige Zeit nach unserem letzten Beratungstreffen wieder und ich würde Sie fragen: „Was ist jetzt alles anders als vorher?" Was antworten Sie dann?" - „..." - „Was ist noch anders? - „..." • „Angenommen, während Sie nachts schlafen, passiert ein Wunder, und Sie wachen morgens auf, und Ihre Probleme und Schwierigkeiten, weshalb Sie hier sind, sind gelöst, ohne dass Sie es gemerkt haben. Woran werden Sie am nächsten Tag - und danach - merken, dass das Wunder wirklich passiert ist? Was werden die ersten Anzeichen sein?" • „Was ist noch anders, wenn das Wunder passiert ist?"-„..." • „Was noch?" - „..." - „Und was noch?" - „..." - „Was noch?" • „Woran werden andere (wichtige Personen) das merken, dass das Wunder passiert ist?" • „Wenn ich in dieser Zeit zufällig mit der Videokamera anwesend wäre, was ist dann auf dem Film von dem Tag nach dem Wunder zu sehen?" • ……
Fokussierung bisher erfolgreicher Lösungsstrategien und/oder Teillösungen („Ausnahmefrage") und vorhandener Lösungs-Ressourcen herausarbeiten	• „Wann in Ihrem Leben gab es eine Situation, wo Sie diesem Zielzustand schon einmal deutlich näher waren als heute? - Vielleicht können Sie sich erlauben, in diese Zeit, diesen positiven Zustand zurückzugehen. Für manchen ist es leichter, die Augen zu schließen, um dann zu beschreiben, wie es damals anders war?" - „..." - „Und was war in dieser positiven Situation noch anders?" …„Und was noch?" … „Und was noch?"… • „Wann war es bei Ihnen schon einmal so ein bisschen wie nach dem Wunder?" -„..."-„..."-„Was war da anders?" • „Was haben Sie gemacht, damit dieses Stück vom Wunder schon einmal passieren konnte?" • „Manchmal gibt es auch ‚Gute Geister' aus dem Umfeld, die einem in einer schwierigen Situation helfen. Haben Sie so etwas schon einmal erlebt?" • ……
Bewerten bisheriger Fortschritte („Copingfrage", „Skalierungsfrage")	• „Ich finde, dass Sie es nicht leicht haben. Wie gelingt es Ihnen trotzdem immer wieder, alles das hinzukriegen, was sie machen?" • „Ich möchte Sie jetzt eine Skala von 1 - 10 vorzustellen. ‚1' soll dabei den schlechtesten Zustand darstellen und ‚10' Ihren denkbar besten Zustand. Wo befinden Sie sich dann heute?" • „Manchmal ändern sich nach unserer Erfahrung die Dinge schon in der Zeit zwischen der inneren Entscheidung „Jetzt gehe ich zum Berater" und dem Beginn der Beratung. Angenommen, damals lagen Sie bei 1, wo sind Sie dann heute?" - „..." • „Wie haben Sie es geschafft, von 1 nach 3 zu kommen?" • „Was ist jetzt anders, wo Sie schon bei 3 sind?" • „Woran werden Sie merken, dass Sie bei 4 sind?" • „Was müsste passieren, damit Sie auf 4 kommen?" • ……
Nächste Schritte gemeinsam erarbeiten („Skalierungsfrage")	• „Angenommen Ihr momentaner Zustand liegt bei 3 auf unserer Skala. Welche Ihrer Stärken würde Sie am ehesten nach 4 bringen?" • „Was würde Ihnen ein guter Freund empfehlen, der es wirklich gut mit Ihnen meint, um nach 4 zu kommen?" • „Welches innere Bild kann Sie dabei unterstützen, einen Schritt in die gewünschte Richtung zu gehen?" • „Wer aus Ihrem Umfeld meint es gut mit Ihnen und könnte Sie dabei unterstützen, nach 4 zu kommen?" • ……
Erreichte Teilziele markieren und stabilisieren („Komplimente")	• „Sie können neugierig sein, wie Sie die nächsten Schritte in Richtung Ihres Zieles tun werden!" • „Es ist manchmal erstaunlich, wie es einem gelingt, deutliche Fortschritte in die richtige Richtung zu tun. Es ist sehr beeindruckend, was Sie schon hingekriegt haben!" • „Ich möchte Sie einladen, sich als Symbol für Ihren Fortschritt eine Postkarte mit einem Krafttier zu kaufen, das zu Ihnen paßt und das Sie nächstes Mal mitbringen" • „Wir haben heute über wichtige Dinge gesprochen. Ich hatte das Gefühl, Sie waren dabei sehr aufmerksam und engagiert" • „Es ist manchmal überraschend, wie sich weitere Schritte fügen, wenn man erstmal einige Schritte in Richtung Ziel gemacht hat"

Quelle: Vogt-Hillmann, Eberling, Burr

Abb. 2: Leitfaden für einen Ressourcenaktivierenden Beratungsansatz

Lösungs-Glaube

5. *Um Lösungsideen realisieren zu können, braucht der Klient einen Glauben an seine prinzipielle Lösungskompetenz, eine Einladung und manchmal Erlaubnis, seine inneren Suchbewegungen in diese Richtung zu lenken und Mut für erste erfolgversprechende Schritte.*

kleine Schritte

6. *Kleine konkrete Schritte, die der Klient wirklich geht (und die ihm helfen die Problemstarre aufzulösen oder »aufzutauen«), sind besser, als große Entwürfe, die der Berater für logisch stringent hält.*

Ressourcenbasis auf dem Weg zu einer Pädagogischen Beratung

Natürlich wird nicht hier entschieden, wie das zukünftige Kompetenzprofil eines Pädagogischen Beraters aussehen wird. Wir können nur Anregungen geben für Reflexions- und Weichenstellungs-Prozesse, wohin »diese Reise« gehen kann. Dabei ist es vernünftig, von der Tatsache auszugehen, dass die Berufsfelder der Psychotherapie und therapienahen, klinischen Beratung von Psychologen (und Ärzten) besetzt sind. In der Pädagogischen Beratung wird es vornehmlich um Beratungsangebote gehen, die der Steigerung der Lebensqualität, Lern-, Entwicklungs- und Leistungsfähigkeit dienen. Wenn wir davon ausgehen, dass erfolgreiche Beratung immer

Pacing-Leading-Balance

eine klientenspezifisch angemessene Balance zwischen »Pacing«- und »Leading«-Anteilen herstellen muss, werden auch Pädagogische Berater die bewährten *humanistisch-psychologisch und tiefenpsychologisch fundierten Formen* der Ankoppelung an das jeweilige Klientensystem (= »Pacing«; z.B. aktiv-empathisches Zuhören und Verstehen) nutzen, und sie werden zur Unterstützung praktischer Veränderungsschritte die bewährten *verhaltensmodifikatorischen Prinzipien* berücksichtigen. Wenn wir darüber hinaus nach der spezifisch »pädagogischen« Perspektive des in diesem Buch fokussierten Berufsfeldes Pädagogischer BeraterInnen fragen, dann dürfte eine eigenständige Profilbildung am ehesten

Profil einer Pädagogischen Beratung

dann gelingen, wenn diese sich schwerpunktmässig an den »systemischen« und »lösungsorientierten« Ansätzen orientiert (vgl. Kraute und Thiel in diesem Kapitel). Im Zentrum Pädagogischer Beratung sollte die *Aktivierung der lösungsorientierten Ressourcen* der Beratenen stehen, sowohl ihrer individuell-persönlichen als auch ihrer sozial-systemischen (siehe zusammenfassend Tab. 1).

Beratungs-ansätze	Vorgehen	Wirsamkeits-annahme	Theorien, Modelle	Erfolgs-kriterien
der tiefenpsycho-logisch-psycho-analytische	• Untersuchung archaischer, unbewußter seelischer Kräfte • Arbeitsbündnis • Freie Assoziation • Traumdeutung	• Einsicht heilt • biographische Integration durch Deuten und Durcharbeiten früher Traumata	• Konfliktorientiertes Persönlich-keits-Modell (ES-ICH-ÜBERICH) • Entwicklungs-Phasen-Modell • Angstabwehr- und Charakterbildungs-Modell	• Wiederherstellung der „Arbeits-und Liebesfähigkeit" • „Wo ES war, soll ICH werden" • Neurotisches Leid in normales Leid überführen
der verhaltens-modifikatorische	• Identifikation auslösender Reize und verstärkender Konsequenzen • Unterbrechung der Problem-Verhaltensketten und inneren Dialoge und Aufbau neuer Verhaltensmuster • Desensibilisierung bei Angst	• Neukonditionierung (z.B. Desensibilisierung bei Ängsten, Phobien) • Neulernen durch (Selbst-) Verstärkung	• Verhaltensgleichung • Klassische und instrumentelle Konditionierung	• Veränderung des Problemverhaltens und -Erlebens (hier: Angstreduktion)
der humanistisch psychologische	• Situation der Klientin verstehen • Persönlich-existentielles Anliegen herausarbeiten und begleiten	• Existentielle Neudefinition der Problemsituation • Selbsterforschung	• Theorie heilsamer Beziehungen • Gestalttheorie • Phänomenologie	• Selbstverantwortlichkeit • den Selbstaktualisierungs- und Selbstheilungskräften vertrauen • lebendiger, kreativer werden • anders mit der Problemsituation umgehen
der systemische	• die Systemmitglieder konkret (z.B. die Familie) oder virtuell in die Beratung einbeziehen • Zirkuläre Fragen • Systemaufstellungen	• Symptom hat eine Funktion im System • System will sein Muster beibehalten • ohne Systemveränderung keine Symptombeseitigung	• Systemtheorie (z.B. zirkuläre Sicht des Problems) • Selbstorganisationstheorie • Konstruktivismus	• Verstörung des Systems mit der Möglichkeit der selbstorganisierten Neubalancierung • Neuorganisation des Systems • Regeländerung
der NLP-/ lösungs-orientierte	• Lösungs- und Ressourcen-Fokus aktivieren z.B. durch „Wunderfrage" oder „Ausnahmefragen" • Lösungs-"Trance" ermöglichen/ erzeugen • Skalierungsfragen	• Fokussierung auf die Lösungs-und Ressourcen-Räume im Klienten ermöglicht neue Lösungsideen und -Wege • Gezielte Nutzung unbewußter Lösungsressourcen	• Theorie der Bewußtseins-Ebenen • Naturalistische Hypnose-/ Trance-Theorie • Holistische Gedächtnistheorie • Pacing-Leading-Balance	• Klientenziele werden auf direktestem Wege unterstützt, verfolgt und begleitet und ihre Annäherung über die Skalierungsfrage überprüft

Quelle: Fittkau, Fuhr, Krause, Thiel - Ringvorlesung „Einführung in die Pädagogische Beratung" (WS 2001/02)

Tab. 1: Unterschiedliche Beratungsansätze im Vergleich

Literaturhinweise

Bamberger, G. G. (2001): Lösungsorientierte Beratung. Weinheim: Beltz.

Bellardi, N. u.a. (2001): Beratung. Weinheim: Beltz.

De Shazer, S. (!999): Wege der erfolgreichen Kurztherapie. Stuttgart: Klett-Cotta.

Eberling, W., Hargens, J. (Hrsg.) (1996): »Einfach kurz und gut«, Dortmund: borgmann publishing.

Großmaß, R. (2000): Psychische Krisen und sozialer Raum. Tübingen: dgvt-Verlag.

Kim Berg, I., de Shazer, S. (1998): Kurzfamilientherapie – von Problemen zu Lösungen. Audio-Mitschnitt eines Workshops des 10. Weltkongresses für Familientherapie in Düsseldorf, Münsterschwarzach: Vier-Türme-Verlag.

König, E., Volmer, G. (Hrsg.) (1997): Praxis der systemischen Organisationsberatung. Weinheim: Deutscher Studien Verlag.

Mücke, K. (1998): »Systemische Beratung und Psychotherapie«, Berlin: Ökosysteme Verlag.

Nestmann, F. (Hrsg.) (1997): Beratung als Ressourcenförderung. In ders. (Hrsg.) Beratung – Bausteine für eine interdisziplinäre Wissenschaft und Praxis. Tübingen: dgvt-Verlag.

Pallasch, W., Hänsler, H., Petersen, R. (2001): »Experimentelles Laboratorium: Kurz-Zeit-Supervision«, Universität Kiel: Institut für Advanced Studies.

Sickendiek, U., Engel, F., Nestmann, F. (1999): Beratung. Weinheim: Juventa.

Vogt-Hillmann, M., Burr, W. (2000): »Kinderleichte Lösungen«, Dortmund: borgmann.

Teil II:

Lebensweltorientierte Beratung

Beratung in der Schule
Perspektive der Schulpsychologie[1]

Erika Voigt

Beratungs- und Unterstützungssysteme einer demokratischen Schule

Beratung – Neues Instrument in unserer alten Schule?

Die *Reformen der sechziger/siebziger Jahre* brachten dem Schulsystem der Bundesrepublik einiges an Neuerungen: veränderte Ziele, Inhalte und Methoden, und damit verknüpft eine veränderte pädagogische Grundhaltung, neue Organisationsformen, die zum Teil große Systeme schufen, darunter die Gesamtschulen, mit Wahlmöglichkeiten, Durchlässigkeit und Verpflichtung zu Förderung und Ausgleich sozialer Benachteiligung und Organisationsprinzipien, die anstelle der hierarchischen demokratische, auf Kooperation und Verständigung basierende Strukturen etablierten. In diesen Zusammenhang gehört die Forderung nach Spezialisten mit Beratungsfunktion. Die Institution schulpsychologischer Beratungsdienste wurde konzipiert als Prinzip der Qualitätsverbesserung. Dies war einer neben anderen Mechanismen der kontinuierlichen Selbsterneuerung, zu denen Beratungsgremien, der sich selbst verwaltenden Schule, Fortbildungsinstitutionen, Institute für Unterrichts- und Lehrplanforschung, Versuchsschulen und Schulversuche u.a. gehörten. Hierin spiegelt sich das Selbstverständnis der Reformer nach Wissenschaftsorientierung, Interdisziplinarität, kritischer Reflexion, innovativer Sozialorientierung (Roth 1969).

Die Empfehlungen des Bildungsrates wurden zügig in Grundsatzbeschlüsse der Kultusministerkonferenz umgesetzt. So entstanden in vergleichsweise kurzer Zeit in fast allen Bundesländern Schulpsychologische Dienste. Weitere Anstöße förderten diese Entwicklung, darunter eine Serie internationaler Konferenzen (1954-1971) zum Thema »Beratung«. Außerdem gab es vor allem in west-

Historische
Einordnung

---

[1] Die Kulturhoheit der Länder bedingt, dass Aussagen über Institutionen und Phänomene im Bildungsbereich sich auf das jeweilige Bundesland beziehen, hier: Niedersachsen.

lichen Ländern Modelle psychologischer Dienste. Es gab LehrerInnen, die sich von der Verwendung psychologischer Kenntnisse und Erfahrungen im Unterricht Hilfen versprachen und auch PsychologInnen, die zugleich LehrerInnen waren. Die Psychologie konnte den Interessierten ein reichhaltiges Angebot vorhalten: darunter die klinische Psychologie mit diagnostischen Instrumenten und Kenntnissen von Veränderungsprozessen, die Entwicklungs- und Persönlichkeitspsychologie mit ihrem Wissen über Unterschiede zwischen Menschen, die Psychologie des Lernens und Denkens sowie ihrer Bedingungen, die Sozialpsychologie mit Erfahrungen im Umgang mit Gruppen, Systemen und Institutionen und Erkenntnissen über Kommunikationsprozesse, nicht zuletzt das Fundament wissenschaftlicher Psychologie, die gründliche Ausbildung in empirischen Forschungsmethoden. Weiter: Die durch den Krieg unterbrochene Ausbildungstradition konnte wiederaufgenommen werden u.a. durch zurückkehrende Emigrierte und die Übernahme von Ausbildungskonzepten und -materialien aus dem Ausland.

Die allenthalben angestoßenen Reformprozesse schufen *Strukturen der Selbstverwaltung* mit wechselseitiger Beratung zwischen den jeweils Betroffenen unter Nutzung von Konferenzen, Arbeitskreisen, Ausschüssen u.a. Arbeitsformen. Kooperation erfolgte auch über Verwaltungsebenen hinweg, so für die Schaffung neuer Gesetze, Institutionen, Lehrpläne. Vor allem Führungskräfte, also Schulräte und Schulleitende, bemühten sich, in ihrem beruflichen Selbstverständnis, ihre Aufsichts- gegenüber ihrer Beratungsfunktion in den Hintergrund treten zu lassen. Während früher der/die Vorgesetzte anordnete, lud er/sie nun zu einem Gespräch. Außerdem entstanden »Räte« verschiedenster Art, ein jeder mit seinem eigenen Beratungsbedarf: Eltern-, Schüler-, Personal-, Beiräte u.a..

Beratungsaufgaben der Schule

›Beratung‹ – Alltagsgeschäft der Schule? Zwischen Zerreden und Ratschlägen?

Warum und wozu?

In den *Aufgabenkatalogen* für Lehrende, Schulleitende, Schulräte sind Beratungsaufgaben in verschiedenen Zusammenhängen ausdrücklich benannt. Es gibt eine *Informations- und Beratungspflicht* der Schule gegenüber Eltern bzw. Schülern zum Beispiel über Konferenzbeschlüsse und im Zusammenhang mit kritischen Ereignissen wie drohender Nichtversetzung, Schulwechsel, Einleitung eines Verfahrens zur Überprüfung eines speziellen Förderbedarfs u.a. – Unkenntnis der Komplexität dieser Kommunikationsvorgänge und Selbstschutzmechanismen bewirken, dass viele Beratungsbemühungen zu Konflikten eskalieren.

Die Schule ist wie die meisten sozialen Institutionen ein Ort dichtester menschlicher Interaktion. Die alltäglich ablaufende Kommunikation ist Bestandteil verschiedener Aufgaben der Lehrenden, als da sind Unterrichten, Erziehen, Bewerten u.a.. Diese sind zwar oft miteinander verknüpft, aber verlangen jeweils spezielle kommunikative Fertigkeiten. Beratung ist eine weitere Form der Kommunikation, die den Schulalltag durchzieht und in ihren besonderen Anforderungen und ihrer Bedeutung oft übersehen wird. – Der Unterschied zwischen Lehren und Beraten hat damit zu tun, wer die Ziele setzt, wer den Ablauf plant und steuert, wer wie die Ergebnisse erfaßt und bewertet und vor allem damit, wie die Beteiligten sich über alle diese Funktionen verständigen. Die beiden Kommunikationsformen können einander ergänzen, voneinander profitieren, aber auch einander ausschließen.

Für Schulberater, d.h. SchulpsychologInnen und BeratungslehrerInnen, ist das Verständnis von Kommunikationsprozessen und das intensive Training von Beratungstechniken ein Muß, für alle anderen in der Schule Verantwortlichen zu empfehlen. Wir wissen heute, daß die Verwendung effektiver Gesprächstechniken und partnerschaftlicher Kommunikation, wie wir sie aus der Beratung kennen, einen wesentlichen Einfluß auf das Schulklima, auf Lernerfolge und auf das Wohlbefinden aller Mitglieder der Schulgemeinschaft haben

Kommunikations- und Beratungstechniken haben in den letzten 20 Jahren Eingang in viele Aus- und Fortbildungskurse gefunden, u.a. die für Schulleiter, Schulräte, Schulsekretärinnen, Schülerräte. Sie sind sogar in Lehrpläne der Schule aufgenommen. – Dies läßt sich zum großen Teil dem Ausbau der schulpsychologischen Dienste zuschreiben, die Kooperation mit verschiedenen Berufsgruppen suchten und Fortbildungen anboten: an erster Stelle für BeratungslehrerInnen, für KlassenlehrerInnen in ihrer Verantwortung für soziales Miteinander sowie Entwicklung und persönliches Wohlergehen der Schüler, für Sozialarbeiter und Sonderpädagogen, für Schulleitung und -verwaltung.

Luxus oder Aufgabe für alle in Schule Verantwortlichen?

Zurück zur Eingangsfrage, statt einer Antwort ein Beispiel zur Illustration:

Wenn im Jahre 1940 der Schüler Siegfried, dem Schüler Klaus ein Bein stellte, gab ein Lehrer vielleicht die Empfehlung, letzterer solle aufpassen, wenn etwas seinen Weg versperrt.

Wenn im Jahr 1960 der Schüler Klaus, dem Schüler Hänschen ein Bein stellte, gab ein Lehrer vielleicht die Ermahnung, daß nächstes mal der eine Strafe bekommt, der angefangen hat. Wenn im Jahr 1980 der Schüler Mario dem Schüler Christian ein Bein stellte, gab ein Lehrer vielleicht die Anweisung, die Knaben sollten ihre Händel außerhalb der Schule abmachen. Wenn im Jahr 2000 der Schüler Kevin dem Schüler Flori ... wird der Lehrer die beiden vielleicht zu den Streitschlichtern der Schule schicken.

Ob ein Verhalten als Problem und Anlaß für Beratung betrachtet wird, und was die Schule an Mitteln für eine Lösung bereit hält und ob sie dafür einen Spezialisten braucht und nutzt, ist also von der Zeit und dem Umfeld abhängig und eine Frage der Verständigung zwischen den Betroffenen.

Anforderungen im schulpsychologischen Beratungsalltag

Wer braucht und nutzt schulpsychologische Beratung und worum geht's?

Zur Illustration hier einige Probleme aus der Mitte des Schuljahres, typisch für die Vielfalt der Aufgaben und Anforderungen:

Schüler mit Problemen des Lernens und Verhaltens: eine Lehrerin sucht Beratung wegen eines Zweitklässers, der sich von ihr nichts sagen läßt; eine Lehrerin ist ratlos wegen eines Erstklässers, der wiederholt seine Mitschüler verprügelt; eine Gymnasiastin, kontaktgehemmt und depressiv, meidet die Schule; ein ausländischer Schüler mit Lernproblemen, fühlt sich durch seine Lehrerin diskriminiert; Eltern, die die Sonderschulzuweisung ihres Kindes nicht hinnehmen wollen; eine Mutter, die an eine vorzeitige Einschulung ihrer Tochter denkt.

Aufgaben die Fülle

Konflikte zwischen mehreren Personen: eine Lehrerin, die sich in einem Konflikt mit Eltern durch eine Kollegin bloßgestellt sieht; ein Schulleiter, der im Konflikt mit einem Teil des Kollegiums um Supervision bittet.

Institutionsbezogene Beratung: ein Gymnasiallehrer, dessen zerstrittene Schulklasse aus dem Ruder läuft; Beratungslehrerin und Arbeitsgruppe einer Berufsschule, die etwas zur Reduzierung von Streß im Schulalltag tun möchten.

Fortbildungstätigkeit: Planung eines Kurses für Beratungslehrer über Veränderungsprozesse in Institutionen und Vorbereitung einer überregionalen Kurswoche zur Motivierung von Lehrerinnen für Führungsaufgaben.

Schulberatung: Vorbereitung eines Projektes zur Umgestaltung des Schulgeländes unter Beteiligung von Eltern und Schülern zu einem Spiel-, Lebens- und Erfahrungsraum, der Konflikte reduziert, persönliche Identifizierung fördert.

Forschungsbeteiligung: Schulversuch über die integrierte Beschulung behinderter Kinder, Projekt ›Gesundheitsförderung durch Selbstwertstärkung.

Zusammenarbeit mit anderen Beratungseinrichtungen: Treffen einer schulübergreifenden Arbeitsgruppe Prävention, die eine Veranstaltung »Schule in Bewegung« plant; offener Abend über »Eßstörungen« in Kooperation mit Eltern und Schülern eines Gymnasiums und einer Arbeitsgemeinschaft örtlicher Beratungseinrichtungen.

In summa: eine Vielfalt von Aufgaben, die mit menschlichem Verhalten zu tun haben, mit Problemen, mit Veränderungsprozessen und unterschiedlichste Kooperationen erfordern.

Schulpsychologische Beratung – historische Perspektive

Wie konnte sich der neue Berufsstand in kaum 10 Jahren flächendeckend verbreiten?

Bereits zu Beginn des Jahrhunderts hatte man begonnen, psychologische Erkenntnisse im Schulbereich zu nutzen. Anfang der zwanziger Jahre wurde in *Deutschland* die erste Stelle für einen Schulpsychologen im Bildungswesen eingerichtet. Sein Auftrag, die Entscheidungen der Behörde bei Sonderbeschulung und beim Übergang ins Gymnasium zu unterstützen. Gefragt war hier also die Psychometrie im Dienste von Ausleseverfahren bei Schullaufbahnentscheidungen (Sektion Schulpsychologie, 1997).

Erst nach dem zweiten Weltkrieg entstanden in Deutschland differenziertere Ansätze, die noch junge Wissenschaft hatte sich andernorts weiterentwickelt und half bei der Beantwortung aktueller Problemstellungen, wie in Hamburg, wo es um Hilfen für kriegs-

Die neue Wissenschaft vom Menschen zwischen Pädagogik und Medizin wird zum Praxisangebot

verwahrloste Schulverweigerer ging. Das Interesse galt neben der Psychodiagnostik nun einerseits der Nutzung von psychotherapeutisch-beratendem Handeln als Hilfe und Korrektur für das Kind, andererseits allem, was die Arbeit des Lehrers und der Schule erleichtert, nämlich Hilfen zur Verbesserung des Unterrichtens, der Beeinflussung von Verhalten, des Umgangs mit Konflikten u.a. Aus diesen Akzenten, entwickelten sich die *Hauptarbeitsbereiche* der Schulpsychologie, die in verschiedenen Bundesländern zeitweise zu unterschiedlichen Schwerpunktsetzungen führten: *Schullaufbahn- und Bildungsberatung, Einzelfallberatung und -hilfe, Schulberatung, Mitwirkung bei Entscheidungen der Schulbehörde, empirische Untersuchungen und Auswertung von Beratungsergebnissen sowie Zusammenarbeit mit anderen Einrichtungen* (Erl. MK, 1984).

Ein Beschluß der Kultusministerkonferenz projektierte und bewirkte den schrittweisen *Ausbau schulpsychologischer Beratung* in allen Bundesländern. Die Vorgaben, ein Schulpsychologe je 5000 und ein Beratungslehrer je 500 Schüler bis zum Jahr 1985, wurden jedoch nie voll realisiert.

In *Niedersachsen* führte der Ausbau der Schulpsychologie dazu, dass etwa Ende der siebziger Jahre jeder Landkreis zumindest eine, im Schnitt meist zwei Schulpsychologenstellen hatte sowie eine halbe bis ganze Verwaltungskraft. Bereits 1978 wurden Schulpsychologen mit der Konzipierung und Durchführung eines *Weiterbildungsprojektes für Beratungslehrer* beauftragt. Die Koordination übertrug das Kultusministerium der Universität Hildesheim, ebenso die Koordination einer weiteren Säule von Beratung, dem *Projekt »Kommunikation, Interaktion, Kooperation«* zur Verbesserung der Beratungskompetenz von Klassenlehrern. Diese Fortbildung wurde nach dem Modell der Beratungslehrerausbildung von Schulpsychologen aus Niedersachsen und Sachsen-Anhalt erarbeitet und seit 1992 kontinuierlich weiterentwickelt.

Bereits 1989 gab es bundesweit rund 9000 Beratungslehrkräfte. 1998 waren in Niedersachsen 2600 ausgebildet, davon noch 1710 beratend tätig, die übrigen in höheren Positionen oder bereits pensioniert (Grewe 1990 und 1999).

Zum Beispiel im Stadt- und Landkreis *Göttingen* mit rund 37 000 SchülerInnen sind zwei – vorübergehend 3- KollegInnen zuständig für über 100 Schulen, dazu kommen zur Zeit 63 BeratungslehrerInnen. Das heißt, vor Ort sind wir SchulpsychologInnen rare Vertreter unserer Berufsgruppe. Die Kooperation mit den BeratungslehrerInnen sowie die Konzentration auf Fortbildung und Arbeit mit Gruppen und Institutionen ist eine Möglichkeit, um die eigene Wirksamkeit zu erhöhen.

In mehreren Bundesländern, so auch in Niedersachsen, ist unter Sparbeschlüssen zur Zeit ein Rückbau in Gang. Einschränkungen und Veränderungen des Aufgabenkatalogs tragen vielerorts weder fachlichen Standards, noch den inzwischen entstandenen Strukturen, noch den gegenwärtigen Problemlagen Rechnung.

Der Ausbau schulpsychologischer Dienste verlief in westlichen Ländern parallel (Käser 1993). *Weltweit* gibt es laut Internationalem Schulpsychologenverband (ISPA) derzeit fast 90 000 SchulpsychologInnen. (Oakland 1997) – Zunehmende Beachtung findet der Beitrag der Schulpsychologie von seiten internationaler Gremien: So bei der Entstehung und Umsetzung der UN-Kinderrechtskonvention (Voigt 1999). So beim World Education Forum in Dakar, 2000, wo für und von Schulpsychologie gefordert wurde: (1.) Entwicklung von Regeldiensten für Schüler und Lehrer, (2.) Verbesserung von Lehrerausbildung, Unterrichtsqualität samt Bereitstellung psychologischer Lehrbücher, (3.)Vermittlung neuer Technologien, (4.) Verminderung von Streß und sozialen Problemen, (5.) Fürsorge für die Gruppe der Verletzbarsten u.a. Krisenintervention, (6.) Beitrag zum gegenseitigen Verstehen und zum miteinander Leben.[2]

Beratung – Dienstleistung, Fachangebot, Kommunikationsprinzip

»Beraten« – Worin unterscheidet sich das, was der Alltagsbegriff bezeichnet, von fachlich qualifiziertem Handeln?

Es gibt viele Alltagsbegriffe und auch im fachlichen unterschiedliche Begriffsverwendungen.

»Beratung als Dienstleistung« – Zunächst kann man weitgehend alles, was SchulpsychologInnen beruflich tun, als Beratung bezeichnen, weil dies ihrem Dienstauftrag entspricht, »den an Schule Beteiligten Hilfestellung zu geben bei der Behebung und Vermeidung von Problemen und der Verbesserung der Bedingungen von Erziehung und Unterricht«.

---

[2] Bericht des UNESCO-Beauftragten, M. Rissom, International School Psychology Colloquium, Dinan, Frankreich, Juli 2001

Zum Alltagsbegriff: Beratung meint eine Gesprächsform mit spezieller Funktion und Rollenverteilung. Dazu gehören mindestens zwei Beteiligte, eine Rat suchende Person und eine Rat gebende, die ihre Kompetenz zur Verfügung stellt. Der Alltagsbegriff lässt offen, um welche Art von Kompetenz es sich handelt und wie der Austausch funktioniert. Um wie Unterschiedliches es sich handeln kann, zeigen die folgenden Beispiele: die Beraterin/der Berater für Verkehr nennt nutzbare Strassen, für Mode preist Waren an, für Recht wägt relevante Paragraphen, für Geldanlage gibt den heißen Tipp, für Eheprobleme hilft in einem Klärungsprozess.

Miteinander reden, einander hören, einander verstehen

»Beratung als Fachangebot« nutzt Gesprächsführung zur Klärung und Bearbeitung von Problemen und persönlichen Anliegen und ist fachlichen Standards verpflichtet. Denn, was Wirksamkeit von Beratungsgesprächen ausmacht, ist durch wissenschaftliche Untersuchungen belegt. Die gelegentlich verwendete Bezeichnung »helfendes Gespräch« bezieht sich auf die Funktion und die unterschiedlichen Rollen in dieser nicht-symmetrischen Beziehung. »Partnerschaftliches, verstehendes oder problemzentriertes Gespräch« charakterisiert genauer, worauf es in der Kommunikation zwischen den Beteiligten ankommt: nämlich die Qualität der Beziehung, die sich im vertieften wechselseitigen Austausch über ein Problem entwickelt. Dabei bringt der/die Ratsuchende das Thema ein, entscheidet über dessen Behandlung, über die Auswahl und Verwirklichung von Lösungen und darüber, was für seine Person passend ist. Die beratende Person trägt vor allem Verantwortung für die Gestaltung der Beziehung und den Gesprächsprozess. Ihre wichtigsten Hilfsmittel sind Einfühlung, Wertschätzung und Selbstreflexion, außerdem Strukturierung, Rückmeldung, Ermutigung, um im Austausch mit dem Gesprächspartner zum Verständnis der Situation, der Person, ihres Problems und ihrer Ziele beizutragen. Beratungsprozesse sind notwendigerweise mit der Aktualisierung von Gefühlen verknüpft, daher haben sich geordnete Gesprächsabläufe in problemlösungsrelevanten Schritten als Hilfe erwiesen. Die Kunst und die Wirksamkeit des qualifizierten und verantwortungsvollen Beratens liegt darin, die Handlungs- und Entscheidungsmöglichkeit der/des Ratsuchenden zu stärken, ohne das Problem wegzunehmen oder für die andere Person zu entscheiden. – Erschwerend in der Beratung ist, wenn ein Problem mit extrem negativen Gefühlslagen verknüpft ist, wie Ängste, Scham, Wut, Resignation oder wenn mehrere Personen oder Gruppen in einem eskalierenden Konflikt gefangen sind. Hierbei erfordert Beratung besondere Arrangements und Abläufe. – Soweit müßte deutlich

geworden sein, daß Beratung ein komplexer Prozeß ist, in dem die Person des Beraters involviert ist. Und es müßte verständlich geworden sein, daß »Beratung« als professionelles Hilfsangebot eine intensive kontinuierliche praktische wie theoretische Ausbildung und ständige Fortbildung nötig macht. Aus dieser Erkenntnis werden berufsbegleitende Supervisionsgruppen für alle im psychosozialen Bereich Tätigen gefordert. Die Grundlage der helfenden Beziehung allerdings, die das Fundament aller Trainings ist, ist nicht ein konkretes Verhalten, sondern die Haltung gegenüber unseren Mitmenschen. (Ehinger 1994)

»Beratung als Kommunikationsprinzip« im mitmenschlichen Alltag ist eine partnerschaftliche Haltung der Offenheit und des Interesses für den/die anderen. Das bedeutet, andere in ihrer Verschiedenheit anzunehmen, die Bereitschaft, die eigenen Ansichten und Erfahrungen mitzuteilen und zur Diskussion zu stellen, gemeinsam Aufmerksamkeit und Energie auf wichtige Fragen zu richten, nicht zu warten, bis Probleme drängen, sondern neue Wege zu suchen und zu gehen oder auch nur Situationen neu zu bedenken. – Das hieße ein Klima der Wertschätzung, der Partizipation, der produktiven und kreativen Gestaltung der Lebensumwelt zu schaffen. Wenn es gelingt, solch therapeutisch wirksamen, persönlichkeitsstärkenden Gesprächshaltungen im Schulalltag mehr Raum zu geben, wie viele Fehlentwicklungen könnten verhindert werden! Das wäre präventives Schulmanagement.

Handlungsformen schulischer Beratung im Überblick:

> *Funktion:* Problembearbeitung, Prävention, Innovation, Organisation-/Programmentwicklung
> *Einsatzort:* Beratungsraum, Klasse, Schule, Leitung, Schulumfeld, Bezirks-/Landesebene,
> *Instrument:* Information, Fortbildung, Training, Beratung, Psychotherapie, Kooperation, Begleitung, Projekt-/Konfliktmoderation, Supervision, Coaching, Evaluation,
> *Zielgruppe:* Schüler, Lehrer, Eltern – Einzelperson, Gruppe, Teil- oder Gesamt Institution,
> *Produkt:* Informations-/Übungsmaterialien, Instrumente, Methoden, Konzepte, Strategien.

Beratung der Schule folglich eine Aufgabe für alle: Schulberater, Klassenlehrerin, Schulleiter, Mitschülerin, Schulpsychologe, Eltern. Wer, wann, welche Form nutzt, ist abhängig von der jeweiligen Aufgabe oder Problemlage, von Ausbildung und Erfahrung, von

Verfügbar- und Belastbarkeit, je nach Problem kann Rollendistanz oder die Vertrautheit mit Person oder Ort von Bedeutung sein. A und O qualifizierter Beratung sind neben dem Training, Selbstreflexion und Kenntnis der eigenen Grenzen. (Grewe/Wichterich 1994, Lade/Kowalczyk 1998)

Funktionen und Rollenverständnis der Schulpsychologie

»Schulpsychologische Beratung« – Was ist das Angebot und für wen?

Erwartungen
Modelle
Entwicklungen

Die Ausbreitung der neuen Berufsgruppe wurde in der Öffentlichkeit unterschiedlich wahrgenommen und kritisch kommentiert. So zeichnen Karikaturisten in den Siebzigern den Psychologen als einen unter mehreren weißbekittelten Spezialisten, die am Kind zerren, während die Eltern ängstlich zur Seite stehen, oder als einen im Team einer Entsorgungs- und Wiederaufbereitungsanlage, in der Schüler sich über die Couch eines Psycho-Schnell-Dienstes drängeln. Diese Bilder verdeutlichen zugleich die Skepsis, einem Experten die Kompetenz über persönliches Befinden und Funktionieren zu überlassen, aber auch die Problematik von sich überschneidender Rollen in einem gemeinsamen Verantwortungsbereich. Andere Bilder zeigen mehr die Wirkungsmechanismen von Beratung: das Durchschneiden der Fäden, an denen ein Mensch wie eine Marionette hängt; den Blick durch die Brille des anderen ermöglichen; den anderen dazu bewegen, sich an den eigenen Haaren aus dem Sumpf zu ziehen. Eine weitere Gruppe von Verbildlichungen verspottet den Retter, der mit in den Abgrund gerissen wird bzw. den Berater, der parteiisch ist, der selbst in die Rolle des Ratsuchenden gerät, hilflos, infantil, in Machtgehabe verfällt. – Deutlich: Konflikte und Änderungsprozesse haben mit Ambivalenzen zu tun. In einem Feld solch unterschiedlicher oft unrealistischer Erwartungen, noch dazu im Zusammenhang mit Konflikten, ist die Klärung der eigenen Rolle eine wichtige Voraussetzung für wirksames Handeln. Sie muß auch innerhalb eines Gesprächverlaufs ständig reflektiert werden. Hier genau liegt die Kunst fachliches Handwerkszeug und fachliche Erfahrung miteinander zu verknüpfen.

Definition und Ausgestaltung der eigenen Rolle ist ein sowohl persönlicher wie institutioneller Entwicklungsprozeß. Eine finnische Kollegin (Laaksonen 1989) charakterisiert die Veränderungen der ersten 10 Jahre Schulpsychologie in ihrem Land als Phasen:

vom Stargast, der Feuerwehr, dem Fehlersucher, über den Spezialisten für Probleme, über den Präventionsfachmann, der Mittel und Gegebenheiten der Schule nutzt, zum Organisationsentwicklungs-Experten und Partner in der Nutzung psychologischer Kenntnisse bei der Weiterentwicklung der Schule. Im Gefolge wachsender Erfahrungen, kritischer Reflexion und neuerer Theorien verändern sich Ziele, Methoden und Arbeitsarrangements.

Für die Schulpsychologie in Deutschland hat Heyse als Vorsitzender der Sektion Schulpsychologie im BDP (1989) diesen notwendigen Entwicklungsprozeß, der Verlagerung des Schwerpunktes vom Individuum zur Institution Schule, in seinem programmatischen Artikel als »Paradigmenwechsel« gefordert mit der Begründung, daß eine Schule in der Krise psychologische Kompetenz benötigt, um sich selbst weiterzuentwickeln. Die im Zweijahresrhythmus stattfindenden Fachkongresse belegen diesen Wandel schon durch ihre Titel: »Psychologie – ein Beitrag zur Schulkultur« (Rostock, 1994), »Schule – Entwicklung – Psychologie, Schulentwicklungspsychologie« (Münster, 1996), »Lebensraum, Lebenstraum, Lebenstrauma Schule« (Halle, 1998), »Schule zwischen Realität und Vision« (Berlin, 2000). Die Beiträge in diesen Berichten bezeugen außerdem eine Vielfalt von Ansätzen zur Entwicklung und Verbesserung von Schule. Inzwischen finden Berater wie Schulen im In- und Ausland eine Vielzahl nutzbarer Materialien: Konzepte, Projektbeispiele, Programme zu sozialem Lernen, Konfliktbearbeitung, interkultureller Erziehung, Prävention. Beachtenswert: es gibt andernorts nationale Sicherheits- und Kriseninterventionspläne u.a. (siehe Häring/Kowalczyk 2001).

In einer von der UNESCO erbetenen Studie analysierte Burden (1994), damals Präsident des Internationalen Schulpsychologen Verbandes (ISPA), die Entwicklungen und Trends im heutigen Beitrag der Schulpsychologie mit Blick auf die psychologischen Aspekte der Pädagogik: (1.) In der Psychodiagnostik tritt die Fragestellung »Selektion zwecks besserer Nutzung begrenzter Ressourcen« in den Hintergrund, zugunsten einer vielschichtigeren und effizienteren Evaluation auch von Lehrern, Programmen, Prozessen, Institutionen durch verbesserte Techniken und differenziertere Variablen. (2.) Das für die Erziehungsberatung so wichtige psychoanalytische Beratungsmodell rückte auch für die Schule die emotionalen Faktoren des Lernens ins Bewußtsein. Das behavioristische Modell lieferte jedoch praktikablere Hilfen für den Schulalltag. Darüber hinaus ist letzteres gut zu vereinen mit einem nicht direktiven, klientenzentrierten und präventiven Beratungsansatz. – Die bedeutsamste Weiterentwicklung der letzten 10-20 Jahre leistet das ökosystemische Modell (Käser 1993) mit seinen kommunikations-theoretischen, Organisationsentwicklungs-, systemischen und ökologischen Bausteinen. Es beinhaltet einen breit fundierten Problemlöseansatz. Die Sichtweise ist interaktionistisch: anstelle der Einzelperson sind Bedingungsfaktoren des Umfeldes im Blick. Die Arbeit erfolgt mit Kräften und Personen der Schule. (3.) Menschliche Entwicklung, menschliches Lernen ist ein Interaktionsprozess, der in einem sozialen und kulturellen Kontext geschieht. Neuere Forschungsergebnisse beziehen sich auf den Einfluß von vermittelnden Variablen wie Lehrererwartungen, Attribuierung der Schüler, Lerntechniken, Aufgabenstruktur u.a. (4.) Schulpsychologen haben vielerlei spezielle Kenntnisse, die sie in Trainings- und sonstigen Vermittlungsformen an Eltern, Lehrer, Schüler und andere weitergeben können darunter Themen wie Mißbrauch, Mobbing, Hochbegabung, Krisenintervention u.a.

Eine Beschreibung als Angebot-Nachfrage-Verhältnis ist zu kurz gegriffen, denn beide Institutionen haben eine gemeinsame Verantwortung. – Schulberatung, ein Such- und Entwicklungsprozeß »zwischen Schatzsuche und Defizitfahndung«? (Jötten 1999) Die Nutzung von Korrekturmechanismen setzt voraus, daß ich mir Fehler eingestehe, die Beteiligung eines Entwicklungsspezialisten setzt voraus, daß ich Entwicklung will. – Unser Klient, nicht immer so Rat suchend, wie wir erwarten, ist die Schule, mit allen an ihr Beteiligten. Der erste Schritt der Beratung: einen entwicklungsförderlichen Kooperationsprozeß in Gang zu bringen.

Arbeitsweise schulpsychologischer Beratung in Beispielen dargestellt

Wer hat das Problem und wie kommt es zum Schulberater?

Für unsere Alltagstätigkeit sind Intuition und eigene Erfahrungsgeschichte ebenso bedeutsam wie theoretische Konzepte. In einem so komplexen Handlungsfeld ist es hilfreich, sich einige wesentliche Grundsätze im Bewußtsein zu halten, die für Beratung in Institutionen wichtig sind: (1.) *Freiwilligkeit:* der Ratsuchende entscheidet über Beginn und Ende der Beratung und den Umgang mit Vorschlägen. (2.) *Vertraulichkeit:*. Verschwiegenheit gegenüber unbeteiligten Dritten. (3.) *Selbstverantwortlichkeit stärken:* Hilfe zur Selbsthilfe, Befähigung des Ratsuchenden, seine Probleme selbst zu lösen. (4.) *Ökonomie:* Beratung setzt aktiv und frühzeitig ein. (5.) *Kooperation:* Probleme werden, wenn möglich mit allen

Beratungsgrundsätze

betroffenen Partnern bearbeitet und zwar so, daß die Lösung zur Klärung und Besserung der sozialen Beziehungen insgesamt beiträgt. Dabei ist die Verantwortungsstruktur der Institution zu beachten. (6.) *Systembezogene Intervention und Prävention*: Arbeit an Inhalt und Struktur, Einzelfall- und Schulberatung gehen Hand in Hand, der Berater befähigt Personen des Umfelds zur Hilfestellung u.a. durch Offenlegen seiner Denk- und Handlungsschritte. – Zur Verdeutlichung des Vorgehens zwei Problemfälle:

Beispiel einer Einzelfallberatung: Melanie – eine Schülerin, die nicht spricht

Melanie, 9 Jahre alt, Klasse 4, hat bisher in der Schule nicht gesprochen, auch nicht beim Arzt, beim Einkaufen, in der Gymnastikgruppe. Man weiß, daß sie sprechen kann, nämlich zu Hause und wenn sie mit der Mutter telefoniert, damit sie aus der Schule abgeholt wird, weil ihr wieder einmal schlecht ist, und gelegentlich mit einigen Kindern ihres Dorfes.

Ihre schulischen Leistungen scheinen eher schwach. Schwere Hörbeeinträchtigungen während der Vorschulzeit wurden erst spät als Ursache für eine verzögerte Sprachentwicklung erkannt. In der Schule wie zu Hause vermeidet man, sie wegen des Nichtsprechens in Verlegenheit zu bringen, somit entstehen aber auch kaum Anreize zur Veränderung. Eine mehrjährige Therapie hatte keinen Erfolg gebracht. Im 4. Schuljahr wird die Problematik gravierender, da Versetzung und Schulwechsel zum Jahresende sowie Sonderschulüberprüfung zu bedenken sind. Die Situation in der Klasse ist unverändert. Eine kleine Hoffnung, im Förderunterricht Deutsch hatte sie kürzlich der Lehrerin vor der Klassentür etwas zugeflüstert. Deutlich sind Signale, daß sie über ihre Schwierigkeit hinwegkommen möchte. Die Mutter meint, daß die Tochter im entscheidenden Moment den Mut verliert. – Nach einer Unterrichtsbeobachtung und in Eltern-Lehrer-Gesprächen ist unsere übereinstimmende Meinung, daß die Sprechhemmung eine gelernte Vermeidung sein könnte, entstanden im Gefolge der Wahrnehmungseinschränkungen und Frustrationen während des Sprechenlernens. Mit Mutter und Lehrerinnen verabrede ich eine Intervention, die gleichzeitig in kleinsten Schritten die Vermeidungsreaktion reduziert und die positiven Sprechansätze, zunächst im Freizeitbereich, dann in der Schule ausweitet.

Der Lernprozeß erstreckt sich über gut zwei Monate. – Durch gute Vorbereitung mit der Mutter baue ich im Bereich, in dem Melanie. spricht, Kontakte zu ihr auf, um dann mit ihr als Verbündeter ihre Verhaltensmöglichkeiten in die Schule übertragen zu können. Ich gebe ihr als Ziel und Interpretation: Wenn man so lange nicht gesprochen hat, ist das schwer, man erschrickt vor der eigenen Stimme und hat Angst vor dem, was die anderen sagen und denken. Vielleicht hattest Du den Mut verloren, weil das Sprechenlernen wegen deiner früher schlechten Ohren besonders schwer war. Das Thema »Sprechen« erzeugt unmittelbar Übelkeit. In einer entspannteren Situation verabreden wir ein »Stop« für den Fall, daß ich etwas tue oder sage, was ihr unangenehm ist. Die Sequenz der positiven Sprechanlässe: Hausaufgaben und Spielen zu Hause, Dorfbesichtigung und schließlich zeigt sie mir eines nachmittags ihre Schule – erst Hof und Gebäude, dann den Klassenraum, beim nächsten Mal lädt sie dazu Klassenkameradinnen ein. Meine Spiel- und Sprecheinfälle fordern neben Bewegung zunehmend Melanies Sprache, Phantasie und Ausdrucksmöglichkeiten. Bei alledem erfahre ich über ihre sozialen Beziehungen, ihre Kenntnisse, ihre Identität. Zuletzt lädt sie mich in ihr Baumhaus und zu den Tieren in Großvaters Garten ein.

Parallel erfolgt der Aufbau des Verhaltens durch die Lehrerinnen so: der Lehrerin im Deutsch Förderunterricht ins Ohr sprechen, erst vor der Klasse, dann in der Klasse, flüstern, lesen, ohne die anderen zu sehen, dann während jene die Augen zumachen, dann bei Anwesenheit der Klassenlehrerin, die dies Prinzip der Annäherung in den Förderunterricht Mathematik überträgt. Der gesamte Unterricht wird durch Elemente angereichert, die Spiel, Wahrnehmung und Ausdrucksmöglichkeiten fördern. Die Klassenlehrerin zwei Wochen vor Schuljahresende: sie ist jetzt eine Schülerin wie jede andere. Am letzten Schultag spricht sie vor der gesamten Schule. Besonders während dieser letzten Phase finden viele kurze telefonische Kontakte statt, u.a. ist der Übergang in die weiterführende Schule vorzubereiten, die zukünftige Klassenlehrerin und Beratungslehrerin wird einbezogen, eine Kleingruppe zum sozialen Lernen anvisiert. Der Bericht nach einem halben Jahr: das Sprechen mit anderen ist kein Problem mehr, Englisch gehört zu den bevorzugten Fächern, aber die Leistungssituation muß jetzt genauer bedacht werden und daß Stellung nehmen, sich zu etwas äußern ungeübt ist.

Von der Problemstellung her ist dies ein Einzelfall, immer bleibt das Kind im Mittelpunkt, aber die Bearbeitung geschieht kooperativ, in gemeinsamer Verantwortung, in ständigem Austausch, am »Tatort«, wo die Probleme auftreten, nutzt die Mittel des Umfeldes und verändert dieses Umfeld. Die Konsequenz des Auswertungsgespräches im Kollegium ergibt, dass im nächsten Problemfall die Zusammenarbeit schon in der Vorschule beginnt.

Ein Beispiel von Schulberatung:
Kollegium im Konflikt

Bei der Bearbeitung von Problemen mit einzelnen Kindern in einer Grundschule erwiesen sich wiederholt Konflikte zwischen Kolleginnen untereinander und mit der Schulleitung als Hindernis. Unterschiedliche Erziehungsstile, geringe Hilfsbereitschaft, Mißtrauen bis offene Auseinandersetzungen, gegenseitige Kritik und Ablehnung erschwerten das Alltagsgeschäft bis zur Resignation. Immer wieder kamen Bitten um Hilfestellung in konkreten Konflikten vor allem mit Eltern sowohl an Schulrat als an Schulpsychologin. Die Bemühung des Schulrates: durch Unterrichtsbesuche sich eine gute Kenntnis der Institution zu verschaffen, durch Beteiligung an Konferenzen und Dienstbesprechungen, Beratungen die Veränderungskräfte zu stärken. Die Bemühung der Schulpsychologin: bei Hilfen im Einzelfall möglichst die dahinterstehenden Wünsche und Konflikte mit der Institution zum Thema zu machen und den Mut zur Bearbeitung herauszufordern.

Erster Anlauf: Die Schule nimmt den Vorschlag an, die Schulpsychologin zu einer Konferenz einzuladen. Die Einigung über Termin und Thema zwischen den Kollegen ist langwierig. Kurz vor dem Termin, signalisiert eine Kollegin, ihre Enttäuschung, dass das von der Schulleitung benannte Thema, »Vorbereitung auf im nächsten Schuljahr zu erwartende besondere Aufgaben« nicht das vom Kollegium favorisierte Konfliktgespräch ist. Diese Vorwarnung läßt sich bei der Planung berücksichtigen, in Rückkoppelung mit der Schulleitung wird als Unterthema formuliert: »Umgang mit Konflikten als Hilfe, um institutionelle Belastungen zu meistern«. Das Ziel der Veranstaltung aus psychologischer Sicht: die Adventstimmung bewußt aufgreifend die Kollegen durch einige Übungen, Spiele sowie Methoden zum Umgang mit Konflikten erstmals wieder zu gemeinsamem Tun im Hinblick auf ein gemeinsames Ziel zu bringen, ohne die Konflikte unter den Teppich zu kehren und ohne in die Falle alter Streitmuster zu tappen. Die Übungen und Informationen wurden so ausgewählt, daß sie außerdem für die bevorstehenden Aufgaben hilfreich sind und auch im Umgang mit Schülern nutzbar: Entspannung, Wahrnehmung, Zuhören und Umgang mit Konflikten. Einige Vereinbarungen zur Erleichterung des Alltagsablaufs werden getroffen. – Die Beteiligten signalisieren in der Folgezeit eine leichte Besserung des Klimas.

Zweiter Schritt: eine zweitägige Fortbildungsveranstaltung mit dem Kollegium. Wiederum waren Thema, Zeitpunkt, Ablauf umstritten. Schließlich kam ein Zufall zu Hilfe, nämlich in Gestalt einer gerade anstehenden Fortbildungsveranstaltung zur Thematik »Organisationsentwicklung durch Schulinterne Lehrerfortbildung« für Lehrerteams des Schulbezirks (Philipp, 1995). – Diese aktuelle Problematik war eine Herausforderung für das Kursleitungsteam.– Die Schule schaffte es, ein Vorbereitungsteam von zwei Kolleginnen in den Kurs zu entsenden, die sich in einer Arbeitsgruppe über Diagnose, Zielfindung und Änderungsmethoden bereits mit der Situation ihrer Schule auseinandersetzten. In einigen weiteren Arbeitstreffen wurde das Thema »Unruhige Schüler« zu »Wie bringen wir Ruhe und die Vielfalt des Lebens in eine gute Balance«, das einen geeigneteren Rahmen für eine kreative Auseinandersetzung lieferte. Die Gestaltung des äußeren Ablaufs, selbstbereitete Speisen und Getränke war ein Riesenfortschritt hinsichtlich des Miteinander. Ein weiterer Schritt Richtung Kooperation waren mehrere Phasen, die das stärker inhaltsbezogene Arbeiten umrahmten unter dem Titel »Mit den Kindern ruhig werden« zu der mehrere Kolleginnen aus ihrem Erfahrungsschatz beitrugen: Wahrnehmungsübungen, Tanz, Singen, Entspannung, Besinnung. Zentrum der Fortbildung war eine Analyse der Institution mithilfe eines Werteprofils und einer Kräftefeldanalyse und anschließenden Absprachen für Veränderungen und gegenseitige Unterstützung (Philipp 1996). Berichte einzelner Kollegen zwei Jahre danach klingen etwa so: das Klima hat sich verändert, so dass das Arbeiten wieder mehr Spaß macht, wenn auch Verhaltensweisen einzelner immer wieder Konflikte erzeugen.

Das Beispiel verdeutlicht, dass es um mehr ging als um Gestaltung einer Konferenz bzw. einer Fortbildungsveranstaltung. Der Beitrag der Schulpsychologie betrifft: (1.) die *Diagnose*, d.h. Analyse der Situation, der Konfliktbestandteile und Zielsetzungen, (2.) das Ausloten von *Beweggründen*, Handlungsbereitschaften und Widerständen, (3.) die *Aktionsplanung* u.a. durch Umdefinition von Zielsetzungen, Moderation, Koordination von Kräften, Bereitstellung von Konzepten, Arbeitsformen, –methoden und -strategien, (4.) die Prozeßsteuerung durch Moderation, Dokumentation, Motivierung, Rollenvorgaben u.a. und (5.) *Auswertung* und *Erfolgssicherung* durch Vereinbarungen, Rückmeldungen, Prüfverfahren.

Schlußbemerkung – Perspektiven schulischer Beratung

Was alles kann Schulberatung leisten, die sich auf Prozesse der Entwicklung von Schule konzentriert – ohne Defizite aus dem Auge zu lassen?

Schulpsychologie als Anwalt und Partner bei der Weiterentwicklung des Schulsystems: unterstützt pädagogische Arbeit wie die Gestaltung von Schule, trägt zur Entwicklung der menschlichen Beziehungen wie zur Verbesserung der Arbeitsbedingungen bei, nimmt Einfluß auf zukunftsbezogene Planungen und bestärkt in der Wertschätzung des Gewachsenen, begleitet Veränderungsprozesse unter Analyse der gegebenen Bedingungen. Dies ist nicht Zukunftsmusik: viele Schulen arbeiten an Neuerungen z.T. mithilfe von Supervision, Lernwerkstätten, Qualitätszirkeln, vielerorts finden Kooperationen in Fortbildungen und Projekten statt.

> *Und was ist zu überwinden, damit möglichst viele Schulen lebendige soziale Systeme werden, statt sich in resignativer Nichtveränderung zu verbarrikadieren?«*

Spätestens seit der Rede des Bundespräsidenten, Roman Herzog, »Megathema Bildung – vom Reden zum Handeln« vom 13.4.1999, aber unüberhörbar seit der Veröffentlichung der TIMSS- und dann der PISA-Studie sind Defizite in unserem Bildungssystem ein öffentlich behandeltes Thema. Unsere Probleme mit Bildung und Erziehung sind Probleme der Gesellschaft. Kooperativer Umgang damit, wie oben dargestellt, wäre der Weg, sie angemessen zu behandeln. Aktivismus, Skandalisierung, Gleichgültigkeit, Schuldzuweisungen werden zur Erhaltung der Defizite nützlich sein, nicht zu konstruktiver Auseinandersetzung und nicht zur Entwicklung menschlicher Ressourcen und pfleglicher Behandlung der die Veränderungen Tragenden führen.

Wieviel besser geht es jedem einzelnen, wenn er kreative Gestaltungs- und Entwicklungsmöglichkeiten verfügbar hat, um seiner Lebenssituation Sinn und Perspektive zu geben, und darin die Wertschätzung anderer findet. – Dies wäre aus Perspektive einer Schulpsychologie und Schulberatung, die sich einer humanen Schule verpflichtet, ein geeigneter Fokus für eine innere Schulreform (Quickert 2000).

Literatur

Burden, R.S. (1994): Trends and Developments in Educational Psychology. In: School Psychology International 15, 293-347.

Dwyer, K., Osher, D. (1998): Safeguarding our Children: an Action Guide. Washington, DC: U.S. Department of Education.

Dunkel, L., Enders, Ch., Hanckel, Ch. (Hrsg.) (1997): Schule – Entwicklung – Psychologie, Schulentwicklungspsychologie. Kongreßbericht der 12. Bundeskonferenz 1996 in Münster. Bonn: Deutscher Psychologen Verlag.

Ehinger, W., Claudius H. (1994): Praxis der Lehrersupervision. Weinheim und Basel: Beltz..

Enders, Ch., u. a. (Hrsg.): Lebensraum, Lebenstraum, Lebenstrauma Schule. Kongressbericht der 13. Bundeskonferenz 1998 in Halle.Bonn: Deutscher Psychologen Verlag. S. 395-409.

Fleischer, T., Greuer-Werner, M., Heyse, H. (1991): Schule im Spannungsfeld von Beratung. Kongressbericht der 9. Bundeskonferenz 1990 in Osnabrück. Bonn: Deutscher Psychologen Verlag.

Greuer-Werner, M. (1995): Psychologie ein Beitrag zur Schulkultur. Kongreßbericht der 11. Bundeskonferenz 1994 in Rostock. Bonn: Deutscher Psychologen Verlag.

Grewe, N. (Hrsg.) (1990): Beratungslehrer – eine neue Rolle im System. Neuwied/Frankfurt am Main: Luchterhand.

Grewe, N. (Hrsg.) (1999): Beiträge zur Theorie und Praxis der Beratung in der Schule, Heft 5, Hildesheim.

Grewe, N., Wichterich, H. (Hrsg.) (1994 ff): Beratung an der Schule. Loseblattsammlung. Kissing: WEKA

Häring, G., Kowalczyk, W. (Hrsg.) (2001): Schulpsychologie konkret. Neuwied/Frankfurt am Main: Luchterhand.

Hanckel, Chr., Heyse, H., Kalweit, U. (1994): Psychologie macht Schule. Kongressbericht der 10. Bundeskonferenz 1992 in Heidelberg. Bonn: Deutscher Psychologen Verlag.

Heyse, H. (1989): Paradigmenwechsel in der Schulpsychologie. In: Report Psychologie 14, 34-37.

Jötten, B. (1999): Schatzsuche statt Defizitfahndung (Prozeßbegleitung für Schulleitungen). In: Enders, Ch. u.a., S. 175-184.

Käser, R. (1993): Neue Perspektiven in der Schulpsychologie. Bern, Stuttgart, Wien: Haupt.

Laaksonen, P. (1989): Developmental Phases in School Psychological Work? In: School Psychology International 10, 3-9.

Lade, E., Kowalczyk, W. (1998): Konkrete Handlungsanleitungen für erfolgreiche Beratungsarbeit mit Schülern, Eltern und Lehrern. Kissing: WEKA.

Niedersächsisches Kultusministerium (Hrsg.) (1984): Schulpsychologische Beratung. Erlaß des MK vom 5.9.1984. In: SVBL 10,1984, 235-239

Oakland, T. (1997): Presidential Letter. A New Millenium: Will School Psychology Be Prepared? In: World Go Round 24, 1-3.

Philipp, E. (1995): Gute Schule verwirklichen. Weinheim/Basel: Beltz.

Philipp, E. (1996): Teamentwicklung in der Schule. Weinheim/Basel: Beltz.

Quickert, E. (2000): Humane Schule, Bausteine für eine permanente innere Schulreform. Frankfurt: Peter Lang.

Roth, H. (Hrsg.) (1969): Begabung und Lernen. Deutscher Bildungsrat. Gutachten und Studien der Bildungskommission, Band 4. Stuttgart: Ernst Klett.
Sektion Schulpsychologie im BDP (Hrsg.) (1997): 75 Jahre Schulpsychologie in Deutschland. Bonn: Deutscher Psychologen Verlag.
Voigt, E. (1999): Schule nach Kinderrecht.

Systemische Familienberatung

Christina Krause

Die systemische Betrachtungsweise geht von der Prämisse aus, dass wir in einem komplexen ökologischen Kontext leben, d.h. in einem globalen System mit eigenen Gesetzmäßigkeiten. Das bedeutet aber auch, dass wir – jeder von uns – selbst ein Teil dieses Systems sind. Und das wiederum bedeutet, dass jede Theorie, die eine Person über das von ihr Beobachtete entwickelt, ihre subjektive Sicht der Dinge ist. Daraus folgt: Es gibt nicht **die** Theorie, nicht die Wahrheit oder perfekte Abbildung der Wirklichkeit (was nicht heißt, dass es nicht die Wirklichkeit gibt). Es gibt eben nicht die abstrakte Wirklichkeit, sondern nur Wirklichkeit in Beziehung auf den Beobachter. Interessant wird diese Tatsache, wenn Beratung von einer Familie in Anspruch genommen wird.

Familie als System

Wenn wir die Familie betrachten, dann haben wir es mit einem System zu tun, dessen Elemente die Personen und dessen Relationen die Kommunikationen sind. Da man nicht nicht kommunizieren kann (vgl. Watzlawick u.a. 1969), handelt es sich um mindestens zweistellige Relationen. In der Beratung geht es nun meist um die Muster der Kommunikationen, d.h. also um die Relationen zwischen den Kommunikationen. Wir schauen uns demnach das Metasystem an, dessen Elemente die Relationen (Kommunikationen) der ersten Ebene sind, z.B. die Tatsache, dass auf Nörgeln der Ehefrau das Weggehen des Ehemannes folgt. Und es interessiert außerdem die Relation dieser Relation, z. B. die Tatsache, dass auf Nörgeln häufiger Weggehen als Bösewerden folgt. Nun kann eine Person X immer Element verschiedener Systeme sein. Wird die Familie als Sozialsystem gewählt – wie es in der Familienberatung und -therapie geschieht – dann ist das eine Reduktion. Es könnte ebenso gut die Person X als Element des Systems »Betrieb« oder ein Sektenmitglied als Element des Systems »Sekte« betrachtet werden.

Dieser Reduktion sollte man sich bewusst sein. Sicherlich ist die Familie ein besonders wichtiges Sozialsystem für die einzelne Person und deshalb auch lebens- und »krankheits«-relevant. Außerdem war und ist die Beschränkung auf die Familie pragmatisch gerechtfertigt, was aber nicht unreflektiert bleiben sollte. Das System Familie ist zwischen Individuum und Gesellschaft angesiedelt. Wenn wir einerseits den Fortschritt systemischer Betrachtungsweise vom Individuum zur Familie hervorheben, können wir nicht die Gesellschaft bzw. andere Metasysteme ausblenden wollen, und wenn wir andererseits die Autonomie der Familie gegenüber ihrer Umwelt betonen, dürfen wir die Autonomie des Individuums gegenüber der Familie nicht vernachlässigen.

Schulen der Familientherapie

Systemische Ansätze gab es in Beratung und Therapie wohl immer, so hat zum Beispiel schon Freud in seinem Verständnis von Neurose systemische Aspekte berücksichtigt: Das Symptom war bei ihm eine sinnvolle Leistung des Organismus und nur im Kontext der Rekonstruktion früher Eltern-Kind-Interaktion verständlich. Auch der Prozess zwischen Patient und Therapeut (auch ein System) war und ist Gegenstand der Analyse (Übertragung und Gegenübertragung).

Historischer Abriss

In den fünfziger Jahren begann in den USA in größerem Umfang die Entwicklung spezifischer Konzepte und Interventionstechniken in der Arbeit mit Familien. Es waren zunächst Familien mit einem schizophrenen Patienten.

Die Arbeit von Bateson, Jackson, Haley, Weakland 1956 (dt. 1969) über Schizophrenie war aufsehenerregend. Erstmalig wurde diese »Krankheit« im Rahmen einer Double-bind-Theorie als Beziehungsstörung interpretiert. Das Besondere der Arbeit war der Entwurf einer Theorie, die letztendlich eine Gegenkonzeption zur psychoanalytischen Erklärung darstellte.

Parallel dazu vollzog sich die Entwicklung konkreter therapeutischer Ansätze: Nathan Ackermann in New York, Carl Whitaker in Atlanta, Virginia Satir, die ab 1951 mit Familien arbeitete und 1959 gemeinsam mit Don Jackson und Jules Riskin das Mental Research Institute in Palo Alto gründete. In den 60er Jahren stießen Paul Watzlawick, Jay Haley, John Weakland, John Bell dazu. Auch Gregory Bateson arbeitete von 1961-63 an diesem Institut, regelmäßige Kontakte bestanden zu Milton Erickson, dem Begründer moderner Hypnotherapie.

Minuchin entwickelte ab 1965 in Philadelphia den Ansatz der »strukturellen Familientherapie«. Bei ihm steht die Betrachtung des Familiensystems und seiner Subsysteme, deren Abgrenzung und Interaktionsstrukturen im Vordergrund. Von 1967-76 arbeitete Jay Haley bei Minuchin. Er entwickelte den strategischen Ansatz, der noch betont systemischer war.

In Deutschland wurde die Familientherapie ab 1960 publik, zunächst durch Horst Eberhard Richter, später durch Helmut Stierlin in Heidelberg.

In Italien begannen ebenfalls Ende der 60er Jahre Maria Selvini Palazzoli und ihre Gruppe in Mailand (Mailänder Schule) sowie Maurizio Adolfi in Rom mit Familientherapie. Sie nennen sich Vertreter der systemischen Familientherapie und verfolgen einen radikal systemischen Kurs.

Zusammenfassend ist zu sagen: Es gibt eine Anzahl recht unterschiedlicher Ansätze. Gemeinsam ist ihnen: Aufmerksamkeit gilt dem engen Sozialfeld des identifizierten Patienten, und es wird auch auf dieser Ebene interveniert. Die folgende Übersicht verdeutlicht das Gemeinsame und Unterschiedliche der klassischen Familientherapiemodelle in den wichtigsten Kategorien.

Die klassischen Familientherapiemodelle

(aus Schlippe & Schweitzer 1998, S. 24)

Name	Quelle	Systembegriff	Zentrale Methoden
Mehrgenerationen-Modell (z.B. Boszormenyi-Nagy u. Spark 1981; Stierlin 1978)	Psychoanalyse	Unsichtbare Bindungen über Generationen	Einsicht, »bewusst machen«, Klärung der »Konten« und der Vermächtnisse
Strukturelle Familientherapie (z.B. Minuchin 1977)	Strukturalismus	Struktur, Grenzen, Hierarchien	Herausfordern der Grenzen, Stabilisierung der Subsysteme, Schaffung neuer Strukturen
Erlebnisorientierte Familientherapie (z.B. Satir 1990, Whitaker 1991)	Humanistische Psychologie	Selbstwert und Kommunikation	Skulptur, Reframing, Familienrekonstruktion
Strategische Familientherapie (z.B. Haley 1977)	Kybernetik	Familie als kybernetischer Regelkreis	Paradoxe Interventionen, »Verstörung«, Hausaufgaben
Systemische (Mailänder-) Familientherapie (z.B. Selvini Palazzoli et al. 1977)	Kybernetik	Das Familienspiel	Zirkularität, Hypothetisieren, Neutralität, Paradoxie

Die Entwicklung blieb jedoch nicht stehen, die sog. Phase der »Kybernetik 1. Ordnung« wurde nach 1980 von der »Kybernetik 2. Ordnung« abgelöst. Während es in der ersten Phase um *Theorien über beobachtete Systeme* ging, standen in der zweiten Phase *Theorien über Beobachter* im Mittelpunkt des Interesses. Das bedeutete, dass sich Berater und Therapeuten weniger als Experten des zu behandelnden Sachverhalts, sondern lediglich als Experten für das Ingangsetzen eines Prozesses zur Veränderung verstanden. In diesem Sinne sind sie diejenigen, die Dialoge der Systemmitglieder ermöglichen, die etwas »anstoßen«, verschiedene Alternativen durchspielen, und die ihre eigene Beteiligung in dem evtl. beginnenden Veränderungsprozess immanent reflektieren (vgl. Schlippe & Schweitzer 1998, S. 52f).

Kybernetik erster Ordnung
Kybernetik zweiter Ordnung

Zu den Vertretern der »Kybernetik 2. Ordnung« gehört zum Beispiel Andersen (1990) mit seinem Ansatz »Reflecting Team«. In der Folge wurden die *narrativen Ansätze* entwickelt, wozu vor allem die *lösungsorientierte Kurztherapie* (z. B. de Shazer 1989) gehört. Dieses Modell grenzt sich explizit von den klassischen Ansätzen ab, im Mittelpunkt steht die Lösung, also die Veränderung, das Problem interessiert nicht und wird eher als hinderlich im Prozess der Veränderung angesehen, weil »der Prozess der Lösung sich von Fall zu Fall stärker ähnelt als die Probleme, denen die Intervention jeweils gilt« (de Shazer 1989, S. 12).

Lösungsorientierte Kurzzeit-Beratung

Für die Kurztherapie wurden besondere Techniken entwickelt, die inzwischen durchaus in anderen Beratungssettings Einzug gehalten haben. (Weitere Ausführungen finden sich in den Beiträgen von Fittkau und Thiel in diesem Band).

Es ist zu erwarten, dass systemtheoretische Konzepte sich auch in den nächsten Jahren und Jahrzehnten weiterentwickeln und wandeln werden. Um die Komplexität der Wirklichkeit von Systemen zu verstehen und in Worte oder Bilder fassen zu können, sind vielfältige Techniken entwickelt worden, die sicherlich auch weiterhin Bestand haben werden. Im folgenden sollen die bekanntesten und am häufigsten eingesetzten Interventionen vorgestellt und verständlich gemacht werden.

Techniken und Interventionen

Ausgangspunkt für jede Intervention ist folgende Überlegung: Wir haben es mit einem komplexen System zu tun, dessen Kommunikationen und Relationen wir nicht kennen. Es interessiert uns nicht das Warum, sondern das Wie. Es ist nicht von Interesse, warum das Ehepaar sich ständig streitet, sondern *wie* dies geschieht,

Spielregeln

welche *Regeln* das »Spiel« bestimmen. Welches Spiel wird gespielt? Die Beraterin befindet sich zunächst in der Lage eines Menschen, der einem Schachspiel zuschaut, ohne irgendetwas darüber zu wissen und sich bemüht, dessen Regeln zu erkennen. Es ist ihr nicht wichtig, warum die beiden Schach spielen, warum der eine besser als der andere spielt usw., sondern nach welchen Regeln das Spiel gespielt wird. Dabei soll die Therapeutin neutral bleiben und so unbeteiligt und kühl wie möglich spielen. Sie weiß so gut wie nichts von den Schachspielern als Individuen und will es auch nicht wissen, wichtig ist nur, deren Spiel zu begreifen, damit sie sich entsprechend verhalten kann (vgl. Selvini Palazzoli et al. (1977).

In der Beratung ist es für die Mailänder Gruppe nur noch wichtig, das Spiel zu unterbrechen. Sie meinen, dass man das Familien-Spiel nicht strukturell oder inhaltlich begreifen müsse, wichtig sei seine Unterbrechung.

Die im folgenden kurz aufgezeigten *Techniken* sind schulenübergreifend, d.h. sie werden von wachstumsorientierten Familienberatern ebenso eingesetzt wie von strategisch orientierten.

Wenn wir davon ausgehen, dass jedes Mitglied eines Systems, jedes Familienmitglied zum Beispiel, die Wirklichkeit, das was geschieht, was andere tun und sagen, subjektiv erlebt, eben als seine bzw. ihre Wirklichkeit, dann kann sich jeder vorstellen, wie leicht Kommunikationsstörungen entstehen können.

In der Beratungssituation ist es wichtig und hilfreich, die Sicht jeder Person zu erfahren und – was noch wichtiger ist – wie jeder meint, dass der/die andere es sieht. Dazu dient die *Technik des zirkulären Fragens.*

Zirkuläre Fragen

Jedes Familienmitglied wird reihum über bestimmte Beziehungsaspekte zwischen jeweils zwei anderen differenzierend befragt (ganz entgegen der Regel anderer Gruppentherapien »Jeder spricht nur für sich«). Es geht darum, *Unterschiede* im Verhalten deutlich zu machen.

Dabei können auch hypothetische Situationen angesprochen werden, zum Beispiel: »Wenn eines von euch Kindern zu Hause bleiben würde, nicht heiraten würde, wer wäre da wohl am Besten für euren Vater?« »Was wäre, wenn ein Wunder geschehen würde? Wer würde es zuerst... woran bemerken?«

Am Beispiel des Falles der Studentin Anna soll der Verlauf eines solchen Beratungsgesprächs skizziert werden. Wir gehen davon aus, dass von Annas Angst auch die Familie weiß, dass eigentlich alle mit ihr bangen und befürchten, dass sie ihr Studium nicht schafft. Anna wiederum weiß, dass die Familie einen guten Studienabschluss von ihr erwartet, aber immer, wenn zu Hause darüber gesprochen wird, bricht Anna in Tränen aus.

Abbildung 1 zeigt zunächst das traditionelle Vorgehen. Anna weint und der Berater lenkt die Aufmerksamkeit auf die Klientin. Was passiert in dir? Was geschieht? Wie fühlst du dich? Wann tritt diese Situation auf? Wie geht es dir dann?

Abbildung 1: Anna weint

In der systemisch orientierten Beratung geht es um die unterschiedlichen Sichtweisen und was die Einzelnen über die Sichtweisen der anderen wissen oder vermuten. Um zirkulär zu fragen, müssen die anderen Familienmitglieder nicht anwesend sein. Der Berater fragt Anna, was ihr Vater tut, wenn sie weint, was er wohl dabei fühlt, wie es ihm geht, wenn er seine Tochter weinen sieht. Wenn wir davon ausgehen, dass das Weinen von Anna eine Funktion im Familienspiel hat, dann ist es wichtig zu erfahren, wie Anna das beschreibt.

Funktion des Symtoms

Abbildung 2: Der Vater sieht Anna weinen

Es gibt aber noch andere Personen, die Anna weinen sehen und die außerdem miterleben, wie der Vater darauf reagiert. Auch das weiß Anna. Also kann Anna danach gefragt werden. Was denkt wohl ihr Freund Stephan darüber, dass der Vater sie weinen sieht? Was tut Stephan, wenn er miterlebt, wie Anna vor ihrem Vater weint?

Sind die Familienmitglieder anwesend, können diese Fragen allen reihum gestellt werden, und jeder erfährt so die Sichtweise der anderen, was viele Überraschungen mit sich bringen kann. Zum Beispiel könnte der Berater Stephan fragen: »Was denkst du Stephan, was es bei Annas Vater auslöst, wenn er Anna weinen sieht?« Oder er kann jede anwesende Person fragen: »Wer in der Familie macht sich am meisten Sorgen um Anna?«

Neue Sichtweisen können zu Lösungen führen, können das Spiel verändern oder zumindest Veränderungen einleiten.

"Was tut Stephan in dieser Situation?
Wie geht es ihm, wenn er miterlebt, wie dein Vater dich weinen sieht?"

Abbildung 3: Stephan erlebt, dass der Vater Anna weinen sieht

Joining (Therapeutisches Arbeitsbündnis)

Beginnt eine Beraterin mit einer Familie zu arbeiten, findet eine Transformation des Familiensystems S in ein neues System S' – bestehend aus Familie und Beraterin – statt. Die erste Sitzung ist von entscheidender Bedeutung, weil hier die Regeln festgelegt werden.

Joining bezeichnet den Prozeß, mit dem die Beraterin sich auf das Familienspiel einstimmt. Joining heißt auch, die Position der Beraterin zu bestimmen. Welche Position das im einzelnen ist – darüber gehen die Meinungen auseinander. Das Joining von Virginia Satir zum Beispiel war ein »heisses«, d.h. sie hat schon in den ersten Minuten des Beratungsgesprächs eine enge und offene Beziehung zu der Familie hergestellt, hat sich handelnd und führend in die Familie hinein begeben.

»Joining ist der Klebstoff, der das therapeutische System zusammenhält«

»Joining ist mehr eine Einstellung als eine Technik, es ist der Schirm, unter dem alle therapeutischen Transaktionen ablaufen. Joining heißt, die Familie wissen zu lassen, dass der Therapeut sie versteht und mit ihnen und für sie arbeitet. Nur unter seinem Schutz kann die Familie die Sicherheit haben, Alternativen zu versuchen, das Ungewohnte zu versuchen und sich zu ändern. Joining ist der Klebstoff, der das therapeutische System zusammenhält« (Minuchin und Fishman, 1982, S. 32, zitiert bei v. Schlippe 1993, S.82).

Skulptur

Die Skulptur ist eine Technik, durch die die Beziehungen und das Verhalten der Familienmitglieder zueinander von der Familie selbst in einer metaphorischen Figur symbolisch dargestellt werden.

Konstruktion der Familie

In der Skulptur können Familienprozesse gleichzeitig, kreisförmig und ganzheitlich erfasst werden. Der »Baumeister« – möglichst ein Familienmitglied – errichtet sein »Bild« der Familie. Die Skulptur zeigt, was mit Worten und linear-kausalen Beschreibungen nie so deutlich zum Ausdruck gebracht werden kann. Die »Wirklichkeit« einer Person, ihre Konstruktion von der Familie wird sichtbar gemacht.

Grundelemente für die Skulpturarbeit sind:
– räumlicher Abstand als Symbol für emotionale Nähe,
– oben/unten als Symbol der hierarchischen Strukturierung,
– Mimik und Gestik als Ausdruck differenzierten Erlebens der familiären Beziehungen (vgl. Schweitzer & Weber 1982).

Die Familienstruktur ist meist etwas recht Ungewöhnliches für die Familie, da in der Skulpturarbeit die Strukturen sehr anschaulich und klar für alle Beteiligten veranschaulicht werden, manchmal aber auch schwer auszuhalten ist. Die Beraterin muss deshalb sehr darauf achten, die Integrität der Familie zu wahren, sie muss den Zeitpunkt des Einsatzes dieser Technik gut überlegen und die Familie durch kleinere Übungen darauf vorbereiten..

Arbeit an den Grenzen

Diese Technik kommt aus der strukturellen Familientherapie. Es geht um die Abgrenzungen einer Person, einer Personengruppe gegenüber der »Umwelt«.

Familienstruktur

Wie reguliert die Familie Nähe und Distanz, zum Beispiel auch physisch durch die Sitzanordnung usw.?

Welche Subsysteme gibt es? Sind die Grenzen klar, diffus oder starr? Klarheit der Grenzen wird als ein Indikator für das Funktionieren eines Familiensystems gesehen.

Welche Koalitionen gibt es? Verstrickung? Isolierung? Verdeckte Konflikte? Welche Grenzen sollten aufgeweicht, welche verfestigt werden?

Wird ein Konflikt über eine Generationsgrenze hinweg umgeleitet (Triangulation)? Wird zum Beispiel das Kind zum »Sündenbock«, zum Symptomträger?

In Abbildung 4 ist zu erkennen, dass zwischen Anna und der Mutter eine Koalition besteht, zwischen Anna und dem Vater aber eher eine konfliktgeladene Beziehung, die wiederum eine Umleitung des Elternkonfliktes zu sein scheint.

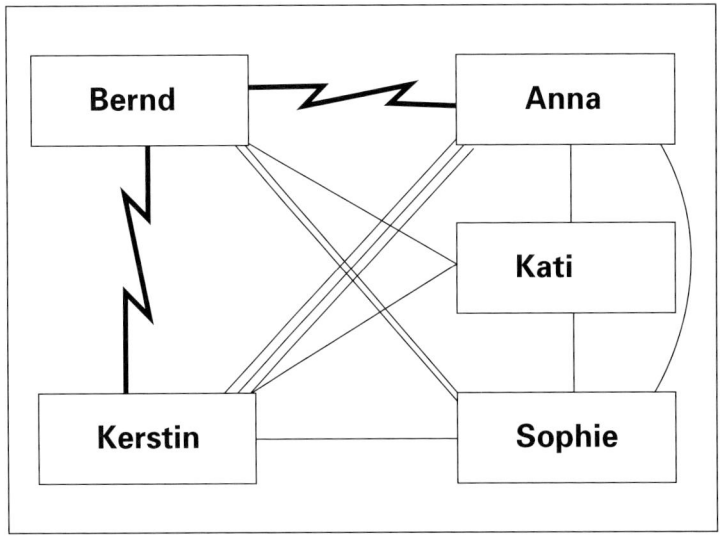

Abbildung 4: Struktur einer Familie

Genogramm

Das Genogramm ist eine grafische Darstellungsmethode von Familienkonstellationen und gibt komplexe Informationen über Familiensysteme, wobei neben den »harten« Daten (Namen, Alter, Heiratsdatum, Trennung und Scheidung, Wohnorte, Berufe, Krankheiten, Tod und Todesursachen) die Informationen über Wiederholungen bestimmter Merkmale in Familien über Generationen hinweg (z.B. Namensgebung, Berufswahl, Krankheiten usw.) und/oder die Verbindung von bestimmten Problemen mit Ereignissen in der Chronik von Familien (z. B. Tod eines Familienmit-

Familiengeschichte

glieds, Heirat usw.) und die Geschichten, die die Familie dazu erzählen, interessant und wichtig sind.

Genogramme können eingesetzt werden, um Normen und Werte in Familien, Sichtweisen von Krankheiten und Problemen sowie Mythen und Geheimnisse zu erschließen. Das Genogramm von Annas Familie (Abb. 5) weist auf eine Wiederholung in den Berufen hin, es könnte im Gespräch sicherlich noch vervollständigt werden, z. B. durch, Rituale, Geheimnisse, Krankheiten, u.a..

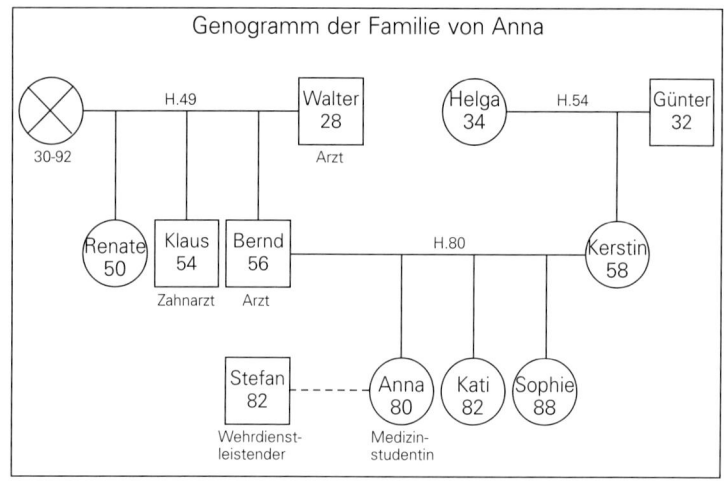

Abbildung 5: Genogramm

Reframing (Umdeutung)

»Hans im Glück«

Ariste v. Schlippe (1993) bezeichnet in seinem Buch »Familientherapie im Überblick« Hans im Glück als Meister im Reframing (S. 85). Hans hat konsequent die Bedeutung von Ereignissen, die ihm widerfuhren, in einen anderen Kontext als üblich gestellt. Er erlebte den Verlust des Goldes, des Pferdes usw. nicht im Kontext von Besitz, sondern im Kontext von Freiheit. Damit war jedes Ereignis für ihn ein Glücksfall.

Die Familie ist sich meist darüber einig, wer von ihnen der IP- der identifizierte Patient – ist, wer also die Hilfe der Beraterin braucht. Es ist aber durchaus auch möglich, diesen »Patienten« nicht als hilfebedürftig, sondern sein Verhalten als besonders einfallsreich und stark – eben als hilfreich für den Erhalt der Familie – umzudeuten. Diese Betrachtungsweise wäre für alle Familienmitglieder überraschend und es bleibt abzuwarten, ob sie etwas daraus machen können.

Reframing als übergeordnete Technik beinhaltet neben positiver Konnotation noch andere Techniken, zum Beispiel

Symptomverschreibungen und Paradoxien

Die Beraterin kann einer Familie eine direkte Aufforderung geben, direkt intervenieren. Das dient der Öffnung der Kommunikation. Es können persönliche Gefühle und feedbacks zugelassen werden.

Was paradox intervenieren bedeutet, soll an einem Beispiel erläutert werden:

Wer schon einmal unter Schlafstörungen litt, weiß, wie schwer es ist, Einschlafstörungen loszuwerden. Was in dem Falle geschieht, ist eine typische Paradoxie. Da wir reflexive Personen sind, kommunizieren wir auch mit uns selbst (»inneres Selbstgespräch«).

Anna hat am nächsten Tag eine Prüfung, Sie geht früh schlafen, um möglichst ausgeruht zur Prüfung gehen zu können. Je später es wird und je länger sie wach liegt, um so größer wird das Problem. »Ich muss jetzt einschlafen..., sonst...« Die Paradoxie besteht darin, dass Einschlafen ein natürlicher, spontaner Vorgang ist, der eben deshalb nicht »gewollt« werden kann. Je mehr Energie auf das Einschlafen verwendet wird, desto unwahrscheinlicher wird der Erfolg. Ähnliche Problemstrukturen findet man zum Beispiel auch bei Sexualstörungen oder bei Ängsten.

Das Problem besteht in dem Versuch der Lösung. Der Lösungsversuch ist inzwischen das Problem geworden, nicht das Nicht-Einschlafen-Können an sich.

Man muss sozusagen aus der Ebene der Lösungsversuche heraus springen, auf eine Metaebene. Watzlawick nennt dies »Lösung zweiter Ordnung«.

Paradoxe Interventionen sprengen die Lösungen erster Ordnung, die das Problem sind, durch Lösungen zweiter Ordnung. In dem Falle der Schlaflosigkeit darf die Intervention sich nicht gegen die Schlaflosigkeit richten, sondern gegen den Versuch, mit aller Macht einschlafen zu wollen.

Lösung zweiter Ordnung

Eine mögliche paradoxe Intervention in diesem Falle wäre, der Patientin den Auftrag zu geben, auf keinen Fall vor 3 Uhr morgens einzuschlafen.

Voraussetzung dafür, dass so etwas funktioniert, ist die therapeutische Doppelbindung. Das bedeutet

a) eine enge Beziehung, die in diesem Fall durch die therapeutische Situation besteht,

b) das »Verschreiben« eines Verhaltens, das jenes Verhalten, welches die Patientin eigentlich ändern möchte, verstärkt. Die Patientin wird aufgefordert, sich durch Nichtändern zu verändern. Befolgt sie die paradoxe Anweisung (nicht einschlafen), dann beweist sie, dass sie das Verhalten unter bewusster Kontrolle hat, es also bewusst verändern kann. Befolgt sie die Aufforderung nicht, so kann sie das nur durch nicht-symptomatisches Verhalten, womit der Zweck der Behandlung erreicht ist. Außerdem hindert die Beratungs-Situation

c) die Patientin daran, sich der Paradoxie zu entziehen oder sie dadurch zu zerreden, dass sie sie zu kommentieren versucht. Obwohl die Aufforderung absurd ist, ist sie eine pragmatische Realität, die Patientin kann nicht nicht darauf reagieren, doch gleichzeitig kann sie auch nicht in ihrer üblichen symptomatischen Weise reagieren. Watzlawick nennt das »Statt des alten ein anderes Spiel lernen«.

»Statt des alten ein anderes Spiel lernen«

Systemische Familientherapie ist in erster Linie um Lösungen und damit um Veränderung, nicht um das Herbeiführen von Einsicht, bemüht. Das kann auch zufällig geschehen und auch für den Berater/die Beraterin überraschend sein. In solchen Fällen hat eine Frage, eine Handlungsaufforderung oder auch nur eine zufällig entstehende Situation die Veränderung ausgelöst.

Zufällige Lösungen

Es soll abschließend mit einem Beispiel veranschaulicht werden.

Ein Ehepaar kommt mit seinem achtjährigen Sohn in die Beratung und erzählt folgende Geschichte:

Seit zwei Jahren spielt sich jeden Abend genau um 22.30 Uhr ein die Familie sehr ängstigendes Geschehen ab. Der Sohn, der regelmäßig gegen 20 Uhr zu Bett geht und auch einschläft, steht um diese Zeit plötzlich auf, kommt schlafwandelnd ins Wohnzimmer, geht auf die Mutter zu, beschimpft sie schreiend und hört erst auf, wenn er geweckt wird. Dann beginnt er zu weinen und kann lange Zeit nicht beruhigt werden. Er wird dann in das Bett der Eltern gelegt, getröstet und schläft nach etwa einer Stunde wieder ein.

Ein Beispiel

Während dieser Erzählung und dem folgenden Gespräch war der Sohn anwesend. Die Beraterin stellte einige Informationsfragen, um den Vorgang sich besser vorstellen zu können: Wenn er um 22.30 Uhr aufsteht, hat er die Augen da offen oder geschlossen, springt er aus dem Bett oder wie steht er auf, welchen Weg wählt er usw.. Die Eltern konnten diese Fragen nicht beantworten. Die Beraterin bat darum, dass am folgenden Wochenende (jeweils Freitag, Samstag- und Sonntagabend) die Eltern um die angegebene Zeit mit der Kamera bereit stehen sollten, um diesen Vorgang zu filmen. Am Montag darauf sollten sie mit dem Videoband zur Beratungsstelle kommen.

Am Montag rief die Mutter an und teilte mit, dass sie keinen Film hätten, sie hätten zwar diese drei Abende mit der Kamera wartend vor dem Bett gestanden, aber der Junge sei nicht aufgestanden. Auch danach kam dieses symptomatische Verhalten nie wieder vor.

Dieses Beispiel zeigt recht schön, wie ein zufälliges Ereignis (hier die Aufforderung zum Filmen) die Veränderung erzeugt hat. Es zeigt aber auch, wie unwichtig es ist, das Problem zu bearbeiten, zum Beispiel die Frage, warum der Junge zwei Jahre lang sich so verhielt, wer oder was der Auslöser war usw. Wichtig war die Lösung, die Befreiung der Familie von dieser Angst um den Sohn und die Befreiung des Jungen von der Notwendigkeit dieses Verhaltens. Auch die Beraterin hatte die »Maßnahme« nicht als Intervention zur Veränderung gedacht, das Ergebnis war zufällig – aber trotzdem durch das zeitweilige Hinzutreten einer neuen Person in das System der Familie – eingetreten.

Fazit: Systemische Beratung ist lösungsorientiert

Literatur:

Andersen, T. (Hrsg.) (1990): Das reflektierende Team. Dortmund: Modernes Leben.

Bateson, G., Haley, J., Jackson, D., Weakland, J. (1969): Schizophrenie und Familie. Frankfurt: Suhrkamp.

Boszormenyi-Nagy, I., Spark, G. (1981): Unsichtbare Bindungen. Die Dynamik familiärer Systeme. Stuttgart: Klett.

De Shazer, S. (1989): Wege der erfolgreichen Kurztherapie. Stuttgart: Klett.

Haley, J. (1977): Direktive Familientherapie. Strategien für die Lösung von Problemen. München: Pfeiffer.

Hoffmann, L. (1995): Grundlagen der Familientherapie. Salzhausen: iskopress.

Minuchin, S. (1977): Familien und Familientherapie. Freiburg: Lambertus.

Satir, V. (1990): Kommunikation, Selbstwert, Kongruenz. Paderborn: Junfermann.

Stierlin, H. (1978): Delegation und Familie. Frankfurt: Suhrkamp.

Schlippe, A.v. (1993): Familientherapie im Überblick, Paderborn: Junfermann

Schlippe, A.v., Schweitzer, J. (1998): Lehrbuch der systemischen Therapie und Beratung. 5.Aufl. Göttingen, Zürich. Vandenhoeck und Ruprecht.

Schweitzer, J., Weber, G. (1982): Beziehung als Metapher: die Familienskulptur als diagnostische, therapeutische und Ausbildungstechnik. Familiendynamik, 7. 113-128.

Selvini Palazzoli, M., Boscolo, L., Cecchin, G., Prata, G. (1977): Paradoxon und Gegenparadoxon. Stuttgart: Klett.

Watzlawick, P., Beavin,J., Jackson, D. (1969): Menschliche Kommunikation. Stuttgart: Huber.

Whitaker, C. (1991): Das David und Goliath Syndrom. Manifeste eines Familientherapeuten. Paderborn: Junfermann.

Gesundheitsberatung

Christina Krause

> *Die Gesundheit eines Menschen ist eben nicht ein Kapital, das man aufzehren kann, sondern sie ist überhaupt nur dort vorhanden, wo sie in jedem Augenblick des Lebens erzeugt wird. Wird sie nicht erzeugt, dann ist der Mensch bereits krank.* (Victor von Weizsäcker 1930)

Aus dem Weltgesundheitsbericht 2001

Am 4. Oktober wurde in Kopenhagen von der WHO der Weltgesundheitsbericht für das Jahr 2001 vorgestellt.[1] Eine der wichtigsten Aussagen darin ist, dass die Länder lange das Ausmaß von psychischen Gesundheitsproblemen negiert haben. Auch das Ausmaß der volkswirtschaftlichen Belastung durch psychische Störungen wurde weit gehend ignoriert. Einige Zahlen aus diesem Bericht belegen die Notwendigkeit, die Situation ernst zu nehmen und eine Wende in der Betrachtung psychischer Probleme einzuleiten:

Zunahme psychischer Erkrankungen

- 20-25% aller Menschen leiden zu irgendeinem Zeitpunkt ihres Lebens an einer psychischen Störung.
- Über 10% aller Kinder leiden bereits an mindestens einer psychischen Störung oder Verhaltensstörung.
- Bis zu 25% haben psychische Probleme oder Verhaltensauffälligkeiten ohne Krankheitsanzeichen.
- 30% der Konsultationen von Allgemeinmedizinern betreffen psychische Gesundheitsprobleme.

In der Europäischen Region der WHO haben ein Drittel der Länder noch immer keine spezifischen Konzepte, um Maßnahmen zur Erhaltung oder Verbesserung der psychischen Gesundheit durchführen zu können. Es fehlen zum Beispiel gesetzliche Rahmenbedingungen.

Konzepte zur Erhaltung und Verbesserung der psychischen Gesundheit unzureichend

Im Weltgesundheitsbericht werden die Vorteile gemeindenaher Pflege und Versorgung sowie die Einbeziehung der Familien in die Pflege untersucht. Auch hier wird ein eher unbefriedigendes Ergebnis festgestellt: 13 Länder hatten z. B. noch keinen Übergang zur gemeindenahen Versorgung eingeleitet.

---

[1] entnommen aus http://www.who.dk/cpa/cpa.htm

Die **volkswirtschaftliche Belastung** durch psychische Gesundheitsstörungen sieht bei einzelnen Erkrankungen wie folgt aus:

Depression:
In der Europäischen Region der WHO leiden jedes Jahr 33,4 Millionen Menschen an schweren Depressionen (58 von jeweils 1000 Erwachsenen). Bei weniger als 50% aller depressiven Patienten, die medizinische Hilfe suchen, wird das Problem erkannt. Nur etwa 18% dieser Patienten erhalten die richtige Behandlung.

In einer in Europa durchgeführten Untersuchung zeigte sich: 5% aller Mädchen und 1,3% aller Jungen der Altersgruppe 16 Jahre erfüllten die Kriterien für eine schwere Depression, 14% der Mädchen und 5% der Jungen litten an einer mittelschweren Depression.

Alkoholmissbrauch und Alkoholabhängigkeit:
Schätzungsweise 41 Millionen Erwachsene trinken zu viel oder sind alkoholabhängig, wobei der Anteil der Männer höher ist. 66% dieser Menschen erhalten keine Therapie.

Etwa ein bis zwei Drittel der alkoholabhängigen Männer sind wegen nicht erkannter oder nicht behandelter Depression Trinker. Die volkswirtschaftlichen Kosten des Alkoholmissbrauchs sind in einigen europäischen Gesellschaften mit etwa 3% des Bruttosozialproduktes veranschlagt worden.

Schizophrenie:
Schizophrenie betrifft 6,6 Millionen Menschen in der EU-Region (7 von 1000 Einwohnern). Schätzungsweise 36-45% dieser Menschen werden nicht behandelt.

Epilepsie:
15 Millionen Menschen leiden zu irgendeinem Zeitpunkt ihres Lebens an Epilepsie. In einigen europäischen Ländern beträgt die Zahl der nicht behandelten Epileptiker bis zu 56%.

Probleme bei Kindern und Jugendlichen:
57% der jungen Menschen, die unter einer psychischen Störung leiden, werden nicht behandelt.

Demenz:
Die Alzheimerkrankungen in der EU Region betreffen 1,4 Millionen Menschen. Man rechnet mit einer Verdopplung bis 2025.

Suizid:

11-36 je 100 000 Einwohner (in der EU-Region die höchsten Raten) begehen Selbstmord.

Bestimmte Bevölkerungsgruppen sind besonders gefährdet, bspw. Männer in Osteuropa. In Westeuropa ist eine Zunahme bei Jugendlichen und Frauen zu verzeichnen. Höhere Suizidraten gehen einher mit höheren Raten von Totschlag und vorsätzlichen Verletzungen sowie Straßenverkehrsunfällen.

Gibt es Lösungen, um das durch psychische Störungen bewirkte Leid und Sterben zu verhindern?

Der Weltgesundheitsbericht 2001 empfiehlt 10 Kategorien von Maßnahmen (s. Kasten 1):

Maßnahme-Katalog zur Verbesserung der Versorgung bei psychischen Störungen

- Therapieangebote in der Primärversorgung
- Verfügbarkeit von psychoaktiven Arzneimitteln
- gemeindenahe Pflege
- Aufklärung der Öffentlichkeit
- Einbeziehung des Gemeindewesens, der Familie und Leistungempfänger in die Versorgung
- Erarbeitung von Konzepten, Programmen und gesetzgeberischen Maßnahmen
- Entwicklung von Humanressourcen zur Förderung der psychischen Gesundheit und zur Verhütung und Behandlung von Problemen
- Einbindung aller Sektoren der Gesellschaft in Maßnahmen, die die psychische Gesundheit betreffen
- Monitoring der gemeindenahen psychiatrischen Dienste
- mehr Forschung

Kasten 1

»Wenn das Wissen über die wirksamen und die nicht funktionierenden Methoden der Verhütung und Behandlung von psychischen Störungen in der Praxis Anwendung findet, kann man die Lebensqualität und die Lebensdauer von Millionen von Menschen in der gesamten Europäischen Region der WHO verbessern. Jeder vierte Europäer wird irgendwann in seinem Leben einmal von psychischen Störungen betroffen sein. Das Ausmaß der durch die-

se Störungen verursachten Belastung wird weit gehend übersehen, und nur zu oft ist man sich nicht im Klaren darüber, dass es moderne Behandlungsmöglichkeiten gibt.«
(Dr. Marc Danzon, WHO-Regionaldirektor für Europa am 4.10. 2001 in Kopenhagen)

Zur Definition von Gesundheit

Im Jahre 1946 definierte die WHO Gesundheit als »Zustand des vollständigen körperlichen, geistigen und sozialen Wohlbefindens und nicht nur des Freiseins von Krankheit und Gebrechen« (WHO 1946).

Neu (im Vergleich zum eher medizinischen Verständnis von Gesundheit, wo Gesundheit als Abwesenheit von Krankheit verstanden wird) war in dieser Definition:
• positives Verständnis von Gesundheit,
• Mehrdimensionalität des Gesundheitsbegriffs (bio-psycho-soziale Einheit),
• subjektives Erleben (erstmals der Begriff »Wohlbefinden« verwendet),
• Einsicht in die Tatsache, dass Gesundheit eher eine Aufgabe als ein uns selbstverständlich gegebener Zustand ist.

Kritik an der WHO-Definition von Gesundheit:
• Gesundheit als »Zustand« (Gesundheit ist ein dynamischer Prozess und muss immer wieder neu hergestellt werden),
• »vollständiges« Wohlbefinden kann nur utopisch sein, der Gesundheitsanspruch stößt hier an Grenzen (siehe »arme Länder«).

Die Orientierung an Krankheit ist einfacher als die Orientierung an Gesundheit, weil Krankheitszeichen sehr viel charakteristischer und eindeutiger zu beschreiben sind als Zeichen von Gesundheit.
    Im Hinblick auf Gesundheitsförderung ist es wichtig, dass Gesundheit nicht nur als Abwesenheit von Krankheit verstanden wird, da die Gefahr bestünde, Gesundheitsförderung auf die Prävention von Krankheit zu reduzieren.
    Hurrelmann (1991) sieht Gesundheit als »Zustand des objektiven und subjektiven Befindens einer Person, der gegeben ist, wenn diese Person sich in den physischen, psychischen und sozialen Bereichen ihrer Entwicklung in Einklang mit den eigenen Möglichkeiten und Zielvorstellungen und den jeweils gegebenen äußeren Lebensbedingungen befindet« (S.16f).

Hier findet eine Erweiterung um eine objektive Komponente statt, denn die ausschließliche Betonung des subjektiven Befindens vernachlässigt die Möglichkeit objektiver gesund-heitlicher Gefährdungen wie beispielsweise pathologische Laborwerte des Blutes, bei denen sich der Mensch durchaus subjektiv wohl fühlen kann.

Außerdem wird die Dynamik und Prozesshaftigkeit von Gesundheit betont. Obwohl es kaum eine allgemein gültige Definition gibt, kann man sagen, dass es sinnvoll ist, eine umfassende Gesundheitsdefinition, die die vielen unterschiedlichen Bedingungsfaktoren mit einschließt, zu verwenden. Wir sollten davon ausgehen, dass Gesundheit ein dynamischer Prozess ist, in dem immer wieder ausbalanciert wird, in welchem Grad der erstrebenswerte, erwünschte Gesundheitszustand erreicht werden kann und in dem es natürlich auch darauf ankommt, in welchem Maße dieser Zustand durch selbstbestimmte zielgerichtete und flexible Lebensgestaltung und –bewältigung reproduziert werden kann.

Die modernste Konzeption von Gesundheit ist heute die von Aaron Antonovsky. Sie berücksichtigt vor allem die Tatsache, dass jeder Mensch zu jedem Zeitpunkt seines Lebens immer sowohl gesund als auch krank sein kann und dass es den Idealzustand »Gesundheit« nicht gibt.

Aaron Antonovsky: Salutogenese

Das *Konzept von Antonovsky* beinhaltet eine totale Abkehr vom traditionellen pathogenetischen Konzept und setzt diesem das *salutogenetische Konzept* gegenüber.

(Salutogenese: *salus* lat.= Unverletztheit, Heil, Glück, *genese* griech.= Entstehung)

Aaron Antonovsky wurde 1923 in Brooklyn, USA, geboren. Er studierte Soziologie. 1960 emigrierte er nach Israel und war tätig am Institut für Angewandte Sozialforschung in Jerusalem. Er beteiligte sich an Forschungsprojekten in der Medizinsoziologie, z. B. zum Zusammenhang von Stressfaktoren und Gesundheit bzw. Krankheit.

In Anlehnung an Lazarus erarbeitete Antonovsky ein Stresskonzept, in dem Stressoren nicht mehr als grundsätzlich krank machend gesehen wurden.

Ausschlaggebend für die Entwicklung seines salutogenetischen Konzeptes war eine Untersuchung an Frauen über die Auswirkung der Wechseljahre. Unter den Untersuchten waren auch Frauen, die im Konzentrationslager inhaftiert waren. Wie erwartet, war die Gruppe der ehemaligen Inhaftierten stärker gesundheitlich belastet. Aber immerhin berichteten 29% dieser Gruppe trotz ihres traumatischen Erlebnisses über eine relativ gute psychische Gesundheit. Das löste den Perspektivenwechsel in Antonovskys Forschungen aus.

Neue Forschungs-
fragen

Seine neuen Forschungsfragen waren:

*Warum bleiben Menschen – trotz potenziell gesundheitsgefähr-
dender Einflüsse – gesund? Was ist das Besondere an Menschen,
die trotz extremster Belastungen nicht krank werden?
Wie wird ein Mensch mehr gesund und weniger krank?*

Hinter diesen Fragen stehen zwei theoretische Grundannahmen:

1. Er meint, dass es den Idealzustand der geordneten Homöostase
   nicht gibt. »Völlige Gesundheit und völlige Krankheit sind die
   extremen Ausprägungen, und niemand befindet sich jemals von
   seiner Geburt bis zu dem Augenblick des Todes an einem dieser
   Extrempole. Es gibt Kräfte, die uns in die eine oder andere Richtung drängen, aber aus der Sicht dieses Modells sind wir alle
   teilweise gesund, teilweise krank« (Antonovsky 1993, S. 8).
2. Gesundheit und Krankheit sind keine dichotomen Zustände.
   »Wir sind alle ‚terminale Fälle‘, aber wir sind auch, solange noch
   ein bisschen Leben in uns ist, in gewissem Maße gesund« (Antonovsky 1989, S. 53).

Der Mensch be-
findet sich immer
auf einem Kontinu-
um zwischen den
Polen Gesundheit
und Krankheit.

Das Grundprinzip menschlicher Existenz ist nicht Gleichgewicht
und Gesundheit, sondern Ungleichgewicht, Krankheit, Leiden, Un-
ordnung und die Tendenz zu mehr Entropie. (Entropie =Tendenz
von Elementarteilchen, sich auf einen Zustand immer größerer Un-
ordnung hin zu bewegen). »Der menschliche Organismus ist ein
System und wie alle Systeme der Kraft der Entropie ausgeliefert«
(Antonovsky 1993, S. 7). Der salutogenetische Ansatz betrachtet
den »Kampf in Richtung Gesundheit als permanent und nie ganz
erfolgreich« (Antonovsky 1993, S. 10).

Antonovsky verwendet zum Vergleich der Salutogenese mit
der Pathogenese folgende Metapher: .»...meine fundamentale
philosophische Annahme ist, daß der Fluß der Strom des Lebens ist. Niemand geht sicher am Ufer entlang. Darüber hinaus ist für mich klar, daß ein Großteil des Flusses sowohl im
wörtlichen als auch im übertragenen Sinn verschmutzt ist. Es
gibt Gabelungen im Fluß, die zu leichten Strömungen oder in
gefährliche Stromschnellen und Strudel führen. Meine Arbeit
ist der Auseinandersetzung mit folgender Frage gewidmet:
‚Wie wird man, wo immer man sich in dem Fluß befindet,
dessen Natur von historischen, soziokulturellen und physikali-
schen Umweltbedingungen bestimmt wird, ein guter Schwim-
mer?« (Antonovsky 1997, S. 92)

Salutogenetische Fragestellung

Antonovsky richtet sein Interesse auf die Frage nach den Gesundheitsfaktoren, also danach, welche Ressourcen der Mensch hat oder welche gestärkt bzw. entwickelt werden müssen, um den Organismus gegen schwächende Einflüsse widerstandsfähiger zu machen.

Welche Ressourcen hat bzw. braucht der Mensch?

Solches Herangehen berücksichtigt die ganze Person mit ihrer Lebensgeschichte und das System, in dem die Person lebt.

Das Kernstück des salutogenetischen Modells ist deshalb die Annahme, dass der Gesundheitszustand wesentlich durch eine psychologische Einflussgröße bestimmt wird, die er **Kohärenzgefühl** (Kohärenz= Stimmigkeit, Zusammenhang) nennt. Es ist eine allgemeine Grundhaltung des Individuums gegenüber der Welt und dem eigenen Leben, eine Art Weltanschauung.

Antonovsky definiert das Kohärenzgefühl (engl.: sense of coherence=SOC) als

» ... a global orientation, that expresses the extent to which one has a pervasive, enduring though dynamic, feeling of confidence that one's internal and external environments are predictable and that there is a high probability that things will work out as well as can reasonable be expected« (Antonovsky 1979, S. 10).

Später in seinem Buch »Unraveling the mystery of health, How people manage stress and stay well«, das 1987 erschien (dt. Übersetzung von Alexa Franke 1997) definiert er (s. Kasten 2):

Das Kohärenzgefühl

Das SOC (Kohärenzgefühl) ist eine globale Orientierung, die ausdrückt, in welchem Ausmaß man ein durchdringendes, andauerndes und dennoch dynamisches Gefühl des Vertrauens hat, dass

1. die Stimuli, die sich im Verlauf des Lebens aus der inneren und äußeren Umgebung ergeben, strukturiert, vorhersehbar und erklärbar sind;
2. einem die Ressourcen zur Verfügung stehen, um den Anforderungen, die diese Stimuli stellen, zu begegnen;
3. diese Anforderungen Herausforderungen sind, die Anstrengung und Engagement lohnen« (Antonovsky, 1997, S. 36).

Kasten 2

SOC ist eine
subjektive Grund-
einstellung

Das SOC beschreibt eine subjektive Grundeinstellung gegenüber unvorhergesehenen oder belastenden Ereignissen. Es geht dabei darum, wie ein Individuum potenziell belastende Umweltreize antizipiert und bewertet, vor dem Hintergrund eines Vertrauens in die Möglichkeiten der Bewältigung (vgl. Sack & Lamprecht 1998, S.325-340).

Antonovsky misst der Sinnhaftigkeit – im Sinne einer motivierenden Kraft – den größten Einfluss auf die Gesunderhaltung bei. Sinnhaftigkeit entspricht mehr einer emotionalen Verfassung als einer kognitiven Einstellung und nimmt daher eine Sonderrolle ein.

Salutogenese beschreibt die aktive Adaptation an eine Welt, die reich an unausweichlichen Stressoren ist. Personen mit starkem Kohärenzgefühl definieren einen Stimulus eher als Non-Stressor. Dies führt zu immunmodulierenden neuroendokrinologischen Effekten, deren salutogene Auswirkungen noch weit gehend unerforscht sind.

Generalisierte Widerstandsressourcen

Antonovsky hat lange Zeit danach gesucht, welche Faktoren Einfluss auf den Erhalt und die Stärkung von Gesundheit haben und nennt diese Faktoren »generalisierte Widerstandressourcen«. »Generalisiert« heißt, dass sie in den verschiedensten Situationen wirksam werden. »Widerstand« heißt, dass sie die Widerstandsfähigkeit der Person erhöhen. Solche Ressourcen sind zum Beispiel: Ich-Stärke, Intelligenz, Unterstützung, kulturelle Stabilität, ökonomische Sicherheit.

Widerstandsressourcen haben zwei Funktionen: Sie prägen kontinuierlich die Lebenserfahrungen und ermöglichen uns, bedeutsame und kohärente Lebenserfahrungen zu machen, die wiederum das Kohärenzgefühl formen. Sie wirken als Potenzial, das aktiviert werden kann, wenn es für die Bewältigung eines Spannungszustandes erforderlich ist.

In Tabelle 1 sind die grundlegenden Unterschiede des salutogenetischen und pathogenetischen Modells zusammengestellt.

**Tab. 1: Grundlegende Annahmen des pathogenetischen und saluto-
genetischen Modells (aus Noack 1997, S. 95)**

Annahme in Bezug auf	Pathogenetisches Modell	Salutogenetisches Modell
Selbstregulierung des Systems	Homöostase	Überwindung der Heterostase
Gesundheits- und Krankheitsbegriff	Dichotomie	Kontinuum
Reichweite des Krankheitsbegriffs	Pathologie der Krankheit	Geschichte des Kranken und seines Krank-Seins, ganzheitlich
Gesundheits- und Krankheitsursachen	Risikofaktoren, negative Stressoren	»heilsame« Ressourcen, Kohärenzsinn
Wirkung von Stressoren	potenziell krankheits-fördernd	krankheits- und gesundheitsfördernd
Intervention	Einsatz wirksamer Mittel (»Magic bullets«, »Wunderwaffen«)	Aktive Anpassung, Risikoreduktion und Ressourcenentwicklung

Vergleich mit ähnlichen Konzepten

Antonovsky hat in seinen Publikationen darauf hingewiesen, dass
auch andere Forscher und Forscherinnen ähnlichen Fragestellungen wie er selbst nachgegangen sind. Die nachfolgend genannten
Konzepte wurden von Antonovsky diskutiert und weisen die größten Ähnlichkeiten mit dem salutogenetischen Konzept auf (vgl.
Antonovsky 1997, S. 47-69).
1. Konzept der *Selbstwirksamkeit* (Bandura 1977)
   Selbstwirksamkeit ist nach Bandura ein zentraler Motivationsfak-
   tor, der darüber bestimmt,   welche Handlung man auswählt
   und wie viel Anstrengung man investiert.
2. Konstrukt der *Permanenz* (Boyce et al. 1985)
   In diesem Modell sind drei für die Erhaltung der Gesundheit wesentliche Komponenten enthalten: repetitive Verhaltensweisen,
   Lebenserfahrungen, die als bedeutsam erlebt werden und das
   Bewusstsein von sich selbst, kompetent und zuverlässig zu sein.
3. Konstrukt *Hardiness* von Suzanne Kobasa (1979)
   Dieses Konzept hat am meisten Ähnlichkeit mit dem Salutogenese Konzept. Es gliedert sich auf in drei Anteile:
   a) Control: die Überzeugung, dass man die Ereignisse, die auf
      einen zukommen, beeinflussen oder kontrollieren kann.

b) Challenge: die Fähigkeit, bevorstehende Veränderungen als reizvolle Herausforderung anzusehen.

c) Commitment (Zielbindung): die Fähigkeit, tief in die Aktivitäten des Lebens einbezogen und eingebunden zu sein.

4. Konstrukt *Resilienz* von Werner & Smith (1982)
In ihrer Längsschnittstudie, in die alle Kinder, die 1955 auf der Insel Kauai geboren worden waren, einbezogen wurden, befanden sich Kinder, die trotz Armut, biologischen Risiken und familiärer Instabilität sowie anderer Stressfaktoren »unbesiegbar blieben und sich zu kompetenten und autonomen jungen Erwachsenen entwickelten« (Werner & Smith, S. 3). Das führte ebenfalls zu einer salutogenetischen Fragestellung und schließlich fanden auch Werner und Smith Gesundheitsfaktoren, die diesen Kindern halfen, ihr Leben zu meistern.

5. Konzept des »*sozialen Klimas*« (Moos 1984)
Es wurden die Umgebungssysteme von Personen untersucht und 10 Domänen des sozialen Klimas, die als Ressourcen des sozialen Netzwerks und damit als notwendige Voraussetzung für Wohlbefinden, bezeichnet werden können, definiert.

Unterschiede des salutogenetischen Modells von den anderen:

1. Bestimmte Ressourcen müssen nach Antonovsky nicht notwendigerweise in der eigenen Kontrolle der Betreffenden liegen, um Gesunderhaltung zu gewährleisten. Es sei völlig offen, ob nicht eine externe Kontrollattribution, etwa an eine Gemeinschaft oder an einen Gott, salutogen wirken kann.

2. Das Kohärenzgefühl meint keine bestimmte Coping-Strategie, sondern beschreibt die Fähigkeit, flexibel auf belastende Ereignisse zu reagieren.

3. Antonovsky strebt interkulturelle Anwendbarkeit seiner Theorie an. Er bezieht eine individuelle und eine gesellschaftliche Sinndimension in sein Konzept ein.

Gesundheitsberatung und Gesundheitserziehung

Beides dient der Prävention und der Gesundheitsförderung. Gesundheitserziehung ist dabei eher pädagogisch ausgerichtet. Neuere Ansätze der Gesundheitserziehung gehen über präventiv angelegte Maßnahmen hinaus und enthalten meist Maßnahmen zur Gesundheitsförderung.

Bei der Gesundheitsberatung sollen mit Hilfe einer Experten – Klienten Interaktion bestehende oder antizipierte Probleme der Klienten bewältigt werden. Probleme, die im Beratungsgespräch thematisiert werden, können zum Beispiel aktuelle Gesundheitsprobleme sein. Bei der Bewältigung antizipierter Probleme geht es in erster Linie darum, gesundheitsbeeinträchtigende Verhaltensweisen zu beeinflussen und zu verändern, so dass dadurch mögliche Gesundheitsschädigungen vermieden werden können. Gesundheitsberatung kann aber auch ganz allgemein die Herstellung und Stärkung notwendiger Lebenskompetenzen und Fähigkeiten anstreben, um Personen das Umgehen mit Alltagsstress, Schul- Leistungsstress usw. zu ermöglichen bzw. zu erleichtern. Hierdurch würde der Zielsetzung der Gesundheitsförderung, nämlich Gesundheit und Wohlbefinden zu erhalten, zu fördern und zu verbessern, entsprochen werden. Gesundheitsberatung stellt demzufolge eine Schnittstelle von Gesundheitsförderung sowie Prävention dar und kann von gesunden und kranken Personen wie auch Risikogruppen gleichermaßen in Anspruch genommen werden (vgl. Kasten 3).

Die Idee zur Gesundheitsförderung ist im Unterschied zu der der Prävention noch recht jung. Sie wurde vor allem durch die WHO im Rahmen des Programms »Gesundheit für alle bis zum Jahr 2000« entwickelt und ist 1986 auf einer ersten Internationalen Konferenz zur Gesundheitsförderung in der Ottawa-Charta zusammengefasst worden. Dort heißt es:

Ottawa-Charta 1986

»Gesundheitsförderung zielt auf einen Prozeß, allen Menschen ein höheres Maß an Selbstbestimmung über ihre Gesundheit zu ermöglichen und sie damit zur Stärkung ihrer Gesundheit zu befähigen. Um ein umfassendes körperliches, seelisches und soziales Wohlbefinden zu erlangen, ist es notwendig, dass sowohl Ein-

Gesundheitsförderung

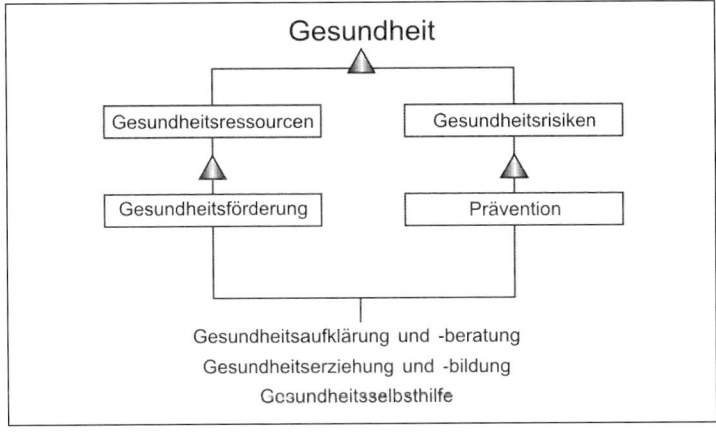

Kasten 3

zelne als auch Gruppen ihre Bedürfnisse befriedigen, ihre Wünsche wahrnehmen und verwirklichen sowie ihre Umwelt meistern bzw. verändern können«. (WHO 1986)

Gesundheitsförderung am Beispiel des Projektes »Selbstwert stärken – Gesundheit fördern«

Am Beispiel eines von der Autorin dieses Beitrages initiierten und geleiteten Projektes zur Gesundheitsförderung von Grundschulkindern soll die Umsetzung des salutogenetischen Konzeptes in der Gesundheitsförderung deutlich gemacht werden.

Gesundheitsförderung wird auf der Grundlage des salutogenetischen Konzeptes in diesem Projekt als Möglichkeit verstanden, Kinder zu befähigen, mit Risiken, Problemen, Krisen und auch täglichen Anforderungen kompetent umgehen zu können, Kontrolle über ihr Handeln zu erlernen und das Bewusstsein des eigenen Wertes zu stärken.

Das Selbstwertgefühl – eine wichtige Widerstandsressource

Das Selbstwertgefühl (Antonovsky spricht von »Ich-Stärke«) verstehen wir als eine wichtige Widerstandsressource, die im Kindesalter relativ früh entsteht, eine gewisse Stabilität erhält und durch geeignete Programme gefördert werden kann.

Im Mittelpunkt der bisherigen Arbeit und eines 1999 abgeschlossenen Projektes stand die Erarbeitung, Diskussion und Erprobung von Gesundheitsstunden bzw. –tagen, die folgenden Schwerpunkten zugeordnet sind (vgl. Krause u.a. 2000, 2001):

Schwerpunkte des Förderprogramms

Entwicklung und Förderung der Selbstreflexion. Ziel: Erkennen und Nutzen der eigenen Stärken. Motto: »Ich bin ich – so wie ich bin, bin ich okay«.

Gesundheitsförderliche Kommunikation. Ziel: Entwicklung der Kommunikationsfähigkeit und Üben von Möglichkeiten zur Lösung von Konflikten. Motto: »Jeder ist anders. Ich akzeptiere dich so, wie du bist«.

Entwicklung und Förderung von Körpererfahrung und Körperbewusstsein. Ziel: Entwicklung von Stolz auf den eigenen Körper, Wahrnehmung der eigenen Körpersignale und Achten auf die Körpersignale der Anderen. Motto: »Mein Körper ist mein Haus, und dort fühle ich mich wohl.«

Gesundheitsförderliche Freizeitgestaltung. Ziel: Wahrnehmen und Ausüben von Alternativen zu gesundheitsgefährdendem Verhalten und Verhinderung von Sucht-Entwicklung. Lesen statt Fernsehen, spielen mit Freunden statt Computer u.ä.. Motto: »Was man alles tun kann, um sich wohl zu fühlen und gesund zu bleiben.«

Gesunde Ernährung. Ziel: Entwicklung von bewusster Stellung-nahme zum Ernährungsverhalten und Befähigung zu eigenständigen Entscheidungen. Motto: »Ich entscheide selbst, was ich esse und wie viel ich esse, um gesund zu bleiben.«

Auf dieser Grundlage wurden für das erste Schuljahr 15 Gesundheitsstunden und für das zweite, dritte und vierte Schuljahr fünf Gesundheitstage mit je drei Stunden entwickelt.

Tabelle 1: Themen der Gesundheitsstunden im ersten Schuljahr

1. Ich stelle mich vor	6. Manchmal bin ich traurig, manchmal bin ich froh (I)	11. Ich sehe fern (I)	Programminhalte
2. Ich und mein Körper	7. Manchmal bin ich traurig, manchmal bin ich froh (II)	12. Ich habe Angst	
3. Das bin Ich	8. Ich habe mich erkältet	13. Ich bewege mich (I)	
4. Ich entspanne mich	9. Dann geht es mir wieder besser	14. Ich bewege mich (II)	
5. Ich bin fröhlich	10. Was ich esse und trinke	15. Zirkusfest	

Tabelle 2: Themen der Gesundheitstage im zweiten, dritten und vierten Schuljahr

2. Klasse	3. Klasse	4. Klasse
1. Ich bewege mich (III)	1. Ich sehe, rieche, höre und fühle	1. Ich sehe fern (III) Gewalt im Fernsehen
2. Wir ernähren uns gesund	2. Ich bin Ich	2. Ich fühle mich nicht wohl
3. Manchmal bin ich traurig, froh, wütend oder ängstlich	3. Wie wir Konflikte lösen	3. Ich und meine Familie
4. Wie wir miteinander umgehen	4. Ich bin ein Junge..., ich bin ein Mädchen	4. Ich und die Natur
5. Ich sehe fern (II)	5. Wie ich mich einen Tag allein verpflege	5. Bleib gesund! (Abschiedsfest)

Ausgangshypothese des Projektes ist, dass Vorschulkinder in der Regel ein positives Selbstbild und Selbstwertgefühl haben und damit wichtigste Widerstandsressourcen besitzen (vgl. Krause & Stückle 2001). Dies bestätigten auch bisherige Untersuchungen der Forschungsgruppe (vgl. Abb.1).

Dieses Ergebnis macht aber auch deutlich, dass immerhin ca. 15% der Kinder bereits bei der ersten Erhebung (vor der Einschulung) ein geringes Selbstwertgefühl hatten. Unsere Erfahrungen haben gezeigt, dass das Förderprogramm, das auf die **Stärkung des Selbstwertgefühls** ausgerichtet ist, für diese Kinder besonders hilfreich ist, aber nicht immer ausreicht. Deshalb wurde bei der Weiterentwicklung des Förderprogrammes die Konzipierung und Erprobung eines begleitenden Programmes für die Eltern (Elternseminare) in den Mittelpunkt gestellt.

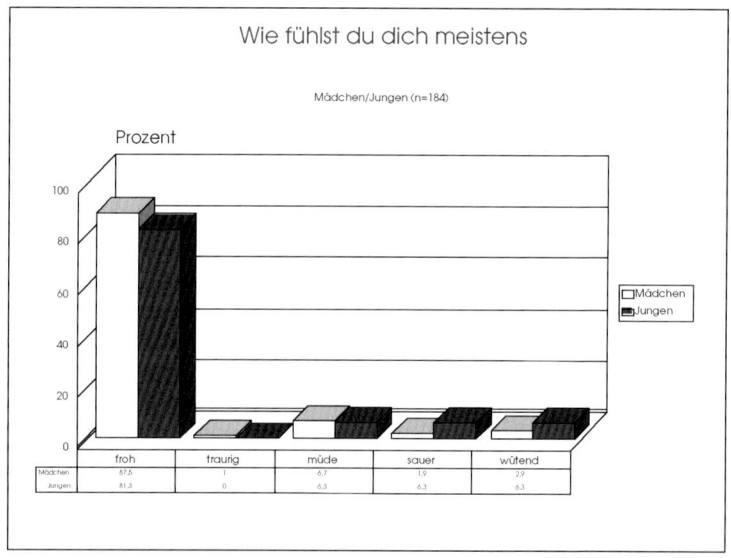

Abbildung 1: Wie fühlst du dich meistens? Ergebnisse aus der Schuleingangsuntersuchung 1995 in Göttingen

Ziele

• Das Gesundheitsförderprogramm »Selbstwert stärken – Gesundheit fördern« dient der Stärkung gesundheitsfördernder Faktoren und der Befähigung von Grundschülern und –schülerinnen, Belastungen kompetent bewältigen zu können.

• Das positive Selbstwertgefühl und das Wohlbefinden der am Projekt beteiligten Kinder soll erhalten und gestärkt werden.

- Die Lehrerinnen werden zur Umsetzung des Programms angeleitet, die Arbeit wird wissenschaftlich begleitet und immanent evaluiert.
- Ein Programm für begleitende Elternseminare wird erarbeitet und erprobt.

Wissenschaftliche Fragestellung

Im Zentrum steht die Analyse der Entwicklung des Selbstwertgefühls und der emotionalen Befindlichkeit in der Grundschulzeit. Ein weiteres Ziel besteht darin, das schulische Bedingungsgefüge durch das Förderprogramm »Selbstwert stärken – Gesundheit fördern« zu verändern und den Effekt zu ermitteln.
Im Einzelnen sollen folgende Fragen beantwortet werden:
1. Wie verändern sich das Selbstwertgefühl und die emotionale Befindlichkeit der Kinder im Verlaufe der Grundschulzeit?
2. Welche Ressourcen haben Kinder, die den schulischen Stress ohne Selbstwertverluste bewältigen können?
3. Wie wirkt sich die zielgerichtete Entwicklung ausgewählter Kompetenzen (Selbstreflexion, Kommunikationsfähigkeit, Bewältigungsstrategien) auf die Entwicklung des Selbstwertgefühls und der emotionalen Befindlichkeit der Kinder aus?

Durchführung und Organisation

Bei der *Durchführung* des Projekts wird von Anfang an großer Wert auf die Einführung und Einhaltung von Ritualen gelegt. Das sind vor allem:

Rituale

➢**Die Entspannungsübung**
Der erste Teil der Gesundheitsstunde bzw. -tage gehört immer der Entspannungsübung. Die Kinder setzen oder legen sich auf ihre Matten und lernen, sich auf unterschiedlichste Weise zu entspannen.

➢**Begrüßung und Abschiedsritual**
Zur Begrüßung sitzen die Kinder im Kreis (evtl. bereits auf den Liegematten für die Entspannungsübung). Sie werden mit »Gesundheit« begrüßt und erhalten eine Einführung in den Gesundheitstag. An der Wand oder Tafel hängt das *Logo*, auf dem eine lachende Birne und ein lachender Apfel abgebildet sind.
Die letzten fünf Minuten der Gesundheitsstunde bzw. des Gesundheitstages werden dem Abschiedsritual, dem ‚Kleinen Tschüs‘, gewidmet: Die Kinder stehen im Kreis und fassen sich

an den Händen. Ein Kind schickt das ‚Kleine Tschüs' auf die Reise. Es wird durch Händedruck weitergegeben. Wenn es beim ersten Kind wieder angekommen ist, sagt dieses laut »Tschüs«, und alle verabschieden sich.

➤Die Arbeitsmappe

Jedes Kind erhält in der ersten Gesundheitsstunde eine Arbeitsmappe (DIN A3 – Format). Alle während der Gesundheitsstunden bzw. –tage angefertigten Produkte werden darin gesammelt. Sie wird in der Schule aufbewahrt, die Eltern können jederzeit Einblick nehmen (z.B. am Elternabend).

➤Kleingruppenarbeit

Damit jedes Kind aktiv werden kann, sich angesprochen fühlt und seine Gefühle, Einstellungen und Wünsche mitteilen kann, wird möglichst viel in Kleingruppen gearbeitet. Ein sinnvoller Wechsel von Klein- und Großgruppe muss bereits bei der Planung berücksichtigt werden.

Die ***Förderung von Selbsterfahrung und Selbsttätigkeit*** ist ein wichtiger Baustein der Gesundheitsstunden bzw. -tage: Selbsttun und erfolgreich sein schafft positive Gefühle und stärkt das Selbstwertgefühl. Von positiven Gefühlen begleitetes Lernen unterstützt den Lernerfolg. Das, was man kann, tut man gern. Diese psychologischen Zusammenhänge werden bei den Überlegungen zu den einzelnen Stunden bzw. Tagen berücksichtigt. Es gibt keine Stunde, in der die Kinder nicht selbst etwas gestalten können. Folgende Prinzipien sind bei der Gestaltung der Tätigkeit der Kinder an den Gesundheitstagen maßgeblich:

Didaktisch-methodische Gestaltung

- Freiraum für selbsttätiges Handeln mit dem Ziel der Stärkung von Kompetenzen und Selbständigkeit ermöglichen.
- Die kindlichen Bedürfnisse, eigene Erfahrungen aktiv zu erleben, achten.
- Dem Streben nach Freiheit und der Neugierde, Neues zu entdecken, Zeit und Raum lassen.
- Altersgerechte Aufgaben unter Berücksichtigung des kognitiven, sozialen und emotionalen Entwicklungsstandes von Grundschulkindern formulieren.

Fortbildung für die Lehrer/innen

Die Lehrerinnen geben als begleitende Betreuungspersonen den Kindern im Rahmen der jeweiligen Themen Denkanstöße, lassen ihnen jedoch Zeit und Raum für die Entwicklung eigener Ideen und Problemlösungen.

Die Vorbereitung der Lehrerinnen wird durch ein begleitendes Fortbildungsprogramm gewährleistet. Der Arbeitskreis »Selbstwert-

stärkung« trifft sich einmal pro Monat, bereitet die Gesundheitsstunden vor und stellt die immanente Evaluation sicher.

Für jedes Schuljahr werden zwei Elternseminare erarbeitet und
erprobt, die Themen und Übungen der Seminare sind mit den Gesundheitsstunden für die Kinder inhaltlich abgestimmt.

Seminarinhalte:

Erstes Schuljahr:	(1) Was weiß ich über mein Selbstwertge-fühl und das meines Kindes?
	(2) Wie kann ich das Selbstwertgefühl mei-nes Kindes stärken?
Zweites Schuljahr:	(3) Körpererfahrung und Bewegung (Eltern-Kind-Nachmittag)
	(4) Wie kommuniziere ich mit meinem Kind? Einander zuhören und einander verstehen.
Drittes Schuljahr:	(5) Welche Konflikte lösen wir und wie?
	(6) Was wir gern gemeinsam tun.
Viertes Schuljahr:	(7) Wenn Kinder sich streiten. (Konflikt-Lö-sungsmodelle)
	(8) Stress in unserer Familie und wie wir da-mit umgehen (Eltern-Kind-Nachmittag).

(Randnotiz: Elternseminare)

Zusammenfassung

Gesundheitsberatung im Sinne von Gesundheitsförderung ist ein
pädagogisches Anliegen, die Schule ist der geeignete Raum, um
Förderprogramme umzusetzen. Gesundheitsförderung in der Schule ist nichts Zusätzliches oder Schulfremdes, sondern vielmehr ein
integrativer Bestandteil des Lernens und Lebens in der Schule.
Schlagworte wie »Gesunde Schule«, »Gesundes Lernen«, »Gesundes
soziales Klima« können durchaus mehr als nur ein Wunsch oder
eine Utopie sein, verlangen aber ein Umdenken nicht nur bezüglich Organisation und Inhalt von Unterrichten, sondern insbesondere bezüglich der Ziele und Möglichkeiten von Erziehung. Die
Erkenntnis, dass die Entwicklung von sozialen Kompetenzen
ebenso Aufgabe der Schule ist wie die Entwicklung der Fähigkeiten zum Schreiben und Lesen, ist immer noch nicht bis in alle
Klassenzimmer vorgedrungen. Auch die Umsetzung dieses Gedan-
kens ist bis heute noch nicht oder nur in begrenztem Umfang
möglich, weil sowohl die institutionellen Voraussetzungen als auch
die notwendigen Kompetenzen bei den Lehrkräften erst noch geschaffen werden müssen.

(Randnotiz: Fazit: Gesundheitsförde-rung ist ein pädagogisches An-liegen und sollte in der Schule Unter-richtsprinzip sein)

Literatur:

Antonovsky, A. (1979): Health, stress, and coping. San Fransisco: Jossey-Bass.

Antonovsky, A. (1989): Die salutogenetische Perspektive: Zu einer neuen Sicht von Gesundheit und Krankheit, Meducs, 2, 51-57.

Antonovsky, A. (1993): Gesundheitsforschung versus Krankheitsforschung. In Franke, A., Broda, M. (Hrsg.): Psychosomatische Gesundheit. Versuch einer Abkehr vom Pathogenese-Konzept, (S. 3-14), Tübingen: dgvt.

Antonovsky, A. (1997): Salutogenese. Zur Entmystifizierung der Gesundheit. Dt. erw. Ausgabe von Alexa Franke, Tübingen: dgvt.

Bandura, A. (1977): Self-Efficacy: Toward a Unifying Theory of Behavioral Change. psychological Review, 84, 191-215.

Boyce, W.T., Schaefer, C., Uitti, C. (1985): Permanence and Change: Psychosocial Factors in the Outcome of Adolescent Pregnancy. Social Science and Medicine, 21, 1279-1287.

Hurrelmann, K. (1991): Sozialisation und Gesundheit. 2. Auflage. Weinheim: Juventa.

Kobasa, S.C. (1982): The Hardy Personality: Toward a Social Psychology of Stress and Health. In G. S. Sanders & J. Suls (Eds.): Social Psychology of Health and Illness. Hillsdale: Erlbaum.

Krause, Ch. (2000): Children's Self-worth and Health in Primary Schools. Zeitschrift der Schweizerischen Vereinigung für Kinder- und Jugendpsychologie SKJP, Psychologie & Erziehung, 25, Nr. 2 & 26, Nr. 1, Sondernummer, 114-127.

Krause, Ch./Hannich, H.-J./Stückle, Ch./Widmer, C./Rohde, Ch./Wiesmann, U. (2000): Selbstwert stärken – Gesundheit fördern. Unterrichtsvorschläge für das 1. und 2. Schuljahr. Donauwörth: Auer.

Krause, Ch./ Stückle, Ch./Widmer, C./Wiesmann, U. (2001): Selbstwert stärken – Gesundheit fördern. Unterrichtsvorschläge für das 3. und 4. Schuljahr. Donauwörth: Auer.

Krause, Ch., Stückle, Ch. (2001): Wie können wir das Selbstwertgefühl von Kindern – trotz Teilleistungsschwäche – erhalten und stärken? In Schulte-Körne, G. (Hrsg.): Legasthenie: erkennen, verstehen, fördern. Beiträge zum 13. Fachkongreß des Bundesverbandes Legasthenie 1999 (283-305), Bochum: Winkler.

Moos, R.H. (1984): Context and Coping: Toward a Unifying Conceptual Framework. American Journal of Community Psychology, 12, 5-25.

Noack, R.H. (1997): Salutogenese. Ein neues Paradigma in der Medizin? In Bartsch, H.H., Bengel,J. (Hrsg.) Salutogenese in der Onkologie (S. 88-105), Basel: Karger.

Sack, M., Lamprecht, F. (1998): Forschungsaspekte zum ‚Sense of Coherence'. In Schüffel, Brucks, Johnen, Köllner, Lamprecht, Schnyder (Hrsg.) Handbuch der Salutogenese: Konzept und Praxis, S. 325-340. Ullstein Medical.

Werner, E.E., Smith, R.S. (1982): Vulnerable but Invicible : A Study of Resilient Children. New York: McGraw-Hill.

World Health Organization (1946): Constitution. Geneva: WHO.

World Health Organization (1986): Ottawa-Charta for Health promotion. Geneva: WHO.

Beratung bei sexueller Gewalt an Frauen und Kindern

Frauen-Notruf Göttingen / Katrin Hille

Beratung bei sexueller Gewalt an Frauen und Kindern und die Frauen-Notruf-Projekte

Es war die Frauenbewegung, die sowohl in Deutschland als auch bereits einige Jahre vorher in den USA das Problem von Gewalt an Frauen aufgriff und Möglichkeiten entwickelte, den betroffenen Frauen die notwendige Unterstützung und hilfreiche Beratung zur Verfügung zu stellen. Die Beratung bei sexueller Gewalt an Frauen entwickelte sich hauptsächlich in den Frauen-Notrufen und anderen Frauen-Beratungseinrichtungen. Ich werde die Beratung bei sexueller Gewalt an Frauen und Kindern anhand unserer Arbeit im Frauen-Notruf Göttingen darstellen. Heute hat sich das Wissen und die Akzeptanz der Realität von Gewalt gegen Frauen und Kinder in der Gesellschaft bereits erheblich verbreitet und damit auch in weiteren Bereichen der psychosozialen Versorgungslandschaft Berücksichtigung gefunden. Dieser Prozess dauert noch an.

Historischer Abriss der Entstehung der Frauen-Notruf-Projekte

Mit dem Beginn der Frauenbewegung Ende der 60iger/ Anfang der 70iger Jahre kam ein Prozess in Gang, in dem Frauen zunehmend die Notwendigkeit erkannten, frauenspezifische Belange selbst in die Hand zu nehmen. In Folge dieser Entwicklung entstanden in den 70iger und 80iger Jahren die vielfältigen Frauenprojekte, die aus der heutigen Sozialstruktur nicht mehr wegzudenken sind. Ein wesentlicher Bestandteil der Frauenbewegung lag und liegt in der erhöhten Sensibilität für die Machtstruktur zwischen den Geschlechtern, die traditionell den Männern die privilegierte und dominierende Stellung einräumt (Patriarchat). Infolgedessen war es ein besonderes Anliegen der Frauenbewegung, auf die Gewaltstrukturen gegenüber Frauen und Kindern hinzuweisen, sie zu erforschen und vor allem konkrete Hilfssysteme von Frauen für Frauen aufzubauen, um von konkreter Gewalt betroffene Frauen und Kinder zu unterstützen. Bereits Mitte der 70iger Jahre ent-

Frauenbewegung

standen die ersten Frauenhäuser, die heute in nahezu jeder größeren Stadt zu finden sind als Zufluchtsstätten für Frauen, die vor gewalttätigen Partnern auf der Flucht sind. In den 80iger Jahren wurde unter dem Einfluß der Frauenbewegung zunehmend die Existenz sexueller Gewalt aus der gesellschaftlichen Tabuisierung in das Licht der Öffentlichkeit gezogen. Diese Tabuisierung beinhaltet zwei Aspekte: zum einen die gesellschaftliche Leugnung der Tatsache, dass es in ihrer Mitte etwas wie sexuelle Gewalt an Frauen und Kindern gibt und zum zweiten den Aspekt, dass die Opfer selbst, aus Angst vor Konsequenzen aller Art, die Taten geheim halten.

Sexuelle Gewalt

Zunächst wurde vor allem sexuelle Gewalt gegenüber erwachsenen Frauen thematisiert. In dieser Phase (Mitte bis Ende der 80iger Jahre) entstanden die meisten Frauen-Notrufe, deren Ziel es zunächst war, Frauen, die sexuelle Gewalt erfuhren, solidarische Unterstützung anzubieten. In den folgenden Jahren, in Deutschland immer um etliche Jahre später als in den USA, wurde zum einen das Ausmaß sexueller Gewalt deutlicher, als auch die Tatsache, dass viele Kinder, nach heutigem Wissensstand vor allem Mädchen, bereits sexuelle Gewalt erfahren. Der Begriff »Sexueller Missbrauch« für sexuelle Gewalterfahrungen in der Kindheit ist umstritten, da er einen »Gebrauch« impliziert. Aus diesem Grunde werde ich im Folgenden nicht von »Sexuellem Missbrauch« sondern von »Sexueller Gewalt in der Kindheit oder an Kindern« sprechen. Als Konsequenz dieser Entwicklung entstanden an vielen Orten spezielle Beratungsstellen für Kinder und Mädchen wie z. B. »Wildwasser«, »Zartbitter« und als Zufluchtsstätten für Mädchen die Mädchenhäuser. Die Arbeit vieler Frauen-Notrufe hat sich ebenfalls um den Arbeitsbereich der sexuellen Gewalt in der Kindheit erweitert: Entweder durch die Unterstützung der erwachsenen Bezugspersonen der betroffenen Kinder, in seltenen Fällen in der Arbeit mit den Kindern (meist der Mädchen) selbst, vor allem aber durch die Arbeit mit erwachsenen Frauen, die ihre sexuellen Gewalterfahrungen aus der Kindheit bearbeiten wollen.

Die Frauen-Notrufe sind heute bundesweit verbreitet (insgesamt gibt es weit über 130 Frauenprojekte dieses Namens). Sie sind durch ihre relativ junge Geschichte und ihre Orientierung an einen gesellschaftlichen Problembereich, der sich noch stark in der Entwicklung befindet, sehr unterschiedlich und meistensteils auch noch offen für Veränderungsprozesse. Die Bandbreite der Frauen-Notrufe reicht von politischen Initiativen zu Gewalt gegen Frauen bis zu professionellen Beratungsstellen, die sich je nach regionaler Situation ausschließlich mit sexueller Gewalt gegen erwachsene

Frauen oder zusätzlich auch mit sexueller Gewalt in der Kindheit beschäftigen oder generell mit Gewalt gegen Frauen und Mädchen.

Der Frauen-Notruf Göttingen

Der Frauen-Notruf Göttingen wurde 1988 von Studentinnen der unterschiedlichsten Fachrichtungen gegründet. Sie wollten Frauen unterstützen, die aktuell sexuelle Gewalterfahrungen gemacht hatten.

Heute versteht sich der Frauen-Notruf als Anlaufstelle für alle Frauen und weibliche Jugendliche, die in irgendeiner Form von sexueller Gewalt betroffen sind oder waren.

Mit Kindern arbeiten wir nicht persönlich, wohl aber mit deren Bezugspersonen. In ihrer Funktion als Bezugspersonen von betroffenen Frauen und Kindern beraten wir auch Männer. Seit Herbst 2000 unterstützen wir zusätzlich auch Frauen, die sich aus gewalttätigen Partnerschaften lösen wollen, unabhängig davon, ob sexuelle Gewalt der Auslöser ist oder nicht.

Da wir unsere Aufgabe nicht nur in der Unterstützung der betroffenen Opfer sehen, sondern bereits in einer möglichst weitgehenden Verhinderung von sexueller Gewalt, also in der Prävention im weitesten Sinne, legen wir auch großen Wert auf unsere »gesellschaftsorientierten« Schwerpunkte. Auf den Bereich Beratung wird im Folgenden noch ausführlich eingegangen. Daneben bildet der Schwerpunkt Fortbildung einen ganz wichtigen Bereich. Die Fortbildungsangebote werden vor allem von Berufsgruppen in Anspruch genommen, die potentiell mit dem Thema sexueller Gewalt konfrontiert werden, wie z.B. FamilienhelferInnen, ErzieherInnen, Polizei, SozialarbeiterInnen, PädagogInnen.... Inhaltlich konzentrieren sich die Programme entweder auf Intervention (Interventionsplanung) oder Prävention. Gerade auf Präventionsarbeit legen wir großen Wert. Hier geht es um die Vermittlung einer emanzipatorischen Erziehungshaltung, in der das Selbstbewußtsein der Kinder, ihr Bewußtsein für eigene Rechte und ein positives Körpergefühl gestärkt werden. Ein solcher Ansatz der Präventionsarbeit verfolgt das Ziel, sowohl die Gefahr als auch die Folgen sexueller Gewalt zu reduzieren, er kann sie jedoch nur in bestimmten Fällen ganz verhindern.

Prävention

Ein großer Bereich unserer Arbeit liegt auch in der Öffentlichkeitsarbeit, z.B. Informationsveranstaltungen, Vorträge, Pressearbeit, Organisation von Theatervorstellungen zum Thema für Jugendliche, Infostände, usw.

In den letzten Jahren nimmt zusätzlich das Arbeitsfeld der Vernetzung immer mehr Zeit in Anspruch. In diversen Gremien wird versucht, die Arbeit der verschiedenen Institutionen zu koordinieren und aufeinander abzustimmen. So arbeiten wir in Göttingen auf regionaler Ebene z. Zt. beispielsweise in der Jugendhilfeplanung, im Frauenprojekteplenum, im Sozialpsychiatrischen Plenum und dem Göttinger Modell (Arbeitskreis von Gruppen, die mit sexueller Gewalt befasst sind, von Erziehungsberatungsstellen über Polizei, Jugendämter, Staatsanwaltschaft, usw.) mit. Daneben gibt es noch die Vernetzung der Frauen-Notrufe auf Landes- und Bundesebene.

Insgesamt ist die Situation unseres Projektes immer wieder problematisch. Es besteht eine große Nachfrage nach unseren Angeboten und unserer Mitarbeit. Gleichzeitig ist die finanzielle Ausstattung so knapp bemessen, dass wir die Arbeit zeitweise nicht ausreichend aufrechterhalten können. So müssen wir jedes Jahr aufs Neue für eine ausreichende Stellenbesetzung kämpfen. Aktuell arbeiten drei Frauen mit insgesamt 60 Wochenstunden fest in der Beratungsstelle, wobei die Finanzmittel auch für diese Stellen nur von Jahr zu Jahr bewilligt werden. Dazu kommen noch ein oder zwei Frauen, die wir jeweils nur auf kurzfristigen Stellen beschäftigen können, und eine Praktikantin. Von der Grundausbildung her sind die Mitarbeiterinnen in den meisten Fällen Diplom-Pädagoginnen oder Psychologinnen, wobei die »Beratungsfrauen« zusätzlich therapeutische Zusatzausbildungen haben.

Grundsätze der Beratung

Die wichtigste Grundhaltung unserer Arbeit besteht darin, den Personen, die zu uns kommen, mit Achtung und Wertschätzung zu begegnen. Ziel der Beratung ist, die Frau oder (über die Bezugsperson) das Kind darin zu unterstützen und zu begleiten, einen eigenen Umgang mit der erlebten Gewalterfahrung zu finden, Zugang zu den geeigneten Hilfsmöglichkeiten zu bekommen, um die Gewalterfahrung bestmöglich zu verarbeiten und sie bei der (Rück-)Eroberung des eigenen Selbstbestimmungsrechts und der eigenen Kompetenzen zu unterstützen (AK Frauengesundheit...). In diesem Sinne haben die folgenden Grundsätze der Beratung für uns besondere Bedeutung:

Strukturelle Zusammenhänge und individuelle Probleme

Wir gehen davon aus, dass die Frauen und Mädchen, die von Gewalt betroffen sind und zu uns kommen, individuelle Probleme in der Bewältigung der Gewalterfahrungen haben und ihren eigenen individuellen Weg der Verarbeitung suchen und finden müssen. Die Ursache ihrer Schwierigkeiten aber, die Gewalterfahrung, ist nicht ihr individuelles Problem, sondern eine Erfahrung, die sie mit vielen anderen Frauen und Kindern teilen und sie ist ein strukturelles, ein gesellschaftliches Problem. Gewalt gegen Frauen und Kinder ist – wie andere Gewalt natürlich auch – ein gesellschaftliches Phänomen, dessen Ursachen im gesellschaftlichen Kontext zu suchen sind. Infolgedessen liegen die Bekämpfung der Gewaltstrukturen und damit auch die Verantwortung für die Gewalt, die innerhalb einer Gesellschaft passiert, bei der Gesellschaft und nicht bei der einzelnen Gewaltbetroffenen. Es ist uns wichtig, diesen Aspekt zu betonen, weil diese – eigentlich selbstverständliche – Grundhaltung nicht nur im Konzept unserer gesamten Arbeit eine wesentliche Rolle spielt (siehe Arbeitsbereiche Fortbildung, Prävention und Öffentlichkeitsarbeit), sondern auch in unserer Haltung innerhalb der Beratung. Nach wie vor sind Opfer sexueller Gewalt immer wieder in ihrer Umgebung mit dem Vorwurf konfrontiert, sie seien ja selber schuld. Z. B. »hätte die Frau, die abends auf dem Heimweg vergewaltigt wurde nicht im Dunkeln noch unterwegs sein dürfen«, oder »wäre sie anders bekleidet gewesen...« Erstens sind diese Faktoren in den seltensten Fällen entscheidend, zweitens kann es nicht unser Ziel sein, als Frauen nur noch vermummt uns frei bei Tageslicht zu bewegen. Mit diesen in der Öffentlichkeit leider immer noch weitverbreiteten Überzeugungen konfrontiert, bedeutet es für die Betroffenen eine große Entlastung, wenn die Verantwortlichkeit für die Gewalterfahrung von der Beraterinnenseite aus von ihren Schultern genommen wird. Da die meisten Frauen und Mädchen die Schuld an dem Erlebten auch selbst zunächst in ihrem eigenen »Versagen« und ihren »Fehlern« suchen, ist hier eine Sensibilität der Beraterin für die strukturellen Zusammenhänge unablässig.

Hilfe zur Selbsthilfe

Der Beratungsgrundsatz »Hilfe zur Selbsthilfe« hat in unserem Arbeitsbereich eine spezielle Ausprägung. Das Wesen des Gewalterlebnisses besteht gerade darin zu erfahren, dass die eigenen Möglichkeiten der Selbsthilfe nicht ausgereicht haben. Es geht um extreme Erfahrungen von Ohnmacht und Hilflosigkeit. Im Beratungsprozess ist es uns deshalb ein wesentliches Anliegen, der Autonomie und Selbständigkeit besondere Aufmerksamkeit zukommen zu lassen, um sie wieder zu entdecken und das Vertrauen zu den eigenen Kompetenzen und Fähigkeiten wieder herzustellen und zu fördern. Anders ausgedrückt: Die Betonung liegt auf der Wiederherstellung des Selbstvertrauens, denn es soll auf keinen Fall suggeriert werden, dass die Tat nicht passiert wäre, hätte die Frau, bzw. das Mädchen ein höheres Selbstbewußtsein gehabt. Die Erfahrung der Ohnmacht bedeutet vielmehr, dass die Tat passiert wäre, egal, wie sich das Opfer verhalten hätte, es sei denn, es handelt sich um spezielle Fälle mit Eigenbeteiligung.

Ressourcenorientierung

Mit dem Ziel der Wiederherstellung der Selbsthilfemöglichkeiten ist der Grundsatz der Ressourcenorientierung eng verknüpft. Jede Frau und jedes Kind ist nicht nur Opfer von Gewalt, sondern eine eigene Persönlichkeit mit Interessen, Neigungen, Fähigkeiten, positiven Erfahrungen und Erlebnissen. Die Kraft, der Stolz und die Freude, die in diesen Bereichen zu finden sind, beinhalten die Kraftquellen, aus denen die Energie für die Selbstheilungsprozesse und das Zutrauen zu Selbsthilfemöglichkeiten geschöpft werden können. Die Verbindung zu den eigenen Ressourcen ermöglicht es, die Krise zu meistern. Das Wissen um die eigenen Fähigkeiten ist notwendig, um einen eigenen Weg aus der Krise zu entwickeln.

Beraterin – Klientinnen – Beziehung

Durch unser Themenfeld der Sexuellen Gewalt kommt dem Verhältnis Beraterin – Klientin in unserer Beratungsstelle eine besondere Bedeutung zu. Gewalt – und gerade sexuelle Gewalt – ist immer eine grobe Grenzverletzung in einer Beziehung zu einem anderen Menschen. Das heißt, das Vertrauen zu anderen Menschen ist – in unterschiedlichem Ausmaß – regelmäßig in Mitleidenschaft gezogen. In fast allen Fällen, mit denen wir befasst sind, handelt es sich um Gewalt, die von Männern ausging. Hier ermöglicht unser Ansatz eines Teams, das ausschließlich aus Frauen besteht, den Frauen und Mädchen bereits die Grundlage eines geschützten Raumes. Darüber hinaus ist der Aufbau eines vertrauensvollen Verhältnisses bei der Behandlung eines derart intimen Themas wie der sexuellen Gewalt eine Grundvoraussetzung unserer Arbeit. Eine weitere Grundlage unseres Selbstverständnisses als Beraterinnen besteht in dem Angebot eines weitgehend gleichgestellten Verhältnisses: Beraterin und »Klientin« begegnen sich auf der Ebene von Expertinnen. Die Beraterin bringt ihr Fachwissen und ihre Erfahrung mit dem Thema ein, die »Klientin« ist die

Expertin für ihre eigene Person (Hille 2002, S.118) und bringt ebenfalls ihre eigenen Erfahrungen mit dem zu behandelnden Problem ein. Viele unserer Informationen über z.b. Kliniken, Hinweise auf Literatur und ähnliches erhalten wir von den Frauen, die zu uns kommen. Weitere Elemente der Beziehungsgestaltung bestehen in der selektiven Offenheit und in der Transparenz unserer Herangehensweise. Der Begriff der selektiven Offenheit entstammt der Integrativen Therapie (Rahm et al. 1993, S.353) und bezeichnet den dort vorherrschenden Stil der therapeutischen Beziehung, indem soviel Offenheit eingebracht wird, wie es für den Prozess der Klientin förderlich erscheint. »Alles was gesagt wird, muß echt sein, aber nicht alles was echt ist, muß gesagt werden« (Rahm et al. 1993, S.353). Damit verbunden ist die Vorstellung, dass die beraterische Beziehung als Austausch gestaltet wird, bei der die Beraterin ein Gegenüber, eine Partnerin in der Auseinandersetzung ist. Da Frauen und Mädchen, die sexuelle Gewalt in der Kindheit erlebt haben, meist mit einer aus der Tabuisierung resultierenden Diffusität in Beziehungen konfrontiert waren, ermöglicht diese Art der Begegnung, ein anderes Beziehungsmodell kennenzulernen (Hille 2002, S.117ff). Aus dem gleichen Grund legen wir Wert auf die Transparenz unseres Vorgehens. Das heißt, wir vermitteln möglichst viel Informationen, erläutern möglichst ausführlich verschiedene Handlungsmöglichkeiten oder auch unsere Herangehensweise.

Selektive Offenheit

Phasen der Beratung

Eine Verallgemeinerung der Phasen der Beratung in unserer Arbeit gestaltet sich schwierig. Die Bandbreite von einmaligen telefonischen Kontakten bis zur jahrelangen unregelmäßigen »Lebensbegleitung« lässt eine Regelmäßigkeit nicht zu. Insofern werden wir hier nur einige Beobachtungen aus unserer Arbeit in Bezug auf die von Thiel (siehe dieses Buch) benannten Phasen anmerken.

So besteht aus unserer Sicht die erste Phase der Beratung darin, überhaupt den Kontakt zu uns aufzunehmen. Dies ist häufig ein langer, schwieriger Weg, der oft mit mehreren Schritten hin zur Kontaktaufnahme und wieder zurück verläuft. Häufig ist er auch durch Zuhilfenahme oder eigenes Engagement dritter Personen zustande gekommen, seien es Angehörige oder professionelle Bezugspersonen. Das heißt, bis jemand bei uns anruft, beziehungsweise bei uns im Beratungsraum sitzt, sind bereits etliche innere Prozesse, die für den Beratungsprozess wichtig sind, abgelaufen.

Kontaktaufnahme

Die nächste Phase, die Thiel von der Erfassung des Ist-Zustandes bis zur Durchführung/Umsetzung der Zielvorstellungen beschreibt, gestalten sich bei uns sehr unterschiedlich. Da ist beispielsweise eine Frau, die überlegt, ob sie den Stiefvater wegen sexueller Gewalt in der Kindheit anzeigen soll. Sie beschreibt klar und reflektiert ihre Überlegungen (Istzustand) und ihr Anliegen, nämlich mit unserer Unterstützung zu einer Entscheidung zu kommen (Zielfindung). Wir können ihr unsere Informationen und Erfahrungen mitteilen, Argumente für und gegen eine Anzeige ergänzen, sie unterstützen, die Informationen auf ihre individuelle Situation zu übertragen und sie bei ihrem Entscheidungsprozess, wenn sie das möchte, begleiten.

Eine andere Frau kommt und hat große Schwierigkeiten, auszudrücken, was sie zu uns führt. Um von ihrer jetzigen Situation zu erzählen, benötigt sie viel behutsame Hilfestellungen. Als Anliegen kann sie erstmal nur benennen, dass es so nicht weitergeht. Im Laufe der Zeit wird deutlich, dass die Frau vor Jahren vergewaltigt wurde, davon aber noch nie erzählt hat. Hier ist das Erkennen ihrer jetzigen Schwierigkeiten mit Ängsten, somatischen Problemen und massiven Kontaktstörungen sowie die Betrachtung möglicher Zusammenhänge mit der damaligen Gewalterfahrung, also die Erkennung und das Verständnis des Istzustandes gleichzeitig bereits die erste Aufgabe und das erste Ziel.

Methoden der Beratung

In Bezug auf die Methoden und »Techniken« unserer Beratung steht bei uns die Pragmatik im Vordergrund. Das heißt, zum einen wird sie vom Stil bestimmt, die der Beraterin vertraut ist und in der sie ausgebildet wurde. Zum Zweiten versuchen wir nach unseren Möglichkeiten die Methoden zu benutzen, für die die Klientin zugänglich ist, die ihr liegen. Das heißt, wir vertreten einen therapieschulenübergreifenden Ansatz, streng nach dem Motto: wenn sich etwas für die Klientinnen als hilfreich erweist, dann ist es für uns nützlich. Zur Zeit heißt das zum Beispiel, dass die Ansätze der Gestalttherapie, der klientenzentrierten Gesprächstherapie, systemische Ansätze und traumatherapeutische Elemente die größte Rolle spielen. Vor allem in der Stabilisierungsarbeit reicht nach unserer Erfahrung die Reduktion auf verbale Methoden nicht aus (Hille 2002). Wir setzen gerade in der Ressourcenarbeit viel gestalterische Techniken, Körperübungen, Imaginationen und ähnliches ein (Reddemann 2001) . Wir sehen die Entwicklung und das Erlernen von hilfreichen Methoden als einen stetigen und spannenden Prozess an, der ein ständiges Anwachsen des Repertoires ermöglicht.

Die konkrete Arbeit

Der Erstkontakt erfolgt im Normalfall über das Telefon. Einige Beratungen bleiben über längere Zeit telefonisch, wenn es den Frauen nicht möglich ist in die Beratungsstelle zu kommen. Das ist zum Beispiel der Fall, wenn sie im Landkreis leben und die Verkehrsverbindungen für sie schwer zu bewältigen sind oder bei Frauen, die in einer Krise sind, in der die Ängste so groß sind, dass sie sich nicht in der Lage sehen, das Haus zu verlassen und bis zu uns zu kommen. Für einige ist der Telefonkontakt auch wichtig, um die Anonymität zu gewährleisten. Es bleibt den Frauen und Mädchen, die zu uns kommen, überlassen, ob sie anonym bleiben wollen oder nicht. Im persönlichen Gespräch ist dies für die Frauen oft schwer durchzuhalten. Umso wichtiger erscheint dann die wiederholte Betonung der Schweigepflicht, der wir selbstverständlich unterliegen. Der Normalfall läuft allerdings so ab, dass nach der telefonischen Kontaktaufnahme ein oder mehrere persönliche Einzelgespräche vereinbart werden.

In der letzten Zeit vermehrt sich neben der telefonischen Kontaktaufnahme auch die Nutzung des Kontaktmediums e-mail. Gerade für Jugendliche scheint dieses Medium attraktiver und niedrigschwelliger als das Telefon. In welchen Fällen es sich auch zur längeren Kontaktpflege eignet, testen wir zur Zeit noch aus.

Eine *grobe* Auszählung zeigt, dass sich jährlich 300 – 400 Menschen auf der Suche nach Hilfe an uns gewendet haben. So interessiert auch viele nach dieser Zahl fragen, sie sagt nichts aus über die Arbeit, die damit verbunden ist und den tatsächlichen Bedarf. Noch weniger vermag sie das Leid zu verdeutlichen, das sich dahinter verbirgt.

Die Beratungen bei uns sind kostenlos und innerhalb eines kurzen Zeitraums möglich.

Klientel – Wer kommt in den Frauen-Notruf?

Opfer sexueller Gewalt

Eine große Gruppe, die sich an den Frauen-Notruf wendet, sind Frauen und Mädchen, die selbst sexuelle Gewalt erfahren haben und Hilfe bei der Bewältigung der Folgen suchen.

Dabei zeigt es sich, dass die Mehrzahl der Betroffenen an den Folgen von sexueller Gewalt in ihrer Kindheit leiden, während der Anteil der Frauen, die sich nach einer aktuellen Gewalttat an uns wenden, z.b. nach einer Vergewaltigung, etwas geringer ist. Ihr Alter liegt zwischen 12 bis über 60 Jahren, wobei die Hauptgruppe bei den 20 – 40 jährigen zu finden ist.

Sie kommen aus allen gesellschaftlichen Schichten. Es sind sowohl Frauen, die fest im Beruf stehen oder ihre Familie versorgen, als auch Frauen, die aufgrund ihrer Gewalterfahrungen nicht in der Lage waren und sind eine eigenständige Existenz aufzubauen. Die Frauen und Mädchen stammen sowohl aus »sozial hochgestellten« als auch »sozial unterprivilegierten« Schichten. Wir erreichen mit unserem Angebot also nicht nur das im therapeutischen Bereich dominierende Mittelschichtklientel. Dies hängt unter anderem damit zusammen, dass inzwischen viele andere Institutionen, wie Beratungsstellen, Familienhilfe, Schulen oder die Polizei an uns weiterverweisen.

Die sexuellen Gewalterfahrungen unserer Klientinnen sind sehr unterschiedlich. Sie reichen von massivem Telefonterror bis zum erzwungenen Eindringen in die Vagina oder den Anus mit dem Penis, Flaschen, Stöcken; vom »Begrapschen« durch Kollegen, Lehrer, Verwandte bis zu Sex jeder Art mit kleinen Kindern; von der Bedrohung durch Spanner bis zu organisierter Folter und sadistischen Quälereien...

Die Aufzählung ist schockierend, doch es ist wichtig, die Dinge klar zu benennen. Es gibt sie nicht nur in Krimis oder einigen wenigen Fällen, die durch die Presse gehen, sondern es ist die grausame Realität sehr vieler Frauen und Kinder.

So unterschiedlich die sexuellen Gewalterfahrungen waren, gemeinsam ist ihnen, dass die Betroffenen darunter litten – auch unter den vermeintlich »harmlosen« Erlebnissen wie die Begegnung mit einem Exhibitionisten oder obszönen Anrufen. Insgesamt werden wir allerdings eher mit sehr massiven Übergriffen konfrontiert, die oft auch über längere Zeit andauerten. Unsere Beobachtung ist, dass es schon »sehr weit kommen muss«, bis eine Betroffene den Mut fasst, sich Unterstützung zu holen bzw. eine Bezugsperson sich gezwungen sieht, etwas zu unternehmen.

Bezugspersonen

Für Frauen und Kinder, die Opfer sexueller Gewalt geworden sind, ist es von Bedeutung, wie ihr soziales Umfeld damit umgeht. Wird ihnen die Schuld zugeschoben, werden sie allein gelassen oder erfahren sie Verständnis und Unterstützung? Vor allem, um die Bedingungen für die Opfer zu verbessern, aber auch, um ihnen selbst in der Krise beizustehen, beraten wir auch die Bezugspersonen Betroffener. Insbesondere bei (kleinen) Kindern, die sexuelle Gewalt erleben oder erlebt haben, ist die Beratung und Begleitung der Bezugspersonen wichtig. Mit den Kindern arbeiten wir nicht persönlich, sondern verweisen in Fällen, in denen eine Beratung der Vertrauensperson des Kindes nicht ausreicht, an entsprechende Einrichtungen.

Im Bereich der Beratungen für Bezugspersonen hatten wir in den vergangenen Jahren einen stetigen Zuwachs der Inanspruchnahme unseres Angebots. Wir gehen davon aus, dass der Grund in dem zunehmenden Einzug des Problems der sexuellen Gewalt in die Öffentlichkeit und auch in die Aus- und Fortbildungen der entsprechenden Berufsgruppen liegt. Die erhöhte Präsenz des Themas führt dazu, dass zum einen die Opfer sexueller Gewalt leichter den Mut aufbringen, sich jemandem anzuvertrauen, und zum zweiten im sozialen Umfeld eine größere Sensibilität für das Thema und das Wissen um Hilfsmöglichkeiten in diesen Fällen gewachsen ist.

Im Bereich der Bezugspersonen sind zwei Gruppen zu unterscheiden: auf der einen Seite gibt es die »Angehörigen« im weitesten Sinne, also z.B. Mütter, Väter, Freundinnen und Freunde, Partner und Partnerinnen. Die zweite Gruppe bilden die professionellen Bezugspersonen, die in ihrem beruflichen Umfeld mit den Betroffenen in Kontakt kommen. Dazu gehören sowohl KindergärtnerInnen, die den Verdacht auf sexuelle Gewalt bei einem Kind in ihrer Gruppe haben, als auch FamilienhelferInnen, SozialarbeiterInnen, PädagogInnen, usw., denen sich die Frauen oder Mädchen anvertraut haben.

Wie beraten wir?

Aus der unterschiedlichen Klientel – Opfer wie Bezugspersonen – ergeben sich unterschiedliche Formen der Beratung.

Bezugspersonen

Bei den Anliegen der Bezugspersonen handelt es sich in der Mehrzahl der Fälle um Informationsvermittlung, Hilfe bei einer Verdachtsabklärung und/oder Interventionsplanung in Fällen von sexueller Gewalt an Kindern.

Hierbei ist es uns ein besonderes Anliegen, den Bezugspersonen den verständlicherweise sehr hohen Handlungsdruck zu nehmen, Handlungsdruck

»die Panik runterzukochen« und darauf hinzuwirken, nicht überstürzt zu intervenieren. Es mag zynisch klingen, aber Kinder, die einer dauerhaften sexuellen Gewaltsituation ausgesetzt sind, haben in den allermeisten Fällen spezifische Stärken und Überlebensstrategien entwickelt, die es ihnen ermöglichen, auch noch die Zeitspanne der Interventionsplanung zu überstehen. Überstürztes Handeln aber, z.B. eine Anzeige oder zu frühes Konfrontieren des vermeintlichen Täters mit der sexuellen Gewalt, kann eine nicht zu kontrollierende Ermittlungslawine lostreten und/oder den Täter dazu veranlassen, das gefährdete Kind zu isolieren. Sexuelle Gewalt gegen Kinder ist ein sogenanntes Offizialdelikt, d.h. bei einer Anzeige müssen die Ermittlungsbehörden tätig werden, auch wenn der oder die Anzeigende die Anzeige wieder zurückziehen möchte. Hierbei kann sehr viel »Porzellan zerschlagen » werden, auch und v.a. zu Ungunsten des betroffenen Kindes.

Andererseits können bei einer ruhigen und geplanten Interventionsstrategie gezielte Hilfsstrukturen aufgebaut werden (z.B. Suche nach Verbündeten des Kindes, Protokollieren, Helferkonferenz, Schaffen einer Atmosphäre, die sexuelle Gewalt ansprechbar macht...), die dem Beenden der Gewaltsituation förderlich sein können.

emotionale Betroffenheit

Diese Situation ist für Bezugspersonen sehr schwer zu ertragen. Die Konfrontation mit sexueller Gewalt, gerade an Kindern, löst bei jedem/jeder eine starke emotionale Betroffenheit aus: Wut, Trauer, Aggressionen, Hilf- und Machtlosigkeit, Angst, aber auch die Erinnerung an möglicherweise eigene Gewalterfahrungen. Die Gefühle können und sollten ein Thema in der Beratung sein, um zu verhindern, dass sie die Suche nach bestmöglichen Hilfsstrategien für das Kind überschatten beziehungsweise beeinflussen.

Das Gleiche gilt für Bezugspersonen erwachsener Frauen, die mit deren Gewalterfahrungen, sei es z.B. einer Vergewaltigung in letzterer Zeit oder sexueller Gewalt aus der Kindheit, konfrontiert sind. Auch hier ist das Sehen, Eingestehen und der Umgang mit den eigenen davon ausgelösten Emotionen und Gefühlen ein wichtiges Thema, das für die eigenen Möglichkeiten der Unterstützung der Betroffenen eine existentielle Bedeutung hat. Je größer die emotionale Bindung ist, desto größer ist auch die Schwierigkeit, einen konstruktiven Weg durch die aufgewühlten Emotionen zu finden.

Opfer

Den Opfern sexueller Gewalt bieten wir sowohl Krisenintervention als auch Kurz- oder Langzeitberatung an. Therapien führen wir

normalerweise nicht durch (nur in ganz bestimmmten Ausnahmefällen), obwohl die Grenzen einer Langzeitberatung zu einer Therapie fließend sind.

Die Erniedrigung, die Schmerzen und die Erfahrung des Ausge-
liefertsein, der Hilflosigkeit bei einer sexuellen Gewalterfahrung
gehen an keiner Betroffenen spurlos vorbei. Die meisten lernen,
irgendwie damit zu leben, und wir sind oft beeindruckt von der
Kraft und Stärke, die Mädchen und Frauen dabei zeigen!

Das Wichtigste, was wir Mädchen und Frauen, die Opfer sexueller Gewalt geworden sind, aber auch ihren Bezugspersonen, anbieten, ist ein offenes Gespräch. Das klingt nach wenig, doch allein das mitfühlende Zuhören, die Erfahrung, dass wir auf ihrer
Seite stehen, ihnen Glauben schenken, ertragen können und auch
hören wollen, was sie uns anvertrauen, bedeutet für die meisten
eine große Hilfe und Entlastung!

In den Gesprächen ist es uns wichtig, die Frau oder das
Mädchen nicht zu bedrängen, ihr Schweigen zu brechen. Dies
würde u. E. eine erneute Grenzverletzung darstellen, bei Menschen deren Grenzen permanent verletzt wurden. In einigen Fällen würde ein genauerer Bericht über die erlebte Gewalt darüber-
hinaus eine Überschwemmung der Frau mit den alten Gefühlen
und Empfindungen bedeuten, die einer Stabilisierung entgegen
läuft, zu einer Überforderung führen und eventuell sogar eine Re-
traumatisierung bewirken kann. In der Beratungssituation bedeutet
dies oft eine Gratwanderung, da unsere Einrichtung ja andererseits
genau den Rahmen bieten soll , das Unaussprechliche endlich aus-
sprechbar zu machen

Betroffene haben oft über Jahre oder Jahrzehnte geschwiegen,
* weil sie die sexuelle Gewalt als Kinder zunächst als solche gar
  nicht benennen konnten,
* weil sie in einem Abhängigkeitsverhältnis standen,
* weil sie sich bedroht, (mit-)schuldig oder verantwortlich für
  den Zusammenhalt der Familie usw. fühlten.

Viele konnten die bedrohlichen Kindheitserlebnisse auch über Jahre oder Jahrzehnte völlig verdrängen, und werden durch diverse
Auslöser unversehens damit konfrontiert (Terr 1997) .

Massive Scham – und Schuldgefühle sind auch im Erwachsenenalter weiter wirksam und halten das Schweigegebot aufrecht.

In dieser Situation geben wir den Klientinnen zu erkennen, dass
für uns sexuelle oder andere Gewalterfahrungen keine Tabuthe-
men sind. Wir bieten Hilfestellungen in Form von Sprachhilfen
(z.B. Benennen von Genitalien oder sexuellen Handlungen) oder

Schweigen oder
Sprechen

erzählen von Reaktionen anderer Frauen auf bestimmte Erlebnisse. Die Erfahrung, nicht die Einzige zu sein, sowohl mit der Gewalterfahrung als auch den dazugehörigen Gefühlen, erleichtert es Frauen oft, ihr Schweigen zu beenden.

Eine weitere wichtige Hilfestellung ist die Erkenntnis, dass viele ihrer Probleme und Schwierigkeiten »ganz normale« Reaktionen auf eine »verrückte« Erfahrung (Gewalt) sind und nicht umgekehrt, sie »verrückt« sind. Viele Verhaltensweisen, die heute unangemessen wirken oder problematisch sind, wie beispielsweise Essstörungen, Schreckhaftigkeit, Erstarrung, Schlafstörungen usw. haben in der auslösenden Situation ihren Sinn gehabt und vielleicht einen Umgang mit der Gewaltsituation oder eine größtmögliche Reduzierung des Leidens ermöglicht. So sollte zum Beispiel das viele Fett dazu führen, den eigenen Körper für jemanden möglichst »unattraktiv« zu machen und so gegen Übergriffe schützen, oder die Schreckhaftigkeit hat eine möglichst schnelle Gefahrenabwehr ermöglicht, genauso die Schlafstörung usw. Eine solche Betrachtungsweise und die Aufklärung über »übliche« Störungsbilder bei Gewalterfahrungen können den Frauen das Verstehen ihrer eigenen Situation erleichtern und damit die Grundlage für eigene Entscheidungen des weiteren Umgangs mit den Störungen legen.

Stabilisierung

Möglichst frühzeitig in der Beratung beginnen wir auch mit der Ressourcenanalyse und darauf aufbauend der Stabilisierungsarbeit (Reddemann 2001). Das heißt, dass wir gemäß unserem Grundsatz der Ressourcenorientierung versuchen, mit der Frau gemeinsam ihre Stärken und Kraftquellen zu finden, und sie darin bestärken, diese zu mobilisieren. Dafür zeigen wir auch Methoden, Techniken und Übungen und probieren aus, ob sie in der jeweiligen Situation nützen. Viele Frauen empfinden die inzwischen recht verbreiteten Imaginationsübungen wie den Sicheren Inneren Ort, Innere Helfer, Distanzierungstechniken u.ä. (Reddemann 2001) als hilfreich, andere Frauen bevorzugen Körperübungen wie zum Beispiel aus dem Qi Gong oder andere Erdungsübungen.

Wichtig ist uns dabei, dass die Frauen ausprobieren, welche Hilfestellungen ihnen persönlich nützen. Genauso wie wir versuchen, ihnen nicht bestimmte Lösungswege aufzudrängen. Jede Frau kann nur für sich selbst entscheiden, was für *sie* der richtige Weg ist! Was für die eine stimmig ist, muß noch lange nicht richtig für eine andere sein: Nicht jede will eine Anzeige erstatten, nicht jede will sich einer Selbsthilfegruppe anschließen und nicht jede braucht eine Psychotherapie ...

Fallbeispiel 1:

Frau M. wurde vor kurzem von einem Bekannten in seiner Wohnung vergewaltigt. Sie hat starke Unterleibsschmerzen, kann sich nicht mehr auf ihr Studium konzentrieren, kann nicht schlafen und kommt völlig verzweifelt zu uns mit der Bitte um Unterstützung. Es beschäftigen sie zunächst ein ganzes Bündel an Problemen: Sie weiß nicht, ob sie jemandem davon erzählen will, ihren Freundinnen, die sie fragen, was los ist, ihrem kranken Vater, der ihr sehr nah steht, ihrer Professorin, damit die verstehen kann, warum sie z.Zt. nicht arbeiten kann. Sie überlegt Anzeige zu erstatten, damit der Täter »nicht einfach so davon kommt«. Sie versteht die Reaktionen ihres Körpers nicht, wie z.B. die Unterleibsschmerzen und das macht ihr Angst. Es bedarf etlicher Gespräche, damit sie sich zu diesen Problembereichen eine eigene Position und ein Verständnis für ihre eigenen Reaktionen auf das Ereignis aufbauen kann. Dazu kommt die Auseinandersetzung mit ihren starken Schuldgefühlen und Selbstvorwürfen, dass sie die Wohnung des Bekannten überhaupt betreten hat. Parallel klären wir mit ihr die Notwendigkeit einer Untersuchung bei einer Gynäkologin auf Schwangerschaft und Infektionsgefahren. Da sie sich für eine Anzeige entscheidet, begleiten wir sie zur Polizei und anschließend zu einer Rechtsanwältin, die die Nebenklage übernehmen soll. In den seltenen Stunden, in denen keine aktuellen Probleme anstehen, führen wir erste ressourcenstützende Übungen ein, die ihr etwas Entspannung verschaffen, vor allem vor dem Einschlafen. Diese Zeit ist für sie besonders belastend. Mit der Zeit werden die aktuellen Probleme weniger, die Auseinandersetzung mit den neu entstandenen Ängsten intensiver. Auch die Stabilisierungsarbeit wird intensiviert. Nach ca. einem halben Jahr macht sie eine traumaverarbeitende Kurztherapie (Hille 2001). Anschließend kommt sie noch einige Male, um verbleibende Schwierigkeiten mit ihrem Studium zu besprechen. Danach meldet sie sich zwei Jahre nicht mehr, bis der Prozess ansteht. Dafür wünscht sie sich von uns vorher einige Informationsgespräche darüber, was sie erwartet, wie sie mit der Konfrontation mit dem Täter zurecht kommen kann sowie eine Begleitung während der Prozesstage selbst.

Fallbeispiel 2:

Frau W. ist am Telefon völlig aufgelöst. Sie hat in einem Streit mit ihrem Ehemann erwähnt, dass sie als Kind von einem Onkel sexuell ausgebeutet wurde. Jetzt will ihr Mann den Onkel anzeigen, sie weiß aber nicht, ob sie das auch will. Außerdem kommen ihr seitdem immer mehr belastende Erinnerungen an die Kindheit hoch. In den folgenden Beratungsgesprächen stehen für sie zunächst die Verstrickungen in der Ehe und in der Herkunftsfamilie im Vordergrund. Parallel ist für sie die Stärkung und Bewusstmachung ihrer eigenen Ressourcen wichtig. Erdungsübungen aus dem Qi Gong empfindet sie als sehr hilfreich. Außerdem möchte sie ein gemeinsames Gespräch bei uns mit ihrem Ehemann. In dessen Verlauf ist es beiden möglich, ihre gegenseitigen Vorwürfe zu äußern, als auch dem anderen eine eigenständige Unterstützung zuzugestehen. In der Folgezeit versucht Frau W. mit unserer Hilfe einen ambulanten Therapieplatz zu bekommen. Wir begleiten sie bis zum Beginn ihrer Therapie. Ein Jahr später meldet sie sich noch einmal, um einen Kontakt zu einer Selbsthilfegruppe herzustellen.

Dauer der Beratung und Unterstützung

Wie oft und wie lange Klientinnen unser Angebot in Anspruch nehmen, ist ganz unterschiedlich. Einigen reicht ein einmaliges Gespräch, in anderen Fällen erstrecken sich die Kontakte über einen längeren Zeitraum. Das können einige Monate, zuweilen auch Jahre sein. Dies gilt insbesondere bei Prozessbegleitungen und bei schwer traumatisierten Mädchen oder Frauen. Immer wieder geschieht es auch, dass Klientinnen sich nach einer gewissen Zeit wieder melden, z.B. weil sie erneut in einer Krise stecken und Unterstützung brauchen. Für manche sind wir auch das Netz, das sie zwischen den vereinzelten, zeitlich begrenzten therapeutischen Maßnahmen auffängt und neue Orientierung ermöglicht.

Grundsätzlich gehört es jedoch zu unserem Konzept, dass wir zehn Beratungsstunden zur Verfügung stellen. Innerhalb dieses Zeitraumes wird entschieden, ob der Zeitraum ausreicht, ob eine Vermittlung in eine längerfristige Therapie ansteht oder wie es sonst für sie weitergehen kann. In Ausnahmefällen und bei freien Kapazitäten kann sie auch im Frauen-Notruf eine Langzeitberatung bekommen. Entscheidet sich die Klientin für eine Therapie, so werden wir ihr bei der Suche nach einem geeigneten Therapieplatz behilflich sein, und sie bis zum Beginn der Therapie begleiten. Häufig haben der Klientin aber auch schon die 10 Gespräche soweit geholfen, dass sie sich wieder einigermaßen stabilisiert fühlt bzw. Lösungsmöglichkeiten für sich gefunden hat.

Wie wirkt sich die Arbeit auf die Beraterinnen aus?

Die Beratungsarbeit mit der Spezialisierung auf sexuelle Gewalt hat zwei Seiten. Die eine – positive – ist, dass sie sehr intensiv und befriedigend sein kann. Die Frauen und Mädchen, die als Selbst-Betroffene kommen, als auch deren Bezugspersonen sind fast immer hochmotiviert und wir sind – gerade bei den betroffenen Frauen und Mädchen – oft beeindruckt von der Stärke, Kraft und Findigkeit, mit der sie ihre problematische Lebenssituation bisher gemeistert haben.

Die zweite Seite der Beratungsarbeit, wie auch der Arbeit insgesamt mit dem Thema, ist geprägt durch die ständige Konfrontation mit dem Thema sexuelle Gewalt. In den letzten Jahren ist generell die Problematik der Traumatisierungen stärker ins Blickfeld von Theorie und Praxis gerückt. In diesem Zusammenhang wurde international das Phänomen beobachtet, dass BeraterInnen und TherapeutInnen, die intensiv mit traumatisierten Menschen arbeiten, in der Gefahr stehen, selbst ähnliche Symptome zu entwickeln wie die Menschen, mit denen sie arbeiten (meist Stellvertretende Viktimisierung oder Traumatisierung genannt) (Lansen 1993).

Stellvertretende Viktimisierung

So kann es passieren, dass sich z.B. die eigenen Ängste verstärken, dass es großer Kraftanstrengung bedarf, um die eigenen Grenzen zu halten, dass die seelische Belastbarkeit im Privatbereich sinkt, oder dass das eigene Urvertrauen in Frage gestellt wird.

Da wir immer wieder Ansätze dieser Symptome spüren, legen wir sehr großen Wert auf Maßnahmen, die unserer Erfahrung nach diesen Tendenzen entgegenwirken:

– Dazu gehört vor allem der Versuch, uns der Gefahr bewusst zu sein, und dieses Bewusstsein auch zu halten.
– Aus diesem Grund hat für uns die Solidarität und Sympathie im Team eine besondere Bedeutung.
– Intervision und Supervision ist notwendig.
– Nach unserer Erfahrung ist diese Arbeit nur als Teilzeitarbeit möglich.
– Um diese Arbeit langfristig und kontinuierlich leisten zu können, brauchen wir gesicherte Arbeitsplätze. Gleichzeitig gegen sexuelle Gewalt zu kämpfen und für den eigenen Arbeitsplatz kämpfen zu müssen, wie das bei uns der Fall ist, ist eine Überforderung.

Für uns alle spielen in unserem Privatbereich als auch im Team Spaß, Freude und Leichtigkeit eine große Rolle. Gerade die lebendige Atmosphäre im Team ermöglicht es uns allen, immer wieder mit Kraft und Elan gegen sexuelle Gewalt anzugehen.

Literatur

Amann, G., Wiplinger, R. (Hrsg.) (1998): Sexueller Mißbrauch. Überblick zu Forschung, Beratung und Therapie. Ein Handbuch. Tübingen: dgvt.

Arbeitskreis Frauengesundheit in Medizin, Psychotherapie und Gesellschaft e.V.: Qualitätskriterien für frauengerechte Psychotherapie. Faltblatt

Bange, D., Enders, U. (1995): Auch Indianer kennen Schmerz. Sexuelle Gewalt gegen Jungen. Köln: Kiepenheuer.

Bass, E., Davis, L. (1999): Trotz allem. Wege zur Selbstheilung für sexuell mißbrauchte Frauen. Berlin: Orlanda.

Brockhaus, U., Kolshorn, M. (1993): Sexuelle Gewalt gegen Mädchen und Jungen. Mythen, Fakten, Theorien. Frankfurt/M.: Campus.

Enders, U. (Hrsg.) (2001): Zart war ich, bitter war's: sexueller Mißbrauch an Mädchen und Jungen. Erkennen-Schützen-Beraten. Köln: Volksblatt.

Frei, K. (1993): Sexueller Mißbrauch. Schutz durch Aufklärung. Ravensburg: Ravensburg.

Herman, J.L. (1994): Die Narben der Gewalt. Traumatische Erfahrungen verstehen und überwinden. München: Kindler.

Hille, K. (2002): Gestalttherapie und Trauma. In: Sachsse, U., Özkan, I., Streeck-Fischer, A. (Hrsg.): Traumatherapie – Was ist erfolgreich? (118). Göttingen: Vandenhoek & Ruprecht.

Hille, K. (2001): Traumaverarbeitende Kurztherapie mit EMDR. EMDRIA Deutschland e.V. Rundbrief , Heft 2, 21ff.

Lansen, J. (1993): Vicarious Traumatization in therapists treating victims or torture and persecution. Torture, Volume 3, Number 4, 138ff.

May, A. (1997): Nein ist nicht genug. Prävention und Prophylaxe. Inhalte, Methoden und Materialien zum Fachgebiet sexueller Missbrauch. Berlin: Donna Vita.

Rahm, D., Otte, H., Bosse, S., Ruhe-Hollenbach, H. (1993): Einführung in die Integrative Therapie. Grundlagen und Praxis. Paderborn: Junfermann.

Reddemann, L. (2001): Imagination als heilsame Kraft. Zur Behandlung von Traumafolgen mit ressourcenorientierten Verfahren. Stuttgart: Pfeiffer bei Klett-Cotta.

Steenfatt, M. (1995): Nele. Ein Mädchen ist nicht zu gebrauchen. (Jugendbuch über ein Mädchen mit sexuellen Gewalterfahrungen). Hamburg: Rotfuchs.

Talbert, M. (1988): Das Messer aus Papier. (Jugendbuch über Geschichte eines Jungen mit sexuellen Gewalterfahrungen). Kevelaer: Anrich.

Terr, L. (1997): Schreckliches Vergessen, heilsames Erinnern. Traumatische Erfahrungen drängen ans Licht. München: Knaur.

Allgemeine Studienberatung – Beratung zur Mündigkeit

Juliane Just-Nietfeld & Bodo Kayser

Zusammenfassung

Bildungslaufbahnen sind selten linear verlaufende Prozesse. Die akademische (Aus-)Bildung füllt in der Moderne in individuellen wie in kollektiven Biographien sehr unterschiedliche Positionen und Funktionen aus. Für den Einzelnen verschränken sich mehrere Einflusssphären zu einem komplexen System der Organisation von Handlungen. Die Studienberatung wird in verschiedenen Formen der Betreuung, Begleitung und Unterstützung zum notwendigen Systemelement, durch das die Autonomie gefördert sowie die Selbststeuerung und die Handlungsfähigkeit gewährleistet werden soll. Die Form der Institutionalisierung, die abgestimmte Bündelung von Maßnahmen und die Bereitstellung von Rahmenbedingungen kennzeichnen Allgemeine Studienberatung als besonderes Feld des pädagogischen Handelns im Kontext akademischer Lehr- und Lernorganisation. Dabei ist mit der multiplen Nutzung sowohl die Prävention als auch die Kompensation realisierbar, d.h. die diversen Angebote der Studienberatung sollen konstruktiv wirken, bevor Komplikationen eintreten oder, wenn diese gegeben sind, als konstruktive Steuerungsinitiativen in die Gestaltung des Verlaufs eingreifen. Eine umfassende Bildungsberatung und Lebensberatung ist durch die enge Kooperation mit dem Netzwerk der internen und externen studienbegleitenden Institutionen gewährleistet. Die Allgemeine Studienberatung nimmt – als weiterer Aspekt pädagogischen Handelns – eine aktive Rolle in der Gestaltung eines innerorganisatorischen Interaktionsprozesses ein. Hier geht es innerhalb der Universitätsverwaltung um die bedarfsgerechte und den veränderten Anforderungen gemäße Feinabstimmung von studienbegleitenden Maßnahmen.

Handlungskontext Universität

Universitäten leisten Ausbildung und Persönlichkeitsbildung. Durch die systematische Auseinandersetzung mit den akademischen Kulturen und den Anforderungen der Wissenschaft soll die Aneignung der speziellen, berufsorientierten Fachkompetenzen

Ausbildung im
Wissenschafts-
kontext
und der »außerhalb der Inhalte liegenden Qualifikationen« (Wagemann 1998, S. 74) für einen sich ständig wandelnden Arbeitsmarkt
erzielt werden. Mit den gleichen Maßnahmen – zumindest im Kontext, der durch Handeln im akademischen Raum dominiert wird –
werden zukünftige Wissenschaftler und Personen mit nachhaltigen
Fähigkeits- und Fertigkeitsmustern für einen lebenslangen Lernprozess hervorgebracht (Individuations-, Sozialisations- und En-
kulturationsfunktion). Wegen der intendierten Wirkungen sind die
auf Lernen und Entwicklung gerichteten und wirkenden Maßnahmen der Universität pädagogisch zu nennen.

permanente
Orientierung
Für den Einzelnen wie für die Institution Universität ist eine permanente Orientierung notwendig, um konstruktiv mit der Vielfalt
von Möglichkeiten des Entscheidens und Handelns und mit den
implizierten Widersprüchlichkeiten umgehen zu können. Als Hintergrund dieser Notwendigkeit seien einige Faktoren kurz skizziert:
Die Zahl der Studienmöglichkeiten vervielfältigt sich; die Zahl der
Studieninteressierten steigt und soll nach Erfolgskriterien gesteuert
werden; die Studienanfänger unterscheiden sich in ihren sozialen,
kulturellen und bildungsrelevanten Voraussetzungen für das Studieren, sie unterscheiden sich sowohl in den Erwartungen, mit denen sie selbst ein Studium planen, als auch in denen, die die
Hochschulen heute an sie stellen; die Zahl der erwerbstätigen Studierenden ist hoch, und die Zahl der Studieninteressierten steigt,
die aus dem Berufsleben ins akademische Leben vorübergehend
zurückkehren oder erstmals eintreten. Die Motive, Kriterien und
Qualifikationsprofile, mit deren Hilfe »das« Studieren geplant und
durchgeführt wird, unterliegen allgemein schwankenden, damit
verbunden schwer kalkulierbaren Bewertungen und Beurteilun-

Komplexität und
flexible Bewälti-
gung
gen. Die Zahl der Ratgeber steigt, die einerseits dem Individuum
und andererseits dem Bildungssystem Universität trotz der aufgezeigten Heterogenität und Komplexität unilaterale Lösungen anbieten. Erforderlich sind Formen und Qualitäten einer flexiblen
Bewältigung, die individuell, institutionell und kollektiv die Ziele
akademischer Bildung verantwortlich und zweckmäßig erreichen
lassen.

Lebenswelt Studium

Das Studium als relativ fremdbestimmtes und der Lebens-Alltag als
selbstbestimmtes Handlungsfeld müssen individuell aufeinander
abgestimmt werden. Zum Studium tritt das Feld der Öffentlichkei-
ten mit steuernden Impulsen sowohl auf das Studium als auch das
Alltagsleben. Sie favorisieren andere und spielen vielfältige Zu-

kunftsentwürfe permanent in die Konstruktion des Miteinanders von Lernen und Leben ein.

Studienberatung nimmt differenziert die Wechselwirkungen zwischen den institutionellen Bedingungen und Anforderungen, den Bedürfnissen Studierender und den gesellschaftlichen Zuschreibungen und Erwartungen wahr. Sie bezieht ihr Beratungsverständnis und ihr Handeln gleichermaßen auf den Lebens- und den Bildungskontext.

Wechselwirkung zwischen individuellen und institutionellen Anforderungen

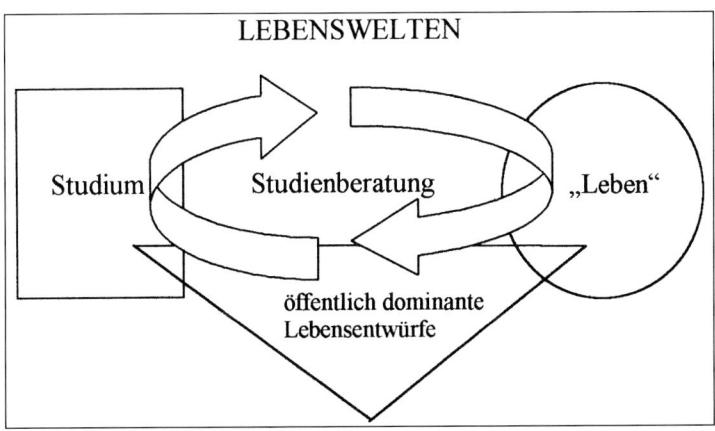

Abb.1: Lebenswelt

Die Lebensphase des Studiums ist in besonderer Weise mit »vielfältigen anderen sozialen und kulturellen Phänomenen verflochten [..], die u.U. ohne unsere eigene Einsicht steuernd in unseren Lebenslauf eingreifen können«(Behnken, Zinnecker 1992, S. 129). Die institutionellen und bildungs- wie beschäftigungspolitischen Maßnahmen verwirren oft mehr, als dass sie Gefährdungen minimieren: Unterschiedliche Prüfungs- und Studienordnungen definieren die Entscheidungsfreiräume, den Verlauf und die Ziele des Studierens immer enger, Bedarfsprognosen gelten immer kurzzeitiger und gehen mit wachsenden Bedrohungen einher, Studieren erscheint mehr und mehr als eine öffentliche und kaum noch als eine private Angelegenheit.

Bestimmung der Entscheidungs- und Handlungsfreiräume

Der vertraute Alltag aus Familie, Schule und Wohnort wird durch das Studium durchbrochen. Jeder Einzelne hat sich am Ende des Studiums durch die Auseinandersetzung mit der Wissenschaft und mit der sie umgebenden Alltagswirklichkeit in seiner Identität oder Persönlichkeit verändert.

»Der Kampf um die Aneignung des jeweiligen Faches bringt nicht nur abfragbares Wissen in die Köpfe, sondern prägt auch einen besonderen Habitus. Dieser Habitus ist auf zwei Problembereiche zugleich bezogen: einmal auf das Zurechtkommen mit den momentanen Anforderungen, die die fachliche Ausbildung mit sich bringt; zum anderen auf den zukünftigen Beruf, für den eine professionelle Kompetenz erworben werden soll« (Koring 1990, S. 7).

Unsicherheiten Das beinhaltet für Studierende auch die Aufgabe, mit Unklarheiten und Unsicherheiten leben zu lernen und gleichzeitig ihre Ziele zu erreichen. Allgemeine und mit strukturellem Wandel einhergehende Verunsicherungen können nicht mit Hilfe von Beratung aufgehoben werden. Ebenso wenig kann und will Beratung die individuellen Erfahrungen ersetzen. Doch es kann das Risiko für den Einzelnen wie auch für die Gemeinschaft, mit einer Studientscheidung Misserfolge und Fehlhandeln in unnötiger Weise zu konzipieren, durch professionelle Unterstützung gemindert werden. Allgemeine Studienberatung kann – von theoretischen wie **professionelle** praktischen Konzepten geleitet – professionelle Unterstützung bie-**Unterstützung** ten, um Komplikationen in der Gestaltung der akademischen Phase zu verhindern, zu mindern oder zu beheben.

Zentrale Studienberatung als Teil der Universität

Die Zentrale Studienberatung (ZSb) der Universität Göttingen bietet für die Universität Göttingen verschiedene Leistungen an, die sowohl auf die Anliegen der Ratsuchenden als auch der Universität ausgerichtet sind. Dieses Angebot ist mit den Kooperationspartnern innerhalb und außerhalb der Universität differenziert abgestimmt. Dabei vertritt die Allgemeine Studienberatung das Wissenschaftsverständnis der Hochschule, ist jedoch nicht mit ihren Entscheidungsinstanzen assoziiert.

institutionelle Verortung

Institutionen	Adressaten
Allgemeine Studienberatung der Universität (ZSb)	Studieninteressierte, alle Studierenden
Fachstudienberatung (Fächer)	Studierende der Fächer mit fachlichen Problemen
Prüfungsberatung (Prüfungsämter)	alle Studierenden der Fakultät

Verwaltungsberatung (Studierendensekretariat)	alle Studierenden
Ärztlich-psychologische Beratung (Medizinische Einr.)	Studierende mit gesundheitlichen Problemen
Sozialberatung (Studentenwerk)	Studierende mit psychosozialen Problemen
Berufsberatung (Arbeitsamt)	alle Studierenden und Absolventen
Career Service der Universität	alle Studierenden des Hauptstudiums, Absolventen zur Orientierung in der Arbeitswelt

Abb.2: Aufgliederung und institutionelle Verortung der Studienberatung[1]

Die Institution der Universität Göttingen arbeitet in der Abteilung Studium und Lehre[2] in eigenen Räumen an zentralem Ort in der Universität, mit vielfältig nutzbaren Gruppen-, Beratungs- und Warteräumen sowie in Seminarräumen in anderen Gebäuden der Universität.

Alle Angebote der Information, Orientierung und Beratung, ob in persönlicher, telefonischer oder schriftlicher Form, individuell und einzeln oder in einmaligen oder kontinuierlichen Gruppen, richten sich einerseits an die Studieninteressierten, andererseits an die Institutionen des tertiären und des quartären Bildungsbereichs und ihre Lehrenden.

Die Zentrale Studienberatung arbeitet in allen Fällen und Phasen ausdrücklich zielorientiert, persönlichkeits- und problemlösungsbezogen; sie informiert und berät primär folgende Zielgruppen: Zielgruppen
• Schüler und Schülerinnen weiterführender Schulen unmittelbar vor und nach dem Abschluss und im Übergang von der Schule in die Universität

---

[1] In den letzten Jahren ist die Gruppe der Akademiker aus unterschiedlichen Gründen Zielgruppe vieler Institutionen geworden. Ihnen wird Beratung in Form von Informationen, Tipps und Empfehlungen vornehmlich in medialer Vermittlung geboten. Diese Form der Studienberatung externer Anbieter wird im Folgenden nicht berücksichtigt.

[2] Die ZSb arbeitet mit 8 (6 Stellen) Studienberaterinnen und Studienberatern, 1 Bibliothekar (1/2) und 2 Verwaltungsangestellten (1,1/2,1/2). Z.Zt. studieren ca. 24000 Studierende in 13 Fakultäten an der Universität Göttingen. Durchschnittlich sind ca. 50 % der Informations- und Ratsuchenden in der ZSB Studieninteressierte.

- Berufsqualifizierte mit und ohne Abitur, die ein Studium planen oder beginnen
- Studenten und Studentinnen der Universität zu Beginn und während des Studiums
- Hochschulwechsler und Hochschulwechslerinnen, Fachwechsler und Fachwechslerinnen
- Studierende, die einen Studienabbruch erwägen
- Studierende im Hauptstudium und Absolventen und Absolventinnen eines Studiums an der Universität Göttingen beim Übergang von der Universität in Tätigkeitsfelder
- Interessierte an akademischer Weiterbildung.

Darüber hinaus hat sie die Aufgabe der Rückmeldung und Information der Mitglieder in allen Ebenen der Fakultäten. Sie bietet der Hochschule und ihren Gremien und Institutionen für die Steuerung von Lehre und Lernprozessen bedarfs- und kompetenzbezogen Information, Dialog und Beratung an.

Angebote zur Information, Orientierung und Beratung

Spektrum des Gesamtangebotes

Aus der Fülle der Anfragen und Beratungsaufträge, die in individueller Weise von der primären Klientel formuliert werden und zugleich unterschiedlich kombiniert sind, werden hier einige Beispiele herausgestellt. Allgemeine Studienberatung bietet in ihrem Gesamtangebot die Möglichkeit:
- des Einholens von Studiengangsbeschreibungen, Terminen, Angeboten der Fächer, Angeboten anderer Hochschulen, Informationen zu Bildungs-, Hochschul- und Arbeitsmarktpolitik
- der Unterstützung bei der Informationserarbeitung und -verarbeitung
- der Entwicklung von eigenen Positionen, Haltungen, Techniken und Arbeitsweisen
- der Entwicklung und Aktivierung von Entscheidungsverhalten und Handlungskompetenz
- der fächerübergreifenden Gestaltung des Studiums in den verschiedenen Abschnitten
- des Umgangs mit Herausforderungen und Schwierigkeiten
- der Integration von Auslandsaufenthalten, Praxiserkundungen, Sprachkursen
- der Möglichkeit der Angstbewältigung und Hilfestellung in Krisensituationen.

Alle Anliegen, die von Ratsuchenden an die Zentrale Studienberatung herangetragen werden (außer denen durch die Mitglieder der Institutionen der Hochschule selbst), treffen auf ein beratungsdidaktisch organisiertes Leistungsangebot. Je nach Anliegen bietet dieses ein ineinandergreifendes differenziertes Informations- und Beratungssystem zur sachorientierten, kontextorientierten sowie persönlichkeitsorientierten Auseinandersetzung an. Dabei können von der Klärung des Anliegens bis zur Vorbereitung auf die Integration der Ergebnisse in den Studienalltag folgende Stationen durchlaufen werden:

differenzierte Informations- und Beratungssysteme

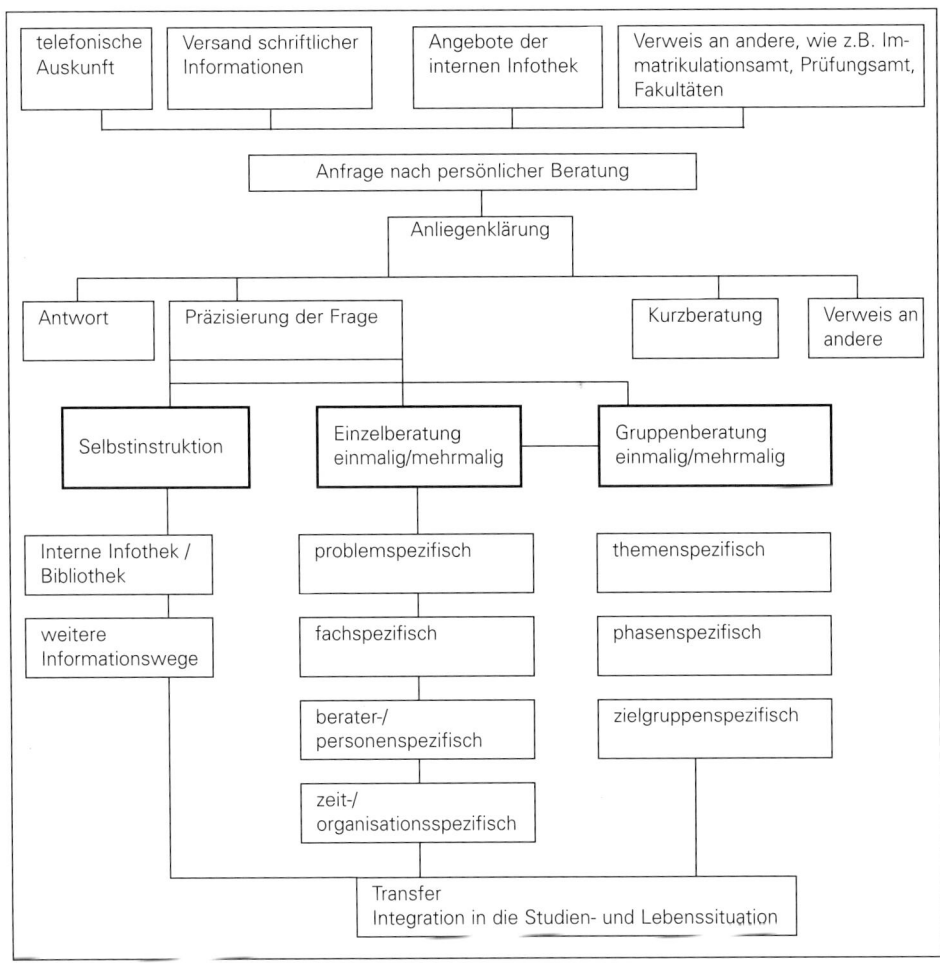

Abb.3: Typischer Ablauf des Besuches in der Einrichtung

Die beratungsdidaktischen Grundzüge des eigentlichen Kerns der Studienberatung, die individuellen **Einzelberatungen** und die unterschiedlichen themenspezifischen und zielgruppenspezifischen **Gruppenberatungsangebote**, werden später dargestellt.

Themen in der Beratung

Einige thematische Beispiele der beiden Formen sind hier stichwortartig genannt: Erarbeitung und Verarbeitung komplexer und relevanter Informationen, Reflexion der studienrelevanten Fähigkeiten und Neigungen, Entwicklung von Entscheidungskriterien, Entscheidung, Zweifel an einer Entscheidung, Modifikation von Entscheidungen, Auseinandersetzung mit Alternativen, Orientierung in den personalen und formalen Systemen der Universität, Leistungsanforderungen, Leistungsdruck, Arbeitsorganisation, Koordinierung vielfältiger Aufgaben, einschließlich studentischer Berufstätigkeit, Umgang mit Mitstudierenden, Prüfenden und Lehrenden, Definition der eigenen Rolle, Zukunftswünsche und -pläne oder Ängste, Formulierung und Präsentation eigener Kompetenzen.

Die Professionalität von Studienberatung

Grund-qualifikationen

Das i.d.R. geforderte Qualifikationsprofil einer Studienberaterin oder eines Studienberaters besteht aus einem Hochschulstudium, einer wissenschaftlichen Weiterqualifikation, ggf. einer Lehrtätigkeit, eigenen außeruniversitären Berufserfahrungen und aus beratungsrelevanten Zusatz- oder Weiterbildungen. Diese Grundqualifikation bestimmt sich aus den Erfordernissen der jeweiligen Hochschule (Studienangebote, Aufgabenzuschnitte für die Allgemeine Studienberatung) und aus dem spezifischen Anteil vorhandener Spezialisierungen im interdisziplinären Beratungsteam. Ein Teil der niedersächsischen Studienberater ist psychotherapeutisch ausgebildet. Berufsbegleitende Weiterbildung beinhaltet über den für Arbeitnehmer normalen Anteil hinaus auch die kontinuierliche externe Supervision sowie regelmäßige kollegiale Supervision. Seit zwanzig Jahren gelten der Erwerb und die Reflexion dieser Handlungskompetenzen als konstitutiv in der Praxis und somit auch in den Fortbildungsprogrammen. Insbesondere das diagnostische Wissen ist auch für die Kooperation mit anderen Professionen und Institutionen, z.B. für die Entscheidung über eine »Überweisung«, notwendig. Welches anerkannte Verfahren das Diagnose-, Interpretations- und Handlungsrepertoire besonders fundiert, ist u.a.

Beratungs-kompetenzen

auch von den beruflichen Qualifikationen und persönlichen Ambitionen der Berater und der Beraterinnen abhängig. Verbreitet sind die klientenzentrierte Gesprächspsychotherapie, rational-emotive Therapie, Verhaltenstherapie und systemische Ansätze der Supervision.

Die konzeptionelle Orientierung der Studienberatung

Die Studienberatung »wurzelte« zunächst in Psychotherapiekonzepten. Mit der eigenen Konzeptbildung erfolgte eine modifizierte Orientierung an sozial- und verhaltenswissenschaftlichen Theorien und Konzepten. Wie andere spezielle Beratungsbereiche ist sich die Studienberatung ihrer Eigenständigkeit bewusst geworden; sie findet weitgehend unabhängige eigene theoretische Begründungen und praxisleitende Handlungsmodelle. Theorien, Modelle und Methoden haben sich pluralistisch entwickelt. Nur so kann Studienberatung dem Anspruch gerecht werden, zeitliche Perspektiven und unterschiedliche Dimensionen eines subjektiv bedeutsamen Ereignisses zu verschränken und auf verschiedenen Ziel- und Komplexitätsebenen zu arbeiten. — *Theorien und Modelle*

Den Ausgangspunkt eines **Beratungsverständnisses** und der methodisch-didaktischen Orientierung[3] bildet das im folgenden beschriebene Grundmodell einer unterstützenden Beziehung. Dieses ist vergleichbar mit den anderen Beratungsfeldern und Beratungskontexten sowie mit einer anderen Klientel und anderen Anliegen, in denen es das übergeordnete Ziel ist, die Selbstorganisation von Lern- und Entwicklungsprozessen zu fördern.

»Unter Beratung wird ganz allgemein ein Interaktionsprozeß verstanden, der das Verständnis für die eigene Person und die Umwelt erleichtert. Im Verlauf dieses Prozesses werden Ziele, Werthaltungen und Strategien entwickelt, die künftige Entscheidungen und Werthaltungen des Ratsuchenden beeinflussen. Bei der Beratung persönlicher Schwierigkeiten sind sowohl kognitive, emotionale und motivationale Aspekte als auch situative Faktoren und gesellschaftliche Rahmenbedingungen zu berücksichtigen. Ein wichtiges Ziel der Beratung besteht darin, daß der Ratsuchende für seine Entscheidungen und Verhaltensweisen selbst die Verantwortung übernimmt. Die Beratung kann in einer dyadischen Beziehung erfolgen, — *übergeordnetes Ziel*

---

[3] Die weiteren Ausführungen beziehen sich auf die Einzelberatungen und Gruppenberatungen, die einen Anteil von durchschnittlich 54 % des Aufgabenvolumens der Studienberater pro Jahr ausmachen (vgl. Jahresbericht 1998).

aber auch in Gruppen durchgeführt werden. Im Vergleich zu einer rein fachlichen Beratung wird der emotionalen Beziehung zwischen Berater und Ratsuchendem eine erhebliche Bedeutung beigemessen« (Schulz o.J.,o.S.).

Erweitert wird dieses am Individuum orientierte Verständnis durch die Anforderungen und Bedingungen, die das Bildungssystem und die Institution Universität an die Person richtet. Diese sind in der Beratung ebenso von großer Bedeutung.

Beratung ist somit bestimmt als professionelle Unterstützung von Personen bei ihrem Alltagshandeln durch Erschließen und Stärken von Ressourcen in der Person sowie in den relevanten Kontexten der Umwelt. Wesentliche Bestimmungsmerkmale für Beratung sind also:

Bestimmungs-merkmale

> »die Bezugnahme auf das Alltagshandeln der Person in ihrer jeweiligen Lebenswelt, die Förderung von Kompetenzen für eine gelingende Lebensführung, die Ressourcenorientierung sowie der systemische Einbezug der relevanten sozialen, physikalisch-ökologischen und materiellen Umwelt.« (Chur 1998, S. 421)

So wie das Individuum mit der Umwelt interagiert, wird auch das methodische Vorgehen in der Beratung vom systemischen Rahmen bestimmt. Die Studienberatung als Institution des tertiären Bildungsbereichs integriert ausgewählte Elemente aus der Therapie und der Supervision, aus der Jugend- und Erwachsenenbildung, dem Coaching und der Organisationsberatung, um den studienberatungsspezifischen Anteilen der Persönlichkeitsentwicklung, des Unterrichtens, der Bildungs- und der Berufswegberatung gerecht zu werden.

Beabsichtigt ist ein »Sich-miteinander-Beraten«. Dieses beinhaltet immer Sach- und Beziehungsaspekte und soll ohne vorher festgelegtes Ergebnis stattfinden. Dabei können die hinter den eingebrachten Themen aufscheinenden Probleme verschiedenen Bereichen entstammen. Entsprechend richtet sich die Beratung (Diagnose, Intervention und Interpretation) auf folgende Zielebenen:

Zielebenen der Beratung

- Ebene der personalen Entwicklung
- Ebene der sozialen und interaktionalen Kompetenz
- Ebene der methodischen und instrumentellen Entfaltung
- Ebene der strukturellen Bedingungen und deren Mitgestaltung

(Nellesen 1995, S.5).

Das Gespräch ist ein elementarer und zentraler methodischer Baustein der Studienberatung. Ein Gespräch leistet in besonderer Weise einen Beitrag zum intrinsisch-motivationalen Lernprozess, indem es zu einer inneren Klärung führt. Es initiiert parallel ein inneres Gespräch und überprüft jede Aussage auch in ihrer Tiefenstruktur. In der Gesprächsführung ergänzt die Institution kommunikationstheoretische und psychotherapeutische Standards situationsbezogen mit vielfältigen Techniken, punktuell mit Medien oder kreativen Verfahren.

Methoden

> Alle Methoden sind wie in der Erwachsenenbildung »darauf ausgerichtet, die Teilnehmer zu aktivieren, ihr Handeln zu stimulieren. Selbständigkeit, Betroffenheit, Bewusstseinsbildung, Verarbeitung und Bereicherung der Erfahrungswelt von Erwachsenen stehen im Vordergrund. Informationstechniken werden genutzt, um einerseits neue Erfahrungen zu ermöglichen und andererseits eine Brücke zu den bisherigen herzustellen« (Brühwiler 1994, S.1).

Wie die Beratung als solche, so ist auch der gesamte diagnostische Prozess als kommunikativer zirkulärer Verständigungsprozess zu verstehen. Zu diesem Prozess gehören die Situations- und Verhaltensanalyse, die Feststellung von Veränderungsbedarf, die Zielbestimmung und eine Abstimmung über geeignete Vorgehensweisen. Darüber hinaus gehört eine Metakommunikation, d.h. ein angemessenes Sichtbarmachen von Zusammenhängen, ein angemessenes Mit-Teilen von Interpretationen in unterschiedlichen Phasen des Prozesses ebenso wie eine Transparenz des beraterisch-methodischen Vorgehens dazu. Neben der unmittelbaren Bedeutung im Beratungsprozess hat dieses Handeln zum längerfristigen Ziel, die Fähigkeit der Selbstdiagnose zu fördern. Das Vorgehen ist eine Anleitung zur differenzierten Betrachtung und Entdeckung sowie zum Selbstausdruck von Bedeutungen und Befindlichkeit auf allen o.g. Ebenen. Eine besondere diagnostische Aufmerksamkeit konzentriert sich auf die Entscheidungsphasen und die Lern- und Entwicklungszeit Studierender sowie auf den Übergang ins Erwerbsleben. Antizipation und Prognose gewinnen eine große Bedeutung. Es verschränken sich in besonderer Weise die Innen- und Außenperspektiven.

kommunikativer zirkulärer Verständigungsprozess

Einige Positionen zum Beratungsauftrag und Beratungsbegriff der Allgemeinen Studienberatung

Die universitäre, wissenschaftliche Bildung – d.h. nicht in der Praxis stattfindende, nicht durch Praxis strukturierte und überprüfte

Ausbildung – erfordert Studentinnen und Studenten, die »ihren Weg selbst finden, ihre Interessen selbst artikulieren und ihre Lernprozesse selbst organisieren können«(Kruse 1994, S. 22). Damit beschreibt die auf Rationalität und Intellektualität, Innovation und zugleich Tradition ausgerichtete Welt der Wissenschaft ihr Anforderungsprofil: Studierende müssen sich klare Ziele in immer neuer Abstimmung auf ihr Studienkonzept stecken können, brauchen eine hohe Eigeninitiative sowie Durchsetzungsvermögen, eine überzeugende Effizienz und »gereifte« Verhaltensweisen.

Anforderungsprofile

Studieren ist zugleich gekennzeichnet von verschiedenen Übergängen und Statuspassagen. Damit verbunden ist Ablösung, Abgrenzung und Neuorientierung und der eigenverantwortliche Entwurf von Lebens- und Berufsperspektiven. Die Studienzeit beinhaltet verunsicherungs- und störungsanfällige Phasen.

Die Gleichzeitigkeit dieser Anforderungen ist eine besondere Herausforderung, und die Entwicklung eines angemessenen Studierverhaltens erfordert Freiräume. Wenn sich also z.b. Entscheidungsunsicherheiten, Zweifel an grundlegenden Kompetenzen, Motivationsschwierigkeiten, Zielkonfusionen zeigen, muss – für ein im o.g. Sinne erfolgreiches Studieren – an diesen gearbeitet werden.

Förderung der Kompetenzen

Die Förderung der zu entwickelnden Kompetenzen ist demnach eine Zielsetzung der Allgemeinen Studienberatung in allen Phasen des Studiums. Damit ist sie präventions-, lösungs- und handlungsorientiert und fokussiert die vorhandenen Kräfte. Sie zielt auf ein Lernen des Individuums im System mit dessen spezifischen Anforderungen ab.

Zugleich erfüllt Studienberatung einen Teil der sozialen Fürsorgepflicht der Hochschulen, indem sie bei studienbedingten persönlichen Schwierigkeiten psychosoziale Beratung anbietet, z.B. Krisenintervention, Angstbewältigung, Entscheidungskonfliktberatung. Hier ist Beratung kurativ, d.h. auf das Problem zentriert und individual-diagnostisch ausgerichtet.

Aus der Vielzahl von Definitionen von Beratung bietet sich die von Dietrich (1983) (vgl. hierzu den Beitrag von Kraute in diesem Band).

Ein Fallbeispiel aus dem pädagogischen Handlungsfeld

Kontaktaufnahme

Eine Schülerin am Anfang der 13. Klasse ist über schriftliches Material recht gut über das Psychologiestudium informiert und kommt in die Beratungsstelle mit formalen Fragen. Vordergründig erscheint der Besuch als eine Absicherung ihrer geplanten Vorgehensweise für ein Studium der Psychologie in Göttingen. Längere Gesprächspausen und ein zögerliches Einordnen der angebotenen Informationen erwecken den Eindruck, dass hinter diesem Anliegen noch ein anderes stehen könnte. Im Einzelgespräch, nach einem Einstieg und der Exploration, entwickelt sich der Prozess.

Anliegenklärung

Auf die Frage, ob es auch eine Alternative gegeben hätte oder gibt, verändern sich Redetempo und Engagement. *»Eigentlich, ... ich bin selbst nicht sicher..., wenn mein Mathe-Lehrer mir mehr Mut zum Leistungskurs..., mein Vater würde ja zu noch mehr Sicherheit tendieren..., meine Freundin...«.* Damit wurde das soziale Umfeld und dessen vielfältige Meinungen, Zuschreibungen und Wünsche einbezogen. Dahinter lag der eigene eigentliche Wunsch verborgen, Mathematik studieren zu wollen.

Exploration

Um die Stimmen zu entwirren und um die Absender der Botschaften auch zu Adressaten von Antworten machen zu können, bot die Beraterin der Schülerin an, für die genannten Personen Schachfiguren zu wählen[4]. Nach anfänglichem Erstaunen und Zögern wird gewählt: der weiße Turm als Vater, der schwarze König als Mathematiklehrer, die weiße Dame als Freundin, ein Bauer als Mutter, sich selbst als Läufer. Bis hierher geht es stockend, besonnen voran, jede Person wird kurz charakterisiert. Bei der Ratsuchenden selbst entsteht Unzufriedenheit und wieder ein *»eigentlich«. »Dahinter ist auch noch das schwarze Pferd, das ist nicht immer zu sehen....«* Das Spiel kommt in Bewegung.

Bearbeitung des Anliegens

Auf Anregung der Beraterin kann auch »die Psychologie« mit einer Figur besetzt werden, der schwarzen Dame. Die Schülerin ist längere Zeit fixiert auf das weiße Pferd (Mathematik). Die räumliche Distanz (auf dem Schachbrett) ist bei dieser Figur zu der ihren am größten.

Die Frage, was sie sehen könne und was sie bereits über die »schwarze Dame« wisse, beantwortet sie beim Näherkommen. Sie erläutert die Wahl kurz und befragt das Quartett der Figuren nach Bedingungen, Anforderungen und auch auf den Anteil von Frauen in diesem Studium und teilt Befürchtungen und Unsicherheiten mit.

Mit einem Kommentar wechselt die Beraterin aus ihrer Rolle kurzzeitig in die einer Mitspielerin. Sie bleibt mit ihren Antworten aus der Perspektive der Figuren, wie *»da können Sie hier und dort*

---

[4] Hinweis zur Verwendung kreativer Medien: Es werden weder die Regeln des Schachspiels vorausgesetzt und angewendet, noch Deutungen der Figurenwahl angeboten. Juliane Just-Nietfeld, Skript zur Fortbildung von Studienberatern in Niedersachsen, Göttingen 1999.

Einblick nehmen, einmal persönlich vorbeikommen, die Herbstferien für Probevorlesungen benutzen...«, eher karg.

Das Interesse der Schülerin wird größer: »*Geht denn das.., kann ich Kontaktadressen haben?*«

Die Anregung, auch die Figur der Psychologie anzusprechen, wird nicht angenommen; stattdessen wendet sie sich den anderen Beteiligten zu. Nach kurzem Hin und Her, geprägt von »Ja-aber«-Sätzen, bleibt noch der Vater als wichtigster Gesprächspartner übrig.

Sicherung von Teilergebnissen

Die Schülerin tritt für kurze Zeit aus dem Spiel heraus und stellt sich vor, den Semesteranfang in den Herbstferien probehalber im Mathematikstudium zu verbringen. Sie vergegenwärtigt sich, was sie alles herausfinden möchte und welches die Ergebnisse dieser Exkursion in die Universität sein könnten, auch unter welchen Prämissen sie ein Mathematikstudium aufnehmen würde.

Wir verabreden eine neue Situation. Die Schülerin versetzt sich zunächst in die Position des Vaters. Sie erzählt ihm mit Hilfe ihrer Figuren von ihren ersten Erfahrungen. Im Rollentausch mit dem Vater fragt sie nach, trägt Gegenargumente vor, hört zu, ermutigt

Auseinandersetzung

nicht, entmutigt jedoch auch nicht. Der Dialog endet mit einer von beiden getragenen Vereinbarung. Die Schülerin möchte es wenigstens ernsthaft versucht haben, ein Jahr das gewünschte Fach zu studieren und sich dabei selbstkritisch zu beobachten. Sie benennt einige Indikatoren, an denen sie selbst Erfolg und Zufriedenheit messen möchte.

Die Frage, ob auch Dialoge mit anderen Personen wichtig seien, verneint sie. Es sei ihr selbst klarer geworden, was sie tun möchte, da sei der Vater in der ersten Auseinandersetzung u.a. wegen der Finanzierung ein wichtiges Gegenüber gewesen.

Reflexion des Bearbeitungsprozesses

Bevor das Arrangement abgebaut wird, soll die Schülerin aus der stehenden Position auf die Anordnung der Figuren schauen, um zunächst den Verlauf der beiden kurzen Szenen noch einmal zu reflektieren. Sie drückt noch einmal Gefühle und Gedanken an den Wendepunkten des Gesprächsverlaufs aus und äußert Erstaunen über diesen Prozess. Die Ergebnisse werden nochmals gesichert; und sie entwirft einen Grobplan für das weitere Vorgehen.

Im Mittelpunkt des Beratungsgeschehens stand das Erleben und Handeln der Schülerin in ihrer sozialen Situation. Ihre Neugierde und ihre positive Selbsteinschätzung bezüglich des Mathematikstudiums waren groß. Diffus verunsichernd waren die Einschätzungen und Ratschläge der Bezugspersonen. Das Arrangement des Schachspiels konnte zunächst Problembereiche separieren und ein besseres Verständnis für die Teilaspekte vermitteln. Im Dialog mit den Figuren, unterstützt durch Interviews, Spiegelungen und Rollentausch, konnten neue Handlungsmöglichkeiten entwickelt werden. Die Vor-Entscheidung für ein von dem sozialen Umfeld stärker akzeptiertes Studium und die damit verstellte Sicht auf die präferierte Alternative konnten durch probeweises Handeln aufgehoben und eine Weiterentwicklung bis zu dieser Entscheidung erreicht werden.

Der Prozess wurde von der Ratsuchenden erheblich gesteuert. Die Beraterin fungierte als »Hebamme«, Strukturiererin, ggf. als Übersetzerin. Häufig reichen diese Erkenntnisakte bereits aus, um eine veränderte Sichtweise oder ein verändertes Verhalten zu inspirieren, eine lernintensive und vertiefende, eine ergebnissichernde oder motivierende Wirkung zu erzielen. Geboten wurde eine Quasirealität ohne Realitätsdruck, ein Probehandeln ohne frühzeitige Fixierung auf die spätere Situation. Der Beratungsprozess wurde zusätzlich zu den verbalen Impulsen stimuliert. Information, Veranschaulichung, Aktualisierung, Visualisierung, Strukturierung, Fokussierung, sowie Ausdruck von Meinung und Befindlichkeit waren hier die pädagogisch beraterischen Ziele.

Quasirealität ohne Realitätsdruck

Das Pädagogische an der Studienberatung

Das Charakteristikum »des Pädagogischen« von institutionalisierter Studienberatung bezieht seine Qualitätsmerkmale zum einen aus der Definition der Bedürfnislage von Ratsuchenden und zum anderen aus der Zuschreibung von Funktionen für die Institution Hochschule.

Als pädagogisches Handeln ist das Beraten von Studierenden und Studieninteressierten dem *Prinzip der Mündigkeit* verpflichtet. Studierende sind in ihrer Mündigkeit deshalb ständig infrage gestellt, weil ihnen traditionale Anteile von mündigem Handeln insbesondere aufgrund fehlender wirtschaftlicher Selbständigkeit abgesprochen werden. Autonomie oder Mündigkeit des Erwachsenen in seinen unterschiedlichen Handlungsfeldern des alltäglichen Lebens erfordert von ihm neben einem hohen Maß an Individualität eine differenziert ausgeprägte Fähigkeit zur Solidarität.

mündiges Handeln

Studienberatung ist für studierende Erwachsene neben etablierten Einrichtungen der Erziehung und Ausbildung in einen freigelassenen Raum hinein institutionalisiert und tangiert zugleich die Sozialisationsinstanzen Familie, peer group, Massenmedien. Im Kontext dieser Instanzen und Institutionen nimmt Studienberatung eine ergänzend-sozialisierende Funktion ein, oder, aus der Per-

Enkulturation

spektive des Individuums gesehen, zeigt sie in der Phase der sekundären Enkulturation, d. h. der Neuinterpretation, Revision und Erweiterung kultureller Verhaltensmuster, einen affirmativen Charakter.

Eine derartige Beratung zur Mündigkeit lässt sich als Individuations-Beratung bezeichnen. Studienberatung siedelt sich direkt in den etablierten Bildungsinstitutionen an und nutzt zugleich den außerhalb des eingegrenzten Handlungsfeldes vorhandenen Freiraum. Ihre Distanz zu den etablierten Ausbildungseinrichtungen ist bewusst gewollt. Sie verdeutlicht sich direkt in Ort, Profession und konzeptioneller »Eigenständigkeit« als Einrichtung in unmittelbarer Kooperation mit der Hochschule. Nur unter diesen Bedingungen findet Beratung Spielräume, die es ermöglichen, individuelle Konzepte zu berücksichtigen.

Steuerung von Ressourcen

Studienberatung wirkt zugleich auch auf die institutionellen Rahmenbedingungen unmittelbar und mittelbar sozialisationsbeeinflussend ein: sie ist Teil des Systems, das individuelles Lernen fördert, sie ist als Teil der Abteilung Studium und Lehre aber auch indirekt pädagogisch wirksam, indem sie zusammen mit anderen Institutionen der Universitätsleitung und einzelnen Gremien Daten zur Zieldefinition, zur Steuerung von Ressourcen für die Verbesserung der Lehr-Lernsituation liefert. Sie ergänzt das Leistungsspektrum um die Dimension der den Studienprozess begleitenden Evaluationen, um bildungspolitische Maßnahmen auf der Ebene der institutionellen Rahmenbedingungen zu effektivieren (Institutionenberatung).

Wirkfaktoren des pädagogischen Handelns in der Studienberatung – eine Schlussbetrachtung

Studienberatung an der Universität reflektiert und repräsentiert mit der expliziten Orientierung ihrer Konzeption an Zielen und Modellen pädagogischen Handelns ausgewählte Grundsätze einer Beratungsdidaktik, die Handlungsfelder für Erwachsene konstituieren und als Qualitätskriterien gelten. Diese Grundsätze manifestieren sich in der sozialen Situation des Gesprächs ebenso wie in der Organisation der Rahmenbedingungen, in der Gespräche und andere Handlungen mündiger Personen stimuliert werden sollen, die

»Sich-miteinander-Beraten«

als Element des »Sich-miteinander-Beraten« definiert werden können:

– Beratung ist pädagogisches Handeln, das dem Entwicklungsstand von Erwachsenen adäquat ist, wenn sie über die Verständnis- und Entscheidungshilfe hinaus in einem eigenständig institutionalisierten Beratungszusammenhang angeboten wird, um Probleme vernünftig zu lösen.

– In ihren psychosozialen Dimensionen ist Beratung reales Handeln. Als (vorwiegend) Sprachhandeln ist Beratung konkrete soziale Interaktion. Sie ist keine »Als-ob-Handlung«. Jede Beratung ist unmittelbare Praxis individueller Gestaltung von Lebensalltag. Dieses Sprechhandeln vollzieht sich in einer Beratungssituation nach besonderen Regeln.

– Als Problemlöseangebot, das bewusst außerhalb der verursachenden Felder institutionalisiert ist, beinhaltet Beratung grundsätzlich selbstreflexive und situationsübergreifende Handlungsformen für den Einzelnen. Die Selbsterfahrung und Selbstreflexion des beteiligten Individuums gelingt wirksam(er), wenn professionell qualifizierte Personen mitbeteiligt werden und das Gespräch in einem beratungsdidaktischen Handlungsrahmen stattfindet.

– Als soziale Maßnahme fußt Beratung auf der Interaktion zwischen Personen. Sie unterscheidet sich von »Laien-Beratung« oder Beratung im problemverursachenden Feld durch die Professionalität des Beraters. Professionalität fußt auf Qualifikationen im Bereich sozialen Handelns, der Entwicklungs-, Lern- und Motivationspsychologie und auf einigen sozialgeschichtlichen Kenntnissen, um die mentalitätsbildenden und erhaltenden Zusammenhänge ansprechen zu können.

– Will eine Person sich weiterentwickeln, muss sie sich verändern, und dies kann sie mit nachhaltiger Wirkung nur, wenn sie sich aus freien Stücken in Lernprozesse begibt, die das Handeln, Denken und Fühlen des Betroffenen zum Thema bzw. Lerngegenstand haben.

– Autonomie oder Mündigkeit des Erwachsenen in seinen unterschiedlichen Handlungsfeldern des alltäglichen Lebens erfordert neben einem hohen Maß an Individualität eine ausgeprägte Fähigkeit zu solidarischem Handeln. Beratung ist ein komprimiertes Angebot an sozialen und situationsbezogenen Problembewältigungsmaßnahmen.

– Allgemeine Studienberatung ist von Verursacherzusammenhängen getrennte Bearbeitung von Problemen, die Studenten und Studieninteressierte in einen Zusammenhang mit ihrem Studium sehen bzw. bringen. Die Beratungsstelle gilt als neutrale Zone im Handlungsfeld Hochschule (Vertrauensschutz, Anonymität und nicht vorhandene Entscheidungskompetenzen).

Literatur

Behnken, I., Zinnecker, J. (1992): Statuspassagen und biographische Muster in Kindheit und Jugend, in: Jugendwerk der Deutschen Shell (Hrsg.), Bd. 2: Im Spiegel der Wissenschaften, Opladen.

Brühwiler, H. (1994): Methoden der ganzheitlichen Jugend- und Erwachsenenbildung, Opladen.

Chur, D. (1998): Die Förderung von Schlüsselkompetenz durch Beratung, in: Pädagogisches Forum 10.

Dietrich, G. (1983):, Allgemeine Beratungspsychologie, Göttingen

Just-Nietfeld, J. (1999): Kreative Methoden in der Studienberatung, Skript zur Fortbildung von Studienberatern in Niedersachsen (intern veröffentlicht), Göttingen.

Kornig, B. (1990): Profession und Biographie: Interpretation zur biographischen Prüfung eines professionellen Habitus an der Universität, in: Marotzki, W., Kokemohr, R. (Hrsg.), Biographien in komplexen Institutionen. Studentenbiographien II. Weinheim.

Kruse, O. (1994): Zugang zur Wissenschaft finden, in: Knigge-Illner, H., Kruse, O. (Hrsg.), Studieren mit Lust und Methode. Neue Gruppenkonzeptionen für Beratung und Lehre, Weinheim.

Nellesen, L. (1995): Intervention und Interventionsstrategien, in: Supervision 28, 11.

Schulz, W., o.J.: Beratung bei studienbedingten persönlichen Schwierigkeiten, (§24 NHG) in ihrem Zusammenhang zu den Aufgaben der Zentralen Studienberatungsstellen der nds. Hochschulen, Braunschweig (Ms.).

Wagemann, C.-H. (1998): Unterschiedliche Geschichte – verschiedene Begriffe und Konzepte, in: Olbertz, J. H. (Hrsg.): Zwischen den Fächern über den Dingen? Universalisierung versus Spezialisierung akademischer Bildung. Opladen.

Weiterführende Literatur

Bonss, W. (1995): *Von Risiko, Unsicherheit und Ungewißheit in der Moderne.* Hamburg.

Bugdahl, V. (1995): *Kreatives Problemlösen im Unterricht,* Frankfurt a. M.

Corsini, R. J. (1991): *Handbuch der Psychotherapie,* 3. Aufl., Weinheim.

Dörner, D., (1995): *Die Logik des Mißlingens. Strategisches Denken in komplexen Situationen,* Reinbek bei Hamburg.

Kirsten, R. E., Müller-Schwarz, J. (1982): *Gruppentraining,* Reinbeck.

Kayser, B. (1993): *Das Bild der Ratsuchenden in der ZSb* in: 9. Tätigkeitsbericht der ZSb der Universität Göttingen.

Hochschulrektorenkonferenz (Hrsg.), (1991): *Perspektiven der Studienberatung,* Dokumente zur Hochschulreform 70.

Milleniumtage in Kassel (1997): *New Work, Die Zukunft der Arbeit,* Kassel.

Projektgruppe Hochschulforschung (Hrsg.) (1991, 1992): *Almanach zur Studienberatung,* Bde. 1 und 2, Berlin.

Schreyögg, A. (1998): *Coaching –Eine Einführung für Praxis und Ausbildung,* 3. Aufl, Weinheim.

Schulz von Thun, F. (1981, 1989, 1998): *Miteinander reden,* Bde. 1-3, Reinbeck.

Schwarzer, R. (1997): Beraterlexikon, München.

Wentz, F.G. (1993): *Rationalität des Irrationalen bei der Studienfachwahl oder: Eine Seife ist genug.* in: *9. Tätigkeitsbericht* der ZSb der Universität Göttingen 1.10.91 – 30.9.92, 39 – 56.

Zentrale Studienberatung der Universität Göttingen (Hrsg.) (1990):, *Krisen im Leben von Studenten als entwicklungsförderndes Potential? – Möglichkeiten konstruktiver Bewältigung.*

Zentrale Studienberatung der Universität Göttingen (Hrsg.) (1991): *8. Tätigkeitsbericht,* Jahresbericht 1991.

Brühweiler 1994 (S. 235)

Psychosoziale Beratung für Studierende

Annet Göhmann-Ebel

Annet Göhmann-Ebel

Die Psychosoziale Beratung für Studierende ist Bestandteil eines Versorgungsnetzes von Beratungsstellen mit besonderen Aufgaben, die in hohem Maße auf die spezifischen Probleme und Lebenssituationen ihrer Klientel abgestellt sind. Da sie auf die Beratung von psychosozialen Konflikten und Krisen von Studierenden spezialisiert sind, haben sie hierfür eine besondere Kompetenz entwickelt. Sie sind nicht nur mit den entwicklungsbedingten Reifungskrisen junger Menschen, sondern zudem auch mit den sozialen Rahmenbedingungen des Studiums und den allgemeinen Studienbedingungen vertraut.

Versorgungsnetz von Beratungsstellen

Psychosoziale Beratung für Studierende als Aufgabe der Studentenwerke

Die Studentenwerke sind auf der Grundlage von Ländergesetzen für die soziale und gesundheitliche Förderung der Studierenden zuständig. 40 der 65 Studentenwerke in Deutschland bieten psychosoziale Beratungsmöglichkeiten an.

Im Rahmen dieses Auftrages unterhält das Studentenwerk Göttingen für die Studierenden der Georg-August-Universität und der Fachhochschulen in Göttingen neben 53 Wohnheimen mit insgesamt rund 5000 Plätzen, vier Kindertagesstätten und weiteren Dienstleistungseinrichtungen wie Förderungsabteilung (BAföG), Zimmervermittlung, Sozialdienst und Kulturbüro auch die Psychosoziale Beratungsstelle.

Die Psychosoziale Beratungsstelle des Studentenwerks Göttingen unterstützt, ebenso wie die anderen Beratungsangebote für Studierende (Zentrale Studienberatung, Sozialberatung, Ärztlich-psychologische Beratung), den fachlichen und persönlichen Studienerfolg. Sie bietet in schwierigen Studien- und Lebenssituationen Orientierungs- und Entscheidungshilfen an und fördert die Selbstständigkeit und Leistungsfähigkeit der Studierenden. Sie trägt so zur Erreichung von gesundheits-, sozial- und bildungspolitischen Zielen bei.

Förderung von Selbstständigkeit und Leistungsfähigkeit

Hintergründe für die Einrichtung der Psychosozialen Beratungsstelle

Die Studien- und Lebenssituation der Studierenden war zur Zeit der Gründung der Beratungsstelle (1985) und ist auch im Jahr 2002 maßgeblich dadurch gekennzeichnet, dass die Universitäten als anonyme Massenorganisationen, reformbedürftige Curricula und die unzureichende finanzielle Ausstattung der Studierenden im Brennpunkt der vielfältigen Probleme stehen.

Die Universität als anonyme Massenorganisation

In den 80er Jahren wurden die Universitäten in Deutschland zunehmend zu Massenorganisationen. Es ergaben sich Probleme für die Studierenden, die sich durch die bloße Bereitstellung von Geld, Verpflegung oder Wohnmöglichkeiten allein nicht beheben ließen. Im Bereich der Wohnheime des Studentenwerks Göttingen zum Beispiel lebten damals ca. 3.700 Studierende. Das waren etwa 13 % der gesamten Studentenschaft. 1983 wurde in der 10. Sozialerhebung des »Deutschen Studentenwerks e.V.« (DSW), Dachverband der regionalen Studentenwerke, u.a. festgestellt, dass nahezu 20 % der Studierenden mit psychischen Problemen ihre Schwierigkeiten mit der Wohnsituation in Verbindung bringen.

Einige wissenschaftliche Untersuchungen (u.a. H. J. Krüger 1982, DSW 1986) beschäftigten sich mit den psychosozialen Schwierigkeiten von Studierenden. In den Ergebnissen dieser Untersuchungen wurde deutlich, dass die soziale Lage der Studierenden nicht ausreichend durch materielle Kategorien beschrieben werden kann. Es finden sich bei einer großen Anzahl psychosoziale Schwierigkeiten, die im Laufe des Studiums unterschiedlich starke Beeinträchtigungen hervorrufen können.

Psychosoziale Schwierigkeiten

So geht das Untersuchungskonzept der 11. (1985) und 15. (1999) Sozialerhebung des Deutschen Studentenwerks davon aus: »Die Verbindung von psychischem Befinden und sozialer Lage im Begriff der psychosozialen Lage der Studenten hat einen realen Kern: die Gemeinsamkeit in der gesellschaftlichen Situation der Studenten besteht in einer ›künstlich‹ verlängerten Jugendzeit bzw. einer ›prolongierten Adoleszenz‹« (11. Sozialerhebung des DSW; Auszug: Psychosoziale Situation und Befindlichkeit der Studenten, S. 453).

»Prolongierte Adoleszenz«

Die Lebenssituation von Studierenden ist gekennzeichnet durch eine biographische Übergangssituation. Im Unterschied zu gleichaltrigen Erwachsenen, die nicht studieren, befinden sich Studierende größtenteils in wirtschaftlicher Abhängigkeit vom Elternhaus oder BAföG etc. Während sich bei Studierenden neue, eigene Lebensstile und -einstellungen ausbilden, haben Gleichaltrige, die

Krisengefährdeter Zeitraum

nicht studieren, bereits einen Beruf, sich etabliert und vielleicht eine Familie gegründet. Besonders die Schnittstellen zwischen Schule und Studium oder Studienabschluss und Beruf erweisen sich für die Studierenden –was generell für Statuspassagen gilt- als krisengefährdete Zeiträume.

Die Möglichkeiten der intellektuellen Selbstbestimmung der Studierenden sind vielfältig, stoßen aber auf materielle Schranken sowie auf Einschränkungen hinsichtlich der Partizipation an gesellschaftlichen Entscheidungen. Diese Tatsachen ergeben ein Spannungsverhältnis, das die psychische Situation der Studierenden kennzeichnet: Sie befinden sich in einer Art psychosozialen **Psychosoziales** Moratoriums (hier: Aufschub des Erwachsenwerdens), dessen **Moratorium** Ende auf Grund der Arbeitsmarktsituation für Akademiker zweifelhaft erscheint. Darüber hinaus fand sich bei einem Workshop, den das DSW im Februar 1986 über die psychosoziale Lage von Studierenden mit Mitarbeitern von psychotherapeutischen Beratungsstellen durchführte, folgende Zusammenstellung von Problemen:

Probleme im – Das Studium selbst wird durch die Wissenschaftsexplosion kaum
Einzelnen noch überschaubar. Der Sinnzusammenhang ist vielen Studenten kaum zugänglich. Leistungsanforderungen werden daher nicht mehr verstanden und oft abgelehnt. Viele Studenten bekommen das Gefühl, nichts Produktives und Sinnvolles zu leisten.

– Die Massenuniversität schafft zusätzlich Anonymität. Gerade aber in dieser Situation brauchen viele Studenten Überschaubarkeit und Persönlichkeiten sowie Kontakte in der Hochschule. Leitbilder, an denen sich die Persönlichkeit bilden kann, werden an der Hochschule kaum geboten.

– Die soziale Umschichtung lässt viele Studenten noch schwerer eigene Standpunkte finden. Das Elternhaus konnte auf ein Studium nicht vorbereiten.

– Die Hoffnung, nach dem Studium eine Arbeit zu finden, die das Gelernte zur Anwendung kommen lässt, ist in einigen Fächern nicht mehr gegeben (DSW: 11. Sozialerhebung, S. 454).

Aus diesen Gründen erscheint das psychosoziale Moratorium, das bisher allen Studierendengenerationen zugestanden wurde, in seiner Sinnhaftigkeit fraglich. Es wird für viele Studierende immer schwieriger, die studienbedingten sozialen Probleme kognitiv und emotional zu verarbeiten.

An den heutigen Universitäten sind Lern- und Entwicklungs-
Kognition vor möglichkeiten der Studierenden hauptsächlich auf den kognitiven
Emotion Bereich ausgerichtet: Der emotionalen Entwicklung als eigenver-

antwortlich sozial Handelnder sind aus bekannten Gründen enge Grenzen gesetzt.

Durch die Darstellung der psychosozialen Situation der Studierenden sollte keineswegs der Eindruck entstehen, die Hochschule und ihr soziales Umfeld seien überwiegend geprägt durch unterschiedslose psychosoziale Massenprobleme. Tatsache war und ist, dass es immer mehr Studierenden schwer fällt, psychosoziale Konflikte ohne fremde Hilfe konstruktiv zu bewältigen.

Das oben Skizzierte war der Hintergrund dafür, dass im Frühjahr 1985 von der Geschäftsführung des Studentenwerks Göttingen beim Arbeitsamt Göttingen ein Antrag auf Förderung einer Allgemeinen Maßnahme zur Arbeitsbeschaffung (ABM) gestellt wurde, welche die »Einzelbetreuung von Studierenden in psychosozialen Konfliktlagen« beinhalten sollte.

Zum 1. Juli 1985 konnte die Stelle besetzt werden. Es folgten drei Jahre »Aufbauarbeit«. 1988 konnte die AB-Maßnahme durch das Studentenwerk in einen festen Arbeitsplatz umgewandelt werden, und es institutionalisierte sich die »Psychosoziale Beratungsstelle«.

Konzeption der Psychosozialen Beratungsstelle

Die vorangestellten Ausführungen haben gezeigt, dass ein Anteil der Studierenden in psychosoziale Konfliktlagen geraten kann, die im Grunde als typisch für die Lebensphase der Studierenden angesehen werden kann, sich jedoch negativ auf die Studienleistungen auswirken. Studienrelevante Schwierigkeiten weisen einen vielschichtigen Zusammenhang zu unterschiedlichen Bereichen der sozialen und persönlichen Situation der Studierenden auf. Eine der Aufgaben psychosozialer Beratung ist es deshalb, das Zusammenspiel zwischen den »privaten« Aspekten der Persönlichkeit des Studierenden mit den konkreten Studienschwierigkeiten zu identifizieren und aufzuarbeiten. Die Psychosoziale Beratungsstelle des Studentenwerks ist auf die Beratung bei studienspezifischen Konflikten und Kriseninterventionen spezialisiert und hat hierfür eine entsprechende beraterische Kompetenz entwickelt. Ziel ist, den Studierenden vor Ort, also an der Hochschule, schnell und unbürokratisch zu helfen.

Beratung bei studienrelevanten Konflikten und Krisenintervention

Die Psychosoziale Beratungsstelle bietet kostenlos Beratungsgespräche (in der Regel bis zu 10 Stunden), sowohl bei studienbedingten Problemen (Prüfungs- u. Versagensängste, ineffektive Lernstrategien, Konzentrations- u. Motivationsstörungen, etc.) als

Kostenlose Beratung

Konflikte im Wohnheim

auch in persönlichen Konfliktsituationen (Selbstwertprobleme, Entscheidungsunfähigkeit, Depressionen, Ängste, Kontaktstörungen, etc.) an. Bei Konflikten im Wohnheimbereich kann eine Beratung gegebenenfalls vor Ort stattfinden. In Ausnahmefällen sind auch während der laufenden Beratungen Hausbesuche möglich.

Die Beratungsstelle steht ebenso allen MitarbeiterInnen des Studentenwerks als erste Anlaufstelle offen.

Weitervermittlung

Die Erfahrung der letzten Jahre hat gezeigt, dass die gezielte und wirkungsvolle Weitervermittlung in eine psychotherapeutische Behandlung eine wichtige Aufgabe der Psychosozialen Beratungsstelle ist. Dies kann in der Regel erst nach einem umfassenden diagnostischen Prozess, dem Erkennen von Problemkonstellationen und einer Motivierungsphase erfolgen. Gegebenenfalls werden Überbrückungsgespräche während der Wartezeit auf einen Therapieplatz angeboten.

Nicht zuständig ist die Beratungsstelle bei Informationsfragen zu einzelnen Studienfächern, wie Studieneignung, -verlauf und -fachwechsel, sowie bei wirtschaftlichen Problemen der Studierenden. Die allgemeine Sozialberatung und -betreuung wird vom Sozialdienst des Studentenwerks übernommen.

Dominierende Probleme

Unter den Problemen der Studierenden, die die Psychosoziale Beratungsstelle aufsuchen, dominieren mangelndes Selbstwertgefühl, depressive Verstimmungen, Arbeitsschwierigkeiten, Ängste und interpersonelle Beeinträchtigungen. Nach Holm-Hadulla (2001) lassen sich vier Konfliktkonstellationen erkennen: Spätadoleszente Reifungskrisen, Schwierigkeiten in der Prüfungszeit, Auseinandersetzung mit Fortschritt und Erfolg sowie Bewältigung von Zurückbleiben und Scheitern.

Unterschiedliche Beratungsansätze

Um diesen spezifischen Konflikten und Problemsituationen gerecht zu werden, folgt die Beratungsstelle in ihrer Beratungspraxis einem ressourcenorientierten, integrativen Ansatz. Entweder allein oder in Kombination miteinander kommen unterschiedliche Beratungsansätze, die sich herleiten aus verschiedenen psychotherapeutischen Konzepten, wie Gesprächspsychotherapie, Tiefenpsychologie, Verhaltenstherapie, Gestalttherapie und Familientherapie, zur Anwendung.

Dialogisch geprägter Beratungsprozess

Innerhalb dieses Beratungskonzeptes werden die Studierenden als mündige, selbstständig Handelnde respektiert, die durch den dialogisch geprägten Beratungsprozess Hilfe zur Selbsthilfe erhalten.

Die unterstützenden Angebote werden in verschiedenen Settings durchgeführt. Neben Einzel-, Paar- und Familiengesprächen werden regelmäßig Kurse zu unterschiedlichen Themenbereichen (»Prüfungsangstgruppe«, »Effektiver Arbeiten und Lernen«, »Konflikt-

und Stresssituationen im Studienalltag bewältigen«, »Autogenes Training«, »Progressive Muskelentspannung«) angeboten.

Mit den, an den Handlungssituationen im Studium orientierten, Gruppenangeboten kann dem Anteil der Studierenden, bei denen Studienprobleme auf primäre Schwierigkeiten in der Arbeitsorganisation, ineffizienten Lernstrategien und unklaren Studienaufbau zurückzuführen sind, Unterstützung angeboten werden. Es werden Strategien zur Aufgabenbewältigung vermittelt und damit die Entwicklung von Studienkompetenzen gefördert. Gleichzeitig tragen die Gruppenangebote dazu bei, Kontaktmöglichkeiten in der anonymen Massenuniversität zu finden. `Gruppenangebote`

Im Anschluss an eine Beratung oder eine Gruppenteilnahme wird durch einen Katamnese-Fragebogen die Zufriedenheit der Ratsuchenden mit dem Beratungsprozess evaluiert. Daraus ergeben sich wichtige Rückmeldungen für die Reflexion der Beratungstätigkeit und es dient der Qualitätssicherung für die Beratungsstelle. `Evaluation und Qualitätssicherung`

Die Mitarbeiterinnen der Beratungsstelle können an einer regelmäßig stattfindenden Supervision teilnehmen und verschiedene Fort- und Weiterbildungen besuchen. `Supervision`

Kooperationen erfolgen vor allem mit universitären und außeruniversitären Beratungsstellen, niedergelassenen Ärzten/innen und Psychotherapeut/en/innen, sowie mit psychosomatischen und psychiatrischen Kliniken.

Einen Erfahrungsaustausch mit anderen Kolleg/en/innen bietet außerdem die Teilnahme an speziellen Veranstaltungen des internen wie externen Hochschul- und Sozialbereichs , sowie an spezifischen Veranstaltungen des Deutschen Studentenwerks und an Tagungen der Gesellschaft für Information, Beratung und Therapie an Hochschulen e.V. (GIBeT) `Kooperation`

Institutionelle Bedingungen

Organisatorischer Ablauf

Ratsuchende Student/en/innen können sich telefonisch oder persönlich – ohne Voranmeldung – in den offenen Sprechzeiten an vier Tagen in der Woche für ein Beratungsgespräch anmelden.

In einem klärenden Erstgespräch werden anamnestische Daten erhoben und die Beraterin erhält einen ersten Eindruck von der Konfliktsituation. Aufgrund der erhaltenen Informationen muss entschieden werden, ob dem/der Ratsuchenden eine individuelle Beratung oder Teilnahme an einer Gruppenberatung in der Psychosozialen Beratungsstelle angeboten werden kann, ob eine Wei- `Erstgespräch` tervermittlung an andere Institutionen mit speziellen Angeboten (z.b. Suchtberatungsstelle, Schwangerschaftskonfliktberatung, Eheberatungsstelle) oder in eine längerfristige Therapie sinnvoll erscheint. Der/die Studierende wird schließlich über das für seine/ihre Problemsituation angemessene Beratungs- und Therapieangebot informiert.

Weiterer Verlauf Entscheidet sich der/die Ratsuchende, weitere Gespräche in der Psychosozialen Beratungsstelle in Anspruch zu nehmen, finden die Sitzungen in der Regel einmal wöchentlich statt. Die Teilnehmer/innen der Gruppenangebote treffen sich im Semester ebenfalls einmal in der Woche.

Die Psychosoziale Beratungsstelle verfügt über zwei Stellen, besetzt mit einer Sozialwissenschaftlerin / Kinder- und Jugendpsychotherapeutin und einer Psychologin / Gesprächspsychotherapeutin. Die Kursangebote werden überwiegend von Honorarkräften aus spezifischen Berufen durchgeführt.

Ein Praxisbeispiel

Die nachfolgende exemplarische Darstellung einer Beratung soll dem Leser einen Eindruck über die praktische Arbeit der Psychosozialen Beratungsstelle vermitteln. Das Beispiel zeigt eine typische Problemsituation des studentischen Klientels auf.

Frau W. kam, eine Woche nach einem telefonisch vereinbarten Gesprächstermin, in die Beratungsstelle. Sie erzählte, dass sie hierher gekommen sei, weil sich ihr Freund von ihr getrennt habe und sie damit nicht fertig werde. Hinzu komme, dass sie in ihrem Studienfach Jura im Examen stehe, sich aber seit der Trennung von ihrem Freund zunehmend schlechter auf das Lernen konzentrieren könne. Dass sie vor Prüfungen schlecht lerne und vor den Prüfungen Angst habe, kenne sie zwar, aber nicht in so stark belastender Weise. Sie erklärte, dass sie nicht mehr wisse, was sie tun solle. So schaffe sie ihr Examen nie. Sie leide unter Schlafstörungen und Kopfschmerzen. Frau W. sagte auch, dass sie jetzt jemanden brauche, mit dem sie darüber reden könne. Ihre Freundinnen und Freunde seien ebenfalls im Examen und hätten keine Zeit für ihre Probleme.

Im weiteren Verlauf des Erstgesprächs beschrieb Frau W. die Beziehung zu ihrem ehemaligen Freund, die ihr nach enttäuschenden Beziehungen zu Männern wichtig geworden war. Sie waren fast drei Jahre zusammen und wollten beide eine große Familie haben. Nachdem beide auf Frau W. 's Drängen hin aus ihren

Wohngemeinschaften in eine gemeinsame Wohnung gezogen waren, gab es allerdings immer öfter Streit wegen Kleinigkeiten.

Unter Tränen erzählte Frau W. , dass alles noch an ihn erinnere, zumal er einen Teil der Möbel in der Wohnung gelassen habe. Eine Freundin habe zwar gefragt, ob sie nicht in ihre Wohngemeinschaft einziehen wolle, doch Frau W. konnte sich, trotz ihrer finanziell angespannten Lage, nicht dazu entschließen.

Obwohl ihr Verstand ihr sagte, dass die Beziehung zu ihrem ehemaligen Freund beendet war, dachte Frau W. noch oft an ihn und wünschte sich, die Beziehung wieder herzustellen.

Sie war sehr bedrückt und schien in ein tiefes Loch gefallen zu sein, aus dem sie allein nicht mehr herauskommen konnte. Sie sprach von enttäuschenden Beziehungen und von immer wiederkehrenden Lernproblemen, auch von Prüfungsängsten.

Nach diesem Erstgespräch wurden weitere Termine vereinbart, um Frau W. die Möglichkeit zur Aussprache und zur Unterstützung bei der Bewältigung der Trennung und der Arbeitsstörungen zu geben. Des Weiteren entschied sich Frau W. dafür, ihre Examensprüfungen auf einen späteren Zeitpunkt zu verschieben und sich krank schreiben zu lassen.

In den folgenden, einmal wöchentlich stattfindenden Gesprächen kamen sowohl ihre aktuellen Beziehungen als auch frühere Erlebnisse zur Sprache. Es wurde deutlich, dass sich Frau W., trotz einiger guter Freundinnen und Freunde, sehr allein fühlte. Schließlich wurde es ihr möglich, über verdrängte Sehnsüchte und bittere Erfahrungen zu reden.

Der Fokus wurde dementsprechend auf Frau W. 's familiäre Beziehungen gelegt: Der Kontakt zu den Eltern war unregelmäßig und selten. Besuche bei den Eltern empfand Frau W. als sehr unbefriedigend, weil sie echtes Interesse an ihrer Person vermisste. Auch zu ihren beiden älteren Brüdern bestand wenig Kontakt. Jedes der Kinder war früh aus dem Haus gegangen, ohne dass darüber viel gesprochen worden war. Überhaupt hatte es an einer gemütlichen Atmosphäre und Zeit für einander gefehlt. Wütend war sie darüber, dass sie, ebenso wie ihre Geschwister, bereits als Kind im elterlichen Betrieb, einer Gastwirtschaft, mithelfen musste, ohne dafür damals einen Ausgleich oder jetzt Dank erhalten zu haben. Im Gegenteil, sie ist oft kritisiert worden, vor allem von ihrem Vater.

Im Laufe der Zeit kristallisierte sich zunehmend heraus, dass Frau W. sehr darunter litt, nicht zu wissen, was sie für ihre Eltern wert war und in wie weit sie von ihnen geschätzt wurde. Dazu kam, dass sie große Unsicherheit verspürte, wenn sie an die Zukunft dachte.

Sie fragte sich, ob sie beruflich überhaupt etwas zu leisten vermochte, wenn es ihr doch jetzt schon so schwer fiel, mit den fachlichen Anforderungen zurecht zu kommen. Dieser Druck machte sich während des Studiums durch Magen- und Kopfschmerzen, besonders in studienintensiven Phasen, bemerkbar.

Durch die Trennung von ihrem Freund, der ihr mit seiner emotional sehr zugewandten Familie ersehnte Familienverhältnisse vorgeführt hatte, war es dann in den besonders stressreichen Examensprüfungen und durch die isolierte Wohnsituation, zu dem anfangs geschilderten, Frau W. sehr stark belastenden Allgemeinzustand gekommen.

Frau W. nahm an insgesamt elf Gesprächen teil. Es fiel ihr zunehmend leichter, ihre Wünsche nach liebevoller Zuwendung, persönlicher Anerkennung und Bestätigung ihrer Leistung durch die Eltern bewusst wahrzunehmen und auszusprechen.

Geklärt werden konnte, dass sie ihren Eltern vorwarf, sie ausgenutzt und im Stich gelassen zu haben. Es wurde deutlich, dass sich vor und in Prüfungssituationen die früheren seelischen Verletzungen aktualisierten: Frau W. würde es doch niemandem recht machen können. Diese Selbstzweifel hielten sie häufig davon ab, konzentriert zu arbeiten – bei gleichzeitig hohem zeitlichen Aufwand.

Im Laufe der Gespräche war es einerseits wichtig, das Selbstwertgefühl von Frau W. zu stärken, indem ihre Leistungen, die sie damals für die Familie erbracht hatte und die sie im Studium – trotz ihrer Ängste – bisher gezeigt hatte, Beachtung erfuhren und auch von ihr anerkannt werden konnten.

Um die bestehenden Beziehungen zu verändern und Ressourcen freizulegen, schien es andererseits sinnvoll, die Erfahrungen mit den Eltern unter verschiedenen Perspektiven zu sehen. Unter anderem durch den Einbezug der damaligen zeitlichen Umstände und der elterlichen Belastungen, etwa der Migräneanfälle der Mutter. Dies erleichterte es Frau W., verschiedene Schritte des familiären Aufeinanderzugehens (zunächst) in der Phantasie zu probieren, denn neben der Wut stand der Wunsch nach Nähe zu den Eltern.

Frau W. kam im Laufe der Gespräche zu der Entscheidung, durch eine analytische Psychotherapie ihre Beziehungsprobleme und ihre Lernprobleme sowie ihre Essstörungen, die sie erst spät ansprach, intensiv zu bearbeiten.

Die letzten fünf Gespräche waren Überbrückungsgespräche bis zum Beginn dieser Therapie. Bis dahin war ihr gesundheitlicher Zustand zumindest soweit wiederhergestellt, dass es ihr möglich wurde, sowohl in ein ihr angebotenes Zimmer einer Wohngemeinschaft zu ziehen, als auch die noch anstehenden Prüfungen, nun mit größerer Konzentration, vorzubereiten.

Statistische Daten

Bei der Dokumentation der Beratungsgespräche wird zwischen einmaligen Beratungen und Mehrfachberatungen unterschieden.

Zu erwähnen ist auch, dass kürzere informelle Gespräche und Telefonate, sowie die zu der Beratungsarbeit gehörenden Vor- und Nachbereitungen der Beratungsgespräche, Supervisionen, Teamsitzungen, Weiterbildungen, sowie Kontakte mit anderen Beratungsstellen, Kliniken und niedergelassenen Therapeuten-/innen nicht mit erfasst sind.

Jahresstatistik 01.01.- 31.12.2001

Beratungsstunden:	Ratsuchende:	Beratungstunden:	Ratsuchende:	Kurzberatungen:	Paar-/ Gruppenberatungen/ Elterngespräche:	Gespräche mit MitarbeiterInnen des Studentenwerks:
Mehrfachberatungen	Mehrfachberatungen %	Einstündige Einzelgespräche %	Mehrfach- und Einzelberatung % W / M	Offene Sprechzeit W / M		
612	103	286	389	576	12/ WG:3 Eltern: 3	5
	26%	74%	214/175	305/271		

Gesamtzahl der Ratsuchenden, die die PBS aufgesucht haben: ca. 850

KURSE:

AUTOGENES TRAINING	PROGRESSIVE MUSKELENT-	EFFEKTIVER ARBEITEN SPANNUNG	PRÜFUNGSANGST- GRUPPE UND LERNEN
2 (26 Teiln.)	1 (11 Teiln.)	2 (23 Teiln.)	2 (17 Teiln.)

Abb1. Jahresstatistik 2001

Ausblick

Studierende, die die Psychosoziale Beratungsstelle aufsuchen, sind in der Regel hochmotiviert und haben gute Chancen, ihre persönliche und akademische Situation zu verbessern. In Untersuchungen (Holm-Hadulla, Kiefer u. Sessar 1997) wurde belegt, dass Studierende aufgrund psychotherapeutischer Beratung zufriedener leben und erfolgreicher studieren.

Zufrieden leben und erfolgreich studieren

Damit ist offensichtlich, dass durch die leicht zugängliche, schnell verfügbare, flexible und auf die Ratsuchenden individuell abgestimmte psychosoziale Beratung Studienabbrüche und überlanges Studieren verhindert werden und damit erhebliche Kosten an den Hochschulen und im Gesundheitswesen vermieden werden können.

Literatur

Apenburg, E. (1980): Untersuchungen zur Studienzufriedenheit in der heutigen Massenuniversität. In: Europäische Hochschulschriften: Reihe 6,Psychologie; Bd. 72. Frankfurt / Main.

Bopp, J. (1985): Jugend – Umworben und doch unverstanden. Frankfurt / Main: Campus.

Deutsches Studentenwerk e.V. (Hrsg.) (1983): Das soziale Bild der Studentenschaft in der Bundesrepublik Deutschland – 10. Sozialerhebung des Deutschen Studentenwerks, Bonn.

Deutsches Studentenwerk e.V. (Hrsg.) (1986): Das soziale Bild der Studentenschaft in der Bundesrepublik Deutschland – 11. Sozialerhebung des Deutschen Studentenwerkes, Bonn.

Deutsches Studentenwerk e.V. (Hrsg.) (1999): Studium und psychische Probleme. Sonderauswertung zur 15. Sozialerhebung des Deutschen Studentenwerks, Bonn.

Figge, P., Kaiphas, W., Knigge-Illner, H., Rott, G., (1993): Psychologische Studienberatung an deutschen Hochschulen. Empirische Studie zu Kontext, institutionellen Bedingungen, Aufgaben. Schriftenreihe der Bergischen Universität Gesamthochschule Wuppertal.

Holm-Hadulla, R. M., (Hrsg.) (2001): Psychische Schwierigkeiten von Studierenden. Göttingen: Vandenhoeck&Ruprecht.

Holm-Hadulla, R. M., Kiefer, L., Sessar, W. (1997): Zur Effektivität tiefenpsychologisch fundierter Kurz-und Psychotherapien. Psychother. Psychosom. med. Psychol. 47: S. 271-278.

Knigge-Illner, H., Kruse, O. (Hrsg.) (1994): Studieren mit Lust und Methode. Weinheim: Deutscher Studienverlag.

Krüger, H. J., Maciejewski, F., Steinmann, J. (1982): Studentenprobleme. Frankfurt / New York: Campus Verlag.

Kuda, M. u. Schaub, H. (1976): Die psychologischen Auswirkungen der verschiedenen Wohnformen, in: Wohnheimkonferenz des Deutschen Studentenwerkes vom 09. – 11.06.1976 in Göttingen.

Wöller, F. (1978): Psychische Störungen bei Studenten und ihre sozialen Ursachen. Weinheim: Beltz.

Teil III:

Berufsbezogene Beratung

Berufliche Beratung

Hubert Haas

Zwei wesentliche Leitsätze des Deutschen Verbandes für Berufsberatung e.V., dem einzigen Fachverband für Berufliche Beratung
in Deutschland, lauten:
»Berufliche Beratung orientiert sich am Leitbild des gelingenden
Lebens.«
»Berufliche Beratung begleitet KlientInnen bei deren Bemühungen, Arbeit in ihr Leben zu integrieren.«

Berufliche Beratung versteht sich demnach als eine professionelle Beratungsdienstleistung, deren Thema die individuellen, subjektiven Entwürfe der Welt, speziell der Arbeitswelt, der KlientInnen sind – und zwar sowohl im Hinblick auf das Ziel als auch die
Wege dort hin. Denn die Frage, was denn ein gelingendes Leben
sei, beantwortet jeder Mensch für sich selbst; Lebensverläufe sind
individuell und einzigartig; ebenso individuell und unterschiedlich
ist das Repertoire an Handlungsalternativen, das uns Menschen
zur Verfügung steht. Und wie alle Beratungsdisziplinen, so sieht

*subjektive Ent-
würfe der Welt –
auch der Arbeits-
welt*

auch die Berufliche Beratung ihre Aufgabe darin, dieses Handlungsrepertoire ihrer KlientInnen zu erweitern.

Bis hierhin dürften meine Ausführungen überwiegend auf Akzeptanz treffen. Doch wird auch die Behauptung geteilt, das Thema unserer Beratungsdisziplin, Arbeit und Beruf, sei ebenfalls kaum objektivierbar und subjektiven Eindrücken und Entwürfen unterworfen? Gilt bei aller Freiheit in der Gestaltung und Entfaltung von Lebensentwürfen auch die Freiheit, Arbeit in wahlfreier Weise in das eigene Leben zu integrieren – auf Wunsch auch gar nicht oder nur bedingt oder nur vorübergehend?

Wenn dieser Gedanke nicht mehr ganz Ihrem individuellen Konzept von »Arbeit« entspricht, dann hilft uns möglicherweise ein Ausflug in die Geschichte der Beruflichen Beratung, den Punkt zu entdecken, an dem sich unsere Konzepte voneinander trennen!

Historisches: Entwicklungen von Arbeit, Arbeitsmarkt, Arbeitsverwaltung

Frauenbewegung erfindet die Berufliche Beratung

Die Berufliche Beratung ist eine Erfindung der Frauenbewegung am Ende des 19. Jahrhunderts: Die ersten Berufsberatungsstellen in Deutschland wurden in Büros zur Förderung der Erwerbstätigkeit von Frauen eingerichtet. Frauen hatten damals deshalb einen besonders großen Beratungsbedarf, weil sie sich sowohl das Recht auf eine berufliche Tätigkeit außerhalb des eigenen Haushalts gerade erst erkämpften, und dazu auch noch das Recht, diese Tätigkeit selbst zu wählen. In der Ursprungszeit der Beruflichen Beratung spielte demnach das *Recht auf Arbeit* eine zentrale Rolle. Die Männer hatten damit kein allzu großes Problem: Selbstverständlich ging Mann arbeiten und verdiente den Lebensunterhalt für seine Familie.

Frauen-Recht auf Arbeit

Die Errichtung der Arbeitslosenversicherung und ein bisschen Beratung

Beides änderte sich Mitte der 20er Jahre des 20. Jahrhunderts: Deutschland erlebte erstmals Arbeitslosigkeit in größerem Umfang, die sich in der Folge der Weltwirtschaftskrise dramatisch ausweitete. Plötzlich hatten auch Männer ein Problem mit dem Recht auf Arbeit. Die Gewerkschaften griffen die Idee der Frauenarbeitsbüros auf und bauten sie zu *öffentlichen Arbeitsvermittlungsbüros* aus. Damit begegnete man gleichzeitig der *Ausbeutung durch gewerbliche Arbeitsvermittler*, die aus der Not der Zeit mit wucherischen Honoraren Profit schlugen. Die Reichsregierung hatte bereits einige Jahre zuvor mit dem Aufbau der Sozialversicherung begonnen und die Kranken- und die Rentenversicherung aufgebaut. 1927 kam als dritte Säule die Arbeitslosenversicherung hinzu. Um Zeiten der Arbeitslosigkeit möglichst kurz zu halten, wurden Arbeitsämter gegründet, die nicht nur das Arbeitslosengeld auszahlten, sondern Arbeitsvermittlung betrieben. Die »Zumutbarkeitsregelungen« waren damals völlig eindeutig: Das Arbeitslosengeld wurde wöchentlich in bar bei persönlicher Vorsprache ausgezahlt, und zwar nur an diejenigen, die nachweisen konnten, dass sie sich auf die in der Vorwoche ausgehändigten Stellenangebote – irgendwelche Stellen, irgendwelche Arbeit! – erfolglos beworben hatten. Bei Arbeitslosen (Erwachsenen) stand also die Verpflichtung zur Aufnahme irgendeiner Arbeit im Vordergrund.

Einführung der Arbeitslosenversicherung

Anders bei Jugendlichen: Im »Gesetz über die Einrichtung der Arbeitslosenversicherung und Arbeitsvermittlung – AVAVG« von 1927 wurde den neuen staatlichen Arbeitsämtern eine weitere gesetzliche Aufgabe übertragen: *SchulabgängerInnen* sollten über die Möglichkeiten der Arbeitswelt, über Berufe und Ausbildungsmöglichkeiten *beraten* werden, damit sie beim ersten Eintritt in die Arbeitswelt den rechten Beruf wählten: Die staatliche *Berufsberatung* war geboren.

Berufsberatung – nur für Jugendliche!

So stellten sich die Weichen, die für viele Jahrzehnte – und teilweise bis heute – die Rahmenbedingungen der Beruflichen Beratung in Deutschland bestimmen·

- Wegen bitterer Erfahrungen mit abzockenden gewerblichen Arbeitsvermittlern und auf Druck der Gewerkschaften *wurden die Arbeitsvermittlung und die Berufsberatung einer staatlichen Behörde übertragen* – sie trägt heute den Namen »Bundesanstalt für Arbeit«. Diese Behörde erhielt *Monopolrechte*: Niemand anders als die Arbeitsämter durfte Arbeitsvermittlung und Berufsberatung betreiben. Diese beiden Monopole wurden erst 1995 bzw. 1998 aufgehoben.
- Diese Behörde ist jedoch in erster Linie die Trägerin der *Arbeitslosenversicherung*, die das Instrument der Arbeitsvermittlung unter dem Gesichtspunkt der schnellen Beendigung der Arbeitslosigkeit und der Aufnahme eines beitragspflichtigen Beschäftigungsverhältnisses betrachtet.
- Ein Angebot zur *Beruflichen Beratung* bestand traditionell *ausschließlich für Jugendliche* vor der Erstberufswahl.

Das omnipotente Arbeitsförderungsgesetz von 1969

Eine grundlegende Änderung trat 1969 ein:

Im Wirtschaftswunderland Deutschland lag die Arbeitslosenquote bei 0,8 %, und folglich waren die Kassen der Arbeitslosenversicherung reichlich gefüllt. Gleichzeitig dehnte sich die (Allgemein-) Bildungsexplosion auf die berufliche Bildung aus. Emanzipatorische Bewegungen zur erweiterten Mitbestimmung der ArbeitnehmerInnen beschleunigten Bildungsbedarf und Bildungswillen. Mit dem Arbeitsförderungsgesetz – AFG – von 1969 wurde die Bundesanstalt für Arbeit zur *Managementzentrale für den Arbeitsmarkt* gemacht, die den Ausgleich am Arbeitsmarkt zwischen Angebot und Nachfrage regeln und Engpässe verhindern sollte. Es begann eine beispiellose Qualifizierungskampagne: Mit den finanziellen Reserven der Arbeitslosenversicherung wurden im großem Stil Umschulungs- und Fortbildungsmaßnahmen auf Staatskosten eingerichtet und durchgeführt. Als neue Aufgabe wurde den Arbeitsämtern die Berufliche Beratung Erwachsener übertragen – doch hieß sie zunächst bezeichnenderweise »*Förderungsberatung*«, denn diese Beratung befasste sich mit der finanziellen Förderung und dem Zugang zu berufsbildenden Maßnahmen.

Umschulung und Fortbildung

Ein neues Phänomen: wachsende Arbeitslosigkeit

Diese Phase währte nur kurz: Mit explodierenden Ausgaben für Umschulungen und einer in der Folge des ersten Ölpreisschocks von 1973 steigenden Arbeitslosenzahl erschöpften sich die finanziellen Reserven rascher als erwartet. Die Zugangsvoraussetzungen für Bildungsmaßnahmen wurden in den folgenden Jahren Zug um Zug verschärft. Als 1975 die Skandalgrenze von 1 Million Arbeitslosen überschritten wurde, verschob sich die Aufmerksamkeit auf die Bekämpfung der Arbeitslosigkeit; und obwohl Arbeitsbeschaffungsmaßnahmen und andere arbeitsmarktpolitische Instrumente erfunden wurden, stieg die Arbeitslosenquote kontinuierlich an – mit einer kurzen Erholungsphase in den ersten beiden Jahren nach der Wiedervereinigung Deutschlands. Der »Aufbau Ost« wurde jedoch mit gewaltigen Finanztransfers aller staatlichen Kassen finanziert – in ganz erheblichem Umfang auch mit Mitteln der Arbeitslosenversicherung. Gleichzeitig mussten Millionen von Aussiedlern aus östlichen Ländern in die Gesellschaft und den Arbeitsmarkt integriert werden. Die Ausgaben waren höher als die Einnahmen aus Versicherungsbeiträgen, es wurde ein immer höherer Bundeszuschuss erforderlich, Ausgaben für andere arbeitsmarktpolitische

Maßnahmen – erst im Westen, mit ständig weiter steigender Arbeitslosenzahl dann auch im Osten – wurden gekürzt: Die Förderung der Weiterbildung entfiel fast ganz und wurde weitgehend durch das darlehensweise gewährte Meister-BAFöG ersetzt, und für Umschulungsmaßnahmen wurden jährliche Budgets eingeführt.

Das Sozialgesetzbuch III: Jeder ist seines Glückes Schmied

Ende 1996 zog die Bundesregierung die Notbremse: Es wurde eine grundlegende Reform der »Arbeitsverwaltung« (bezeichnender Begriff!) eingeleitet, die zum 1.1.1998 mit dem Sozialgesetzbuch – Drittes Buch – SGB III in Kraft trat:

Nun sollte die Bundesanstalt für Arbeit den Arbeitsmarkt nicht mehr gestalten, sondern nur noch »den Ausgleich am Arbeitsmarkt unterstützen« (§ 1 SGB III), der sich, so die Gesetzesbegründung, im allgemeinen »von selbst vollziehe«. Arbeitnehmer und Arbeitgeber wurden an »ihre besondere *persönliche Verantwortung*« (§ 2 SGB III) erinnert, aufgrund derer sie verpflichtet seien, die Auswirkungen aller ihrer Entscheidungen auf ihre Chancen und Möglichkeiten am Arbeitsmarkt zu prüfen und rechtzeitig durch selbst finanzierte kontinuierliche Weiterbildung Vorsorge zu treffen. Der Arbeitsvermittlung wurde der Vorrang vor der Förderung von Bildungsmaßnahmen gegeben, die nur noch dann finanziert werden dürfen, wenn eine Arbeitsvermittlung mit der vorhandenen Qualifikation nicht möglich ist, und wenn im Zielberuf eindeutig günstigere Arbeitsmarktbedingungen bestehen als im alten Beruf.

persönliche Verantwortung für die eigene Arbeitsmarkttauglichkeit

Aktuelle Veränderungen im Feld der Beruflichen Beratung

Trotz Monopol der Bundesanstalt für Arbeit für Berufliche Beratung und Arbeitsvermittlung entwickelten BürgerInnen eine Nachfrage nach diesen Dienstleistungen *außerhalb* der Arbeitsämter, und rasch entstanden entsprechende Angebote:

• Die erste Gruppe waren Menschen mit höherer, meist akademischer Ausbildung und entsprechender beruflicher Stellung und Einkommen. Deren Ansprüchen an professionelle Beratung und Vermittlung genügte das Image des Arbeitsamtes nicht; sie arbeiteten in ihrem Beruf häufig mit UnternehmensberaterInnen zusammen. Ihrer finanzkräftigen Nachfrage begegneten PersonalberaterInnen, oft MitarbeiterInnen der Unternehmensberatungsfirmen. Für die Gehaltsklasse ab einem Jahreseinkommen von 120.000 DM wurden die Monopole der Bundesanstalt bereits 1979 aufgehoben. Bis heute bieten PersonalberaterInnen eine arbeitsmarkt- und positionsbezogene, oft branchenspezifische Kombination aus Personalentwicklung, Karriereberatung und Platzierung an, und traditionell sind diese KollegInnen weiterhin dem Bundesverband Deutscher Unternehmensberater – bdu – angeschlossen.

• Die zweite Gruppe waren benachteiligte und behinderte Jugendliche – deren Nachfrage allerdings von ihren SozialpädagogInnen formuliert wurde: Die Arbeitsämter hatten seit Anfang der 80er Jahre in großem Umfang berufsvorbereitende Bildungsmaßnahmen, überbetriebliche Ausbildungseinrichtungen und Rehabilitationseinrichtungen aufgebaut und finanziert. Engagierte SozialpädagogInnen und AusbilderInnen übernahmen in diesen Maßnahmen die Aufgabe der Berufswegplanung, und über die Suche nach betrieblichen Praktikumstellen und die Unterstützung der TeilnehmerInnen bei der Suche nach Ausbildungs- und Arbeitsplätzen im Anschluss an die Maßnahme stiegen sie in die Stellenvermittlung ein. In diesen Einrichtungen wird eine wertvolle, professionelle (sozial-)pädagogische Beratung mit starken Berufs-Lebenswelt-Bezügen geleistet.

• Die dritte und größte Gruppe sind schließlich die erwachsenen Erwerbstätigen. Für sie hatte und hat das Arbeitsamt kaum ein angemessenes Angebot der Beruflichen Beratung. Mangels einer Lobby formulierte sich ihre Nachfrage langsamer, bis sie zunehmend hörbarer wurde. Deutlich vernehmlich ist sie in der Öffentlichkeit erst ganz aktuell in der Folge des Skandals um die unzutreffenden Vermittlungsstatistiken der Arbeitsämter: Befragte Arbeitslose und zufriedene Kunden privater Anbieter benennen als Mangel der Arbeitsämter bzw. Stärke der Privaten nicht so sehr die konkrete Stellenbenennung, sondern die Zeit zur Klärung des neuen Berufswegs.

Der Deutsche Verband für Berufsberatung, dem bis dahin fast ausschließlich BerufsberaterInnen aus Arbeitsämtern angehörten, reagierte auf diese Veränderungen in der Berufsberatungslandschaft 1994 mit der Öffnung für alle, die Berufliche Beratung betreiben.

Exkurs: Das „BerufsBeratungsRegister"

Als sich die Aufhebung des Berufsberatungsmonopols ankündigte, forderte der dvb vom Gesetzgeber, den Zugang zu unserem Beruf durch ein Berufsgesetz zu regeln, in dem die Ausbildung, die erforderlichen Kompetenzen und wesentliche Berufspflichten (z.B. regelmäßige Fortbildung und Supervision) festzulegen seien. Solche Berufsgesetze sind in allen freien Berufen üblich – und wir sind der festen Überzeugung, dass professionelle Beratungsberufe alle Kriterien eines freien Berufs erfüllen. Der Vorschlag wurde nicht angenommen, statt dessen fehlt im neuen Gesetz jegliche Regelung des Zugangs zu unserem Beruf: Jede/r darf sich »Berufsberater« nennen.

Weil es sehr viele unprofessionelle und unseriöse Anbieter gab und gibt, schufen wir das „BerufsBeratungsRegister": In diese öffentliche Liste (*www.bbregister.de*) werden auf Antrag BerufsberaterInnen eingetragen, die

professionelle Qualitätsstandards für Berufberater-Innen

- ein Hochschulstudium
- und eine mindestens 1-jährige beraterische Ausbildung absolviert haben,
- eine mindestens 1-jährige berufsberaterische Erfahrung
- und die fachspezifischen Kenntnisse über Berufe, Arbeit, Arbeitsmarkt, Wirtschaft und Bildungssystem nachweisen – und die sich schriftlich zur Einhaltung
- der Qualitätsstandards des dvb und
- der berufsethischen Normen des Weltverbandes für Berufsberatung
  verpflichten, sowie
- zu regelmäßiger Teilnahme an Fortbildung und Supervision – wobei letzteres über die Verlängerung der auf vier Jahre befristeten Eintragung entscheidet.
- Außerdem verpflichten sich die registrierten BeraterInnen, ihre KlientInnen auf ein uneingeschränktes Beschwerderecht beim Register hinzuweisen, das solche Beschwerden überprüft und ggf. sanktioniert.

Seit der Einrichtung 1998 bis heute haben sich rund 400 BeraterInnen registrieren lassen – übrigens auch viele, die bei einem Arbeitsamt arbeiten.

Ein ähnliches Schicksal – ohne gesetzliche Verankerung dazustehen – hatten wenig später viele BeratungskollegInnen anderer Fachrichtungen nach Inkrafttreten des Psychotherapeuten-Gesetzes, das durch seine enge Verknüpfung mit medizinischen Ausbildungen wesentlich mehr BeraterInnen aus- als einschloss. – Ende 2000 wurde ein Arbeitskreis von über 30 verschiedenen Beratungsverbänden gegründet – der dvb ist einer davon – in der wir gemeinsam für die Professionalisierung unseres Berufsstandes, seine Darstellung in der Öffentlichkeit und vielleicht auch eines Tages für ein gemeinsames Beratungsgesetz zusammenarbeiten (nähere Informationen u.a. auf der Internetseite des dvb *www.berufsberater.net*).

Aktuelle Entwicklungen in Gesellschaft, Wirtschaft, Politik

Gesellschaftliche Veränderungen: Drei bröckelnde Koordinatenachsen

Die Reformpolitik der 70er Jahre führte zunächst zu einem wachsenden demokratischen Bewusstsein: Die Ausweitung des Bildungssystems führte dazu, dass es 1990 erstmals mehr Studierende an Hochschulen als Auszubildende in Betrieben gab, und dass 1999 erstmals mehr Jugendliche eines Jahrgangs das Abitur erreichten als den Hauptschulabschluss. – Das Betriebsverfassungsgesetz von 1972 brachte größere Mitspracherechte der Arbeitnehmer. – Das Wahlalter wurde herabgesetzt. – Immer mehr Bürgerinnen und Bürger praktizierten politischen Partizipation in Form von Demonstrationen, Protestversammlungen und BürgerInnenbewegungen. – Alle diese beispielhaft genannten Entwicklungen stießen allerdings bald auf eine ähnliche Schwierigkeit: Mit zunehmenden Rechten sind auch zunehmende Wahlmöglichkeiten und Optionen und damit zwangsläufig auch Wahlzwänge und Pflichten und Verantwortungen verbunden. Letzteres fällt uns Deutschen angeblich besonders schwer, wenn dafür Mühe aufzuwenden ist, weil bisher vermeintlich selbstverständliche Automatismen nicht mehr funktionieren. Und viele Automatismen begannen zu versagen, zum Beispiel:

Rechte und Optionen – Pflichten und Unklarheiten

• Seine Arbeitskraft zur Verfügung zu stellen führt nicht mehr selbstverständlich zu einem Arbeitsplatz, denn nach dem gewohnten Wirtschaftswunder stieg die Arbeitslosigkeit trotz aller staatlichen Interventionsversuche weiter an.

• Ein (höherer) Schulabschluss garantiert nicht mehr eine (lukrative) Arbeitsstelle, und ein Studienabschluss ist nicht mehr der Schlüssel für eine unvermeidliche Karriere, sondern, wie Ullrich Beck formuliert, nur noch der Schlüssel zu den Vorzimmern der Personalabteilungen.

• Ein Ausbildungsabschluss führt nicht mehr automatisch zu einem Arbeitsplatz, auch nicht im bisherigen Ausbildungsbetrieb.

Damit löste sich eine der *drei Koordinatenachsen* zusehends auf, die bisher den Menschen Stabilität und Orientierungshilfe geboten hatten: Man hatte erstens *Arbeit*, zweitens *Familie*, und drittens gute (Sozial-)*Versicherungen*.

Doch der zweiten Koordinatenachse für klassische Lebensentwürfe ging es nicht besser:

- Schwangerschaft heißt nicht mehr Partnerschaft, Partnerschaft heißt nicht mehr gemischtgeschlechtliche Ehe, Ehe heißt nicht mehr lebenslänglich.
- Die Zahlen der Single-Haushalte, der Ehescheidungen und der alleinerziehenden Eltern stiegen in den letzten 30 Jahren beständig an.

Die dritte Koordinatenachse – Sozialversicherung – steht noch, aber sie wackelt bedenklich und gibt vielen Menschen Anlass zu größter Zukunftssorge:

- Steigende Lebenserwartung lässt das Durchschnittsalter der Bevölkerung und die Bezugsdauer von Renten derart steigen, dass die Rentenversicherung zusammenzubrechen droht.
- Phantastische Fortschritte in der Medizin und zunehmend krankmachende Umwelteinflüsse lassen die Kosten der Krankenversicherung explodieren und deren Leistungskataloge schrumpfen.
- Anhaltend hohe Arbeitslosigkeit führt gerade aktuell zu scharfen Diskussionen über die Verkürzung der Anspruchsdauer beim Arbeitslosengeld und die Absenkung der Arbeitslosenhilfe auf das Niveau der Sozialhilfe.
- Die Kommunen brechen unter der Last der Sozialhilfeaufwendungen zusammen, greifen zu immer drastischeren und fragwürdigeren Kürzungs- und Streichungsbegründungen, wälzen andere Kosten auf die BürgerInnen ab und streichen immer mehr früher selbstverständliche Leistungen ganz.

Wirtschaftliche Veränderungen: Schneller, weiter, höher, lauter

Kurz gefasst stehen die vier Schlagworte der Überschrift für folgende beispielhaft genannten Symptome:

- *Stichwort Wissensgesellschaft*: Schneller und immer schneller geworden sind die Zeitphasen, in denen neue Technologien, neue Fertigungsmethoden, neues Wissen hervorgebracht werden – und um so schneller muss Fachwissen aktualisiert und erneuert werden, verändert sich der Arbeitsinhalt eines namentlich gleichbleibenden Berufs.
- *Stichwort Globalisierung*: Weiter und weiter wurden die Wirtschaftsräume, die Waren-, Finanz- und Arbeitsmärkte, die Ge-

flechte internationaler Liefer- und Geschäfts- und Koprodukti-
onsbeziehungen.

- *Stichwort Shareholder Value*: Höher und höher wurde die Be-
deutung, die in der Großfinanz und Großindustrie der Erwirt-
schaftung von Gewinnen für die InhaberInnen von Aktienpake-
ten bekam. Tragischerweise gehören zu den wesentlichen
Shareholders auch die nordamerikanischen Rentenfonds und die
Sparfonds für die weltweiten geringfügig besserverdienenden
Kleinanleger. In der Folge konkurrieren Autofabriken nicht mehr
nur mit Autofabriken, sondern außerdem mit Papierfabriken,
Fischzuchtkonsortien und Hausratversicherungsgesellschaften –
Entscheidungen von Geschäftsleitungen werden chaotisch, kurz-
fristig und nicht mehr nachvollziehbar.

- *Stichwort Marketing*: Lauter und lauter muss sich äußern, wer
Gehör finden will, und wer das nicht tut, wird nicht wahrgenommen. Wussten Sie z.B., dass der gesamte IT-Sektor nur 7 %
des Gesamtarbeitsmarktes ausmacht, und dass in der Land- und
Forstwirtschaft mehr offene Stellen gemeldet sind als im IT-Be-
reich (IAB 2001)? In diesem Sinn vermittelt auch die massive
Präsenz der Vertreter von Wirtschafts- und Unternehmensver-
bänden in den Medien den offensichtlich falschen Eindruck,
»Wirtschaft« und »Gesellschaft« seien Synonyme: Gesellschaftliche
und kulturelle Entwicklung wird der wirtschaftlichen Entwicklung untergeordnet, und nach der Veröffentlichung der PISA-Studie wird gefordert, die schulische Bildung für die angeblichen
Bedürfnisse der Wirtschaft zu instrumentalisieren und nach deren Stromlinienform umzugestalten. Das führt zur nächsten
Überlegung.

Wirtschaft und Gesellschaft – Synonyme?

Politische Veränderungen: Wer ist hier der Boss?

In anderen Ländern spricht man von einer vierten, erodierenden
Koordinatenachse, mit der wir Deutschen uns – öffentlich jedenfalls – schwer tun: der Nationalität. Während wir auf der einen
Seite die wachsende Bedeutung übernationaler und weltweiter
Staatenverbände erleben, spüren doch viele, dass sich eine natio-
nal geprägte Identität nicht von heute auf morgen in eine europäische Identität verwandeln lässt.

Innen- und wirtschaftspolitisch, sicherheits- und umweltpolitisch
erleben wir gleichzeitig eine Hilflosigkeit und Machtlosigkeit der
nationalen Regierungen: Zuwanderung von MigrantInnen und
Wirtschaftsförderung und Schaffung von Arbeitsplätzen und Schutz
vor Terrorismus und Maßnahmen gegen die Klimakatastrophe las-

sen sich nicht mehr in nationalen Alleingängen regeln. Vieles bleibt ungeregelt, braucht lange bis zur kompromissgeformten unbefriedigenden Regelung. Machtworte erleben wir nicht mehr von Staatsseite, sondern allenfalls in Form von Preisschildern an Tankstellen. Macht, Abhängigkeiten, scheinbare Sachzwänge, Entscheidungsverantwortungen und Rücksichtnahmen sind so undurchschaubar miteinander verwoben, dass die Ergebnisse zufällig erscheinen – zumal sie allzu oft nicht lange Bestand haben.

Konzepte Beruflicher Beratung und Diskussionsstand

Das Kontinuum der Beratungswelten

Auf dem Kongress des Weltverbandes für Berufsberatung, AIOSP, im Jahr 2000 in Berlin stellte die polnische Professorin Dr. Bozena Wojtasik von der Universität in Wroclaw das Ergebnis einer internationalen Vergleichsstudie dar. Hintergrund dieser Studie war die

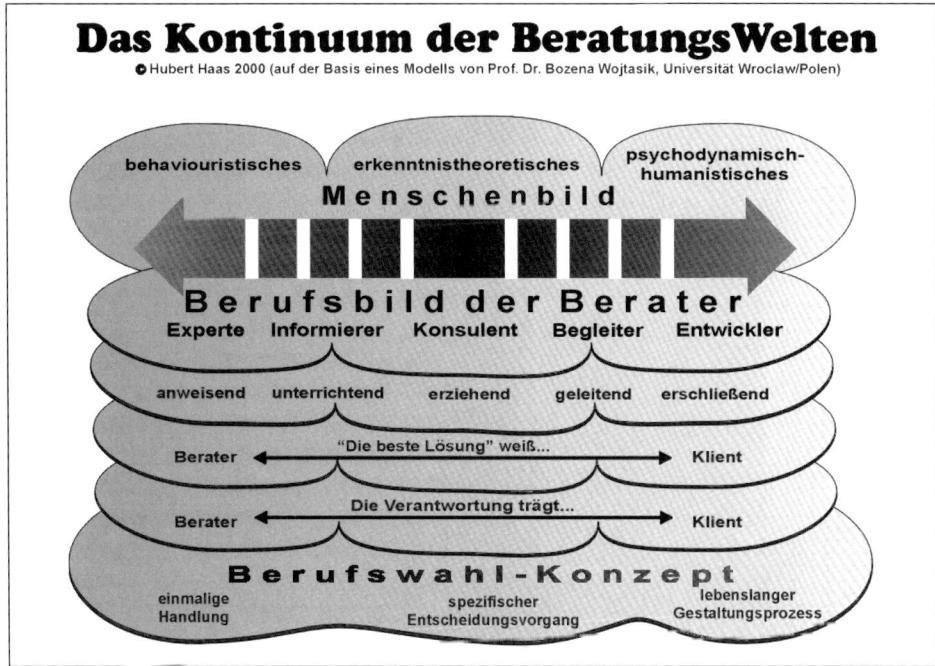

Abbildung 2: Das Kontinuum der Beratungswelten

Neugründung einer staatlichen Berufsberatung in Polen: Dazu wurden in vielen Ländern der Erde die dortigen Organisations- und Arbeitsformen der Berufsberatung analysiert, um weltweit die wirkungsvollsten und erfolgreichsten Ansätze auszuwählen.

Frau Dr. Wojtasik stellte dar, das aus Ihrer Sicht die möglichen Selbstbilder von BerufsberaterInnen auf einem Kontinuum fließender Übergänge zwischen drei modellhaften Typen darstellbar seien. Diese typischen Selbstbilder entsprängen dem zugrundeliegenden Menschenbild: Wer ein behavioristisch geprägtes Menschenbild habe, der zeige eher ein beraterisches Selbstverständnis eines Experten. Ein erkenntnistheoretisch geprägtes Menschenbild führe eher zu einem berufsberaterischen Selbstbild als Konsulent, während ein psychodynamisch-humanistisch geprägtes Menschenbild als Beratertyp eher den Entwickler hervorbringe. Im Übergangsbereich zwischen ebenfalls fließend ineinander übergehenden Menschenbildern entstünden weitere typische Selbstbilder von BerufsberaterInnen: Der Informierer entspreche einem behavioristisch-erkenntnistheoretischen Menschenbild, und im Übergangsbereich zwischen dem erkenntnistheoretischen und dem psychodynamisch-humanistischen Menschenbild entstehe der begleitende Berufsberater.

Menschenbild bestimmt Berufsbild

Entsprechend ihrem Menschen- und Selbstbild sei auch die Methode der Berufsberater-Typen eher anweisend oder unterrichtend oder erziehend oder erschließend. Ebenso könne zugeordnet werden, wer im Beratungsdialog die beste Lösung wisse – Berater oder Klient – und wer von beiden entsprechend auch die Verantwortung für das Beratungsergebnis trage. Die Bereitschaft zur Übernahme bzw. Nicht-Übernahme dieser Verantwortung durch die BeraterInnen stehe in direktem Zusammenhang mit ihrem Berufswahlkonzept, das ihrer jeweiligen Arbeit zu Grunde liege: Nur wer die Berufswahl als einen spezifischen Entscheidungsprozess betrachte, werde eine erzieherische Rolle einnehmen, denn nur dann macht es Sinn, am Beispiel dieses spezifischen Prozesses Vorgehensweisen zu erlernen, die sich später auf andere Entscheidungsprozesse anwenden lassen, seien sie nun berufsbezogene Entscheidungsprozesse oder andere. Nur wer die Berufswahl als einmaligen Akt betrachte, könne in einer erzieherischen Arbeitsweise keinen Sinn erkennen – denn wäre es so, dann macht das Lernen von Berufswahlkompetenzen keinen Sinn – man fragt einen Experten. Wer aber die Berufswahl als einen lebenslangen Gestaltungsprozess in vielen Einzelphasen begreife, in dem sich die Laufbahn entfaltet und die Persönlichkeit entwickelt, komme deshalb zwingend auch zu einem anderen Selbstbild, einer anderen Rolle, anderen Methoden (Wojtasik 2000).

Berufswahl als Identitätsstiftung

Auf diesem Kontinuum verortet sich die weit überwiegende Zahl der Mitglieder des Deutschen Verbandes für Berufsberatung rechts bis weit rechts von der Mitte. Im Feld der Beruflichen Beratung für AbiturientInnen und Studierende verschiebt sich der Schwerpunkt nach links zum »unterrichtenden Informierer«. Und im Bereich der auf den Arbeitsmarkt und finanzielle Förderung orientierten Beratungsangebote der Arbeitsämter für Erwachsene überwiegt deutlich ein Rollenverständnis vom eher anweisenden Experten.

Donald Supers Konzept des lebenslangen Berufswahlprozesses; Kanadas Einfluss

Der kanadische Berufswahlforscher und Berufsberater Donald Super entwickelte in den 60er und 70er Jahren das Modell eines lebenslangen Berufswahlprozesses mit mehreren charakteristischen Phasen, die grob als die Phasen des Einstiegs, der Orientierung, des Aufstiegs, der Etablierung und des Abschieds beschrieben werden können. Innerhalb dieser Phasen beschreibt Super sogenannte »Minizyklen« – rückgekoppelte Schleifen, die den Entscheidungsprozess wiederum in charakteristischen Stufen beschreiben. Dieses Modell wurde in groß angelegten Langzeitstudien bisher in 23 Ländern der Erde überprüft und mit erstaunlich weitgehenden Übereinstimmungen über verschiedene Kulturen hinweg bestätigt. Die AIOSP, deren Vorsitzender Super lange Jahre war, hat seiner richtungsweisenden Arbeit im Jahr 2001 eine Sonderausgabe ihrer Fachzeitschrift gewidmet.

Seit Donald Super ist Kanada das Land der Welt geblieben, von dem richtungsweisende Entwicklungen der Beruflichen Beratung ausgehen. Das äußert sich aktuell z.B. in einer Reihe von internationalen Symposien, die 1999 in Ottawa und 2001 in Vancouver stattfanden und die 2003 in Calgary fortgesetzt werden soll. Der Einfluss Kanadas äußert sich symptomatisch auch darin, dass weltweit immer mehr Berufsberatungsdienste und –verbände die kanadische Bezeichnung »career development« (berufliche Laufbahnentwicklung) statt »Berufsberatung« verwenden. Kanada profitiert davon, dass es im Land insgesamt 17 Universitäten gibt, an denen Berufsberater ausgebildet werden und intensive Forschung betrieben wird. Hinzu kommt, dass die kanadische Regierung schon Mitte der 80er Jahre ein nationales »Programm zur Entwicklung der Humanressourcen« aufgelegt hat. Es wird von einer nationalen Stiftung organisiert, deren Aufgabe die Koordination des Bildungs- und Beschäftigungssystems durch Bildungs- und Berufsberatung ist. Von einem wichtigen Produkt dieser »Canadian Career Development Foundation – ccdf« (Kanadische Berufsberatungsstiftung) wird später noch die Rede sein.

Berufliche Beratung wird an kanadischen Universitäten an den psychologischen Fakultäten gelehrt, die überwiegend von der humanistischen Psychologie geprägt sind. In den letzten Jahren setzte sich der Einfluss konstruktivistischer Ansätze (Vance Peavy, Universität von Victoria, B.C., Kanada) durch. Vor dieser Prägung entstand in Verbindung mit dem Konzept Donald Supers ein Modell einer das Berufsleben begleitenden Beratung zur Entwicklung der beruflichen Laufbahn, die den verschiedenen Beratungsbedarfen unterschiedliche Unterstützungs- und Interventionsschwerpunkte anbietet. Dieses Modell stelle ich in folgender Abbildung in Anlehnung an Norman Amundson von der Universität von British Columbia, Vancouver, dar:

In Deutschland werden diese Ansätze vor allem von Bernd-Joachim Ertelt an der Fachhochschule des Bundes, Abteilung Arbeits-

Von der Berufsberatung zur Laufbahnentwicklung

Berufliche Beratung begleitet das Arbeitsleben

Job-Wartung · Jobwechsel?
Coaching
Wachstum?
Job-Suche · Karriere · Job?
Arbeitsvermittlung · Personalberatung
Qualifikation? · Training
Laufbahnerforschung · Berufsentscheidung? · Bildungsberatung
Laufbahnberatung · Arbeitsbereit? · Ressourcen · Lebensberatung

Ebene der Ressourcen
Thema: Arbeitsbereitschaft?
Wer bin ich? Wer möchte ich sein? Welche Ressourcen, Potentiale, Talente, Bedürfnisse habe ich?
Was sind meine Ziele – kurz-, mittel- und langfristig?
Welche Verbindungen und Verpflichtungen habe ich?
Welche dieser Aspekte möchte ich durch Arbeit gestalten?

Ebene der Laufbahnerforschung
Thema: Berufsentscheidung?
Welche Talente und Potentiale möchte ich einsetzen?
Wie verbinde ich Arbeit und mein Leben in Familie und Umfeld?
Welche Arbeitsmöglichkeiten gibt es?
Welche bieten mir Gelegenheit, auf meine Ziele hinzuarbeiten?

Ebene des Trainings
Thema: Qualifikation?
Welche Qualifikationen brauche ich für die gewünschte Arbeit?
Welche muss ich noch erwerben? Wo und wie?
Wie finanziere ich meine Qualifizierung?

Ebene der Jobsuche
Thema: Job?
Wird die Arbeit angeboten, die ich haben möchte?
Wie finde oder schaffe ich meinen Arbeitsplatz?
Welche Organisationsform von Arbeit wähle ich? Welche Rolle spielt die Sicherung des Lebensunterhalts durch diese Arbeit?

Ebene der Karriere
Thema: Wachstum?
Welche Entwicklungsmöglichkeiten wünsche ich mir?
Wie schaffe ich mir Möglichkeiten dazu?

Ebene der Job-Wartung
Thema: Jobwechsel?
Bin ich noch mit meiner Arbeit zufrieden?
Wie sicher ist, dass ich diese Arbeit behalte?
Wie kann ich meinen jetzigen Platz sichern?

Abbildung 3: *Begleitung:* Unabhängig vom Alter, erreichtem Bildungsstand, vorhandenen Qualifikationen und bisherigem Lebensweg stellen sich immer wieder Fragen nach der Integration der Arbeit in das eigene Leben – und zwar auf verschiedenen Ebenen.

verwaltung, Mannheim, aufgegriffen und weiterentwickelt. Aus einer langen Kooperation mit William Schulz von der Universität von Manitoba, Kanada, entstanden die beiden wichtigen Grundwerke »Beratung in Bildung und Beruf« (1997) und »Handbuch Beratungskompetenz« (2002).

Canadian Career Development Standards and Guidelines

Im Jahr 2001 schloss die oben erwähnte CCDF – die kanadische Berufsberatungsstiftung – ihr Projekt zur Entwicklung der »Kanadischen Standards und Richtlinien für Berufsberater« ab. Auf der Grundlage einer umfangreichen Befragung von mehreren Tausend BerufsberaterInnen wurden Kataloge von Tätigkeitsmerkmalen, Arbeitsformen und den dazu erforderlichen Kompetenzen zusammengestellt. Nach ausgedehnten Diskussionen mit Beratungsverbänden, Beratungsfakultäten der Universitäten und Trägerinstitutionen von Berufsberatungsdiensten entstanden die »Standards and Guidelines«. Sie bilden seither die Grundlage für die Studienpläne der Universitäten und die Fortbildungsprogramme für BerufsberaterInnen, aber auch der Stellenausschreibungen und der Qualitätsstandards der Träger und Praxen für die Berufsausübung.

Kompetenzen von Berater/innen

Abbildung 4 gibt die Struktur dieser Richtlinien wieder: Auf der Grundlage gemeinsamer berufsethischer Überzeugungen und Regelungen und einigen wenigen Fähigkeiten/Kenntnissen, die allen

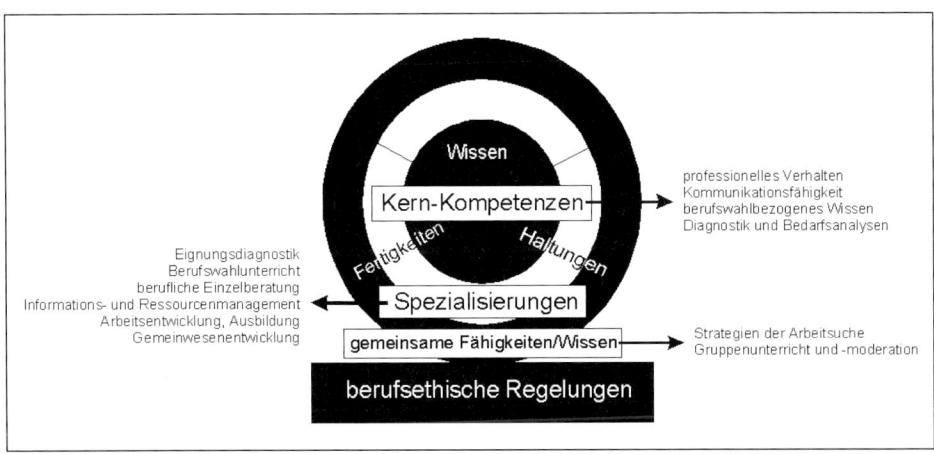

Abbildung 4: Kanadische Richtlinien

BerufsberaterInnen gemeinsam sind (z.b. Strategien der Arbeitsuche, Methodik und Didaktik für die Durchführung von Gruppenunterricht und –moderation), weisen alle BerufsberaterInnen übereinstimmend bestimmte Kern-Kompetenzen auf. Diese beziehen sich auf professionelles Verhalten, eigene Kommunikationsfähigkeit, berufswahlbezogenes Wissen, und auf Kenntnisse und Fertigkeiten im Bereich Persönlichkeits- und Eignungsdiagnostik sowie Methoden zur Analyse des individuellen Förderungs- und Entwicklungsbedarfs der KlientInnen.

Für die konkrete Tätigkeit der einzelnen BerufsberaterInnen werden unterschiedliche Spezialisierungen differenziert, und zwar
• Eignungsdiagnostik
• Berufswahlunterricht in Schulen und mit Gruppen
• Berufliche Einzelberatung
• Informations- und Ressourcen-Management
(z.B. Dokumentation, Selbstinformationseinrichtungen, Internet, Erstellung von Arbeitsmaterialien und -medien für die berufliche Beratung)
• Arbeitsentwicklung
(Schaffung von Arbeitsplätzen und Beschäftigungsprogrammen)
• Ausbildung und Weiterbildung für den eigenen Beruf
• Gemeinwesenentwicklung
(berufliche Beratung im Dienste der Weiterentwicklung der Gemeinde/Region)
Auf diesen letzten Punkt wird gleich noch ausführlicher zurückzukommen sein.

Innerhalb dieser Spezialisierungen sind bestimmte Kombinationen von Haltungen, Fertigkeiten und spezialisiertem Wissen erforderlich, die sich im Vergleich verschiedener Spezialisierungen teilweise überschneiden, in der Regel aber im Hinblick auf Tiefe und Breite voneinander abweichen.

Community Development: Was habe ich der Gesellschaft zu bieten?

Der Begriff »Community Development« – Gemeinwesenentwicklung – klingt in unseren europäischen Ohren zunächst fremd. Und doch ist es etwas, von dem meine nordamerikanischen KollegInnen behaupten, sie würden endlich einen Gedanken übernehmen, der in Skandinavien und Westeuropa eine alte Selbstverständlichkeit sei; in Nordamerika sei er von der starken Fokussierung auf die Entfaltung des Individuums und die persönlichen Freiheitsrechte verdrängt worden, während er vor allem im christlich-protestantisch geprägten Europa eine viel größere Rolle spiele.

Es geht um den Gedanken, dass wir Menschen in und von der Kommunikation und dem Austausch miteinander leben – was auf den Beruf übertragen zu der Frage führt: Was kann ich der Gesellschaft, meiner Wohngemeinde, meinem Lebensumfeld (sprich: dem Gemeinwesen) b i e t e n? Welche Talente habe ich, die von anderen gebraucht werden, und deren Einsatz für unsere Gemeinschaft Vorteile bringt?

In dünn besiedelten Kanada tauchte der Gedanke Anfang der 80er Jahre zuerst in Städten auf, die mehr als lächerliche 200 km nördlich der Grenze zu USA liegen – und damit wegen fehlender Nord-Süd-Verkehrsanbindung isoliert und abgelegen sind. Diese Städte waren von industriellen Monokulturen geprägt – manche vom Hochseefischfang, manche vom Bergbau, manche von der Holzwirtschaft – die sämtlich im Niedergang sind, und sie wiesen extrem hohe Arbeitslosigkeit auf. Wollte man die Abwanderung der Bevölkerung verhindern, dann mussten Programme entwickelt werden, die Städte in funktionsfähige Ansiedlungen mit Lebensqualität und Arbeitsmöglichkeiten umbauen. Ausgangspunkt war die genannte Frage an die einzelnen BürgerInnen und an die Gemeinschaft: Wer hat welche Talente zu bieten, und welche brauchen wir hier dringend? Dieser Ansatz wurde nachfolgend in den großen Städten Kanadas (in den zehn größten Städten leben fast 90 % der Gesamtbevölkerung) in den, wie wir sagen würden, sozialen Brennpunkten mit besonders hoher Arbeitslosigkeit, besonders niedrigem Bildungsniveau und besonders hohem Ausländeranteil übernommen und prägte zunächst Selbsthilfeorganisationen und Beschäftigungsgesellschaften. Hier wurde der Ansatz der Gemeinwesenentwicklung mit Ideen des Empowerments kombiniert (in Deutschland z.B. vertreten durch den Psychologen Heiner Keupp, München, und den Sonderpädagogen Gerhard Gotthilf Hiller, Tübingen). Inzwischen gehört es zum Alltagshandeln von BerufsberaterInnen, mit den KlientInnen neben der Frage »Was will ich?« die Frage »Was habe ich zu bieten?« zu beleuchten. Diese zweite Fragestellung enthält zwei Komponenten: Einerseits beleuchtet sie erfolgversprechende Selbstvermarktungsziele bei der Suche nach Arbeit; andererseits betrachtet sie die identitätsstiftende Wirkung eines sinngebenden Lebens im Gemeinwesen mit anderen Menschen. – Dieser zweite Aspekt hat auf KlientInnen Beruflicher Beratung eine auffällig ermutigende Wirkung: Er bietet neue Orientierungshilfen und Sicherheiten in einer scheinbar chaotischen Lebenswelt, deren traditionelle Koordinatenachsen – siehe oben – diese Funktionen immer weniger erfüllen können.

Selbstentfaltung durch Identitätsbildung im Gemeinwesen

Ein neues Verständnis von »Arbeit«

Zum Abschluss will ich die beiden Begriffe näher betrachten, die in den bisherigen Ausführungen am häufigsten auftauchten und von denen wir bisher stillschweigend unterstellt haben, es bestehe Konsens über deren Inhalt und Bedeutung. Von einem Konsens darüber, was den eigentlich »Arbeit« und »Arbeitsmarkt« seien, kann allerdings kaum die Rede sein.

In einer arbeitsteilig organisierten *Wirtschaft* reduziert sich der Blick auf die Erwerbsarbeit, was neben den gegen Entlohnung beschäftigten Menschen immerhin noch die selbstständig und freiberuflich tätigen Menschen einschließt. Unter dem Blickwinkel des Sozialstaates und der Sozialversicherungssysteme verengt sich der Begriff »Arbeit« allzu leicht auf sozialversicherungspflichtige Beschäftigung. Das ist hierzulande deshalb besonders problematisch, weil die »Arbeitsmarktinstanz«, die Bundesanstalt für Arbeit nämlich, in ihrer funtionsbestimmten Konstruktion ein Zweig der Sozialversicherung ist. Eine Folge ist z.b., dass Menschen, die einen 325-€-Job haben bzw. suchen, in der offiziellen Arbeitsmarktstatistik gar nicht mitgezählt werden, weder als Beschäftigte noch als Arbeitslose. Und nur aus dem Blickwinkel der Sozialversicherung kann man ganz aktuell darüber diskutieren, ob erwerbsarbeitslose Menschen über 55, die »nur« die Zeit bis zur Rente überbrücken wollen, überhaupt als »Arbeitslose« gezählt werden dürfen.

> „Freizeit ist die Zeit,
> die man mit Arbeiten zubringt,
> für die man nicht bezahlt wird."

Abbildung 5: Jenseits der Erwerbsarbeit liegt nicht der »Freizeitpark Deutschland«

Das »Ganze der Arbeit«

Aus dem gesellschaftlich-soziologischen Blickwinkel und erst recht aus dem individuellen Blickwinkel ist »Arbeit« ein wesentlich umfassenderer Begriff – in den Worten eines meiner Klienten formuliert: »Freizeit ist die Zeit, die man mit Arbeiten zubringt, für die man nicht bezahlt wird.« Etwas wissenschaftlicher ausgedrückt, will dieser Satz sagen: Das »Ganze der Arbeit« ist eine Mischung aus

- Versorgungs- und Eigenarbeit
  (z.B. Führung des eigenen Haushalts, Erziehung der Kinder und Pflege von Angehörigen, das selbstgebaute Eigenheim und die Renovierung der Wohnung)

- bürgerlichem und ehrenamtlichem Engagement
  (z.B. in Sportvereinen, Jugendgruppen, Bürgerinitiativen, Nachbarschaftshilfe)
- Erwerbsarbeit
  (gegen Bezahlung – in Geld, in Sachleistungen, im Tausch gegen Leistungen anderer; gelegentlich in Teilzeit oder Vollzeit; mit oder ohne Sozialversicherung; als gemeinnützige Gegenleistung für empfangene Sozialhilfe; legal oder nicht ganz legale »Schwarzarbeit« oder nicht legal; als Wiedergutmachung einer Straftat zur Vermeidung von Haft- oder Geldstrafen ...).

Die Auswirkung dieser verschiedenen Arbeitsbegriffe auf die Berufliche Beratung will ich an einer Frage deutlich machen: Darf als »gelungene« Berufsberatung aufgefasst werden, wenn eine junge Frau, die Sozialhilfe bezieht und »verpflichtet« wurde, vier Stunden am Tag im städtischen Tierheim zu arbeiten, von sich sagt, jetzt habe sie endlich ihren Traumberuf erreicht?

Das Konzept der Übergangsarbeitsmärkte

Diese Überlegungen haben Günter Schmid und seine Abteilung Arbeitsmarktforschung am Wissenschaftszentrum Berlin zu ihrem Konzept der »Übergangsarbeitsmärkte« weitergeführt:

- Innerhalb des Arbeitsmarktes im engeren Sinne des Erwerbsarbeitsmarktes spielen sich für die Menschen immer häufiger Übergänge ab zwischen Kurz-, Teilzeit- und Vollzeitbeschäftigungen, selbstständiger, scheinselbstständiger und unselbstständiger Beschäftigung, Arbeitsverträgen und projektbezogenen Werkverträgen, finden Verlagerungen der Schwerpunkttätigkeiten und Tätigkeits- und Berufswechsel statt. Hinzu kommen Veränderungen durch moderne Organisationsformen der Arbeit wie Arbeitszeitkonten oder Telearbeit.

  Rochaden und Fluktuationen: Lebenswelten und Arbeitswelten

- Letzteres lässt die früher klare Grenze zwischen Arbeitsplatz und privaten Haushalten verschwimmen – wobei es immer schon häufig Übergänge zwischen privater Haushaltstätigkeit und Erwerbstätigkeit gab.
- Ebenso offensichtlich sind die Übergänge zwischen Erwerbstätigkeit und Altersrente sowie zeitlich befristeter Renten wegen Berufsunfähigkeit.
- Ständig wachsende Bedeutung haben unter der Notwendigkeit des »lebenslangen Lernens« die Übergänge zwischen Bildung und Beschäftigung.

- Und schließlich finden in quantitativ erheblichem Umfang Übergänge zwischen Beschäftigung und Arbeitslosigkeit statt: Der gleichbleibende Jahresdurchschnitt von rund 4 Millionen Arbeitslosen verdeckt eine massive Fluktuation durch rund 12 Millionen Personen, die im Lauf eines Jahres vorübergehend arbeitslos waren.

Aus diesem Konzept ergeben sich vielfältige Gestaltungsimpulse für eine neue Arbeitsmarktpolitik, die den Menschen neue Gestaltungsoptionen für die Bewegungen zwischen diesen Märkten erleichtert. Und, ganz wichtig: Mit dem Bild von selbstverständlich und gleichberechtigt nebeneinander stehenden Übergangsarbeitsmärkten vor Augen verschwindet die Selbst- und Fremdstigmatisierung der vermeintlich arbeitsscheuen, unbrauchbaren und unnützen »Arbeitslosen«.

Literatur

Amundson, N. 1998: Active Engagement – Enhancing the Career Counselling Process. Vancouver/Kanada: Ergon-Press

CCDA – Canadian Career Development Foundation 2001: Canadian Standards and Guidelines for Career Development Practitioners. Volltext im Internet unter http://www.career-dev-guidelines.org/

Ertelt, B.-J., Schulz, W. 1997: Beratung für Bildung und Beruf. Leonberg: Rosenberger

Ertelt, B.-J., Schulz, W. 2002: Handbuch Beratungskompetenz. Leonberg: Rosenberger

Hiller, G.G. 1991: Ausbruch aus dem Bildungskeller. Langenau-Ulm: Vaas

IAB – Institut für Arbeitsmarkt- und Berufsforschung 2001: Drei Viertel aller Vakanzen entfallen auf nur 20 Berufsgruppen. IAB-Materialien, Heft 2/2001, S. 10-12

Keupp, H. 1997: Ermutigung zum aufrechten Gang. Tübingen: dgtv

Super, D. 2001: Das Lebenswerk Donald Supers. Sonderausgabe International Journal for Educational and Vocational Guidance. Doordrecht/Niederlande: Kluwer

Wojtasik, B. 2000: Entwicklungen der Berufsberatung in Polen. Dokumentation des AIOSP-Kongresses Berlin. Nürnberg: Bundesanstalt für Arbeit, S. 189-214 (auch: http://www.arbeitsamt.de/laa_bb/international/Inhalt-KongressF/F74Wojtasik.pdf)

wichtige Internet-Adressen:

www.berufsberater.net – Deutscher Verband für Berufsberatung e.V.
www.bbregister.de – BerufsBeratungsRegister

Beratung in der freien Erwachsenenbildung

Jochen Kampmeier im Gespräch mit Reinhard Fuhr

In diesem Gespräch möchten wir gemeinsam Erfahrungen ausloten, die Jochen Kampmeier als Regionalleiter eines gewerkschaftlichen Bildungswerks in Niedersachsen mit Beratung im Feld der (staats-)freien Erwachsenenbildung gemacht hat. Dabei wird es kaum um Beratung im klassischen Sinn gehen, bei der ein Berater einem Klienten oder einer Klientengruppe während einer vorgegebenen Zeiteinheit gegenübersitzt. Vielmehr hat Beratung einen umfassenderen und gleichzeitig »beiläufigeren«, aber gerade daher wieder sehr zentralen Stellenwert in der Erwachsenenbildung. Wir werden die biographischen Hintergründe ein wenig erforschen und uns dann mit verschiedenen Anwendungsfeldern dieser Art von Beratung beschäftigen wie der Beratung mit MitarbeiterInnen und DozentInnen, mit Gruppen und Vereinen sowie mit Auftraggebern für Bildungsmaßnahmen. Dann werden wir uns einem speziellen Modellprojekt, dem Netzwerk »Lernende Region« und dem Stellenwert, den Beratung auf den verschiedenen Ebenen solch eines Projekts hat, zuwenden und schließlich unsere Perspektiven für die Zukunft von Erwachsenenbildung und Beratung skizzieren.

umfassenderes Beratungsverständnis

Biographische Erfahrungen mit Beratung

Jochen Kampmeier (JK): Seit gut zehn Jahren arbeite ich als pädagogischer Mitarbeiter für das Bildungswerk unserer Gewerkschaft. Davor war ich zwölf Jahre lang als freiberuflicher Dozent und hauptamtlich auf verschiedenen befristeten Stellen in der Erwachsenenbildung tätig, vorwiegend als Dozent im Bereich der politischen Bildung, aber auch in der beruflichen Bildung. Ursprünglich war ich Berufskraftfahrer und war auch dort einige Zeit in der beruflichen Ausbildung tätig; fast gleichzeitig studierte ich Sozialwissenschaften. Durch die Arbeit in der politischen Bildungsarbeit merkte ich, dass mir die Dozententätigkeit auch als Hauptberuf Freude machen könnte und habe dann eine Zusatzqualifikation in Erwachsenenbildung erworben.

Erfahrungen in der beruflichen Welt

Reinhard Fuhr (RF): Du blickst also auf einen reichen Erfahrungsschatz in verschiedenen Bereichen der Erwachsenenbildung

an der Basis zurück und bist jetzt Regionalleiter des Bildungswerks.

JK: Jetzt bin ich im Management von Erwachsenenbildung für
die Konzipierung, Planung, Organisation, Finanzierung, Auswertung usw. von Erwachsenenbildungsmaßnahmen tätig und nur
noch selten direkt als Dozent von Seminaren.

RF: Ich habe einen etwas ähnlich verschlungenen Bildungsweg
hinter mir vom Lehrer über den Didaktischen Leiter einer Gesamtschule zum Hochschuldozenten für Pädagogik, Berater, Gestalttherapeut und Supervisor; ich glaube jedoch, auch schon vor meiner Tätigkeit als Berater im eigentlichen Sinn oft Beratung
durchgeführt zu haben. Würdest Du diese Einschätzung teilen,
auch wenn wir es damals nicht so genannt haben?

»Beiläufige« Teilnehmerberatung

JK: In meiner Zeit als Dozent für Erwachsenenbildung hatte ich
selten »Verabredungen« zu einer Beratung mit Teilnehmenden von
Seminaren oder Bildungsmaßnahmen. Aber viele merkten, dass sie
eine Beziehung zu mir im Seminar selbst aufbauen konnten, und
dann geschah es häufig, dass sie in den Pausen oder am Ende eines Seminartags, vor allem dann, wenn wir in Heimvolkshochschulen tagten und dort zusammen mehrere Tage verbrachten, zu
mir an den Tisch kamen etwa mit dem Satz: »Ich hab' da mal 'ne
Frage.« Das war zwar anstrengend, aber es freute mich auch, denn
offensichtlich gelang es mir, neben dem reinen Inhalt eine (Bezie-
hungs-)Basis mit den Teilnehmenden zu schaffen, auf der persönlicher Kontakt möglich wurde. Dies war eine wichtige Bestätigung
für meine Arbeit und der Ansatz für mehr oder weniger intensive
Beratung.

RF: Worum ging es in solchen Gesprächen, welche Themen
wurden da angesprochen?

JK: Ich habe damals viele Schulungen für Betriebsräte und Ver-
trauensleute durchgeführt, und da ging es vor allem um Probleme
aus dem Arbeitsbereich, also zum Beispiel um das, was man heute vielleicht Mobbing nennen würde, oder um arbeitsrechtliche
Fragen bis hin zu Verhaltensweisen im Kräfteverhältnis verschiedener Interessengruppen im Betrieb. Aber auch Fragen aus dem
Privatbereich spielten eine Rolle, dass die Leute etwa sagten: »Ich
hab' Kinder und weiß nicht, zu welcher Schule ich sie schicken
oder zu was für 'ner Ausbildung ich ihnen raten soll«, oder: »Ich
möchte beruflich jetzt eigentlich mal 'was anderes machen, ...« Ich
habe durch Fragen und aktives Zuhören versucht, mit den Kolle-

Beziehungsbasis
schaffen

Berufsprobleme

gInnen gemeinsam zu erforschen, worum es ihnen genau ging, welche Potentiale und Hindernisse sie für sich wahrnahmen um zu überlegen, wie ihre Entscheidungsfindung und Hilfen für die Umsetzung aussehen können.

RF: Ging es da eigentlich auch schon um Supervision bzw. um Lernberatung im weitesten Sinn?

Beratungen im Dozententeam

JK: Ja, im weitesten Sinn war das Beratung, es ging um angemessene Verhaltensweisen und Umsetzungen des im Seminar theoretisch Gelernten und Reflektierten in die Praxis. In meiner »Dozentenzeit« drehte es sich aber auch schon um die Beratung im Team. Ich arbeitete sehr oft in einem Dozententeam. Anders als im Lehrerberuf lernten wir die Dozententätigkeit, indem wir in einem Team mit eingearbeitet wurden und später unsere Erfahrungen dann wieder an unsere jüngeren Kollegen und Kolleginnen in anderen Teams weitergaben. Dies spielte besonders dann eine Rolle, wenn die anderen Mitglieder des Teams nur gelegentlich als Dozenten mitarbeiteten, während ich hauptamtlich tätig war. Und wir hatten sehr heterogene und auch sehr schwierige Gruppen damals, so dass diese gegenseitige und mentorenähnliche Beratung eine ganz wichtige Funktion hatte.

Umsetzung von Theorie in Praxis

RF: Als *primus inter pares* Kollegen und Kolleginnen zu beraten, ohne zum Besserwisser zu werden, ist ja keine leichte Aufgabe. Woher hast Du diese Fähigkeiten? Ich vermute 'mal, dass Du sie nicht unbedingt in der Schul- und Universitätslaufbahn oder in Weiterbildungen erworben hast, da dies ja ebenso wenig wie heute ein fester Bestandteil der Ausbildungen ist.

JK: Ich weiß nicht genau, wo diese Fähigkeiten bei mir herkommen, erst einmal konzentriert zuzuhören, bis ich glaube, mein Gegenüber wirklich verstanden zu haben, und dann zu schauen, ob man gemeinsame Handlungsmöglichkeiten findet; sicher spielte das Elternhaus eine Rolle, aber diese Fähigkeit war noch nicht so bewusst ausgeprägt in meiner Bildungslaufbahn. Viel davon habe ich einfach im Laufe der Zeit, vor allem in der Berufstätigkeit autodidaktisch erworben. Ich habe gemerkt: Es macht Sinn, auf diese Weise beratend tätig zu sein. Ich war schon in meiner Jugend oft derjenige, zu dem die Mitschüler kamen, um etwas zu besprechen und sich Rat zu holen. Das Wichtigste war wohl wirklich, dass ich zuhören konnte und ihnen nichts übergestülpt habe. Mir war immer klar, dass die Ratsuchenden selbst ihr Ding machen müssen.

zuhören können als Grundqualifikation

Beratung im klassischen Sinn kam kaum vor. Wir hatten ja damals auch noch nicht den heutigen Beratungsbegriff. Man sprach einfach miteinander, sehr viel mehr vielleicht, als wohl heute üblich ist.

selbstgesteuerter Lernen

RF: Wenn es nach dem Philosophen Peter Sloterdjik geht, ist wirkliches, nachhaltiges Lernen ohnehin immer autodidaktisch, und es läge eigentlich an uns Pädagogen, Bedingungen für solche selbstinitiierten und selbstgesteuerten Lernprozesse zu schaffen. Du hast also reiche Beratungserfahrungen als Dozent mit Teilnehmenden und in Dozententeams in unterschiedlichen Konstellationen gesammelt und dabei selbst viel über das Beraten gelernt. Welche Beratungstätigkeiten spielen denn in Deiner jetzigen Tätigkeit als Bildungsmanager eine Rolle?

Beratung im Bildungsmanagement

JK: Beratende Tätigkeiten kommen sehr häufig, in mehreren Feldern und auf vielen Ebenen vor. Das reicht von kurzen Gesprächen bis hin zu intensiven Beratungsprozessen. Ein wichtiger Bereich ist die Akquise und Betreuung von Dozenten, angefangen vom Kontaktgespräch bis zur Auswertung eines Kurses oder Seminars; ein anderer Bereich ist die Beratung von Gruppen und Vereinen, die eine Bildungsmaßnahme mit uns durchführen wollen, die Beratung mit Mitarbeitern und Mitarbeiterinnen im Bildungswerk selbst und die Beratung mit Auftraggebern, die uns die Durchführung einer Bildungsmaßnahme anvertrauen wollen; bei letzterem geht es z.B. um die Interessenlagen, um die rechtlichen Möglichkeiten, um Vorbehalte etc. Vielleicht sollte ich erst einmal kurz die Landschaft, in der wir uns bewegen, skizzieren (siehe Abb. 1).

Überblick s. S. 281

RF: Du hast jetzt einen guten Überblick gegeben über die Landschaft, in der Du Dich bewegst und wo Deine gegenwärtigen Beratungstätigkeiten angesiedelt sind. Wir könnten sie uns jetzt etwas genauer anschauen, worum es dabei geht, angefangen bei der DozentInnenberatung.

Dozentenberatung

JK: DozentInnen, die ich noch nicht kenne, möchte ich in einem Vorgespräch kennen lernen; wenn wir Möglichkeiten der Zusammenarbeit erkennen, geht es darum, die Zielvorstellungen abzuklären und deren methodische Umsetzung. Je nach der Aufnahmefähigkeit des Gesprächspartners geht es außerdem darum zu

Erwachsenenbildung / Weiterbildung in Niedersachsen

Erwachsenenbildung (EB) und Weiterbildung (WB) = 4. Säule des Bildungssystems

EB geht von einem humanistischen, ganzheitlichen Menschenbild aus und sieht den/die Erwachsene(n) im Zentrum von allgemeiner, politischer, beruflicher und kultureller Bildung.Erwachsene = Menschen nach Beendigung einer unterschiedlich ausgedehnten ersten Bildungsphase und in der Regel nach Aufnahme einer Erwerbs- oder Familientätigkeit (Niedersächsisches Erwachsenenbildungsgesetz – NEBG).

WB hat ihren Focus primär im Bereich der beruflichen Bildung und des unmittelbar verwertbaren Qualifikationserwerbs. Die WB wird überwiegend durch privatwirtschaftlich organisierte Firmen und einige große gemeinnützige Einrichtungen angeboten.

Der Begriff WB wird oft zur Abgrenzung des Bereichs der EB bzw. des öffentlich geförderten EB-Sektors genutzt.

Bildung ist Länderhoheit, doch das Land ist nicht selbst Anbieter.

Um seinem öffentlichen Auftrag nachzukommen, strukturiert und fördert das Land mit dem NEBG ein (breites) Spektrum unterschiedlicher Erwachsenenbildungseinrichtungen, die gemeinnützig sein müssen und ihren Schwerpunkt im Bereich der allgemeinen, politischen und kulturellen Bildung haben, z.B.:

✓ Landeseinrichtungen
✓ Einrichtungen auf kommunaler Ebene
✓ Heimvolkshochschulen

Daneben gibt es eine Vielzahl von Weiterbildungsanbietern in unterschiedlicher Rechtsform, die sowohl privatwirtschaftlich als auch gemeinnützig arbeiten.

Nach dem NEBG anerkannte Einrichtungen

Abb. 1: Übersicht über die Grundlagen und Einrichtungen der Erwachsenenbildung in Südniedersachsen

sehen, wie flexibel er oder sie sich auf die Anforderungen einstellen kann. Wenn er sagt: »Ich mach' das *immer* so!«, dann mache ich vielleicht einen alternativen Vorschlag: »Könnten Sie sich vorstellen, dass wir es auch 'mal anders probieren, weil es für diese Gruppe von Teilnehmern vielleicht vorteilhaft wäre...«. Wenn er oder sie dann darauf eingehen kann, dann setzt ein Beratungsprozess ein, bei dem wir versuchen, eine auch für ihn oder sie passende Form zu finden, die vermutlich von den altgewohnten Vorgehensweisen abweicht.

didaktische und persönliche Beratung

RF: Das klingt, als würdest Du da viel didaktische Beratung mit den Dozenten durchführen.

JK: Es betrifft darüber hinaus mitunter auch die Persönlichkeit. Wenn jemand sagt: »Das habe ich noch nie gemacht,« oder: »Da habe ich Angst vor,...«, stellt sich die Frage, ob er oder sie sich auf solch ein Experiment einlassen kann und welche Unterstützung benötigt wird. Oder wir kommen auch zu dem Schluss, dass wir nicht zusammenarbeiten können, weil er oder sie nur nach diesem alten Muster arbeiten kann. Wenn wir uns dagegen einig werden, etwas Neues zu probieren, kann es noch weitere Gespräche geben; vor allem nach der Maßnahme treffen wir uns dann wieder zu einem Auswertungsgespräch: »Wo lagen die Schwierigkeiten,

... und Auswertung

was lief, was lief nicht, und warum nicht?« Da geht es neben didaktischen Fragen auch oft darum, wo die persönlichen Anteile und Schwierigkeiten lagen oder liegen, denn wir wollen ja vielleicht weiter kooperieren.

RF: Gibst Du da auch Anstöße für eine pädagogisch-didaktische Weiterbildung, da die Dozenten oft keine Vorbildung in diesem Bereich mitbringen außer ihrer Fachqualifikation?

JK: Ja, ich kann dann nur Anregungen dazu geben, sich die Grundqualifikationen anzueignen und ich kann das Allernötigste in einem Gespräch deutlich machen. Aber es gibt ja Angebote für MitarbeiterInnen-Fortbildungen, wo genau solche Qualifikationen vermittelt werden. Nur kann man niemanden dazu zwingen, wir

Keine Katheder-pädagogik

können ggf. nur die Konsequenz ziehen und uns wieder trennen.

RF: Erwachsenenbildung nach dem 08/15-Schema funktioniert offensichtlich nicht mehr, die Anforderungen sind wohl heute ganz andere als noch vor Jahren.

JK: Für mich hat diese Katheder-Pädagogik an der Tafel oder am Tageslichtprojektor noch nie funktioniert. Aber es scheint den Vortrag oder das Referieren als vorherrschende Form der Vermittlung in der akademischen Ausbildung ja immer noch zu geben ...

RF: Das ist nach meiner Kenntnis immer noch Standard und alles andere eine eher belächelte oder mit Skepsis bedachte Ausnahme.

JK: In der Erwachsenenbildung muss man einfach sehr viel mehr mit aktivierenden Methoden arbeiten, die die Teilnehmenden in den Prozess des Erarbeitens mit einbeziehen. Natürlich gibt es dann auch kurze Input-Phasen mit Vortragscharakter, um Sachinformationen hinein zu geben, aber zum Vertiefen benötigen wir andere Herangehensweisen wie Gruppen- oder Projektarbeit, Lehrgespräche, Selbstlernphasen, Übungen und Rollen- oder Planspiele, sonst haben wir keine Lernerfolge und können die Teilnehmenden nicht bei der Stange halten.

RF: Der traditionelle Lernbegriff hat also keine Chance mehr, aber er gilt nach wie vor in der akademischen Grundausbildung, und es bedarf daher der Beratung und Fortbildung, damit die Dozenten sich mit anderen Lernverständnissen und deren Umsetzungen vertraut machen. Du hast offensichtlich die Vorstellung von einem selbstständigeren und angeleiteten Erarbeiten, als es akademisch Ausgebildete gewohnt sind, und bei dieser Form des Unterrichtens braucht man eigentlich sehr viel beraterische Kompetenzen, um zu Lernprozessen anzuregen, sie zu unterstützen, zu moderieren... alternatives Lernverständnis

JK: ... und bei Konflikten auch Mediator zu sein. Für diese Beratungskompetenzen wurden wir früher als Sozialwissenschaftler und Pädagogen nicht ausgebildet, das ist ja vielleicht heute ganz anders ... Jedenfalls ist dies ein wesentlicher Bestandteil der Mitarbeiterfortbildung bei uns. Wir fangen dort mit einem Seminarkreislauf mit allem, was dazu gehört, an, vom Ankommen am Tagungsort, der Begrüßung über das Anwärmen, das Erschließen des Themas und das Bearbeiten von Teilthemen, das Feedback, persönliche Kontakte mit und in der Gruppe – das sind die zentralen Anforderungen. Die fachliche Kompetenz wird einfach vorausgesetzt und ist eigentlich nie das Problem. Integration von Beratung und Pädagogik

RF: Das heißt aber, dass die Beratungskompetenzen sehr stark in die pädagogische Arbeit integriert sind.

JK: Auf jeden Fall, ich kann da gar nicht genau unterscheiden, was Beratung oder was Information, Organisation und Verhandlung ist.

Beratung von Gruppen und Vereinen

RF: Das zweite Feld war die Beratung mit Vereinen, Gruppen und Mitarbeitern.

JK: Die Beratung mit diesen Gruppen findet meistens mit ein oder zwei Personen statt, die für mich die sogenannten Planungsverantwortlichen sind; das können diejenigen sein, die dann auch als Dozentinnen während der Maßnahme tätig werden, aber nicht müssen. Da kommen dann ähnliche Themen zur Sprache wie zuvor bei den DozentInnen. Darüber hinaus geht es aber darum, wie die Verantwortlichen an Referenten kommen, vor allem auch, wie eine Finanzierung aussehen kann, wie die Gruppe an InteressentInnen und an Förderer gelangt, wo sie Räumlichkeiten und die übrige Infrastruktur her bekommt und wie sie sich nach draußen präsentieren will; mit welchem Bild sie als Gruppe identifiziert werden wollen. Häufig müssen wir erst einmal zusammen herausarbeiten, was das Anliegen, das Vorhaben oder das Problem ist.

Anliegen herausarbeiten

Wenn es in der Gruppe Konflikte gibt oder zwischen der Gruppe und anderen Gruppierungen, muss ich oft auch empfehlen, sich um Supervision oder professionelle Konfliktklärung zu bemühen, wenn der interne Gruppenberatungsprozess nicht ausreicht.

RF: Hier geht es, wenn ich es richtig einschätze, also um Projektberatung.

JK: Ja, es geht um das Projekt dieser Gruppe bzw. deren Anliegen.

RF: Gibt es nicht Schwierigkeiten dadurch, dass Du bei dieser Beratung gleichzeitig auch zumindest potentieller Geschäftspartner bist, also nicht ganz neutral sein kannst?

JK: Schwierigkeiten in dieser Richtung habe ich bisher nicht wahrgenommen. Das liegt wohl auch daran, dass es sich um freiwillige Kooperationen handelt – die Planungsverantwortlichen würden nicht zu mir kommen, nehme ich an, wenn sie nicht glauben würden, bei mir gut aufgehoben und beraten zu sein. Außerdem mache ich immer wieder meine Grenzen deutlich, dass ich eben beispielsweise bei bestimmten Konfliktsituationen weiterverweisen muss oder für ihr spezielles Anliegen nicht der kompetente Ansprechpartner bin.

Vielfalt der Beziehungsebenen

RF: Ein drittes Feld sind, wie Du sagtest, Auftraggeber. Deine Beziehung zu diesen ist eine andere als zu Dozenten oder Gruppen. Dies wirkt sich sicher auch auf die Gespräche und wechselseitigen Beratungsprozesse aus.

JK: Die typische Anfrage von potentiellen Auftraggebern – eine Firma oder ein Betriebsratsgremium – ist: »Könntet Ihr so etwas für uns machen?« Da gibt es längerfristige Kooperationen; wir treffen uns regelmäßig und überlegen immer wieder zusammen, was sinnvolle Weiterbildungsmaßnahmen wären. Das gibt mir dann schon einen Eindruck, welche inhaltlichen Interessen und Notwendigkeiten gerade anstehen. Zu diesen Themen und Interessen verhandeln wir dann mit einzelnen Verantwortlichen aus diesen Gremien, wo ich versuche, genauer herauszufinden, was ihr spezieller Wunsch ist, um ihnen ein sinnvolles Angebot machen zu können. Oft muss ich auch nachfragen, wie es überhaupt zu diesem Wunsch kommt, woran der sich aufhängt. Ist der Wunsch vielleicht Ausdruck für etwas anderes, das ganz anders bearbeitet werden müsste?

RF: Ihr vollzieht also zusammen noch einmal eine Reflexionsschleife, um ggf. tieferliegende Bedürfnisse oder Konflikte oder Schwierigkeiten zu klären und wollt dabei dann auch herausfinden, was eine sinnvolle Zielsetzung für ein Weiterbildungsangebot sein könnte. Das sind ja alles ganz zentrale Beratungstätigkeiten.

JK: Es geht nicht darum, einfach Anfragen entgegen zu nehmen und dafür Angebote zu liefern, vielmehr gibt es oft die Notwendigkeit zu gemeinsamen Klärungsprozessen und zur Abstimmung.

RF: Du gehst also davon aus (wie ich übrigens auch), dass das Problem, das erst einmal vom Klienten benannt wird, eher als Zugang zu ganz anderen Problemschichten zu verstehen ist, also dass es erst einmal darum geht, die Situation zu verstehen, gemeinsam zu klären und ihr auf den Grund zu gehen, bevor man Lösungsvorstellungen entwickelt.

JK: Nur wenn wir das Anliegen oder Problem auf eine stimmige Weise gemeinsam herausgearbeitet haben, macht es ja Sinn, nach Umsetzungsmöglichkeiten zu suchen, sowohl in zeitlicher als auch in finanzieller oder räumlicher Hinsicht. Ein Beispiel: Obwohl sich die Gesprächspartner das zunächst ganz anders vorgestellt haben, erweist es sich vielleicht als sinnvoller, eine Maßnahme außerhalb des Betriebes durchzuführen, auch wenn es mehr Kosten verursacht, weil die Leute Distanz und Ruhe brauchen, um miteinander ins Gespräch zu kommen und das dann viel wichtiger ist, als der Inhalt der Weiterbildung; da wären dann 50 Kilometer Distanz das Mindeste. Auch müssen die passenden Referenten gefunden werden, die sowohl die fachlichen Anforderungen abdecken können, als auch für tieferliegende soziale Zusammenhänge kompetent sind.

RF: Nachdem wir jetzt die Beratungstätigkeiten, die Du mehr oder weniger direkt in Deiner Tätigkeit ausübst, ein wenig ausgeleuchtet haben, würde ich gerne von Dir wissen, was Du Pädagogikstudenten antworten würdest auf die Frage, welches denn die wichtigsten Beratungskompetenzen sind, die für solch eine Tätigkeit erforderlich sind. Ich gehe ja davon aus, dass solche Kompetenzen nicht in ähnlich mühsamer Weise über die Jahre autodidaktisch mit vielen Irrwegen erworben werden müssen, wie dies bei uns beiden der Fall war, sondern zumindest teilweise auch im Studium vermittelt werden könnten.

Erarbeiten von Zielen mit Auftrag geben

Probleme herausarbeiten

JK: Ich fange mit dem Grundlegendsten und gleichzeitig Wichtigsten an; das ist aber auch am schwersten zu benennen, weil es leicht missverstanden wird: Sie müssen im Leben stehen. Sie müssen persönliche und gesellschaftliche Erfahrungen gemacht und diese auch wirklich an sich herangelassen haben. Das heißt also auch, dass sie sich schon einmal in realen Arbeitsprozessen bewegt haben sollten (Du weißt, was ich damit meine, ich sage damit nicht, dass es keine Arbeit sei, Bücher zu lesen und Referate zu schreiben). Diese zentrale Voraussetzung ist bei den Strukturen unserer Bildungssysteme leider selten gegeben. Schule und Hochschule gehen mit ihren Angeboten und Anforderungen ja meist etwas am Leben vorbei, jedenfalls bleibt es der persönlichen Initiative überlassen, ob die Studierenden sich um Erfahrungen in der beruflichen und gesellschaftlichen Praxis bemüht haben oder nicht. Es fehlt also bei den Absolventen meist diese ganz grundlegende Lebenserfahrung, obwohl sie ja nach einem Studium oft nicht mehr die Jüngsten sind. Es fehlen einfach die persönlichen Erfahrungen in »normalen« Arbeitsprozessen.

Die zweite Voraussetzung für einen Einstieg in die Erwachsenenbildung, speziell unter Beratungsaspekten, ist: Man muss Menschen mögen; er oder sie muss die Menschen immer erst einmal so annehmen können, wie sie sind, auch wenn ihnen vieles nicht passt und tatsächlich kritikwürdig ist. Man darf nicht vom anderen als Defizitwesen ausgehen.

RF: Das bedeutet jedoch meist erst einen recht tiefgreifenden Umlernprozess, da in den Bildungsinstitutionen ja die Defizite, die Fehler, die jemand gemacht hat, betont und überbetont werden, nicht die Ressourcen und Kompetenzen.

JK: In der Sache kann Kritik sehr angemessen sein, aber sie muss auf dem Boden einer grundlegenden Akzeptanz erfolgen, sonst hat man keine Chance mit den Menschen in unserem Feld. Die Person darf sich nicht in Frage gestellt fühlen. Das ist für mich eine ganz wesentliche Grundeinstellung ...

RF: ... die m.E. auch erlernbar ist, sofern das Bildungssystem, dem man ausgesetzt ist, nicht dagegen steuert.

JK: Davon würde ich auch ausgehen, auch wenn das wohl nicht ganz leicht sein dürfte. Die dritte Kompetenz, die ich nicht nur für Beratung, sondern für Erwachsenenbildung überhaupt für wesentlich halte, ist eine grundlegende methodische Kompetenz und das Gespür für angemessene (pädagogische) Interventionen in einer bestimmten (Gruppen-)Situation. Man braucht Handwerkzeug, d.h. dass man die verschiedenen Ansätze und Vorgehensweisen kennt und dann die für einen selbst und die Situation stimmenden, an-

Grundlegende Beratungskompetenzen: Erfahrungen im Arbeitsleben

Sympathie für Menschen, wie sie sind

Methodenkompetenz

gemessenen Vorgehensweisen und Methoden im Umgang mit den Teilnehmenden heranziehen kann.

RF: Du plädierst also für konzeptionelle und methodische Vielfalt, die vom aktiven Zuhören bis zu Moderationsmethoden und zur Fantasiearbeit usw. reicht?

JK: Ja, das ist für mich eine dritte Grundvoraussetzung, um überhaupt sinnvoll in der Erwachsenenbildung tätig zu werden. Man muss allerdings nicht Spezialist mit langdauernden, sehr in die Tiefe gehenden therapeutischen Zusatzqualifikationen wie z.B. Psychodrama sein, auch wenn das vielleicht in manchen Situationen sinnvoll wäre. Jedoch wäre es, um bei diesem Beispiel zu bleiben, hilfreich, über Erfahrungen und Kenntnisse im pädagogischen Rollenspiel zu verfügen.

RF: Würdest Du mir zustimmen, wenn ich behaupte, dass die Methoden, die man verwendet, möglichst alltagsnah sein sollten?

JK: Auf jeden Fall sollten sie im Alltagsgeschäft leicht handhabbar, nicht zu fremdartig oder übermäßig zeitaufwendig sein. Wenn man dann einiges vertiefen möchte, kann und sollte man sicher auch komplexere und ausgefallenere Formen der Beratung wählen. Aber flexibel zu handhabende Methoden, die sich auf die Gestaltung von Gesprächen, auf Konfliktklärungen und einfache Formen der Veranschaulichung usw. beziehen, sind sehr wichtig; nur werden sie gegenüber der Fachkompetenz leider ständig vernachlässigt.

alltagsnahe Beratungsformen

Beratung in einem Modellprojekt

RF: Du hast mit MitarbeiterInnen das Modellprojekt »Bildung 21« entworfen und eine Vorlaufphase hauptverantwortlich betreut; dabei geht es um die Vernetzung der *Bildung* in der gesamten Region Südniedersachsen, ausgeschrieben vom Bundesministerium für Bildung und Forschung. Kannst Du dieses Projekt kurz skizzieren und dabei ein wenig mit bedenken, dass es uns in diesem Gespräch vor allem um Beratungstätigkeiten gehen sollte?

JK: Bei der Ausschreibung des BMBF ging es um die Verbindung der vielfältigen Bildungseinrichtungen zu einer »lernenden Region«. Das Ziel ist erst einmal der Aufbau eines Netzwerks; dabei sollen berufliche, politische und allgemeine Bildung verzahnt werden und dies über alle Bildungsebenen hinweg, also vom Kindergarten über die Schule und Universität bis hin zur Weiterbildung einschließlich der jeweiligen Schnittstellen zu den Kommunen, Landkreisen, Kirchen, Gewerkschaften usw. Ich empfand das als eine Chance wegen des regionalen Ansatzes und der Möglichkeit,

Vernetzte Bildung in der Region

bisher unverbundene Stränge in der Bildung zu vernetzen, aber auch wegen der möglichen inhaltlichen Akzentsetzungen. Mir liegt dabei vor allem an »Bildung« im Gegensatz zur Anhäufung von Wissen und Fähigkeiten. Das beinhaltet auch ein Bewusstsein der gesellschaftlichen Kontexte vor Ort, in die wir eingebunden sind. Es geht also auch um die Anwendbarkeit des Wissens zum Nutzen der Gesellschaft. Das Angebot soll durch diese Vernetzung verbessert, und die Menschen sollen besser erreicht werden. Dabei haben wir nicht nur klassische Bildungseinrichtungen angesprochen, sondern auch die Arbeit in sogenannten Randbereichen, also im Kulturbereich, aber auch in Beratungseinrichtungen und kleinen Ausbildungszentren. Besonders bei den zuletzt genannten Kooperationspartnern halte ich eine enge Verzahnung mit Bildung für außerordentlich wichtig, quasi als Schnittstelle zwischen (Aus-)Bildung und Umsetzung in Alltag und Beruf, und dann wieder zur Weiterbildung hin usw. Ich dachte dabei nicht nur an die klassischen Beratungsstellen, sondern auch an freie Beratungsangebote z.B. durch SupervisorInnen. Mir ist also das gesamte Spektrum sowohl im Profit- als auch im Non-profit-Bereich wichtig.

RF: Das klingt für mich erst einmal sehr plausibel und hochkomplex. Bei der Realisierung solch eines Projektes hat es daher sicher viele Gespräche und Beratungsprozesse gegeben.

JK: Bei dem Aufbau des Netzwerkes und der Projektbeantragung gab es dann vielfältigste Beratunganlässe. Einmal mussten wir die, die wir dabei haben wollten, ins Boot holen; wir mussten ihnen erst einmal die Idee nahe bringen; aber auch deren Ansatz und Potential wollten wir kennen lernen, um zu sehen, was sie jeweils für einen Beitrag zum Netzwerk leisten könnten. Eine Kooperation zwischen den Anbietern von Bildung hat ja bisher kaum stattgefunden. Es ging und geht mir also darum, dass diese Einrichtungen selbst erkennen, dass sie bei einer solchen Kooperation auch Nutzen ziehen können und sich nicht nur funktionalisiert fühlen müssen. Die beratenden Gespräche gingen dann vor allem darum, wie das reine Konkurrenzdenken überwunden werden kann. Da wir das alles neben unserer beruflichen Hauptaufgabe quasi als Hobby leisten mussten, war es notwendig, auch Mitstreiter zu finden, und da mussten wir uns auch erst einmal im kleinen Team, das sich dann bildete, zusammenraufen. Wir ließen uns dann auch beraten von den Behörden, auf deren Mitarbeit und Zustimmung wir angewiesen sind, wobei nicht immer klar war, wer wen berät, da es manchmal schwierig ist, zwischen mangelnder Lernfähigkeit und weltfremden Vorstellungen von unserer Lern- und Arbeitswelt zu unterscheiden. Aber wir berieten uns natürlich auch mit Politi-

Verzahnung von Bildung und Arbeit

Überwindung des Konkurrenzdenkens

kern, die die Unterstützung geben müssen, damit das ganze überhaupt eine Chance hat.

RF: Ihr hattet es also mit Behörden, mit politischen Entscheidungsträgern, mit Bildungsinstitutionen und freiberuflichen Anbietern zu tun und musstet mit ihnen viele wechselseitige Beratungsprozesse durchführen, vor allem um die Isolation und Konkurrenz zu überwinden und Ideen für einen Projektentwurf zu entwickeln. Welche Kompetenzen sind Dir dabei besonders zu Gute gekommen, bzw. wo gab es die größten Schwierigkeiten bei diesen Kooperations- und Beratungsprozessen? Meine Erfahrung ist, dass solche Prozesse sehr belastet werden durch die Profilierungstendenzen der Einzelnen in den Gremien und Teams und dass die Kommunikationskultur nicht dem entspricht, was wir für Beratung fordern, also das Zuhören, die Bereitschaft zur kooperativen Konfliktklärung usw.

JK: Ja, ja, das hat sich wieder bestätigt, auch wenn ich oder eigentlich wir alle es gerne anders hätten. Das Konkurrenzdenken wird auch durch das Netzwerk nicht aus der Welt geschafft werden können, das sehe ich realistisch. Trotzdem hoffe ich weiter darauf, dass man dabei lernen kann, jeweilige Eigeninteressen auch einmal hinten an zu stellen.

RF: Es geht also darum, das Gemeinschaftliche zu betonen und nicht nur die Abgrenzung.

JK: Es geht auch schlicht darum, etwas in diese Gemeinschaft uneigennützig zu investieren an Zeit und Energie; vielleicht müssen wir das (wieder) lernen.

> Projektberatung für Kooperation und Gemeinschaft

Zukunftsvisionen für Erwachsenenbildung und Beratung

RF: Dieses Projekt ist also wirklich eine Investition in die Zukunft, wenn ich das richtig sehe. Worin geht diese Reise in die Zukunft in der Erwachsenenbildung allgemein und speziell hinsichtlich Beratung Deiner Einschätzung nach, bzw. wo sollte sie hingehen?

JK: Wenn wir von Erwachsenenbildung sprechen, haben wir ein weites Feld vor uns. Ein großer Teil – wahrscheinlich die Masse der Stunden und Mittel – geht in die sogenannte »Weiterbildung«, und damit meint man die berufsbezogene und beruflich verwertbare Aneignung von Qualifikationen. Trotz aller vollmundigen Ankündigungen von Politikern und hochrangigen Verantwortlichen wird das Lernen im Sinne des Anhäufens von Inhalten und des Antrainierens von bestimmten Fertigkeiten zweifellos weiter im Vordergrund stehen. Zwar beschwören alle, die sogenannten

> Dominanz der unmittelbaren Verwertbarkeit

Schlüsselqualifikationen müssten dringend erworben werden – diese beziehen sich ja nicht in erster Linie auf die Aneignung von Wissen und Fertigkeiten, sondern auf kommunikative Fähigkeiten und Kooperation, auf Teamfähigkeit, Lernfähigkeit und Kreativität.

Unterbewertung sozialer Schlüsselqualifikationen Dies spiegelt sich in der großen Masse der Erwachsenenbildung leider überhaupt nicht wider – von einigen exotischen Veranstaltungen mit Outdoor-Training oder Kreativitätskursen für Führungskräfte abgesehen, aber das ist dann wiederum völlig abgespalten von den Alltagsrealitäten und hat sehr wenig etwa mit einer vom Arbeitsamt finanzierten Weiterbildung zu tun, wo nur unmittelbare Verwertbarkeit zählt.

Nochmal zusammenfassend zu meinem Begriff und Verhältnis von Bildung und Lernen:

Bei aller Unterschiedlichkeit von Lernmotivation, Fähigkeit, Lernstilen, Kontexten und Zielen des Lernens, die meisten Menschen lernen dauernd, ob organisiert oder nicht, weiter. Ob Lesen und Schreiben, EDV und Internet, Sprachen oder berufliche Qualifikationen, wir erwerben neue Kenntnisse und Fertigkeiten – wir lernen.

Das ist gut und sehr begrüssenswert.

Bildung ist jedoch mehr als das Anhäufen von »Erlerntem«, vereinfacht dargestellt heißt das: »sich bilden«, sich Gestalt und Wesen geben. Dies setzt die Bereitschaft und die Möglichkeiten zur Reflexion des Gelernten sowie mögliche Veränderung der eigenen Person voraus.

Bildung in diesem Sinne ist die selbstreflexive und auf die Bedingungen der gesellschaftlichen Existenz und Verantwortung bezogene Auseinandersetzung mit dem Was und dem Wie des Gelernten.

selbstreflexives und gesellschaftsbezogenes Lernen

RF: Ich schließe aus Deiner emphatischen Betonung von »Bildung«, dass Du auch noch siehst, dass die Grenze dieser Funktionalisierung von Erwachsenenbildung, die den Namen »Bildung« nach Deiner Definition eigentlich gar nicht verdient, erreicht ist.

JK: Ich nehme es zur Zeit noch nicht so wahr, aber ich hoffe, dass sich der Trend einmal ändert und möchte mir diese Hoffnung auch nicht nehmen lassen, dass das, was immer wieder großspurig gefordert wird, auch einmal in die Praxis umgesetzt wird. Angebote auf dem freien Markt, die das, was wir Weiter-*Bildung* genannt haben, tatsächlich anstreben, werden zwar immer sehr begrüßt, aber letztlich nicht wahrgenommen und erledigen sich daher oft selbst. Es gibt einen recht geringen Anteil an Initiativen, wo sich Menschen aus Eigeninteressen und persönlichem Engagement für

Seminare oder Kurse zusammenfinden, die dann das einlösen wollen, was die Verantwortlichen immer fordern aber nicht finanzieren und nachhaltig unterstützen. Da geht es dann wirklich um soziale Kompetenzen, um Konfliktklärung, auch um Supervision. Es scheint also durchaus ein Bedürfnis nach diesen »weicheren« Kompetenzen vorhanden zu sein, auch der Verbindung von politischen Inhalten und persönlichen Interessen mit den Qualifikationsinteressen. Darauf setze ich, auch wenn es keineswegs die große Masse ist. Bei diesen Angeboten geht es nicht darum, wieder beispielsweise Sozialkompetenzen oder politische Reflexion in dieser abgespaltenen Weise zu unterstützen, sondern um eine Integration.

Einengung durch Vorschriften und unmittelbare Verwertungsinteressen

Wenn wir solche Themen und Intentionen unterstützen, müssen wir allerdings auch immer darauf achten, dass sie auch öffentlich nach dem Erwachsenenbildungsgesetz gefördert werden können. Dies macht es oft schwer, die Angebote so zu formulieren, dass damit einerseits die entsprechenden Teilnehmer gefunden und andererseits die »weichen« Kompetenzen und die gesellschaftlich-politische Reflexion unterstützt werden. Und all dies soll dann auch noch den offiziellen Kriterien entsprechen. Auch auf Seiten der *Interessenten* lässt allerdings das Engagement für nicht unmittelbar Verwertbares und Funktionales nach. Der ganzheitliche Ansatz hat gegenwärtig keine Konjunktur. Selbst diejenigen, die sich wirklich dafür interessieren, werden abgeschreckt durch die Vorgabe, dass bestimmte Gruppengrößen erreicht werden müssen. Viele wollen individuell zugeschnittene Veranstaltungen, die mehr in die Richtung von Beratung in kleinen Gruppen gehen, wo auch persönliche Anliegen eingebracht werden können. Wir haben also eine Situation, dass der größte Teil der Interessenten unmittelbar Verwertbares will und deshalb bei solchen Angeboten herausfällt, ein anderer, kleiner Teil würde gerne tiefer gehen, aber dies in kleineren und persönlicher zugeschnittenen Lernangeboten; diese aber sind nicht konform mit den Vorgaben des Erwachsenenbildungsgesetzes. Dafür haben wir noch keine Lösung, zumal Bildung und Beratung formal und rechtlich getrennt betrachtet werden, was eigentlich unsinnig ist.

... sowie eine formale Trennung von Beratung und Bildung

RF: Mich wundert, dass es so wenig *projektorientiertes* Lernen im Erwachsenenbildungsbereich gibt, wo ja Beratung und Bildung miteinander verknüpft werden könnten, aber das stößt wohl auf ähnliche institutionelle Schwierigkeiten.

JK: Das Problem ist, wie wir dies in einer gemeinsamen Bildungsveranstaltung hinbekommen, denn es sind beispielsweise Beratungszeiten nach meiner Erfahrung auch dann erforderlich, wenn die Teilnehmenden Eigentätigkeiten ausführen. Die Kosten übersteigen dann schnell auch das, was Teilnehmende zu zahlen bereit und in der Lage sind, und die Fördermöglichkeiten dieser Art von Lernen sind sehr begrenzt. Aber wir versuchen dies im Rahmen längerfristiger Maßnahmen zu ermöglichen, indem Projektaufgaben vergeben und ausgeführt und dann wieder in die Gesamtgruppe eingebracht werden können, wie dies beispielsweise in der »Frauenakademie« geschieht. Da gibt es Präsenzzeiten von acht Unterrichtsstunden pro Woche mit einer Referentin, und dann werden eigenständig in kleinen Gruppen auch Projekte realisiert, etwa die Herausgabe einer Zeitung. Allerdings ist dies nur in solch einem größeren Rahmen möglich, und nicht alle ReferentInnen sind in der Lage, dann z.b. die Betreuungs- und Beratungsaufgaben zu übernehmen.

RF: Du meinst, es fehlt dann an elementaren Beratungskompetenzen angefangen vom Aushandeln von Kontrakten bis hin zu Konfliktklärungen in den Projektgruppen?

JK: Einmal das, darüber hinaus ist aber auch ein Engagement erforderlich, das nicht-bezahlbare (weil nicht auf Teilnehmergebühren umlegbare) Tätigkeiten außerhalb der reinen Unterrichtszeiten ermöglicht. Deshalb gehen diese Angebote in letzter Zeit ebenso stark zurück wie die klassischen Bildungsurlaubsangebote, bei denen Menschen für eine ganze Wochen zusammen kommen, um zu lernen und gemeinsamen zu arbeiten, aber auch die Freizeit zu gestalten.

RF: Das Zukunftsbild, das wir hier skizzieren, ist also insofern eher entmutigend, als die rein qualifizierenden und verwertbarkeitsorientierten Angebote wohl weiterhin zunehmen werden, und dann für alternative Angebote kaum noch Spielräume und auch nur begrenzte Interessenten vorzufinden sein werden.

JK: Trotzdem arbeite ich an diesen Vorstellungen weiter und möchte meinen Bildungsanspruch nicht aufgeben. Wir möchten ja unsere Klientel auch nicht alle an Beratungseinrichtungen »verlieren«, wo doch überwiegend Individualberatung stattfindet. Dabei geht aber dann der soziale Lernprozess in der Gruppe und im Team verloren, denn ich setze auf den gesellschaftlichen Austausch. Auf klassische Beratung würde ich immer bei persönlichen Schwierigkeiten oder schwerwiegenderen Konflikten, die eine Gruppe und die Erwachsenenbildner überfordern, zurückgreifen.

RF: Ich glaube, wir haben jetzt das Szenario der Erwachsenenbildung und speziell die Beratungsaufgaben dabei aus Deiner Perspektive eines Bildungsmanagers in einer gewerkschaftlich orientierten Einrichtung ganz gut abgedeckt und könnten noch einmal ein Fazit ziehen. Darf ich einmal damit anfangen?

Ich fand dieses Spektrum, das Du aufgefächert hast, sehr reichhaltig; ich bin erstaunt, wie viel von dem vorkommt, was ich unter Beratung verstehe; auch wenn sie vorwiegend »beiläufig«, oder – besser gesagt – in integrierter Weise erfolgt und nicht immer leicht zu trennen ist von didaktischen und anderen Aufgaben, so hat sie doch einen ganz hohen Stellenwert. Gleichzeitig habe ich Respekt bekommen vor Deinem und Eurem Bemühen, unter den gegebenen Rahmenbedingungen eine Balance herzustellen zwischen den notwendigen Qualifizierungsmaßnahmen und dem, was wir als Bildung definiert haben: die breitere Reflexion der beruflichen und fachlichen Anforderungen in ihren persönlichen ebenso wie in gesellschaftlichen Zusammenhängen. Im Rückblick fällt mir auch auf, dass sich in der Erwachsenenbildung ein ähnliches Ungleichgewicht widerspiegelt wie in der Beratungslandschaft selbst: die auf kurzfristige und effiziente Lösungen orientierten Ansätze beherrschen weitgehend das Feld, während die eher an umfassenderen Reflexionsprozessen orientierten Ansätze ein Schattendasein fristen. Aber, wenn wir optimistisch sind: vielleicht schlägt das Pendel ja auch wieder einmal in eine andere Richtung um oder wir kommen gar zu einer wirklichen Integration der beiden Grundorientierungen, die wir skizziert haben.

JK: Es hat mir gut getan, den Grossteil des gesamten Spektrums an Tätigkeiten einmal unter dieser speziellen Beratungsperspektive anzuschauen, sowohl in der Vielfalt und Breite als auch im Hinblick auf meine eigene professionelle Biographie. Sicher ließe sich zu jedem einzelnen Punkt, den wir angeschnitten haben, noch Vieles hinzufügen. Deine Einschätzung der Einseitigkeit der Orientierung in der Erwachsenenbildung ist völlig richtig, aber ich glaube auch, dass es ein sehr großes Bedürfnis gibt, die sozialen Kompetenzen weiter zu entwickeln, das Miteinander zu lernen und sich intensiver auch mit gesellschaftlichen Fragen (wieder) auseinander zu setzen. Aber bisher bleibt dieses Bedürfnis eher noch im Verborgenen; wir arbeiten daran so gut, wie wir können, um es zu aktivieren, und ich bin da doch immer noch hoffnungsvoll. Ich werde zwar bei manchen Prozessen sehr ungeduldig und bin oft unzufrieden mit dem Engagement mancher KollegInnen, das über die Eigeninteressen selten hinausgeht, aber letztlich bewegt sich dann doch etwas, wie sich bei unserem Projekt »Bildung 21« gezeigt hat.

Randnotiz: hoher Stellenwert »beiläufiger« Beratung

Randnotiz: verborgene Bedürfnisse nach Selbstreflexion und gesellschaftlicher Reflexion

Gestalt-Supervision für Lehrende

– Ein Beispiel für humanistisch-integrale Praxisberatung –[1]

Reinhard Fuhr

Die Ausgangssituation

Lehrende sind Experten[2] für die Leitung von Lerngruppen, die didaktische Aufbereitung und die Vermittlung von Wissen und Kompetenzen und – zumindest in Schulen – auch noch professionelle Erzieher. Meist haben sie zusätzlich noch die Aufgabe, Lernende, Eltern, Lehrmeister und viele andere zu beraten. Daher liegt es nicht sehr nahe, ihnen auch noch Supervision anzutragen, also Praxisberatung für ihre beruflichen Tätigkeiten, denn das klingt fast, als wollte man Eulen nach Athen tragen. Ich will in diesem Artikel demgegenüber ein Plädoyer für (berufs-)lebenslange Supervision von Lehrenden aller Art formulieren, ganz ähnlich wie dies für Sozialarbeiter und -pädagogen, Psychotherapeuten und häufig auch Ärzte und Pflegeberufe üblich ist, und dabei gleichzeitig Gestalt-Supervision als humanistisch-psychologisch fundiertes und integrales Verfahren vorstellen.

Plädoyer für Supervision in Lehrberufen

Ich skizziere zunächst die berufliche Situation von Lehrenden (und damit meine ich alle lehrend Tätigen, von Erzieherinnen über Lehrerinnen in Schulen bis hin zu Trainern, Erwachsenenbildnern und Hochschullehrern), um den Bedarf an Supervision zu begründen; dann werde ich Supervision oder Praxisberatung – ich verwende die Begriffe synonym – für Lehrende an einem Supervisionsprozess veranschaulichen und dabei das Konzept der Gestalt-Supervison auf der Grundlage einer humanistischen und integralen Philosophie und Theorie erläutern; schließlich werde ich auf das besondere Verständnis von Widerstand im Gestalt-Ansatz kurz eingehen. Schließen werde ich mit einigen Hinweisen

---

[1] Für hilfreiche Ergänzungen und Hinweise danke ich vielen Kolleginnen und Kollegen, u.a. Annette und Johannes Franck, Johanna Grün, Milan Sreckovic und wie immer auch meiner Frau Martina Gremmler-Fuhr.

[2] Ich verwende die maskuline oder die feminine grammatikalische Form normalerweise für beide Geschlechter und wechsle willkürlich zwischen beiden Formen.

auf Aus- und Weiterbildungsmöglichkeiten für Supervision allgemein und speziell für humanistisch orientierte Supervision. Zunächst aber will ich erläutern, was ich unter »Supervision« – hier für Lehrende – verstehen will (Hinte / Springer 1992; Ehinger / Henning 1994; Linden 1994; Schlömerkemper 1994; Palzkill 1995; Schreyögg 1995; Schneider 1996; Hagemann / Rottmann 1999; Katzenbach 1999; Denner 2000).

»Supervision« für Lehrende

Beratung hat nach meinem Verständnis die Aufgabe, Menschen bei ihren alltäglichen, persönlichen und beruflichen Herausforderungen zu unterstützen, ihnen Orientierung anzubieten bei »Durcheinander«, sie in ihren Fähigkeiten zu fördern und diese weiter zu entwickeln (Looss 1997; Franck & Fuhr 2002). Im Unterschied zur Therapie – die allerdings nicht immer scharf abzugrenzen ist – geht es bei Beratung nicht in erster Linie um die Aufarbeitung biographischer Erfahrungen und den Umgang mit psychischen Problemen; und im Unterschied zur Pädagogik geht es bei Beratung nicht in erster Linie um die Aneignung von Kompetenzen und die Vermittlung von Wissen. Im Vordergrund von Beratung steht die aktuelle Lebensbewältigung in einem speziellen Feld. Dies schließt keineswegs aus, dass in Beratung auch einmal biographische Erfahrungen zur Sprache kommen und/oder Kompetenzen und Wissen erweitert werden.

Unterstützung für Lebensbewältigung

Supervision ist nun Beratung für ein spezielles Berufsfeld. Die Klienten können sich einzeln, als Gruppe oder als Team eine Supervisorin »anheuern«. Bei Gruppensupervision stammen die Teilnehmenden aus gleichen oder ähnlichen Berufsfeldern, wenn auch meist aus unterschiedlichen Institutionen, bei Teamsupervision arbeiten sie auch im Alltag zusammen.

Die Klienten (Supervisanden genannt) kommen beispielsweise einmal im Monat für eineinhalb bis drei Stunden mit einem Supervisor zusammen. Diese Supervision kann über längere Zeit laufen oder aber sich beispielsweise bei Kriseninterventionen auf wenige Sitzungen beschränken. Von Ausnahmen abgesehen – die aber meist problematisch sind – ist die Teilnahme an Supervision freiwillig, und alle Teilnehmer einschließlich der Supervisoren sind zur absoluten Vertraulichkeit verpflichtet; d.h. persönlich identifizierbare Informationen dürfen nicht aus dem Raum, in dem die Supervision stattfindet, herausgetragen werden.

Das Setting

Meist kommt eine Supervision im Berufsfeld von Lehrenden durch die Initiative von einzelnen oder Gruppen zustande. In an-

Notwendigkeit hat
von Supervision für
Lehrende

deren Berufsfeldern wird Supervision oft von Vorgesetzten initiiert oder zumindest nahe gelegt, bei Lehrenden dürfte dies jedoch kaum vorkommen. Dies hängt einmal damit zusammen, dass die Hierarchien bei Lehrenden wenig ausgeprägt sind und man manchmal gar nicht so recht weiß, wer die Vorgesetzten sind, zum anderen arbeiten Lehrende nur selten in Gruppen oder Teams zusammen, und zum Dritten ist dieses Berufsfeld eines der wenigen, in denen Supervision noch Seltenheitswert besitzt, während sie im psycho-sozialen Bereich und in der Industrie und Wirtschaft fast schon zum Alltag gehört, wenn auch oft unter anderen Begriffen wie Coaching und Teamberatung oder -entwicklung und verknüpft mit speziellen Schwerpunktsetzungen.[3]

Supervisionsansätze

Bei der Supervision für Lehrende können ebenso wie bei anderen Beratungen *verschiedene Ansätze* zum Tragen kommen. Zwar werden in der Praxis heute vielfältigste Methoden in Beratung und Supervision verwendet und kombiniert, trotzdem folgt jede Supervisorin einer bestimmten Orientierung, die meist auf die »Schule« zurückgeht, in der das Metier erlernt wurde (psychoanalytisch, verhaltensorientiert, NLP-lösungsorientiert, systemisch, psychodramatisch, gestalttherapeutisch, klientenzentriert usw.).[4] Auch eklektizistische Ansätze, die sich eigenständig Module aus vielen Orientierungen und Verfahren zusammensetzen, folgen fast immer einer bestimmten Grundorientierung, die zur persönlichen Ausrichtung und zum Stil der Supervisorin ebenso passen müssen wie zum Kontext, in dem sie arbeiten.

Gestalt-Supervision

Die *Grundorientierung* meiner Darstellung von Supervision für Lehrende geht auf die Gestalttherapie zurück. Theorie und Konzepte, die die Begründer der Gestalttherapie Frederick S. und Laura Perls sowie Paul Goodman entwarfen, wurden – teilweise von uns selbst – weiterentwickelt zu einem integralen Gestalt-Ansatz (Fuhr & Gremmler-Fuhr 1991, 1995; Fuhr et al. 2001; siehe auch Sreckovic 2001). Es handelt sich um einen recht komplexen philosophisch und theoretisch begründeten Ansatz, der sich nicht auf die besondere Beachtung subjektiver Befindlichkeiten der Klienten

---

[3] Siehe hierzu den Artikel von Thiel, H.U.: »Supervision und Coaching als berufsbezogene Unterstützungsform«, in diesem Band.
[4] Siehe hierzu den Übersichtsartikel zu den Beratungsansätzen in diesem Band.

und spezielle erlebnisaktivierenden Methoden reduzieren lässt – außer man möchte ein hartnäckiges, historisch bedingtes Vorurteil fortschreiben. Auch wenn die subjektive Perspektive in diesem integralen Gestalt-Ansatz immer wieder eine wichtige Rolle spielt, integriert dieser Ansatz in der Tradition der Feldtheorie Kurt Lewins, der Gestaltpsychologie, der existentialistischen Philosophie und östlicher Bewusstseinskonzepte und in Anlehnung an die Arbeiten von Ken Wilber (1996, 2001) vielfältige Perspektiven und Ebenen in einem integralen Konzept (vgl. auch Hinnen 1990; May 1991; Schreyögg 1990, Yontef 1997; Fengler 2001; Isenegger 2001).

Philosophische Grundlagen

Gegenstand eines Supervisionsgesprächs für Lehrende kann alles sein, was mit der beruflichen Situation zusammenhängt. Oft wurde Supervision auf Fallbesprechungen begrenzt, zumal sie ursprünglich auf solche Fallanalysen in Gruppen zurückgeht, die der psychoanalytische Arzt Michael Balint (1980) einst als Pionier für seine Kollegen eingeführt hatte. Fallbesprechungen, also hier die Schwierigkeiten, die ein Lehrender mit einzelnen Schülern, Studierenden oder Lehrlingen hat, spielen nach wie vor eine Rolle, aber ebenso wichtig können Kommunikationsprobleme im Kollegenkreis, mit Vorgesetzten oder Eltern oder auch Frustrationen bei der eigenen beruflichen Arbeit, sogar Schwierigkeiten mit Partnern wegen nächtlicher Korrekturarbeiten sein. Supervision für Lehrende beschränkt sich nicht einmal auf die Bearbeitung von anstehenden Problemen. Sie soll vielmehr ein Ort sein, an dem die Supervisandinnen innere Distanz zu ihrem beruflichen Alltag finden können, Zeit zum Nachdenken und Nachspüren, zum Verstehen umfassenderer Entwicklungen und der eigenen Rolle dabei; hier soll man auch einmal einfach »Dampf ablassen« können. Supervision dient nach meinen Verständnis in erster Linie der *Unterstützung* der Lehrenden in ihrer alltäglichen Arbeit und ist nicht einseitig und in erster Linie auf Verbesserung und gesteigerte Effektivität der beruflichen Tätigkeit ausgerichtet. Dabei hat die Gruppe und ihre Resonanz eine wichtige Funktion, die zu kollegialer Zusammenarbeit anregen kann. Optimierung und Effizienzsteigerung sind durchaus wünschbare Nebenwirkungen von Supervision, aber philosophische Grundlagen der humanistischen Ansätze legen es nicht nahe, Menschen auf ihre Funktionen und Berufsaufgaben und hierbei auf ihre Effektivität und Effizienz zu reduzieren. Ganz abgesehen davon halte ich dieses »ganzheitliche« Verständnis supervisorischer Arbeit langfristig und in einem umfassenden Sinn für sehr wirksam, auch wenn erst manchmal ein langer Atem erforderlich ist und die Wirkungen nicht gleich sichtbar und messbar sind. Supervision hat für mich also auch den An-

Gegenstand und Ziele von Supervision

spruch, *Bildungsarbeit* zu leisten. Dies kann beispielsweise dadurch geschehen, dass auch neues Wissen erarbeitet wird oder die Kommunikationskultur unter den Supervisanden weiterentwickelt wird. Der Rahmen von Supervision erlaubt es allerdings nur, dass diese Intentionen lediglich als Möglichkeiten bestehen und in eher bescheidenen Ansätzen realisiert werden.

Die berufliche Situation von Lehrenden

Da ich vor allem das humanistisch-integrale Supervisionsverfahren auf der Grundlage des Gestalt-Ansatzes[5]) darstellen möchte, beschränke ich mich bei der Auswahl und Darstellung der Beispiele schwerpunktmäßig auf Lehrer und Lehrerinnen in Schulen und begnüge mich mit einigen Hinweisen auf Lehrende als Supervisanden anderer Tätigkeitsfelder wie Dozenten, Erwachsenenbildner usw.

Wenn ich als Supervisor das Feld meiner Klientel – in diesem Fall die Institution Schule – betrete, muss ich mir über die Besonderheiten in diesem Berufsfeld Klarheit verschaffen und nach Möglichkeit auch einige eigene Erfahrungen in diesem Tätigkeitsbereich oder in analogen Bereichen mitbringen. Diese Feldkenntnis ist in erster Linie von der Glaubwürdigkeit gegenüber den Klientinnen her begründet und erst in zweiter Linie von der Sache her. Supervision soll ja gerade auch »Betriebsblindheiten« aufdecken, und daher wäre ein fremder Supervisionsblick manchmal sehr wünschenswert. Wenn der Supervisor andererseits überhaupt nicht feldkundig ist, fällt es ihm vermutlich nicht leicht, sich in die Situation der Supervisandinnen einzufühlen und hinein zu fantasieren, und diese werden sich dann vielleicht nicht verstanden fühlen. Damit begegnen wir einem Phänomen, mit dem sich jeder Supervisor auseinander setzen muss: Er ist ein Grenzgänger, er steht immer am Rand, er hat Kontakt zum Feld und bleibt doch ein Fremder. Auf diesem »Zaun«, auf dem er sitzt, ist es nicht immer ganz leicht, die Balance zu halten (vgl. auch Nevis 1988, S. 211 ff.).

Feldkenntnis und fremder Blick

Aus dieser »Zaunperspektive« betrachtet ist das Berufsfeld von Lehrerinnen ein außerordentlich schwieriges: Lehrerinnen erleben

---

[5] Wie an anderer Stelle in diesem Buch dargestellt (Fuhr, R.: Beratungsansätze unter vier Perspektiven der Wirklichkeit), gibt es verschiedene Ausprägungen des Gestalt-Verständnisses. Der hier vorgestellte beruht auf der Aufarbeitung der Tradition der Gestalttherapie und der Integration mit neueren Theorien zusammen mit M. Gremmler-Fuhr und M. Sreckovic (siehe auch Fuhr et al., Handbuch der Gestalttherapie. Göttingen: Hogrefe, 2001).

jeden Vormittag (zumindest in unseren derzeit noch vorherrschenden Halbtagsschulen) fünf bis sechs Stunden höchsten Stress. Sie leben in einem Spannungsfeld von vielfältigen und oft widersprüchlichen Erwartungen seitens der Schüler, Kollegen und Eltern, der Schulleitung und Öffentlichkeit. Sie sollen zunehmend mehr Erziehungsaufgaben wahrnehmen, von denen sich die Eltern überfordert fühlen, und sollen die jungen Menschen gleichzeitig fit für das Überleben und den Erfolg in einer konkurrenz- und leistungsbesessenen Gesellschaft machen. Sie arbeiten meist isoliert und erhalten kaum Bestätigung auf kollegialer Ebene oder von Vorgesetzten. Die Bezahlung ist zwar im internationalen Vergleich sehr gut, aber das Lehrer-Image in diesem Land fördert nicht gerade das professionelle Selbstwertgefühl und die Berufszufriedenheit – anders als in anderen Ländern, wie die verschiedenen internationalen Vergleichsstudien zeigen. Bekanntermaßen sind Lehrer auch im hohen Maß vom Burn-out Syndrom bedroht[6] und gehen früher in den vorzeitigen Ruhestand – und meist aus psychischen gesundheitlichen Gründen – als in anderen Berufsgruppen. Andererseits ist die Berufstätigkeit sehr eigenständig und reizvoll für diejenigen, die gerne junge Menschen begleiten und fördern und selbst Freude am Weiterlernen haben.

Belastungen im Berufsfeld

Diese sehr kurze Skizze der beruflichen Situation der Supervisanden mag genügen, um deutlich werden zu lassen, dass es sich um eine Berufsgruppe handelt, die ganz dringend der Unterstützung bedürfte, wie sie u.a. eine Supervision bieten könnte, eine Unterstützung, die die Anforderungen an Effizienz nicht noch weiter hoch schraubt, die andererseits aber auch die Flexibilität und Freude an der eigenen Entwicklung fördert.

Als Supervisanden sind Lehrende nicht ganz einfach. Die berufliche Tätigkeit und vermutlich auch die Ausbildung zum Lehrberuf bringen es mit sich, dass man sich vor allem als Wissender versteht, der Lernende anleitet und beurteilt; ein Selbstverständnis als Lernende, Rat Suchende, sich immer wieder in einem konstruktiven Sinn In-Frage-Stellende findet sich seltener. Ein wesentlicher Teil der anfänglichen Arbeit in Supervision gilt nach meinen etwa 25-jährigen Erfahrungen vor allem dem Versuch, Lehrende (wieder) zum Lernen und zur Freude am Sich-Weiter-Entwickeln zu motivieren. Wenn dies gelingt in der Supervision, erfahre ich die Arbeit als sehr bereichernd und anregend; dies hängt auch da-

Lehrende als Supervisanden

---

6 Eine gute Zusammenstellung der Burn-out-Forschungen für Lehrer findet sich bei Bauer 2002.

Verbesserung der
Kommunikations-
kultur

mit zusammen, dass es Lehrende eher gewohnt sind, Zusammenhänge in komplexen Situationen herzustellen und zu begreifen als manche andere Klientel, die sehr viel spezialisierter ausgebildet ist und speziellere Tätigkeiten ausübt. Eine zweite Herausforderung besteht bei Lehrenden nach meinen Erfahrungen darin, dass die Kommunikation untereinander oft nicht besonders konstruktiv verläuft: so wie man gewöhnt ist, viel zu beurteilen, fließen Beurteilungen rasch auch in die kollegiale Kommunikation ein; dies führt leicht zur Reaktionsbildung und kleineren und größeren »Streitgesprächen« und kommunikativen »Kriegen«.[7] Als Aufgabe des Supervisors betrachte ich es daher generell – und bei Lehrenden ganz besonders –, die Aufmerksamkeit immer wieder auf die Kommunikationskultur zu lenken. Die Absicht ist dabei, das Zuhören zu üben, sich gegenseitig in seinen Einschätzungen und Auffassungen respektieren zu lernen und sich anzuregen; auch die Konzentration auf jeweils eine Gesprächs- und Abstraktionsebene soll unterstützt werden (statt dem häufig anzutreffenden schnellen und oft nicht bewussten Wechsel der Themen, Abstraktionsebenen und Kontexte, wie es im Schulalltag gang und gäbe ist).

Beispiel eines Supervisionsprozesses

Den Ablauf eines Supervisionsprozesses in einer Sitzung möchte ich als Beispiel für unsere Vorgehensweise und als Grundlage für die nachfolgende Erläuterung der Prinzipien humanistisch-integraler Supervision nutzen. Das Beispiel bezieht sich auf Lehrerinnen an Schulen, kann aber vermutlich in den typischen Merkmalen ohne Schwierigkeiten auf Lehrende in außerschulischen Arbeitszusammenhängen übertragen werden.

Es handelt sich um eine Gruppe von acht Lehrerinnen und Lehrern verschiedener Schulen und Schularten (außer Gymnasiallehrern, die ohnehin sehr selten in Supervisionen zu finden sind); sie kommen seit mehreren Jahren monatlich für zweieinhalb Stunden Supervision in einer Praxis zusammen. Das Vertrauensklima in der Gruppe ist über die Jahre gewachsen, und bis auf einige kleinere Spannungen zwischen einzelnen Supervisandinnen sehr gut; es gab auch immer wieder einmal einige Konflikte in der Gruppe, die jedoch aufgearbeitet und bereinigt werden konnten.

---

[7] Zur Reaktionsbildung als sehr verbreitete, aber wenig konstruktive Form der Kommunikation siehe Fuhr / Gremmler-Fuhr 2000.

Da sich die Teilnehmenden meist auch längere Zeit nicht gesehen haben, beginnen die Supervisionssitzungen fast immer mit einem regen Autausch von alltäglichen Erlebnissen und notwendigen Absprachen für berufliche oder private Kontakte. In einer Eingangsrunde sammeln wir, was von der vorhergehenden Sitzung übrigen geblieben ist, was aus evtl. Vereinbarungen oder Vorhaben geworden ist und was für diese Sitzung anliegt, also worüber einzelne ggf. sprechen möchten. Danach entscheiden wir gemeinsam über eine Prioritätenliste der Anliegen und Themen und steigen in den Beratungsprozess ein.

Eingangsrunde und Vereinbarung

Ein erster Supervisionszyklus einer solchen Sitzung soll als Beispiel dienen. In diesem Beratungsgespräch geht es um eine Lehrerin (nennen wir sie Ulrike),[8] die in einer kleinen Grundschule in einem kleinen Ort in Stadtnähe mit zwölf anderen Kolleginnen und einem Schulleiter (männlich) arbeitet. Sie erzählt sehr aufgebracht und um Fassung ringend von einem Ereignis, das wenige Tage zuvor stattgefunden hatte und sie noch sehr bewegt. Sie war drei Tage krank gewesen und in ihrer ersten Klasse von einer Kollegin vertreten worden. Als sie wieder in die Schule kam, wurde sie vom Schulleiter zu einem Gespräch in sein Büro gebeten: die vertretende Kollegin habe festgestellt, dass die Kinder noch längst nicht so weit im Schreiben seien wie die Parallelklasse und wie sonst erste Klassen zu dieser Zeit; der Schulleiter äußerte auch seine Befürchtung, dass die Eltern ihm Schwierigkeiten machen könnten, wenn ihre Kinder hinterherhinken würden. Obwohl sich Ulrike bei dieser Befragung von ihrem ersten Schock schnell soweit erholen konnte, dass sie dem Schulleiter Rede und Antwort zu stehen in der Lage war, verließ sie das Büro wie ein begossener Pudel, verbrachte dann eine schlaflose Nacht und geht seither mit sehr mulmigen Gefühlen in die Schule. Weder mit der Kollegin noch mit dem Schulleiter hat sie bisher über den Vorfall sprechen können.

Fallbeispiel

Bestandsaufnahme und akzeptieren, was ist

Die Supervisionsgruppe ist eingespielt und beteiligt sich daher nun nicht als unmittelbare Reaktion auf den Bericht von Ulrike an einem Ausfragespiel bzw. an einem Wettbewerb für gute Ratschläge, wie das sonst vielleicht der Fall wäre. Der Supervisor achtet zunächst darauf, dass sich Ulrike wieder sammeln kann, sich mit ihrer Schwierigkeit verstanden fühlt und (auch im wörtlichen Sinn) wieder Boden unter die Füße bekommt. So etwas Ähnliches haben auch andere in der Gruppe schon einmal erlebt und sie er-

---

8 Der Fall ist authentisch, jedoch zum Schutz der Klientinnen verfremdet.

zählen kurz, wie es ihnen dabei gegangen ist. Wann immer zu diesem Zeitpunkt Vorschläge formuliert werden, was Ulrike jetzt machen sollte, interveniere ich und bitte, mit diesen guten Ideen zu warten, bis wir mehr verstanden haben, worum es Ulrike geht und was das zu bearbeitende Problem ist.[9]

Erforschen der
Problemlage
Wir erfahren von Ulrike, dass sie eine sehr gute Beziehung zu den Schülern hat und den Schulleiter zwar nicht gerade liebt, aber auch auch keine größeren Spannungen bestehen, außer dass es sie ärgert, wenn er sofort in die Knie geht, sobald Eltern etwas zu kritisieren haben. Im Kollegium herrschen die üblichen kleinen Neidereien und Rivalitäten, aber sie sind erträglich. Sie geht in der ersten Klasse beim Schreiben-Lernen nach einem speziellen Verfahren vor, bei dem sehr viele Vorübungen gemacht werden, bevor die Kinder tatsächlich mit dem Schreiben anfangen. Sie hat schon drei Klassen nach diesem Konzept geführt und sehr gute Erfahrungen damit gemacht, die Eltern sind in ihre Vorgehensweise eingeweiht und haben sich noch nie beklagt – im Gegenteil, sie fühlt sich von den meisten unterstützt. Auf Nachfrage und mit etwas Hartnäckigkeit erfahren wir, dass sich Ulrike durch das Gespräch sehr gekränkt und von der Kollegin hintergangen fühlt und überdies nun von Selbstzweifeln geplagt ist, ob sie denn alles richtig macht, da sie ja auch kaum kollegiale Rückmeldung auf ihre Arbeit erhält außer von Schülern und Eltern; die inhaltliche Unterrichtsarbeit wird an ihrer Schule immer nur zwischen Tür und Angel besprochen. Es gibt zwar Absprachen über die Vorgehensweisen in der ersten Klasse, aber die sind nach Ulrikes Aussagen so allgemein, dass trotzdem eigentlich jeder machen kann, was er oder sie will, und die Lehrerinnen wissen auch nicht allzu viel von der Arbeit der anderen, »... außer was man halt so mitbekommt.«

Die Situation ist für mich und auch die anderen nun hinreichend klar bis auf die Frage, ob der Schulleiter eigentlich das Recht dazu hat, die Kollegin auf diese Weise in ihrer Arbeit in der Klasse zu überprüfen. Da wir alle überfragt sind, gehen wir davon aus, dass

---

[9] An dieser Stelle und an anderen Stellen im Zyklus werden oft auch kreative (Gestalt-)Methoden zur Unterstützung des (emotionalen) Miterlebens der Gruppenmitglieder eingesetzt wie Arbeiten mit Ton, mit Stift und Zeichenpapier oder Rollenspiele usw. Hier werden einerseits Stilunterschiede zwischen Supervisoren deutlich, aber auch Unterschiede in den primären Intentionen für Supervision hinsichtlich der Dimensionen menschlichen Erlebens, die angesprochen werden sollen. Ich selbst bevorzuge einen möglichst alltagsnahen Stil, da ich ganz vorrangig die personale Verantwortlichkeit der Klientinnen ansprechen möchte und bin daher eher zurückhaltend im Einsatz erlebnisaktivierender Methoden.

das Vorgehen des Schulleiters möglicherweise zwar rechtlich zulässig, aber sehr unglücklich bis unprofessionell war.[10]

Es gibt nun viele Möglichkeiten, das »eigentliche« Problem zu formulieren: die Beziehung zur »überprüfenden« Kollegin und zum Schulleiter könnte schwerwiegender gestört sein, die Vorgehensweise bei der Einführung und Weiterführung ihrer speziellen Methoden des Schreiben-Lernens könnte nicht optimal sein, es könnte sich aber auch um ein Selbstwertproblem von Ulrike handeln (indem sie dazu neigt, rasch sehr grundlegend an ihrer Professionalität zu zweifeln), sie könnte sich privat belastet fühlen und daher solches In-Frage-Stellen ihrer Arbeitsweise besonders schwer nehmen, die Schule könnte in ihrem Image bei sehr leistungsorientierten Eltern immer wieder unter Legitimationsdruck stehen und alle nervös machen, dem Schulleiter könnte es an wichtigen Führungskompetenzen fehlen, da er die Kolleginnen nicht vor unberechtigter Kritik durch Außenstehende schützt usw.

Klärung der Problemebene und Definition eines Problems in mehreren Schleifen

Für Ulrike wird im weiteren Gespräch klar, dass es ihr vor allem darum geht, die Beziehungen zur Kollegin und zum Schulleiter zu klären, da diese für sie nach dem Vorfall schwerwiegend gestört sind und sie sich sehr verunsichert ihnen gegenüber fühlt, was ihre Befindlichkeit im Schulgeschäft nun erheblich beeinträchtigt.

Als ich Ulrike anrege, nocheinmal über ihre Beziehung zum Schulleiter und der Kollegin nachzudenken und nachzuspüren (indem sie sich diese im Raum präsent vorstellt), gelangt sie zur Einsicht, dass sie sich gar nicht so verunsichert fühlt und vielleicht etwas überreagiert hat. Der Schulleiter hätte zwar ein wenig irritiert gewirkt, aber eher neugierig, was denn da los sei, denn er wisse eigentlich aus jahrelanger Zusammenarbeit, dass sie gute Arbeit mache. Die andere Kollegin kennt sie auch nicht als »Petze« oder »Intrigantin«, eher als ein wenig zu naiv und unbedacht in ihren Handlungen, ohne dass sie sich viel dabei denkt. Wir gelangen schließlich dazu, dass Ulrikes Problem bei einer grundsätzlicheren Verunsicherung liegt: sie ist sich sowohl im Hinblick auf die Beziehung (»Was halten die eigentlich von mir?«) zum Schulleiter und zu den Kolleginnen, als auch im Hinblick auf ihre pädagogisch-didaktischen Fähigkeiten sehr unklar, weil ihr professionelle Rückmeldungen und Kooperationszusammenhänge fehlen, etwas, was sie kennen und schätzen gelernt hatte, bevor sie an diese Schule gekommen war.

---

[10] Die Befragung eines rechtskundigen Kollegen bestätigte mich in dieser Einschätzung: Der Schulleiter hat die Berechtigung, sich jeder Zeit auf eine ihm sinnvoll erscheinende Weise ein Bild von der Arbeit der Kolleginnen zu machen.

In einer Sharing-Runde, die wir an dieser Stelle für sinnvoll halten, stellt sich heraus, dass sich kaum eine der anwesenden Lehrerinnen in ihrer beruflichen Selbsteinschätzung sicher fühlt, alle leiden unter fehlender professioneller Rückmeldung und Einschätzung und einem Kooperationsklima, das sich meist zwischen Tür und Angel abspielt, während die Konferenzen fast ausschließlich für Formales und Organisatorisches verwendet werden.

Ulrike äußerst sich nun erleichtert darüber, dass sie nicht die Einzige zu sein scheint, deren professionelles Selbstbewusstsein leicht aus den Angeln zu heben ist, und sie erinnert sich auch daran, dass sie es eigentlich kaum je anders kannte, als dass man ihr deutlich zu verstehen gegeben hat, was sie alles nicht konnte (wenn sie als Schülerin mit einer »Zwei« nach Hause gekommen war, wurde sie nur gefragt, warum es keine »Eins« sei).

An dieser Stelle fasse ich zusammen, worum es Ulrike nach meiner Einschätzung zu gehen scheint und überprüfe diese Einschätzung mit ihr: Durch das eingangs geschilderte Ereignis ist für sie ein grundlegendes Defizit in ihrer beruflichen Situation an die Oberfläche gekommen. Die Beziehung zur Kollegin und zum Schulleiter ist durch das inhaltliche In-Frage-Stellen ihres Vorgehens in der Klasse irritiert, aber nicht schwerwiegend gestört. Es fehlt ihr aber sehr an Rückmeldung und Bestätigung durch Kollegen und Vorgesetzte, während sie von Eltern und Schülern genügend Bestätigung bekommt. Ihr ohnehin nicht besonders fundiertes professionelles Selbstwertgefühl ist durch den Vorfall erheblich ins Wanken geraten; beides hängt mit dem dürftigen Kooperationsklima an der Schule zusammen, aber auch mit biographischen Mangelerfahrungen, nie in ihrer Leistung, sondern immer nur in ihren Defiziten gesehen worden zu sein.

Jetzt können wir dazu übergehen, Handlungsmöglichkeiten für Ulrike zu formulieren. Die Spielregel dabei ist, dass jeder einschließlich natürlich Ulrike selbst Ideen formulieren kann, was er oder sie an Ulrikes Stelle jetzt tun könnte; diese Vorschläge werden aber nicht »auseinander genommen«, da daraus sonst rasch ein sinnloses Streitgespräch darüber entstehen könnte, was die »richtige« Vorgehensweise sei und was »sowie so nichts bringt«. Ulrike kann am Ende prüfen, ob sie irgend einen oder mehrere dieser Vorschläge in Erwägung ziehen möchte oder nicht. Bei der Ideensammlung kommen schließlich die folgenden Vorschläge heraus:

• Ulrike bittet den Schulleiter und die Kollegin zu einem gemeinsamen Gespräch, indem sie deutlich macht, dass sie die Vorgehensweise gestört hat, sie während ihrer Abwesenheit – quasi hinter ihrem Rücken – fachlich zu überprüfen;

- sie bittet eine vertrauensvolle, neutrale Kollegin, sie bei diesem Gespräch zu unterstützen;
- sie führt dieses Gespräch mit Schulleiter und Kollegin getrennt mit oder ohne Unterstützung durch eine neutrale Person;
- sie schlägt im Kollegium vor, sich mehr über die inhaltliche Arbeit auszutauschen und sich gegenseitig über die jeweiligen Vorgehensweisen in den Klassen zu informieren; evtl. bildet sie mit interessierten Kolleginnen eine kleine Arbeitsgruppe;
- auch gegenseitige Hospitationen wären wünschbar;
- Ulrike geht noch einmal der Frage nach, wie sehr sie noch unter der fehlenden Bestätigung für ihre Leistungen in ihrer Biographie leidet oder sich verunsichert fühlt und nimmt dafür evtl. therapeutische oder beraterische Hilfe in Anspruch.

Ulrike meint, sie fände alle Vorschläge außer dem gemeinsamen Gespräch mit Schulleiter und Kollegin (dafür fühlt sie sich »nicht stark genug«) für prüfenswerte Möglichkeiten, ohne sich jetzt festlegen zu wollen.

Schließlich reflektieren wir über den bisherigen Verlauf des Supervisionsprozesses und beschließen, das Thema »professionelle Bestätigung« bei nächster Gelegenheit noch einmal gründlicher anzuschauen.

So »reibungslos« wie in diesem Beispiel verlaufen Supervisionsprozesse allerdings nur bei einer wirklich eingespielten Gruppe, und auch dann nicht immer. Dieser eher als optimal einzuschätzende Verlauf kann jedoch als Hintergrund dienen, um einen idealtypischen Phasenverlauf zu rekonstruieren, der als *Orientierung* dienen kann. Vielfach ist die Arbeit allerdings schwieriger, da sich die Supervisandinnen auf das konzentrierte und achtsame Miteinander-Reden meist erst langsam einstellen müssen und es – vor allem bei Teamsupervision, wenn sich die Gruppenmitglieder auch im Alltag ständig begegnen – sehr ungewohnt und auch angstbesetzt sein kann, sich anderen gegenüber zu öffnen und z.B. Schwächen einzugestehen.

Prozessreflexion und Bestimmen eines für alle bedeutsamen Themas

Phasenverlauf von Supervisionsprozessen

Der idealtypische Ablauf eines solchen Supervisionsprozesses folgt einem Phasenmodell der Gestalberatung, das die Möglichkeit bietet, Erfahrungen im Person-Umweltfeld darzustellen und die einzelnen Phasen, die in solchen Erfahrungsprozessen durchlaufen werden, ebenso zu charakterisieren wie die speziellen Qualitäten und Voraussetzungen in jeder Phase oder auch die Abweichungen von und Störungen in diesem Verlauf. Der idealtypische Ablauf hat die Phasen *Orientierung, Bestandsaufnahme, Bedeutung,* und *Perspektive,* wobei die weitaus meiste Zeit für das Verstehen des Anliegens und der problematischen Situation dient. Da dieser Phasenprozess schon an anderer Stelle in diesem Band dargestellt wurde,[11] begnüge ich mich mit einer kurzen Erläuterung des Modells unter Bezugnahme auf das obige Beispiel (Abb. 1):

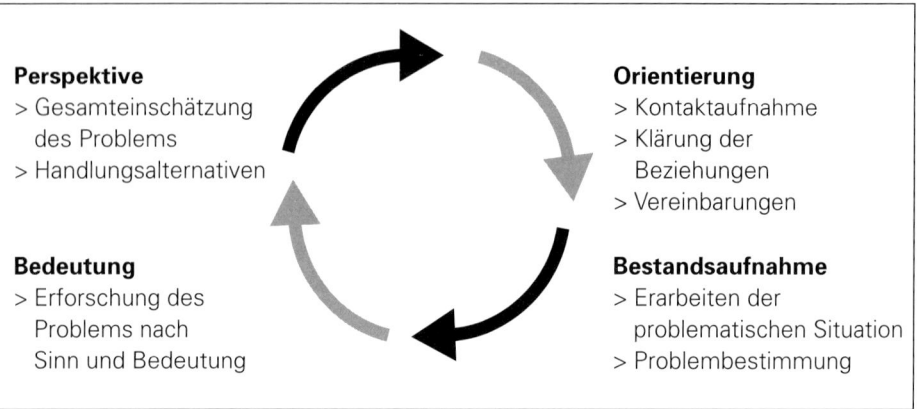

Perspektive
> Gesamteinschätzung
  des Problems
> Handlungsalternativen

Orientierung
> Kontaktaufnahme
> Klärung der
  Beziehungen
> Vereinbarungen

Bedeutung
> Erforschung des
  Problems nach
  Sinn und Bedeutung

Bestandsaufnahme
> Erarbeiten der
  problematischen Situation
> Problembestimmung

Abb 1: Phasenmodell für Beratungsprozesse (nach: Fuhr 2001, S. 1014 ff.)

Orientierung und Anwärmen

Orientierung: In der Orientierungsphase geht es darum, dass die Beteiligten untereinander Kontakt aufnehmen, evtl. ihre Beziehungen formal und persönlich klären, Reste aus vorhergehenden Supervisionssitzungen nacharbeiten und Vereinbarungen treffen über die Nutzung der verfügbaren Zeit und die zu behandelnden Themen oder Probleme. Die lockeren Gespräche am Beginn unserer Supervisionssitzung und das Sammeln von Interessen in der Runde entsprachen dieser Phase.

In unserem Beispiel folgte dieser allgemeinen Orientierungsphase nun eine spezielle Anwärmphase mit der Klientin, die erst einmal erzählte, was sie beschäftigte und warum sie so betroffen reagierte, und schließlich auch, was sie von der Gruppe dabei wollte.

Bestandsaufnahme: In dieser zweiten Phase wird die problematische Situation, das Anliegen, das Thema oder die Herausforderung *phänomenologisch* erforscht. Dabei geht es darum festzustel-

---

[11] siehe hierzu meinen Text über Humanistisch-psychologische Beratungsansätze in diesem Band; Fuhr / Gremmler-Fuhr 1991, S. 149 ff. und Fuhr 2002, S. 1014 ff.

len, *was ist*, einschließlich dessen, was die Beteiligten in den betreffenden Situationen erleben (unter Berücksichtung von Impulsen, Empfindungen, Gefühlen, Phantasien und Gedanken). Die Intention ist dabei, einen möglichst erlebnisnahen Eindruck vom Geschehen und dem, was die jeweiligen Protagonisten (und die sich mit ihnen identifizierenden anderen Teilnehmerinnen) dabei beschäftigt, zu erhalten, die Bewusstheit für die Situation zu erhöhen sowie die wichtigsten Zusammenhänge zu erkennen. Dies erfolgte in unserem Beispiel recht ausgiebig mit dem Sammeln von Informationen über die Verhältnisse an der Schule, die Sachlage im Unterricht, die Beziehungen zu Schulleiter, Schülern, Kolleginnen und Eltern. Dazu gehörte auch die kurze Sharing-Runde, in der diejenigen sich äußerten, die schon einmal ähnliche Erlebnisse hatten.

Phänomenologische und empirische Bestandsaufnahme

Am Ende dieser Phase kann das Anliegen oder Problem oft viel klarer formuliert werden als zu Beginn, möglicherweise hat sich das Interesse dabei auch auf Aspekte verlagert, die vorher gar nicht im Blickfeld der Supervisandin waren, wie in unserem Beispiel. In dieser Phase ist es wichtig, dass sich die Klienten verstanden fühlen, in ihrer Situation gesehen werden und auch die Empathie des Supervisors und der anderen Teilnehmer spüren. Ungeübte Gruppen neigen an diesen Stellen leicht dazu, Ratschläge zu geben, wie das Problem zu lösen oder die schwierige Situation künftig zu vermeiden sei. Oder die Teilnehmer formulieren Interpretationen, warum sich die Klientin so verhalten hat und dies und jenes so erlebt hat. Beides, die Lösungsvorschläge und die Interpretationen, sind an dieser Stelle kontraproduktiv: sie geben den Protagonisten oft das Gefühl, dumm zu sein, versagt zu haben, sie fühlen sich missverstanden, und oft trauen sie sich nicht einmal mehr, dies zu äußern – oder eine heftige Diskussion darüber folgt, wie etwas gesehen werden »muss«. In dieser Phase ist daher Disziplin und Geduld und eine klare Gesprächsleitung durch den Supervisor gefordert, falls die Gruppenteilnehmer grundsätzlich bereit sind, sich auf solch ein konzentriertes Gespräch einzulassen. Dies ist oft erst nach einigen Sitzungen und einiger Überzeugungsarbeit durch den Supervisor der Fall.

Formulierung des Problems unter klarer Gesprächsleitung

Es dürfte auch deutlich geworden sein, dass es nicht »die richtige« Problemformulierung gibt, sondern viele verschiedene Möglichkeiten; und es bedarf gemeinsamer Entscheidungen, die für die Klientin zu diesem Zeitpunkt treffendste auszuwählen. Dabei ist es hilfreich, verschiedene Ebenen von Anliegen, Schwierigkeiten und Problemen zu unterscheiden, wie ich in einem kurzen Exkurs verdeutlichen möchte.

Exkurs: Problemebenen

Die Schwierigkeiten unserer Protagonistin Ulrike kann auf verschiedenen Ebenen gesehen werden, und auf jeder dieser Ebenen lässt sich eine plausible Problemstellung herausarbeiten (Abb. 2):

- *Die individuelle, persönliche Ebene*: Ulrikes leicht zu erschütterndes professionelles Selbstwertgefühl und die fachliche Selbsteinschätzung;
- *die zwischenmenschliche Ebene*: Hier kann es um Ulrikes Beziehung zum Schulleiter und zur Kollegin, die sie vertreten hat, oder auch um die Beziehungen im Kollegium insgesamt gehen;
- *die institutionelle Ebene*: Hier kann es um die Arbeitsbedingungen in der Schule gehen, die Möglichkeiten der Kooperation und der gegenseitigen Rückmeldungen und Bestätigungen oder um den Druck, unter den sich der Schulleiter gestellt sieht, oder auch um seine formalen Kompetenzen und die der Kollegin;
- *der gesellschaftliche Kontext*: Dabei könnte es um die extreme Leistungsorientierung der Eltern gehen und die Anforderungen an Schule, die Schüler möglichst früh möglichst schnell zu nachweisbaren Leistungen zu bewegen; auch um die Auseinandersetzungen im Gesamtkollegium einschließlich Schulleitung und Schulbehörde mit diesen Anforderungen und Erwartungen.

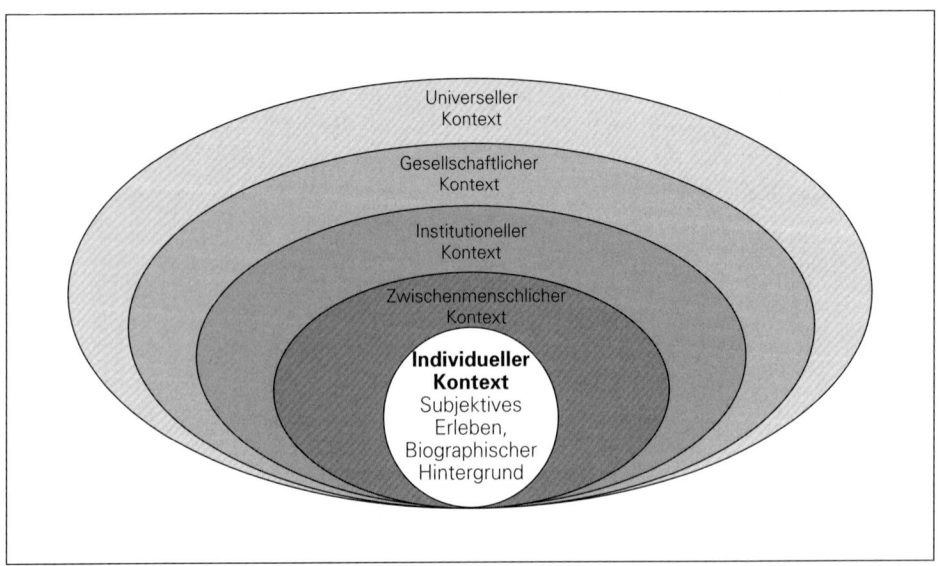

Abb. 2: Ebenen der Verortung des Anliegen / Problems (aus: Fuhr 2001, S. 1013)

Auf jeder der in Abb. 2 dargestellten Ebenen gibt es eine oder mehrere Möglichkeiten der Problemformulierung. Welche Ebenen letztlich angepeilt werden, hängt von den Handlungsnotwendigkeiten ab, unter dem die Supervisandin steht, aber auch, wo am meisten Handlungsspielräume gegeben sind. Und dabei steht es dem Supervisor durchaus frei, aus seiner Erfahrung Vorschläge zu machen. In unserem Beispiel war offensichtlich, dass Ulrike ihre Beziehung zu dem Schulleiter und der Kollegin rasch klären musste, da sie sich dadurch sehr beeinträchtigt fühlte, obwohl sich dies schließlich nicht als das Hauptanliegen von Ulrike herausstellte. Längerfristig ging es dann darum, an der Isolation in der beruflichen Tätigkeit und an der fehlenden Rückmeldung und Bestätigung etwas zu ändern, um das professionelle Selbstwertgefühl und eine angemessene fachliche Selbsteinschätzung zu verbessern.

Bedeutung: Bei diesem Arbeitsschritt erforschen wir, welche Bedeutungen das Problem oder Anliegen hat, persönlich, zwischenmenschlich, im Hinblick auf den weiteren beruflichen und sozialen Kontext usw. Hier gelangt Supervision mit einem sehr begrenzten Zeitkontingent meist bald an Grenzen:[12] Auf der einen Seite gilt es, die Grenzen abzustecken zu therapeutischen Themen, die die persönliche Lebenssituation und die Biographie des einzelnen betreffen; auf der anderen Seite ergeben sich oft Grenzen der Einflussmöglichkeiten, etwa im Hinblick auf institutionelle, gesetzliche oder umfassendere kulturelle Regeln und Gewohnheiten. In unserem Beispiel waren die beiden Phasen »Bestandsaufnahme« und »Bedeutung« nicht immer sauber getrennt. Das ist auch nicht so wichtig, solange jeweils klar unterschieden wird, was »Sache« ist (sowohl faktisch als auch erlebnismäßig) und was Interpretation. Im Fall von Ulrike ging es vor allem darum zu erkennen, dass Ulrikes labiles professionelle Selbstwertgefühl nicht nur ihre biographisch bedingte »Macke«, sondern durchaus systembedingt ist. Zum anderen wurde für sie deutlich, dass die spezifische Beziehungsstörung bei genauerem Hinschauen gar nicht so gravierend war, wie zunächst angenommen, das Vertrauensklima im Kollegium insgesamt aber wegen der geringen Kooperation auch nicht besonders tragfähig zu sein schien, da jeder vor sich »hinwurstelte«.

Kriterien für Entscheidungen über Problemebenen

Unterscheidung von Wahrnehmung und Interpretation

---

[12] Ein häufiges Supervisions-Setting sind monatliche Sitzungen von vielleicht zwei oder drei Stunden in einer Gruppe von bis zu sieben oder acht Supervisanden. Bei Einzelsupervision sind auch kürzere Abstände und kürzere Sitzungen üblich.

Perspektive: In dieser Phase geht es darum, Ideen zu sammeln und vielleicht auch spielerisch zu erproben, wie mit der Problemsituation und Herausforderung umgegangen werden kann und welche Schritte die Beteiligten unternehmen können und wollen. In der Supervisionsgruppe werden dabei natürlich die Erfahrungen aller Beteiligten genutzt, und es gibt Raum für kreative und ungewöhnliche Lösungsvorschläge. Welche dieser Ideen von den Protagonisten aufgegriffen und umgesetzt werden, liegt allein bei diesen selbst. Sie können sich auch entscheiden, zunächst einmal gar nichts an der problematischen Situation ändern zu wollen; vielleicht haben sie im gemeinsamen Prozess neue Erkenntnisse über sich und andere und andere Einstellungen gewonnen etwa zu ihren Kollegen, zu Schülern oder Vorgesetzten, die die problematische Situation dadurch schon entschärfen könnten.

kreative Handlungsalternativen

Auch Rückmeldungen für die Protagonistinnen und die gemeinsame Reflexion des Supervisionsprozesses gehören noch zu dieser Abschlussphase eines Zyklus, wobei in dieser Phase die Lernerfahrungen aller anderen Teilnehmenden (das »Huckepack-Lernen«) bewusst gemacht und verankert und gemeinsam betreffende Themen herauskristallisiert werden können.

Prinzipien gestaltorientierter Supervision

Im Rückblick auf den beispielhaft dargestellten und phasenmäßig rekonstruierten Phasenablauf kann ich die Prinzipien gestaltorientierter Praxisberatung noch einmal hervorheben:

Bewusstsein

- Das Hauptanliegen in der Supervision ist es, das Bewusstsein über die Gesamtsituation und damit die Entscheidungs- und Handlungsalternativen im Hinblick auf viele verschiedene Erfahrungsdimensionen zu erhöhen;

Dialog

- dies geschieht in einem dialogorientierten Kommunikationsprozess, der als gemeinsam gestalteter und verantworteter Lernprozess konzipiert wird;

Ganzheit

- dabei findet die Ganzheit der Person in ihrem Eingebundensein in das jeweilige Umweltfeld Berücksichtigung;
- subjektives Erleben, objektive Fakten, zwischenmenschliche, institutionelle und gesellschaftliche Zusammenhänge werden in ihren Wechselbeziehungen betrachtet, innerhalb derer sich verschiedene Möglichkeiten der Problembestimmungen herausarbeiten lassen;

Gemeinsame Problembestimmung

- Problemsituationen und Anliegen der Supervisandinnen werden gemeinsam definiert im Hinblick auf die besondere Relevanz, die Dringlichkeit für die Betroffenen und die Beeinflussbarkeit durch diese in ihrem Arbeitsfeld.

Der Supervisionsprozess wird als wiederholter Wechsel von Erleben und Beobachten, Reflexion der Wahrnehmungen und Beobachtungen und unter Bezugnahme auf theoretische Modelle und Konzepte gestaltet.

Besondere Widerstände

Jedes Verfahren ruft bei Klienten und Supervisanden spezielle Widerstände hervor – und jedes Verfahren geht auch unterschiedlich mit diesen Widerständen um. Kennzeichnend für humanistisch orientierte Verfahren und speziell für Gestalt-Supervision ist es, dass die Widerstände wichtig und ernst genommen und letztlich als kreatives Potential angesehen werden, auch wenn sie in der aktuellen Situation zunächst dysfunktional und störend sind. Dies setzt voraus, dass die Widerstände nach Möglichkeit dem Bewusstsein zugänglich werden: Das Bewusste und das Unbewusste des Menschen werden nicht als zwei getrennte Sphären aufgefasst, sondern als ein Kontinuum, das in der Arbeit in Richtung Bewusstsein verschoben werden kann. Dabei treten, zumindest nach meinen Erfahrungen in der Gestalt-Supervision, eine Reihe von typischen Widerständen auf, die genutzt werden können. Die mir am wichtigsten erscheinenden Widerstände möchte ich kurz aufzählen:

Widerstände als kreatives Potential

• Die subjektiven Erlebnisräume sind in unserer Gesellschaft und aufgrund der Strukturen im Bildungswesen sehr unvertraut. Das Betreten dieser Räume löst Unsicherheit und Verwirrung, oft auch Angst aus und wird abgewehrt.

Unbekanntes subjektives Erleben

• Die Anforderung, nach komplexeren Wechselbeziehung und geteilten Verantwortlichkeiten in der zur Diskussion stehenden Situation Ausschau zu halten, statt eindeutige Ursachenzuschreibungen vorzunehmen, wird oft als verwirrend oder gar als Zumutung empfunden, da doch klar sein müsste, wo die Ursachen liegen.

Ruf nach eindeutigen Ursachen

• Die dialogorientierte Herangehensweise erfordert die Fähigkeit des Zuhörens und Akzeptierens der Andersartigkeit des Anderen. Widerstand entsteht hierbei oft gegenüber dieser Aufgabe selbst, die als zu schwierig, ungewohnt oder angstbesetzt angesehen wird. Daher will man sich auch auf diese Art des Miteinanders erst gar nicht lernend einlassen.

Schwierigkeit des Zuhörens

• Die Unterscheidung in Wahrnehmungen, Beobachtungen und deren Interpretationen, fordert die Beteiligten sehr heraus, da diese Unterscheidung in den meisten Lernsituationen nicht vorgenommen wird auch und eine differenziertere Beobachtung und Wahrnehmung erst geübt werden muss.

Wahrnehmung versus Interpretation

Drang zu beurteilen

- Phänomenologische und dialogorientierte Vorgehensweisen erfordern es, dass wir unsere Bewertungen und Urteile zumindest zeitweise suspendieren. Dies fällt besonders Lehrenden sehr schwer, da sie ja als eine ihrer Hauptaufgabe gerade die Bewertung und Beurteilung von Lernleistungen ansehen. Da solche Bewertungen und Urteile aber nicht nur die Lernprozesse beeinträchtigen, weil sie oft Angst auslösen, sondern auch das ohnehin im beruflichen Alltag nicht sehr unterstützte professionelle Selbstwertgefühl angreifen, sind solche Bewertungen und Beurteilungen in Supervisionsprozessen meist kontraproduktiv.

Komplexität und Unvorhersehbarkeit

Supervision, wie ich sie hier vorgestellt habe, lebt vom lebendigen Prozess, der jeweils seine eigene Dynamik und seine eigene Qualität entwickelt. Dieser Prozess ist also nicht exakt planbar und nicht determinierbar, und dies erfordert von der Supervisorin ebenso wie von den Supervisandinnen, dass sie sich auf Unsicherheit und Unvorhersehbarkeit und überdies auf ein hohes Maß an Komplexität, das dem Lebendigen nun mal eigen ist, einlassen. Dies sind hohe Anforderungen, die von der Supervisorin ein gründliches Maß an Selbsterforschung und innerer Sicherheit voraussetzen und bei den Supervisandinnen ein Mindestmaß an Vertrauen in den gemeinsamen Prozess. Der Lohn dafür besteht in sehr lebendigem, kreativem, oft auch tiefgehendem und immer wieder neuem Erleben sowie in der Möglichkeit der ständigen persönlichen und gemeinschaftlichen Weiterentwicklung.

Aus- und Weiterbildung für humanistisch-psychologische Supervision

Ausbildung als Aufgabe privater Organisationen

Für die Aus- und Weiterbildung für Supervision nach humanistisch-orientierten Verfahren wird ein buntes Spektrum an Möglichkeiten angeboten, meist auf dem freien Markt, kaum in staatlichen Bildungsinstitutionen. Dort werden im günstigen Fall einzelne Seminare oder Kurse angeboten, die mit humanistischen Verfahren arbeiten, sowie einige theoretische Einführungen. Diese können gut zum Kennenlernen und zur Übersicht genutzt werden, zumal die Ausbildungen stärker praktisch auf das jeweils eigene Verfahren ausgerichtet sind. Aus- und Weiterbildung für Supervision nach humanistisch-psychologischen Ansätzen ist aus verschiedenen Gründen an staatlichen Bildungsinstitutionen kaum umfänglicher möglich: Ein wesentlicher Teil der Aus- und Weiterbildung muss der Selbsterfahrung und -erforschung gewidmet sein, für die ein kontinuierlicher und vertrauensvoller Rahmen und qualifizierte Leiterinnen erforderlich sind. Die Auseinandersetzung mit sich selbst und mit sozialen Prozessen nicht nur auf einer theoretischen, sondern auch auf einer erfahrungsmäßigen Ebene gelingt am ehesten in einer kontinuierlichen, über viele Monate und Jahre hin stabilen Gruppe – eine Bedingung, die in Universitäten und anderen Hochschulen nicht zu erfüllen ist. Sicher lassen sich humanistisch-psychologische Methoden und Techniken relativ rasch und in wenigen Wochenendseminaren erlernen – die Wirkung solcher häufig dem Kontext nicht angemessenen Verfahrensweisen schätze ich jedoch eher destruktiv ein. Die Gestaltung lebendiger, intensiver und für Supervisanden persönlich bedeutsamer Lernprozesse in dialogorientierter Arbeitsweise setzt nun einmal eine intensive Ausbildung der Supervisorinnen voraus. Nach meinen Erfahrungen lohnt sich dieser relativ hohe Aufwand jedoch nicht nur für die Supervisanden, sondern auch für die Supervisoren selbst.

Selbsterfahrung und kontinuierliche Gruppenarbeit

Literatur

Balint, M. (1980): Psychotherapeutische Techniken in der Medizin. Stuttgart: Klett-Cotta.

Cohn, R. C. (1975): Von der Psychoanalyse zur Themenzentrierten Interaktion. Stuttgart: Klett-Cotta.

Denner, L. (2000): Gruppenberatung für Lehrerinnen. Bad Heilbrunn: Klinkhardt.

Ehinger, W., Henning, C. (1994): Praxis der Lehrersupervision. Leitfaden für Lehrergruppen mit und ohne Supervisor. Weinheim etc.: Beltz

Fengler, J. (2001): Gestalt-Supervision. In Fuhr, R., Sreckovic, M., Gremmler-Fuhr, M. (Hrsg.), Handbuch der Gestalttherapie (1025-1035). Göttingen: Hogrefe.

Franck, Johannes & Fuhr, Reinhard (2002): Texte zur Humanistischen Supervision und Organisationsberatung. www.gestaltzentrum.de.

Fuhr, R., Gremmler-Fuhr, M. (1991): Dialogische Beratung. Person, Beziehung, Ganzheit. Köln: Edition Humanistische Psychologie.

Fuhr, R., Gremmler-Fuhr, M. (2000): Angst und Reaktionsbildung: Ein Beitrag zur alltäglichen und professionellen Konfliktbewältigung. Gestalttherapie, Heft 1, 3-30.

Fuhr, R., Sreckovic, M., Gremmler-Fuhr, M. (Hrsg.) (2001): Handbuch der Gestalttherapie. Göttingen: Hogrefe.

Fuhr, R. (2001): Gestaltberatung. In Fuhr, R., Sreckovic, M., Gremmler-Fuhr, M. (Hrsg.), Handbuch der Gestalttherapie (1003-1024). Göttingen: Hogrefe.

Hagemann, M., Rottmann, C. (1999): Selbstsupervision für Lehrende Konzepte und Praxisleitfaden zur Selbstorganisation beruflicher Reflexion. München: Beltz.

Hinnen, P. (1990): Gestaltansatz der Supervision. In Fatzer, G., Eck, C. D. (Hrsg.), Supervision und Beratung (123-141). Köln: Edition Humanistische Psychologie.

Hinte, W., Springer, W. (1992): Supervision – Spurensuche nach Subjektivität im professionellen Alltag. Supervision, Heft 21, 74 ff..

Isenegger, U. (2001): Gestalttherapeutische Teamsupervision – eine Fallstudie. In Fuhr, R., Sreckovic, M., Gremmler-Fuhr, M. (Hrsg.), Handbuch der Gestalttherapie (1037-1050). Göttingen: Hogrefe.

Katzenbach, D. (1999): »Die schlimmste Zeit meines Lebens«. Pädagogik, Heft 10, 49-53.

Linden, C. (1994): Supervision in Lehrergruppen. Ein grundlegendes Modell zeitgemäßer Lehrerbildung. Essen: Die blaue Eule.

Looss, W. (1997): Unter vier Augen: Coaching für Manager. Landsberg/Lech: Moderne Industrie.

May, R. (1991): Die Kunst der Beratung. Mainz: Grünewald.

Nevis, E. C. (1988): Organisationsberatung. Ein gestalttherapeutischer Ansatz. Köln: Edition Humanistische Psychologie.

Palzkill, B. (1995): Supervision und Schule. OSC, Heft 2, 107-121.

Schlömerkemper, J. (1994): Schultheorie und -beratung. Mutmaßungen über erfolgreiche Supervision in der Schule. Die Deutsche Schule, Heft 4, 506-514.

Schneider, G. (1996): Lehrerkrisen und Supervision. Bad Heilbrunn: Klinkhardt.

Schreyögg, A. (1990): Integrative Gestalt- Supervision: Ein methodenplurales Modell. In Pühl, H. (Hrsg.), Handbuch der Supervision (340-357). Berlin:.

Schreyögg, A. (1995): Themenheft Supervison und Schule. OSC, Heft 2, .

Sreckovic, M. (2001): Geschichte und Entwicklung der Gestalttherapie. In Fuhr, R., Sreckovic, M., Gremmler-Fuhr, M. (Hrsg.), Handbuch der Gestalttherapie (15-180). Göttingen: Hogrefe.

Westermann, E. (1991): Personzentrierte Supervision – ein Handlungsmodell. Supervision, Heft 19, 70 ff..

Wilber, K. (1996): Eros, Kosmos, Logos. Frankfurt a.M.: Krüger.

Wilber, K. (2001): Integrale Psychologie. Geist, Bewusstsein, Psychologie, Therapie. Freiamt: Arbor.

Yontef, G. M. (1997): Supervision from a Gestalt Therapy Perspective. Gestalt-Publikationen. Zentrum für Gestalttherapie Würzburg.

Supervision und Coaching als berufsbezogene Unterstützungsformen

Heinz-Ulrich Thiel

Nach der Blütezeit der Therapiewelle in Deutschland (von den 70er bis Mitte der 80er Jahre) konzentrierte sich die Aufmerksamkeit in Theorie und Praxis auf die Supervision als spezifische Beratungsform. Im letzten Jahrzehnt schiebt sich – gemessen an den Buchveröffentlichungen – das Coaching immer mehr in den Vordergrund, wobei beide Ansätze im Hinblick auf konzeptuelle Grundlagen, Settings und Anwendungsfelder inzwischen kaum noch voneinander abgrenzbar sind. Supervision und Coaching als spezifische Modelle der Beratung beziehen sich auf die *Arbeitswelt* bzw. den *Berufsbereich*. Es geht um die Beratung von zumeist hauptberuflichen MitarbeiterInnen, Leitungspersonen und Freiberuflern in pädagogisch-psychologischen Handlungsfeldern bzw. Institutionen. Die ›kollegiale‹ bzw. Peer-Supervision – eine Selbsthilfeform ohne externe professionelle Berater – wird hervorgehoben, weil einerseits TeilnehmerInnen dieser kollegialen Beratungsform im wesentlichen PädagogInnen sind (insbesondere Lehrer, Sozialpädagogen u.ä.) und andererseits selbstorganisationsunterstützende, ressourcenaktivierende Prinzipien für eine pädagogische Beratung charakteristisch sind. Zum Schluss wird ein besonderer Typus der institutionsbezogenen Supervision – gelegentlich auch ›Organisationssupervision‹ genannt – skizziert und an einem Fallbeispiel ein Coachingansatz illustriert, der tiefe Veränderungen in der Gesamteinrichtung bewirkt. Beide Beispiele zeigen, dass besondere Ansätze der Supervision und des Coaching auch ein Instrument im Rahmen einer Organisationsentwicklung sein können (s. Thiel/Fittkau in diesem Band).

Verschiedene Unterstützungsformen für berufsbezogene Lernprozesse

Es gibt mehrere Unterstützungsformen für berufsbezogene Lernprozesse: klassische Weiterbildung und Training, Supervision und Coaching, Organisationsentwicklung/ -beratung und Therapie (s. Abb. 1: Unterstützungsformen für berufsbezogene Lernprozesse).

Die *berufliche Weiterbildung,* die eher auf eine Vermittlung und Aneignung neuer Wissensbestände und Fertigkeiten abzielt (z. B.

Bildungs- und Beratungsangebote für den Berufsalltag

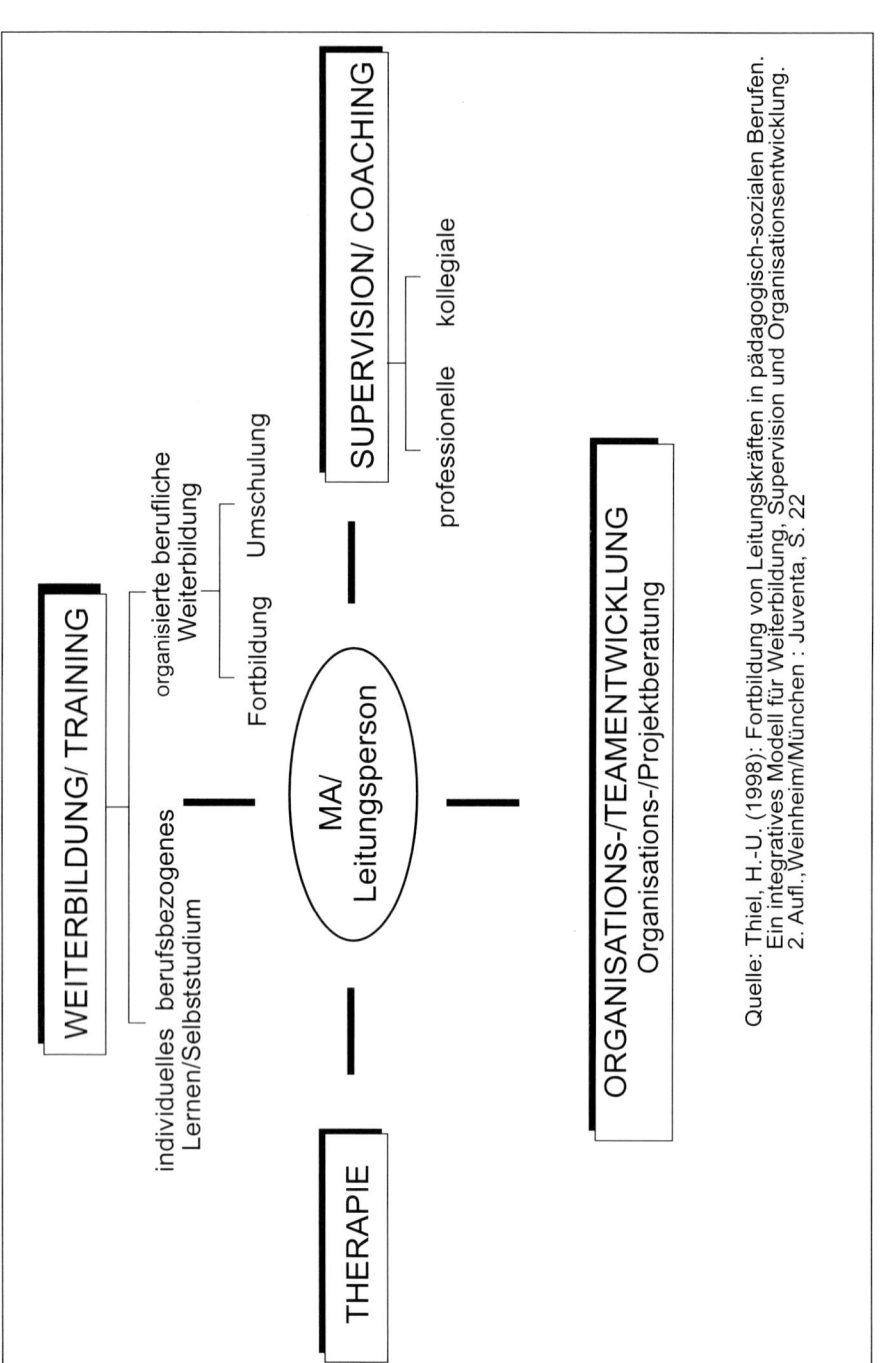

WEITERBILDUNG/ TRAINING

organisierte berufliche Weiterbildung

Fortbildung   Umschulung

individuelles berufsbezogenes Lernen/Selbststudium

SUPERVISION/ COACHING

professionelle   kollegiale

MA/ Leitungsperson

THERAPIE

ORGANISATIONS-/TEAMENTWICKLUNG
Organisations-/Projektberatung

Quelle: Thiel, H.-U. (1998): Fortbildung von Leitungskräften in pädagogisch-sozialen Berufen. Ein integratives Modell für Weiterbildung, Supervision und Organisationsentwicklung. 2. Aufl.,Weinheim/München : Juventa, S. 22

Abb. 1: Unterstützungsformen für berufsbezogene Lernprozesse

im Hinblick auf Informationen über neuere Führungsstile), reicht für die Bewältigung von Problemen im Berufsalltag meist nicht aus. Die TeilnehmerInnen/ Klienten/ Kunden/ MitarbeiterInnen erwarten immer häufiger den Transfer dieses allgemeinen Wissens in ihre je konkrete Arbeitssituation vor Ort. Das geschieht tendenziell durch übungsintensive Trainings. Wegen der Komplexität und Dynamik nicht-standardisierbarer beruflicher Alltagssituationen stellen insbesondere die Beratungsangebote der Supervision und des Coachings eine spezifische Unterstützung berufsbezogener Lern- bzw. Veränderungsprozesse dar.

Ziele und Formen der professionellen und kollegialen Supervision

Seit ihren Anfängen in der amerikanischen Schuladministration und Sozialarbeit um die Wende vom 19. zum 20. Jahrhundert sind in der Supervision mehrere markante Entwicklungsschritte zu beobachten. In der Bundesrepublik haben seit Ende der 60er Jahre sowohl die *Anzahl der Konzepte* zugenommen (psychoanalytische, verhaltens- modifikatorische, klientenzentrierte, psychodramatische, gestaltthera- peutische, systemtheoretische, neurolinguistische, lösungsorientierte usw.) als auch die *Institute bzw. Verbände*, die SupervisorInnen aus- bilden. Die *Anwendungsfelder* erstrecken sich inzwischen über den gesamten sozialen, pädagogischen und psychologischen Dienstleis- tungssektor hinaus auch auf Krankenhäuser, öffentliche Verwaltung und Wirtschaftsunternehmen (vgl. Pühl 1994).

Die Supervision seit den 60er Jahren

Durch diese Form der Praxisberatung sollen berufliche Hand- lungskompetenzen verbessert, die berufliche Identität geklärt und ›psycho-hygienische‹ Entlastungen angeboten werden (z. B. ange- sichts von burn-out in der ›Beziehungsarbeit‹). Die Probleme kön- nen sich auf die Beziehung zwischen »Professional« und »Klient« er- strecken (z. B. Störungen im Verhältnis zwischen Kursleiterin und Teilnehmer in der Erwachsenenbildung, schwierige Interaktionen zwischen Lehrern und Schülern, zwischen Sozialarbeitern und Ju- gendlichen in Heimen) oder auf Fragen von Kooperation und Kon- flikt zwischen den MitarbeiterInnen (z. B. »fetzen« sich bestimmte MitarbeiterInnen regelmäßig auf den Dienstbesprechungen).

Verbesserung der beruflichen Hand- lungskompetenz

Es kann zwischen verschiedenen Formen bzw. Settings in der Supervision unterschieden werden (s. Abb. 2: Überblick über ver- schiedene Supervisionsformen; vgl. Fengler 1992).

In der *Einzelsupervision* wird in jeder Sitzung das Anliegen nur dieses einen Supervisanden behandelt. In die *Gruppensupervision* kommen häufig Menschen aus dem gleichen Berufsfeld und ähnli-

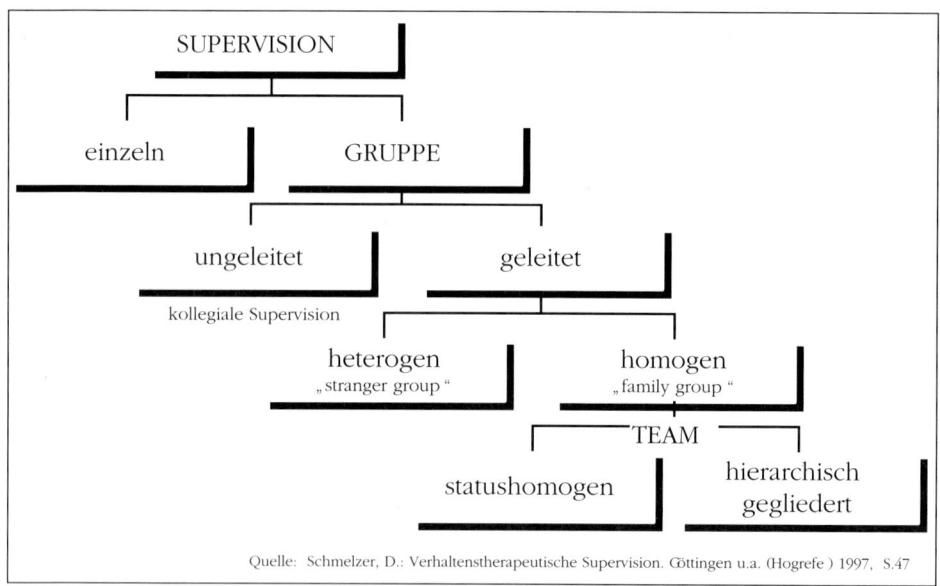

Abb. 2: Überblick über verschiedene Supervisionsformen

cher Hierarchieebene (Lehrer, Bewährungshelfer, Erzieherinnen usw.) zusammen und bearbeiten unter professioneller Leitung berufliche Alltagssituationen. Dieses Mehrpersonensetting bringt durch das Mehr an Erfahrungen, Ideen und Wissen tendenziell Vorteile gegenüber der Einzelsupervision. In der *Teamsupervision* nimmt eine im Berufsalltag zusammenarbeitende Gruppe – z. B. eine Abteilung – an der Beratung teil. Unter Anleitung können entweder Fallbesprechungen im Team stattfinden oder das Team selber thematisiert werden. Eine jüngere Weiterentwicklung der Supervision stellt die von manchen Autoren sog. ›Organisationssupervision‹ dar (vgl. Buchinger 1999, S. 130 ff.). Hier wird die Eigendynamik von Organisationen als Rahmenbedingung und Einfluss auf die berufliche Arbeit in Teams mitreflektiert. Buchinger (1997, S. 118 ff.) zeigt an einem Fallbeispiel auf, wie Probleme eines Teams einer psychosozialen Ambulanz (z.B. überhöhte Forderungen nach einer stärkeren Identifizierung mit dem eigenen Team) von der Geschichte und Struktur der Gesamteinrichtung (psychiatrisches Krankenhaus) abhängen. Buchinger sieht diese Form der Supervision ausdrücklich als Instrument der Organisationsberatung an (vgl. Pühl 1996).

Nach den ersten Ausbildungsgängen zur Supervision an Akademien und zentralen Fortbildungsinstituten in Deutschland Ende der 60er Jahre entwickelten sich – etwa ein Jahrzehnt später und eher im Schatten der professionellen Supervision – Konzeptionen einer »*kollegialen Supervision*« (ohne Leitung durch professionelle SupervisorInnen) – auch »kollegiale Fallbesprechung«, »kollegiale Beratung«, »Intervision«, »Peer-Group-« bzw. »Peer-Supervision« oder »kooperative Beratung« genannt (s. Thiel 2000, S. 184 f.). Voraussetzung für das Gelingen einer kollegialen Supervision bzw. ›professionellen Selbsthilfe-Beratung‹ ist, dass die Treffen bzw. Sitzungen durch eine Aufgabenverteilung mit ständigem Rollenwechsel (gastgebende Person/ Institution; Regel-, Zeitwächter- und Moderationsrolle; ratsuchende Person bzw. FalleinbringerIn; ProtokollantIn) und durch zusätzliche Vereinbarungen (Ort- und Zeitvereinbarung, Schweigepflicht etc.) in transparenter Weise vorstrukturiert werden. Detaillierte Leitfäden (vgl. Ehinger/ Hennig 1994) sind für die Gestaltung des gemeinsamen Gesprächs bzw. Beratungsverlaufs in den Sitzungen zentral. Sie unterstützen – neben einer fakultativen ersten Anleitung durch einen professionellen Berater – die wechselseitigen, selbstorganisierten Lern- und Beratungsprozesse der Teilnehmenden.

Kollegiale Supervision und ihre Vorläufer

Fengler u.a. (1994) weisen auf historische Vorbilder, verschiedene Vorläufer und unterschiedliche Einflüsse auf die ›Peer-Supervision‹ im deutschsprachigen Raum hin: Von der Fallsupervision unter KollegInnen in Freuds sog. Mittwochsgesellschaft über leiterlose Selbsterfahrungsgruppen bis hin zur Arbeit der Anonymen Alkoholiker, von der Peer-Supervision in der Therapieausbildung über die Selbstqualifikation innerhalb von Berufsverbänden bis hin zu studentischen Arbeitsgruppen. Nach meinen Recherchen (Thiel 2000) ist die *kollegiale Supervision* als selbstorganisierte Hilfeform im pädagogischen Bereich insbesondere bei Sozialarbeitern und Lehrern verbreitet:

An einzelnen Akademien wurden Fachschul- und FachhochschulabsolventInnen im Rahmen einer Aus- und Weiterbildung zum Supervisor mit diesem Konzept der kollegialen Beratung bekannt gemacht. Diese ausgebildeten SupervisorInnen haben dann wiederum andere ›HelferInnen‹ zu dieser kollegialen Form der wechselseitigen Beratung kurz angeleitet, um sie dann eigenständig untereinander weiterarbeiten zu lassen. Hier ist die kollegiale Supervision als Bestandteil und Folge der Supervisionsausbildung von SozialpädagogInnen zu betrachten.

Sozialpädagog-Innen und Lehrer-Innen als Adressaten

In der fallbezogenen Arbeit von (in)formellen Lehrergruppen lasst sich ein zweiter wichtiger Ursprung im Hinblick auf die Entwicklung von Modellen der kollegialen Supervision entdecken. Um sich vor Erkrankungen als Folge unzumutbarer Belastungen bzw. dem burn-out-Syndrom zu schützen und mehr Freude am Beruf zu haben, ist offensichtlich eine regelmäßige berufsbegleitende Aussprache und Reflexion notwendig. Im Verlauf der 90er Jahre lässt sich schon anhand der Zahl und Art von Veröffentlichungen ablesen, dass der Typus der kollegialen Supervision für die Lehrerausbildung und in der schulischen Berufspraxis eine wachsende Bedeutung erhält.

Ähnlichkeit von kollegialer und professioneller Supervision

Bis zu einem gewissen Grad kann man von einer Strukturähnlichkeit zwischen kollegialer und professioneller Supervision sprechen (z.B. Ähnlichkeit des Bildes vom kompetenten, aktiv die Welt aneignenden Menschen sowie der Zielvorstellungen, identische Theoriebezüge, vergleichbare Phasenmodelle zur Strukturierung des problemlöseorientierten Beratungsprozesses; kollegiales Verhältnis untereinander; s. Thiel 2000). Markante Differenzen bestehen darin, daß sich die kollegiale Supervision nicht zur gruppeninternen Konfliktbewältigung eignet und die kollegiale Moderatorenrolle sich von der professionellen Supervisorenfunktion unterscheidet.

In jüngster Zeit gibt es über die bisher unterschiedenen Supervisionsformen hinaus einen ersten Ansatz der so genannten »*Selbst-Supervision*« für Lehrende (vgl. Hagemann/ Rottmann 2000). Hier wird durch individuell durchzuführende Übungen auf NLP-Basis dazu angeleitet, über eigene berufliche Themen gezielt und ressourcenorientiert nachzudenken. Auf individueller Ebene werden somit Kompetenzen der Selbstorganisation und -hilfe vermittelt, um quasi sich selber zu beraten.

Coaching als person- und institutionsbezogene Leitungsberatung

Unter Coaching wird in der Regel »... ein *interaktiver, personenzentrierter Beratungs- und Betreuungsprozess*, der berufliche und private Inhalte umfassen kann«, verstanden (www.Rauen.de/definition_coaching). Im wesentlichen sind zwei Verwendungen des Begriffs ›Coaching‹ zu unterscheiden, nämlich Coaching als Beratung von Leitungskräften bzw. ManagerInnen durch zumeist organisationsexterne Professionelle einerseits und Coaching als besonderer Führungsstil von Leitungskräften bzw. des Managements gegenüber ihren MitarbeiterInnen andererseits (s. Abb. 3: Die verschiedenen Arten von Coaches).

Coaching als Leitungsberatung und Führungsstil

Letztere Variante des Coachingbegriffs stand historisch in den USA am Anfang, während in der bundesrepublikanischen Rezeption zu Beginn eher die Beratung von Leitungskräften im Mittelpunkt stand (Wirtschafts- und Sozialmanager, Freiberufler). Hier

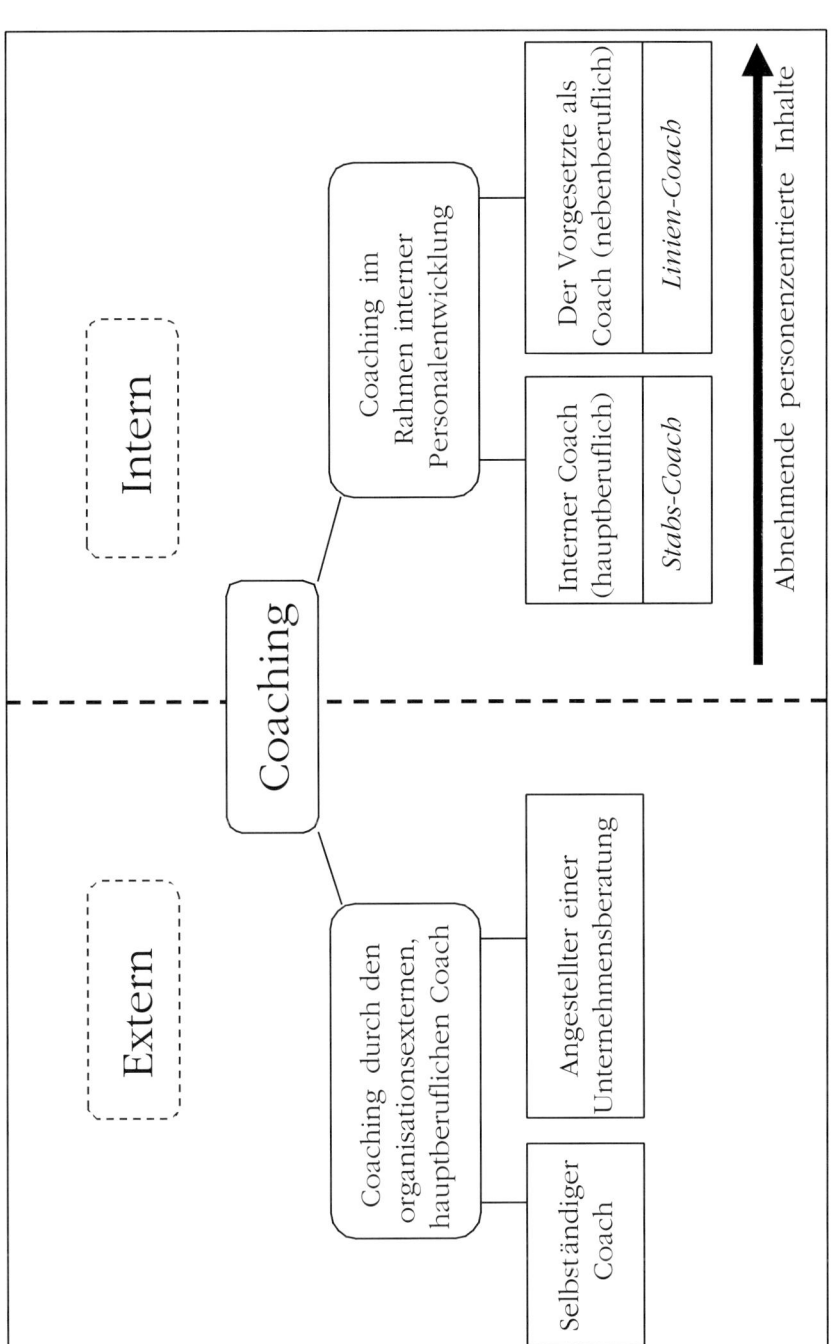

Quelle: Rauen, Ch. (2000). Coaching. Innovative Konzepte im Vergleich. Göttingen: Hogrefe (2. Aufl.)

Abb. 3: Die verschiedenen Arten von Coaches

Anlässe von Coaching

reichen die Anlässe für die Inanspruchnahme von Coaching auf den unterschiedlichen Hierarchieebenen von persönlichkeitsbedingten (Sinn-)Krisen (z.b. mangelndes Selbstvertrauen, Kreativitätsblockaden, Unsicherheiten im Führungsverhalten/ -stil), krisenunabhängigen Wünschen nach eigener Weiterentwicklung (z.b. Karriereberatung oder Ausgestaltung eigener Handlungsspielräume und Rollen) bis zu organisationsstrukturell bedingten individuellen Herausforderungen (z.b. Verschlankung der Einrichtung, neue Vorgesetzte, Konflikte zwischen Abteilungen/ Gruppen, Gestaltung der Zukunft der Einrichtung). Das Coaching als Leitungsberatung ist folglich auf spezifische, aktuell relevante Themen eines Individuums zugeschnitten, das Lernen erfolgt problem- und emotionsorientiert, das Setting reduziert »Bloßstellungsängste« (Schreyögg 1995) – alles Argumente, die auch für die Supervision in Anspruch genommen werden. Der Ablauf eines Coachingprozesses wird in unterschiedliche Phasen eingeteilt (vgl. Loos 1993, Schreyögg 1995), wie sie auch für andere Beratungsformen typisch sind (s. Thiel über Phasen der Beratung in diesem Buch). Das Procedere dieses Beratungsprozesses wird von Rauen (2000) in folgendem Schema dargestellt (Abb. 4: Ablauf eines Coachingprozesses).

Neuere Coaching-Varianten

Auf neuere Varianten im Rahmen von Coaching soll hingewiesen werden:

- Auch im Rahmen von Coaching bilden sich kollegiale Formen heraus – beispielsweise das sog. ›Coaching-Team‹ (vgl. Lauterburg 2001). Hierbei beraten sich – mit Unterstützung eines Moderators – Führungskräfte, die im Berufsalltag nicht geschäftlich miteinander verbunden sind, wechselseitig über einen längeren Zeitraum nach einem bestimmten (Phasen-)Muster.
- In Analogie zur »Selbst-Supervision« gibt es auch im Rahmen des Coaching methodische Ansätze zum Selbst-Coaching (vgl. Weiß 1992). Auch beim Selbstcoaching dominieren NLP-orientierte Verfahren. Leitungskräfte sollen insbesondere ihre eigenen vorhandenen, aber nicht bewussten Kompetenzen und Ressourcen entdecken und nutzen.
- Ein komplexes Programm bzw. Design des Coaching, das sich selbst als Teil einer Organisationsentwicklung begreift, stellen Bruner/ Hankowski (2000) vor (s. Abb. 5: Elemente des Coaching-Programms bei der WÜBA). Das mehrjährige Programm umfaßt das klassische Einzelcoaching von Vorstand und Abteilungsleitern, Workshops mit diesen Führungskräften der 1. und 2. Hierarchieebene, die ›Lernpartnerschaft‹ zwischen je zwei Führungskräften, das situationsbezogene Coaching der Abteilung bzw. des Teams der jeweiligen Führungskraft. Interessant ist,

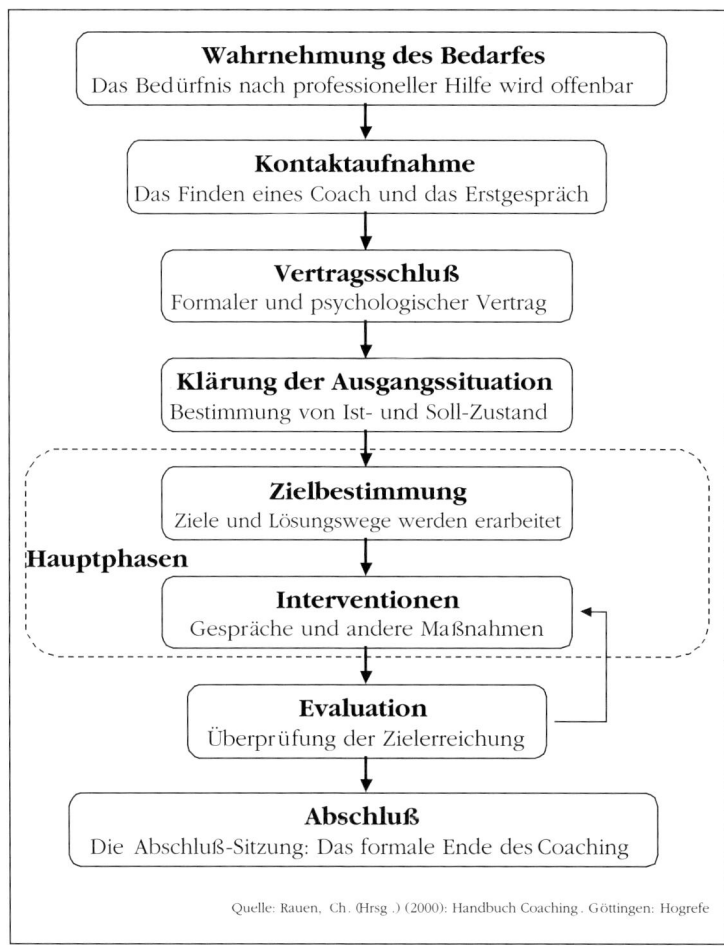

Abb. 4: Der schematische Ablauf eines Coaching-Prozesses

dass durch dieses Konzept zugleich die Integration von Führungskräften im Rahmen einer Fusion gelang. Auf das Coaching als Ergänzung oder Alternative zur Organisationsentwicklung verweisen Schreyögg (2000) und Looss (1992).

- Eine neuere Entwicklung auf dem Gebiet des Coaching stellt das sog. *Telecoaching* via Telefon, Fax, Internet oder Videokonferenz dar. Nach meiner Einschätzung werden diese Formen der Beratung aus Kosten- und anderen Effizienzgründen in den nächsten Jahren zunehmen – eine Entwicklung, auf die die

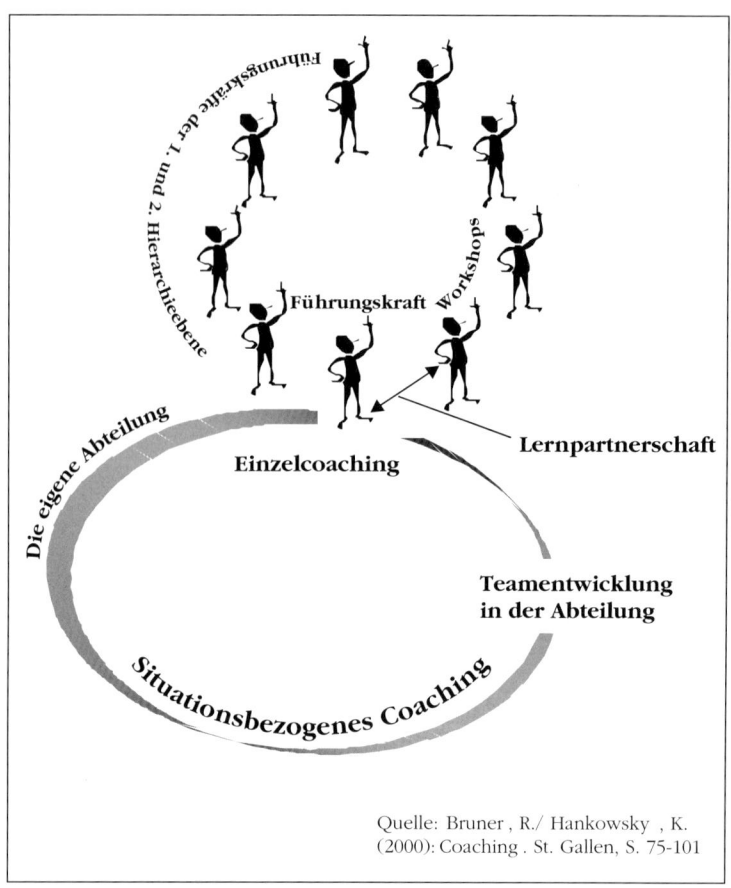

Quelle: Bruner , R./ Hankowsky , K.
(2000): Coaching . St. Gallen, S. 75-101

Abb. 5: Elemente des Coaching-Programms bei der WÜBA

pädagogische Beratung bisher kaum vorbereitet ist. Hier sind Kombinationen zwischen Beratungs- und Medienkompetenzen unentbehrlich – unabhängig davon, ob die technische Nutzung nur als Ergänzung zum persönlichen Beratungsgespräch dient oder die vollständige Betreuung via Internetdienst geschieht (ohne face-to-face-Begegnung).

Kritisch ist anzumerken, dass der in Mode gekommene, inzwischen fast inflatorisch gebrauchte Begriff des Coaching in Theorie und Praxis kaum von dem der Supervision zu trennen ist. Das hängt vermutlich nicht nur damit zusammen, dass es inzwischen beim Coaching auch alle Sozialformen bzw. Settings (z.B. Einzel-,

Gruppen-, Team-, Selbst-Coaching) sowie Theoriebezüge wie bei der Supervision gibt und das Coachen nicht mehr ausschließlich an die Beratung von Leitungskräften oder eine definierte Gruppe mit Führungsverantwortung/ Managementaufgaben als Zielgruppe gebunden ist. Es ist die Vermutung berechtigt, dass der Begriff ›Supervision‹ mit der negativen Konnotation als ›Oberaufsicht‹, seiner immer noch unterstellten Nähe zur Therapie und vorwiegenden Ausrichtung auf den psycho-sozialen Dienstleistungssektor (vor allem im sog. Non-Profit- Bereich) vergleichsweise als weniger ›hoffähig‹ gilt als der Begriff ›Coaching‹, der eng mit dem gewerblichen Bereich assoziiert wird und vergleichsweise stärker die Interessen, Ziele und Strukturen der Organisation in den Beratungsprozess einbezieht.

Betonung des Organisationskontextes beim Coaching

Literatur

Buchinger, K. (1997): Supervision in Organisationen: Den Wandel begleiten. Heidelberg : Carl Auer.

Buchinger, K. (1999): Die Zukunft der Supervision. Heidelberg : Carl Auer.

Bruner, R., Hankovszky, K. (2000): Coaching. Beiträge zur Methode und Praxis. Sonderausgabe der Management-Information. Bd. 3. St. Gallen : I-VW HSG (darin bes.: »Ein Fallbeispiel – die WÜBA«, S. 75-101).

Ehinger, W., Hennig, C. (1994): Praxis der Lehrersupervision. Weinheim und Basel : Beltz.

Fengler, J. (1992): Wege zur Supervision. In: Pallasch, W. u.a. (Hrsg.): Beratung – Training – Supervision. Weinheim und Münche: Juventa, S. 173-187.

Fengler, J., Sauer, S., Stawicki, C. (1994): Peer-Group-Supervision. In: Pühl, H. (Hrsg.): Handbuch der Supervision 2. Berlin : Ed. Marhold, S. 188-198.

Hagemann, M., Rottmann, C. (2000): Selbst-Supervision für Lehrende. Konzept und Praxisleitfaden zur Selbstorganisation beruflicher Reflexion. Weinheim u.a. : Juventa.

Lauterburg, C. (2001): Gute Manager fallen nicht vom Himmel. (»Kollegiales Coaching im Team«). ZOE, H. 2, S. 4-11.

Looss, W. (1992): Coaching im Kontext von Organisations- und Personalentwicklung. In: Wimmer, R. (Hrsg.): Organisationsberatung. Wiesbaden, S. 170-175.

Looss, W. (1993): Coaching für Manager. Problembewältigung unter 4 Augen. 3. Aufl., Landsberg/ Lech :Verl. Moderne Industrie.

Pühl, H. (Hrsg.) (1994): Handbuch der Supervision. Bd.2. Berlin: Ed. Marhold.

Pühl, II. (Hrsg.) (1996): Supervision in Institutionen. Frankfurt a. M.: Fischer Taschenbuch.

Rauen, C. (2000): Coaching. Innovative Konzepte im Vergleich. 2., aktualisierte Aufl., Göttingen :Hogrefe.

Rauen, C. (Hrsg.) (2000): Handbuch Coaching. Göttingen : Hogrefe.

Schmelzer, D. (1997): Verhaltenstherapeutische Supervision. Göttingen u.a. : Hogrefe.

Schreyögg, A. (1995): Coaching. Eine Einführung in Praxis und Ausbildung. Frankfurt a. M./ New York: Campus.

Schreyögg, A. (2000): Coaching – Ergänzung oder Alternative zur Organisationsberatung? In: Pühl, H. (Hrsg.): Supervision und Organisationsentwicklung. 2. Aufl., Opladen : Leske & Budrich, S. 274-281.

Thiel, H.-U. (1996): Supervision als spezifische Form der Beratung. Verhaltenstherapie und psychosoziale Praxis 1, S. 37-48.

Thiel, H.-U. (1998): Fortbildung von Leitungskräften in pädagogisch-sozialen Berufen. Ein integratives Modell für Weiterbildung, Supervision und Organisationsentwicklung. 2. Aufl., Weinheim und München: Juventa.

Thiel, H.-.U. (2000): Zur Verknüpfung von kollegialer und professioneller Supervision. In: Pühl., H. (Hrsg.): Supervision und Organisationsentwicklung. 2. Aufl., Opladen : Leske & Budrich, S. 184-200.

Weiß, J. (1999): Selbst-Coaching. Persönliche Power und Kompetenz gewinnen. Paderborn : Junfermann.

www.Rauen.de

www.telecoaching.org

www.telecoaching4u.de

Teamentwicklungs-Training und -Beratung

Bernd Fittkau

Von der »bewährten Hierarchie« zur Defizitsituation von Teams

Das sozial eingespielte und gefestigte Muster der sozialen Organisation von Personen ist die Hierarchie (die »heilige Ordnung«). Das biosoziale System, auf das man in einem freiheitlich-demokratischen Rechtsstaat als selbstverantwortliche Adressaten baut, ist das Individuum. Für das *hierarchisch-zentralistisch steuerbare* Zusammenspiel dieser beiden Sozialsysteme haben sich in der Geschichte der Menschheit funktionierende kommunikative Routinen entwickelt, und diese entwickeln sich über die technisch-multimedialen Kommunikations-Systeme ständig weiter. Die vielfältigen sozialen Organisationsformen, die zwischen Individuen und Makroorganisationen vermitteln (wie Familien, Vereine, Verbände, Kommunen, Wohn- und Arbeitsgemeinschaften, Leitungsgruppen, Projektgruppen etc.) funktionierten in der Vergangenheit meist ebenfalls nach den bewährten hierarchischen Prinzipien. Wollen oder sollen sich solche kleinen sozialen Systeme aus *Humanisierungs- oder Produktivitätsgründen flexibler und lernfähiger organisieren*, z.B. »teamorientiert«, dann gibt es zunächst keine sozial bewährten Kommunikations- und Funktionsroutinen, auf die die beteiligten und betroffenen Personen zurückgreifen können. An der steigenden Zahl scheiternder Familiensysteme lässt sich dieses Problem beobachten: Die hierarchische Familienorganisation ist aus verschiedenen Gründen obsolet geworden, für das teamorientierte Zusammenleben fehlen aber (noch) die Routinen. Ähnliches gilt sicher auch für die schulischen Systeme, die – sollen sie lernfähiger werden – aus ihrem hierarchisch-bürokratischen Dornröschenschlaf geweckt werden müssen. Ob die jüngsten PISA-Ergebnisse ein solcher Weckruf sind, wird die Zukunft zeigen. Teamentwicklung in Schule und Klassenzimmer können m.E. einen wichtigen Beitrag leisten zur Produktivitätssteigerung unseres Schulsystems (siehe Philipp 1998; Klippert 2000; Burow 2000).

Hierarchie

Individuum

Familie

Projektgruppen

Teamorientierung

Auftragslagen, Rollen und Anforderungsprofil für Team-EntwicklerInnen

Jedenfalls dürften zukünftig in diesen sozialen Feldern solche Pädagogischen Berater nützlich sein, die hier die fehlenden oder defizitären Lernprozesse unterstützen können. Die Fähigkeit, teamorientiert zusammenzuarbeiten (und zusammenzuleben) ist nämlich keinesfalls eine Selbstverständlichkeit. Auch wenn die Team-Metapher aus dem Sport das gerne suggeriert. Der Bundesligaalltag spricht hier eine deutliche Sprache. Ich zitiere an dieser Stelle gerne den Kalauer: »Eine Kuh macht muh, viele Kühe machen Mühe« (Philipp 1998, 11) oder buchstabiere »Team« zweifach anders: **T**oll, **e**in **a**nderer **m**achts – **T**error, **E**goismus, **A**ggression, **M**obbing.

»Team« ist kein Selbstgänger

Teamentwicklung ist ohne Zweifel kein leichtes Geschäft und erfordert einiges an Lebens- und Selbsterfahrung, sozialer Kompetenz und Mut. Die sich langsam profilierende Gruppe der Pädagogischen Berater kann hier mit Sicherheit stark profitieren von den Aktivitäten der Personal-, Team- und Organisations-Entwickler und -Berater aus den Change-Management-Funktionen der Profit- und Nonprofit-Unternehmen. Der Autor dieses Artikels arbeitet selbst seit vielen Jahren als Berater in diesem Bereich und kann sein eigenes Lied singen. Ich möchte hier einige Strophen vortragen.

Auftragslagen: Als Team-Berater sieht man sich nach meinen Erfahrungen vor allem vier Auftragssituationen gegenüber. Ein Teamleiter oder eine verantwortliche Führungskraft für mehrere Teams fragt an:

(a) »Wir verstehen uns als Mannschaft. Können Sie uns *trainieren,* dass wir im Team noch besser zusammenzuarbeiten?!« – Herausforderung: *Teamentwicklungs-Training* (der Berater entwickelt einen Trainingsplan und führt ihn mit den Teams durch).

Teamentwicklungs-Training

(b) »Wir arbeiten hier teamorientiert zusammen. Können Sie uns helfen, dass wir/ich als Teamleiter lernen, wie wir unsere Teamleistung verbessern können?!« – Herausforderung: *Teamentwicklungs- oder Teamleitungs-Beratung/Coaching* (der Berater überlegt gemeinsam mit den teamentwicklungs-verantwortlichen Leitern welche Möglichkeiten es gibt, die Teamleistung zu verbessern; die Teamleiter setzen dann selbsttätig die Maßnahmen um, die für sie angemessen erscheinen).

Teamleiter-Coaching

(c) »Wir arbeiten als Team zusammen. Es tauchen typische Schwierigkeiten auf. Können Sie uns helfen, wie wir damit besser umgehen können?!« – Herausforderung: *Teamentwicklungs-Super-*

Team-Supervision

vision (der Berater beobachtet bestimmte kritische Teamsituationen und reflektiert seine Beobachtungen mit den Team – auch in Hinblick auf Entwicklungsherausforderungen, z.B. durch Training).

(d) Oder die grundsätzlichere Frage: »Wieviel Sinn macht Teamarbeit bei uns?« – Herausforderung: *Teamentwicklungs-Beratung* (Diagnose und Klärung der »Teamtauglichkeit« der Aufgabenanforderungen, der Führungs- und Lern-Kultur und der organisatorischen Rahmenbedingungen auf Seiten des Auftraggebers).

Teamentwicklungs-Beratung

Rollen und Anforderungen an TeamentwicklerInnen
Welche Qualifikationen erscheinen erforderlich, um obige anspruchsvollen Anforderungen zu bewältigen? Philipp (1998, 83 ff) unterscheidet vier Rollensegmente:

- »Trainer«: Ermittlung von Trainingsbedarf, Entwurf von entsprechenden Trainings- und Workshop-Designs, Anleitung in teamorientierten Arbeitstechniken, wie Brainstorming oder Moderation
- »Neutraler Beobachter«: Beobachtung, Auswertung, Rückmeldung von Kommunikationsprozessen in Teams
- »Sozialwissenschaftler«: Bereitstellung von Erhebungsverfahren, Durchführung und Anleitung der Auswertung von Befragungen, Daten-Rückmeldung
- »Konfrontierer«: Konfrontation mit problematischen Erhebungsdaten und Beobachtungen in Team und Teamumfeld.

Bezogen auf das Anforderungsprofil von externen Schulberatern zitiert er eine empirische Studie, in der 18 (!) »Schlüsselqualifikationen« genannt werden, aus denen sechs Basisfähigkeiten von Beratern extrahiert werden:

Anforderungs-Profil für TeamentwicklerInnen

- »Interpersonal ease«: die Fähigkeit, mit sehr unterschiedlichen Menschen gleichzeitig zwanglos arbeiten zu können
- »Group functioning«: Gruppen aufgabenorientiert längerfristig zu motivieren und zu leiten
- »Training/doing workshops«: Entwicklung von maßgeschneiderten Programmen und Designs für die Teamentwicklung und deren Durchführung mit zielführenden Übungen und Methoden
- »Master teaching«: Fähigkeit, Erwachsene erlebnis- und ressourcenaktivierend zu unterrichten
- »Educational content«: Feldkompetenz (hier pädagogische) für den jeweiligen Teamkontext
- »Administrative/organizational ability«: Fähigkeiten, Probleme zu priorisieren, auf notwendige Entscheidungen zu dringen und Maßnahmenpläne und ihre Umsetzung zu unterstützen.

Die Qualifikationen, die ein solches Beraterprofil erfordern, können sicher nicht im Rahmen irgendeines Studiums erworben werden, sondern können immer nur das Ergebnis einer praxisbegleitenden Zusatzausbildung mit hohen Anteilen berufsbezogener Supervision sein. Innerhalb eines Pädagogikstudiums können allerdings kommunikative Beratungs- und Trainingskompetenzen, und ein Grundrepertoire sozialwissenschaftlicher und didaktischer Methoden vermittelt werden.

Konzeptionelles für Team-Trainer und -Berater

Team-Berater sollten Auskunft geben können zu Fragen wie: »Was versteht man eigentlich unter einem Team?«, »Gibt es Unterschiede zwischen ›Gruppe‹ und ›Team‹?«, »Können Einzelkämpfer gleichzeitig Teammitglieder sein?«, »Welche besonderen Fähigkeiten braucht ein Teamleiter?«, »Steckt hinter der aktuellen Forderung nach verstärkter Teamorientierung mehr als nur ein weiterer Management-Modetrend?«, »Gibt es Untersuchungen, die den Erfolg teamorientierter Zusammenarbeit belegen?«, »Mit welchen typischen Phasen muss man in Teams rechnen?« usw.

Team-Historisches
Teams gibt es solange es Menschen gibt. Es gibt gute Gründe anzunehmen, daß nicht nur das egoistische Überlebensinteresse des Einzelmenschen biogenetisch vorprogrammiert ist, sondern auch die Fähigkeit, arbeitsteilig in Sozialsystemen effektiv zusammenzuarbeiten, um Überlebensvorteile für die Art zu sichern (siehe z.B. Axelroth 2000, Dröscher 1994, Towery 1999).

Team-Definitionen
Der Begriff des »Teams« ist den meisten alltagssprachlich besonders aus dem Bereich des Sports vertraut und kann so ohne gesonderte Definition bei Team-Entwicklungs-Projekten benutzt werden. Meist taucht aber doch die Frage auf: »Was versteht man denn genau unter einem (guten) Team?«. Wir – in unserer Rolle als Team-entwicklungs-Berater – antworten dann oft mit folgender Team-Metapher: *»Der Blinde und der Lahme«*

Team-Metapher »Der Blinde und der Lahme«

> *Ein Blinder, der orientierungslos durch den Wald irrt, stolpert und fällt. Als der Blinde auf dem Waldboden herumtastet, entdeckt er, daß er über einen Lahmen gefallen ist. Der Blinde und der Lahme fangen ein Gespräch an und klagen über ihr Schicksal. Der Blinde sagt: »Ich irre schon, seit ich denken*

kann, in diesem Wald herum und finde nicht wieder heraus, weil ich nicht sehen kann«. Der Lahme erklärt: » Ich liege schon, seit ich denken kann, am Boden und komme nicht aus dem Wald heraus, weil ich nicht aufstehen kann«. Während sie sich so unterhalten, ruft der Lahme plötzlich: »Ich hab's! Du nimmst mich auf den Rücken, und ich werde dir sagen, in welche Richtung du gehen mußt. Zusammen können wir aus dem Wald herausfinden (aus Senge 1996, 206).

Die Chancen der Teamarbeit liegen danach in folgenden Punkten: a) Zusammenschluß zur Erreichung eines gemeinsamen Zieles, b) Nutzung besonderer Stärken, c) Eingeständnis von Schwächen und die Bereitschaft, sich helfen zu lassen, d) wechselseitiges Geben und Nehmen, e) jeder kann so über sich selbst hinauswachsen und Ziele erreichen, die ihn allein überfordern würden. Entsprechend lauten gängige *Team-Definitionen*: »Eine kleine Zahl von Personen mit sich komplementär ergänzenden Fähigkeiten, die sich einem gemeinsamen Sinn, Ziel und Arbeitsansatz verpflichtet fühlen und für deren Einhaltung sie sich gegenseitig verantwortlich halten« (Katzenbach, Smith 1998)

Team-Definition

Urteam »Familie«

Urteam »Familie«

Jeder Mensch erlebt als erstes Modell eines Teams das Zusammenspiel seiner Eltern und Familie, wobei das Wechselspiel und Zusammenwirken von männlichen und weiblichen Kräften hier von besonderer Bedeutung ist. Frauen verfügen biosozial in besonderer Weise über »Nähe«-Qualitäten (Personen- und Beziehungsorientierung), Männer über »Distanz«-Qualitäten (Aufgaben-/ Lösungsorientierung; siehe Riemann 1974; Gray 1992).

Team-Grundeinstellungen

Das Zusammenspiel in Partnerschaften und Ehen funktioniert unterschiedlich gut. Abhängig davon haben Kinder unterschiedlich gute Team-Modelle als Vorbilder erlebt oder erlitten und entsprechende soziale Haltungen und Verhaltensweisen gelernt. Denn soziale Verhaltensmuster werden in hohem Maße über das sog. Imitations-Lernen erworben. Entsprechend fallen die Grundeinstellungen gegenüber Teamarbeit recht unterschiedlich aus, was die Erwartungen und Erfahrungen der Betroffenen (z.B. im Sinne einer »Sich -selbst-erfüllenden-Prophezeiung«) in entsprechender Weise mitbestimmen wird. – Soziale Grundhaltungen vom Typus *»Ich bin o.k. – Du bist so la la. Gemeinsam sind wir unausstehlich«* wirken sich vermutlich anders auf Teamarbeit aus, als die vom Ty-

Imitations-Lernen

pus »*Ich bin o.k. – Du bist o.k. Zusammen können wir über uns hinauswachsen*«. .

Einzel- und Team-Kämpfer

Für den Erfolg von Teamarbeit ist eine weitere soziale Erfahrung von Bedeutung: »Welche Erfolgswerte und -Geschichten haben mich geprägt?« Sind es eher Geschichten und Erfahrungen, in denen Individuen als Einzelkämpfer (wie in den Geschichtbüchern übermittelt) erfolgreich waren oder eher solche, in denen Individuen im Zusammenspiel mit einer loyalen Gruppe ihre Erfolge verzeichnen. Werthaltungen vom Typus »Highlander-Prinzip: Es kann nur einen geben!« haben andere Auswirkungen auf Teams als solche vom Typus »Musketier-Prinzip: Einer für alle – alle für einen!« – Das schliesst aber keineswegs aus, dass ein Einzelkämpfer-Typ für bestimmte Teamaufgaben (z.B. erfolgreiche Verhandlungsführung in einer Kultur von Einzelkämpfern) situativ ein außerordentlich wichtiger Mitspieler sein kann. Für Trainer von Hochleistungsteams ist es immer wieder eine grosse Herausforderung, »Stars« so in Teams zu integrieren, dass sie eine Verstärkung und Herausforderung für die anderen darstellen und keine Schwächung.

»Highlander«- oder »Musketier»-Prinzip

Hochleistungsteams im Sport

Hochleistungs-teams im Sport

Die konkretesten Beispiele für Hochleistungsteams in der heutigen Zeit dürften die Spitzenteams aus den Sportdisziplinen sein. Hier werden Woche für Woche die Möglichkeiten und auch Grenzen von Teams mit hoher Medienpräsens vorgestellt. Selbst bei klassischen Einzelkämpfer-Sportarten, wie Tennis, wird die Bedeutung von Teamleistungen für die Erfolge der Einzelkämpfer zunehmend deutlich (Trainer, Physiotherapeut, Freunde, Familienclan bilden zusammen mit dem Wettkämpfer ein Erfolgsteam). – Teams können unter bestimmten Bedingungen ihre Leistungsfähigkeit in erstaunliche Höhen schrauben: »Unser Spiel erreichte häufig eine solche Intensität, daß es mehr wurde als nur ein körperliches … Spiel und etwas Magisches bekam. Das Gefühl ist schwer zu beschreiben, und in meiner aktiven Zeit habe ich sicher nicht darüber gesprochen. Wenn es geschah, konnte ich spüren, wie mein Spiel eine höhere Ebene erreichte… Dieser Bann erfaßte nicht nur mich und meine Mitspieler, sondern auch die Spieler der anderen Mannschaft und sogar die Schiedsrichter… Das Spiel wurde so schnell, daß jedes Täuschungsmanöver, jeder Wurf, jeder Paß überraschend kam … ich konnte beinahe spüren, wo der Ball im nächsten Moment sein würde…« (Basketballstar Bill Russell über die Boston Celtics, die in 13 Jahren 11-mal Weltmeister wurden; aus Senge 1996, 284f.).

Man kann mit großer Regelmäßigkeit beobachten, dass sich Mannschaften in einen »Spielrausch« spielen oder dass sie einen »Lauf« haben und dann selbst objektiv stärkere Mannschaften schlagen. »Never change a winning team« heißt deshalb eine beherzigenswerte Empfehlung von Trainern. Aber genauso können Mannschaften unerklärlicherweise weit unter ihren Möglichkeiten spielen und plötzlich gegen schwächere Gegner verlieren. In Teams stecken also ungeahnte Möglichkeiten, allerdings auch die Risiken unvorhersehbarer Leistungseinbrüche (nicht nur durch verletzungsbedingte Ausfälle von strategischen Leistungsträgern, sondern auch durch schwer steuerbare Gruppendynamiken). Inwieweit das Metaprinzip der Rotation hier für größere Planungssicherheit des Erfolges sorgen kann, muss sich herausstellen.

Margin: »Never change a winning team«

Teamerfolge in der Automobilindustrie

Entsprechend unterschiedlich sind die Erfahrungen mit Teamarbeit in der Wirtschaft. Zwei positive Beispiele aus der Autoindustrie: Schon 1973 erreichte Volvo mit der Einführung selbststeuernder Arbeitsgruppen deutliche Produktivitätssteigerungen. Ähnliche Erfahrungen machte Mercedes-Benz-Espana 1993 (siehe Schreyögg 1998, 250 ff.). Je komplexer das Zusammenwirken in Unternehmen wird, desto selbstverständlicher werden wichtige Aufgaben an Projektteams delegiert. Und die Leistungsfähigkeit dieser Teams wird – ähnlich wie in den Hochleistungsteams im Sport – durch Team-Entwickler und -Prozeßbegleiter gefördert (siehe Raab 1997).

Margin: teilautonome Arbeitsgruppen

»Team« als Wettbewerbsfaktor (»1+1=3«)

Bei einer Befragung von 3000 Managern aus 12 Ländern in 1993 wurde die Geschäftsstrategie, Teams als Wettbewerbsvorteil einzusetzen, als höchste Priorität eingeordnet. Dennoch wurde die derzeitige Zufriedenheit mit Teamarbeit als ziemlich niedrig beurteilt (Podsiadlowski, Spieß 2000). Ohne effektive Teamarbeit sind weder komplexe Produktentwicklungen, noch flexible Organisationsstrukturen, noch internationale Fusionen erfolgversprechend realisierbar. Die unterschiedlichen Teamformen, die aus modernen Organisationen nicht mehr wegzudenken sind, lassen sich wie folgt ordnen (s. Abb. 1):

Erfolgversprechende Teamarbeit gibt es allerdings nicht zum Nulltarif. Sie erfordert reifere Menschen mit gut entwickelter Emo-

Margin: Team als Wettbewerbsfaktor

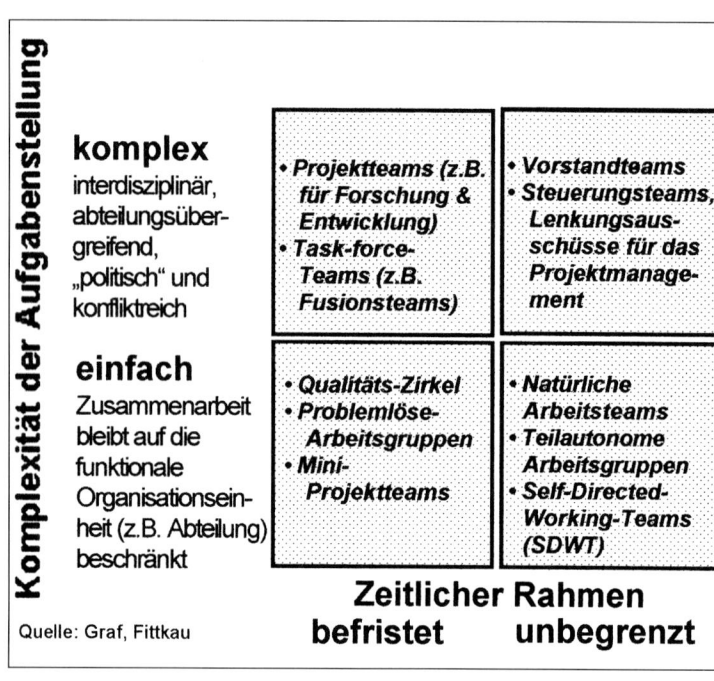

Quelle: Graf, Fittkau

Abb. 1: Team-Formen
Teams lassen sich danach unterscheiden, wie komplex und zeitlich befristet ihre Aufgabenstellung ist

tionaler Intelligenz (Goleman 1998). Team-Entwiclungs (TE) -Berater haben hier ein Aufgabenfeld mit Zukunft. Ihre Aufgabe ist es, die Leiter von Teams in ihren TE-Aufgaben und die Teams insgesamt in schwierigen TE-Phasen zu unterstützen. – Teams verfügen durch das wechselseitige Zusammenspiel zwischen den Individuen über ein Leistungspotential, wo »das Ganze mehr sein kann, als die Summe seiner Teile«. Dafür steht die Formel »1+1=3«. Um dieses Potential zu realisieren, muß das Team bereit und in der Lage sein, einen gemeinsamen TE-Lern-Prozeß zu durchlaufen. In Abb. 2 wird dieser Prozeß idealtypisch skizziert.

»1+1=3«
Teamlernen

Einige kritische Stimmen zur Teamarbeit
Ich hatte zu Beginn des Artikels darauf hingewiesen, dass die Einführung erfolgreicher Teamarbeit kein Selbstgänger sein kann. Einerseits reduziert eine teamorientierte Führung und Organisation, die ja die Selbstorganisations- und Autonomiekräfte kleiner Einheiten herausfordert, die Wünsche nach zentraler Steuerung und

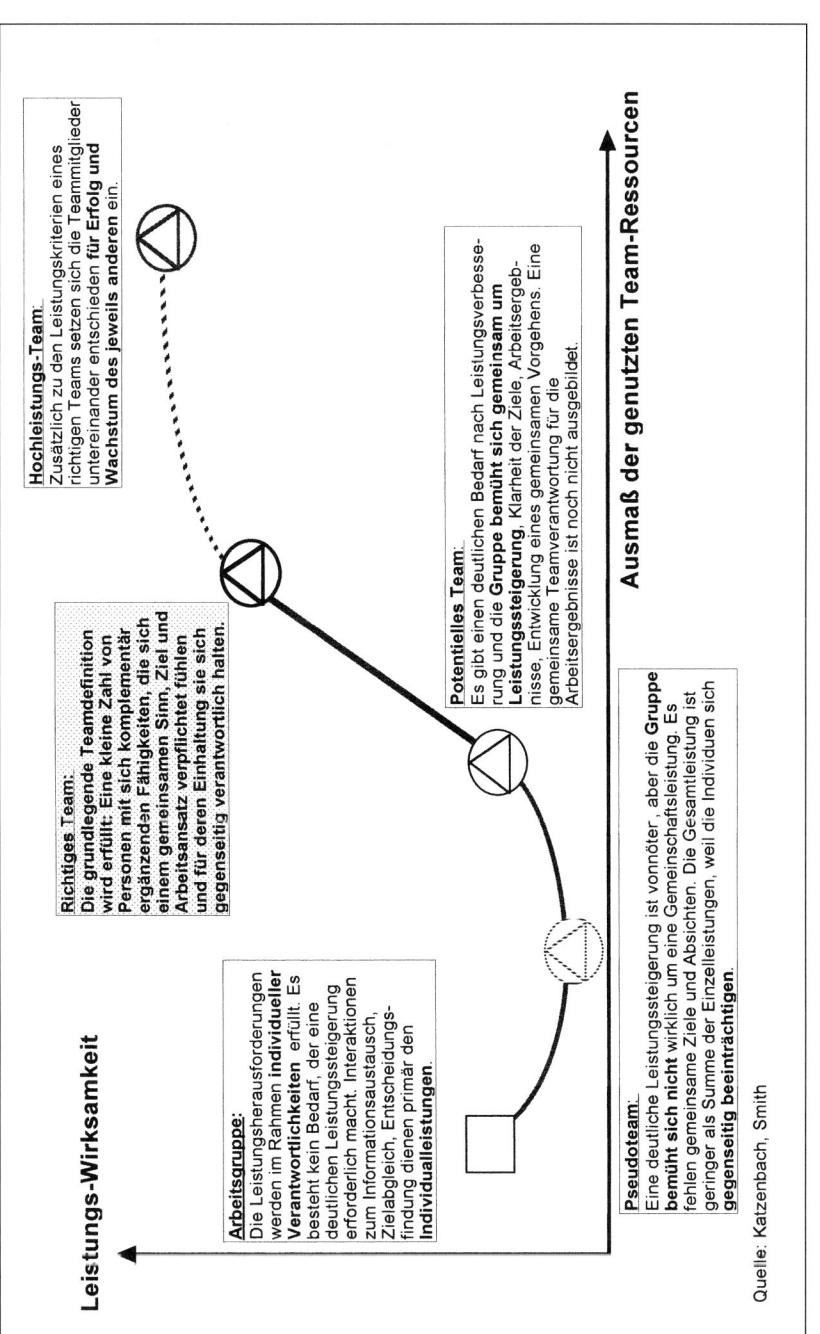

Leistungs-Wirksamkeit

Ausmaß der genutzten Team-Ressourcen

Arbeitsgruppe:
Die Leistungsherausforderungen werden im Rahmen **individueller Verantwortlichkeiten** erfüllt. Es besteht kein Bedarf, der eine deutlichen Leistungssteigerung erforderlich macht. Interaktionen zum Informationsaustausch, Zielabgleich, Entscheidungsfindung dienen primär den **Individualleistungen**.

Richtiges Team:
Die grundlegende Teamdefinition wird erfüllt: Eine kleine Zahl von Personen mit sich komplementär ergänzenden Fähigkeiten, die sich einem gemeinsamen Sinn, Ziel und Arbeitsansatz verpflichtet fühlen und für deren Einhaltung sie sich gegenseitig verantwortlich halten.

Hochleistungs-Team:
Zusätzlich zu den Leistungskriterien eines richtigen Teams setzen sich die Teammitglieder untereinander entschieden **für Erfolg und Wachstum des jeweils anderen** ein.

Potentielles Team:
Es gibt einen deutlichen Bedarf nach Leistungsverbesserung und die **Gruppe bemüht sich gemeinsam um Leistungssteigerung**. Klarheit der Ziele, Arbeitsergebnisse, Entwicklung eines gemeinsamen Vorgehens. Eine gemeinsame Teamverantwortung für die Arbeitsergebnisse ist noch nicht ausgebildet.

Pseudoteam:
Eine deutliche Leistungssteigerung ist vonnöter, aber die **Gruppe bemüht sich nicht** wirklich um eine Gemeinschaftsleistung. Es fehlen gemeinsame Ziele und Absichten. Die Gesamtleistung ist geringer als Summe der Einzelleistungen, weil die Individuen sich **gegenseitig beeinträchtigen.**

Quelle: Katzenbach, Smith

Abb. 2: Die Team-Leistungs-Kurve

Macht in den traditionellen Hierarchien. Zum anderen wird in Teams die Freiheit und Selbstbestimmung des Individuums gemäß der Teamzielsetzung beschnitten und gelenkt. Aus diesen beiden Perspektiven stammt deshalb auch die (erwartbare) Kritik am Teamansatz:

Probleme der Teamarbeit

So untersucht der Organisationssoziologe Kühl (2001) »das erfolgreiche Scheitern von Gruppenarbeitsprojekten« mit der Perspektive der »Rezentralisierung und Rehierarchisierung«. Und der Philosoph und Pädagoge Sprenger macht aus individueller Sicht mit provokanten Thesen deutlich, dass bei erfolgreicher Teamarbeit eine Menge von Problemen bzw. Herausforderungen zu bewältigen sind, wie »Unter kompetitiven Bedingungen ist das einzige, was mich an meinem Teampartner wirklich interessiert, sein Versagen« oder »Teamarbeit ist immer Identitätsverlust des Einzelnen« oder »Die Gruppe kollektiviert immer Schwäche, niemals Stärke« oder »Meetings sind das Herzstück des Teams, aber der Tod der Zusammenarbeit«. Diese Stimmen weisen darauf hin, dass Sozialsysteme in bewährte Muster zurückfallen (z.B. Hierarchie und Individualismus), wenn nicht stetig Energie in veränderte Organisationsformen (z.B. Teams) investiert wird, bis diese ein selbstverständlicher Teil des Gesamtsystems geworden sind und

Team-Kultur

sich aus sich selbst heraus erneuern, d.h. Teil der Organisations-Kultur geworden sind.

Fazit: Teamentwicklung ist mehr als ein modischer Trend
Natürlich muß ein solcher konzeptioneller Blick hier kurz ausfallen (ausführlicher: siehe Fittkau, Weber 2001). Ich möchte diesen Teil abschließen mit der These, dass der aktuelle Boom der Teamorientierung zwar ein »Reimportphänomen«, aber wohl mehr ist als ein schnelllebiger Modetrend ist: Schon Anfang der 70-er Jahre gab es erfolgversprechende Modelle der Teamarbeit (siehe Quiske u.a. 1973). Dennoch stieß diese Idee damals bei den Entscheidern auf eher taube Ohren und unsere eigenen Anregungen in dieser Richtung wurden damals meist in die Schublade »Sozialromantik« abgelegt. Erst durch die Gefährdung der eigenen Wettbewerbsfähigkeit durch die japanischen Automobilbauer, die die

Qualitäts-Zirkel

Qualitätsmanagement-Impulse deutsch-amerikanischer Berater ernst nahmen und konsequent zum »Kaizen« (»Kontinuierlichen Verbesserungs-Prozess« (KVP)-Management) umsetzten und die Mitarbeiter-Selbstorganisations- und Verbesserungskräften in den Qualitäts-Zirkeln nutzen konnten, machte die Teamarbeit in den 90-er Jahren auch bei uns wieder aktuell und salonfähig (siehe Zink 1989). – Teamentwicklung verbindet Individuum und Organisation in einem Lernprozess: Die Individuen werden sozialer und die Organisationen lebendiger.

Fall-Studie: Teamentwicklung-Training im Wirtschaftsbereich

Zur Konkretisierung sollen im folgenden typische Schritte eines Teamentwicklungs-Trainings nachgezeichnet werden. Zunächst einige Informationen zum Hintergrund:

Hintergrunds-/ Auftragsskizze:

- Auftraggeber: Vorstand »Vertrieb« der deutschen Tochter eines multinationalen Konzerns. Fall-Studie
- Zielgruppe: Vertriebsmannschaft eines nach der »Wende« gekauften großen DDR-Werkes, das nach deutlichem Personalabbau zu Beginn mit der vorhandenen »Ostmannschaft« weitergeführt werden sollte.
- Zielsetzungen: – Aufbau einer offenen, vertrauensvollen Beziehungsstruktur innerhalb der Teams, insbesondere innerhalb der Führungsmannschaft
  – Anpassung der Führung und Zusammenarbeit in den Teams an westliche Standards (Kulturveränderung in Richtung »Eigeninitiative« und »flexiblere, marktsensiblere interne Kommunikation«; »Vermeidung unnötiger Konflikte mit der franz. »Mutter« – Thema: »Interkulturelle Kommunikation«)
  – Aufbau einer Feedback-Kultur, die es erlaubt, gravierende Schwächen direkt anzusprechen und Veränderungsmaßnahmen zügig zu vereinbaren
- Auftragsdauer: zunächst 2 Jahre (1992/93): »TE-1« und »TE-2«; bei Bedarf prozeßbegleitende Zusatzmaßnahmen: wie Moderationstraining, Telefontraining, Konfliktmoderation, Coaching, TE-Workshop mit Innendienstteams (z.B. Marketing) und Tochterunternehmen etc. sowie Team-Check-ups in den Folgejahren (letztes Führungsteam-Check-up-Meeting: 09/95)
- Die Teams im einzelnen: 1 Managementteam, 3 Regionale Verkaufsteams (Selbstverständnis: »Unser Kollektiv…«), Innendienst-Team, Marketing-Team

Kultur-Diagnose

Um eine erste grobe Einschätzung machen zu können, mit welcher Zielausrichtung eine TE-Maßnahme geplant werden sollte, ist es oft nützlich eine »Kultur-Diagnose« zu machen. Daraus läßt sich meist eine erste sinnvolle TE-Zielausrichtung ableiten: Es sollten Kultur Diagnose die Teamqualitäten verstärkt werden, in denen das Team am wenigsten entwickelt ist, das ist meist der komplementäre Gegenpol zum Stärkenschwerpunkt des Teams. Es geht also um komplementäre Stärkenergänzung. Eine Team-Kultur-Einschätzung nach folgenden bipolaren Kulturschwerpunkten hat sich als brauchbar erwiesen: »Hierarchie-/Bürokratie-Kultur« vs. »Netzwerk-/Team-Kultur« und »Familien-/Clan-Kultur« vs. »Pionier-/Star-Kultur« (siehe Fittkau 1999).

komplementäre Stärkenergänzung (Randnotiz)

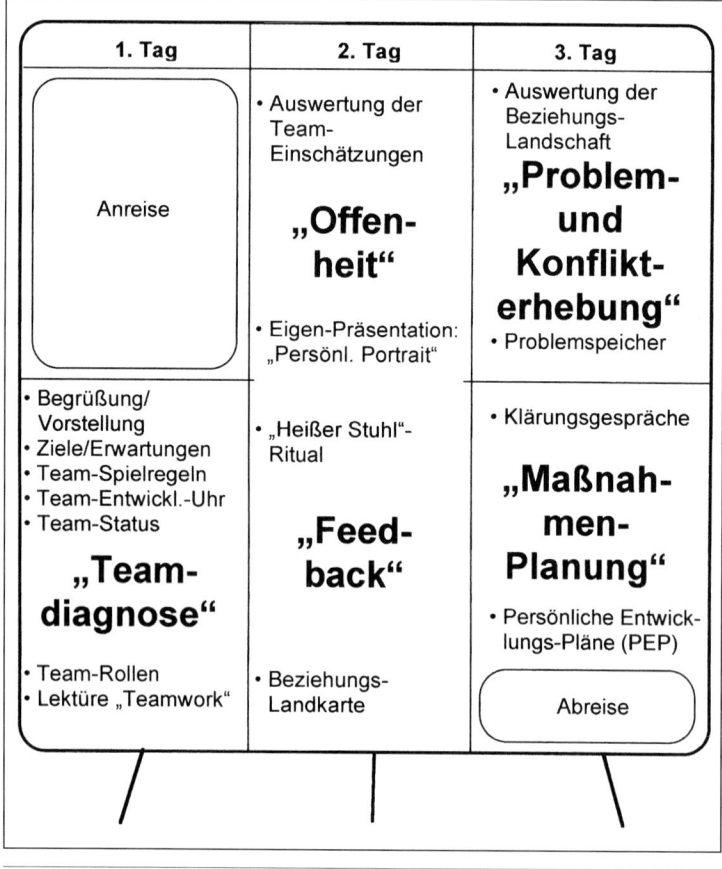

Abb. 3: Workshop-Grobdesign
Team-Entwicklung (1) »Vertrauen und Teamgeist«

Kultur-Schwerpunkt und Zielausrichtung
In unserem Fall lagen die Teamstärken im Bereich »Wir-Gefühl«, »Herzlichkeit«, »Verbindlichkeit«, »Gemeinsinn« (= »Familien-/Clan-Kultur«-Schwerpunkt). Daraus haben wir eine erste Zielausrichtung abgeleitet: Stärkung der »Distanz-Wechsel«-Werte mit »Individueller Entfaltung« bis hin zu »Star«-Qualitäten, »Eigensinn«, »Freiheit«, »Leistungsbezogener Konfrontation«, »Konfliktbereitschaft«, »Innovation« – alles Werte, die in der sozialistisch geprägten Vergangenheit der Teammitglieder vernachlässigt waren. Diese Zielausrichtung bedeutete eine stärkere Annäherung an die westdeutsche Wertewelt und Kultur.

TE-Workshop-Design »Vertrauen und Teamgeist«
Wie kann obige Zielausrichtung im Rahmen eines 2,5 Tages-Workshops (vereinbartes Zeitbuget) konkret umgesetzt werden? Wir haben aufgrund unserer Erfahrungen mit der Dramaturgie von Workshop-Abläufen folgenden Vorschlag für die erste (Pilot-)Veranstaltung gemacht (Abb. 3).

Zweckmäßige Modifikationen und Verbesserungen für die folgenden Workshops würden dann aufgrund der Feedbacks und ggf. veränderten Anforderungen aus dem Unternehmensumfeld erfolgen. Es sei vorausgeschickt, daß sich das folgende Workshop-Design – nicht nur für dieses Unternehmen – zum Einstieg in einen TE-Prozeß bewährt hat.

Instrumente und Methoden zur Team-Entwicklung

Im folgenden möchte ich mit Hinweis auf bewährte Instrumente den Workshop-Ablauf nachzeichnen (ausführlicher in Fittkau, Weber 2001):

Ziele und Erwartungen
Die grobe Zielausrichtung (»Offenheit«, »Feedback«, »Konfliktklärung«) wurde kurz erläutert. Nach einer kurzen Vorstellung von uns als Teamentwickler und Workshop-Moderatoren – Workshops mit konfliktorientierten Zielen führen wir nach Möglichkeit als Zweier-Team durch – und einer kurzen Vorstellungsrunde der Teammitglieder baten wir die Teilnehmer, ihre Erwartungen und Befürchtungen auf Karten zu schreiben und vorzustellen.

Das »Offenheits-Harmonie-Dilemma« in Teams
Oft zeigen sich oft bereits bei diesen Einstiegserwartungen der Teilnehmer bestimmte Grunddilemmata im Team. Hier wurde

Offenheits-Harmonie-Dilemma

schnell der (erwartete) Kulturkonflikt zwischen Wettbewerbswerten (BRD) und Werten der sozialistischen Wertewelt deutlich: Einerseits wünschten sich fast alle »Offenheit« und »Ehrlichkeit« und auch »verständnisvollen« und »menschlichen« Umgang, gleichzeitig wurde aber auch abgelehnt, daß es »persönlich« wird und zu »Konflikten« und »Seelenstriptease« käme. – Als Teamentwickler kann man schnell in eine unlösbare Auftragssituation geraten nach dem Motto »Wasch mich, aber mach mich nicht naß!« Solche typischen Dilemmata-Situationen in Teams lassen sich recht gut mit Hilfe des sog. »Werte-Quadrates« (Schulz von Thun 1989) aufklären und praktisch nutzbar machen.

Bei unserem Team lag der Erwartungsschwerpunkt deutlich auf der Seite »Harmonischer Beziehungen« – vielleicht auch als Gegenreaktion auf die einseitige Zielausrichtung »Offenheit-Feedback-Konfliktklärung«. Wir haben deutlich gemacht, daß die »Gefahr der Selbstzerfleischung« in Teams bestehen würde und wir hier durch generelle Mitverantwortung und noch zu vereinbarende Spielregeln darauf achten werden, daß Feedbacks nicht »unter die Gürtellinie« gehen. Andererseits sei dieses Team vermutlich eher durch ein »Zuviel-des-Guten« auf der anderen Seite bedroht, nämlich der »Friedhöflichkeit«. Eine wichtige Herausforderung unseres Workshops sei es deshalb, hier eine neue Balance zu finden. Diese Sicht fand generelle Zustimmung im Team.

Spiel-Regeln verabreden
Gerade in konfliktorientierten Workshops ist es günstig, gleich zu Beginn den Interaktionsrahmen durch gemeinsam erarbeitete Spielregeln zu definieren und zu vereinbaren. Wir haben die bekannten Spielregeln der »Themenzentrierten Interaktion« (Cohn 1975) vorgeschlagen und ergänzt. Alle haben dann durch ihre Unterschrift zu diesem Regelsystem bekannt.

»TZI«-Spielregeln

Phasen der Team-Entwicklung: »Die TE-Uhr«
Jedes Team durchläuft im Laufe seiner Entwicklung typische Phasen. Das prägnanteste Phasen-Modell stammt von Tuckman (siehe Pieper 1992) mit den vier Phasen »Forming«-»Storming«-»Norming«-»Performing«. In Form einer Uhr nutzen wir dieses Modell zur Einschätzung des aktuellen Standes der Teamentwicklung und dabei gleichzeitig zur Bewußtmachung von Phasengesetzmäßigkeiten in Teams. Für unser Team war dabei folgende Botschaft besonders wichtig: Ohne die Storming-Phase können Teams bestenfalls eine Gruppenleistung mit Forming-Qualitäten realisieren, aber kein wirkliches Team-Performing. Das hängt mit dem natürlichen Pro-

Phasen der
Teamentwicklung

Bitte einschätzen!

In welcher Phase bewegt sich momentan aus Ihrer Sicht die **Kooperation und Kommunikation** ihres Teams **schwerpunktmäßig**? Wie früh oder spät ist es in Ihrem Team?

Bitte markieren Sie **mit einem Pfeil** die entsprechende Stelle in der Team-Entwicklungs-Uhr.

Selbst wenn es Ihnen relativ leicht gefallen ist, die Phase zu bestimmen, in der sich ihr Team aktuell schwerpunktmäßig bewegt, wird es in Ihrem Team situativ immer wieder auch Formen der Zusammenarbeit geben, die durch Eigenschaften aus den anderen Phasen charakterisiert werden können. Bitte **verteilen Sie 100%-Punkte** so auf die vier Phasen, wie Sie die Art der **Zusammenarbeit insgesamt** erleben.

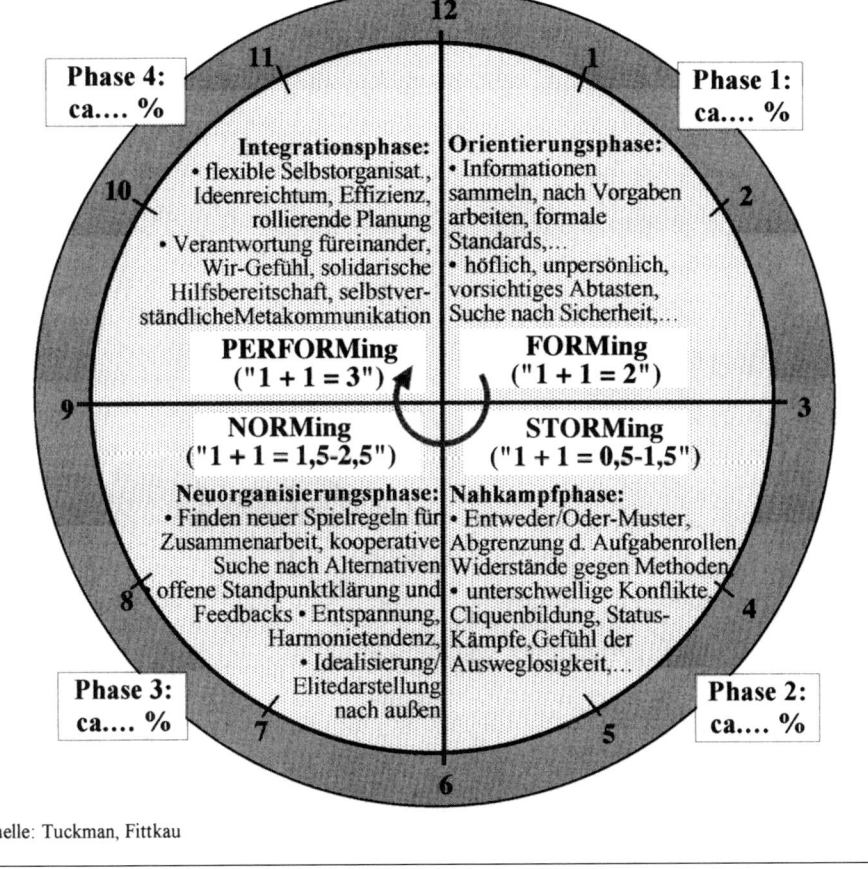

Quelle: Tuckman, Fittkau

Abb. 4: Team-Entwicklungs-Uhr

zessen individueller Orientierungsreaktionen in Gruppen zusammen, die man unter dem Begriff »Gruppendynamik« zusammenfasst. Dazu gehören die Kämpfe um die informelle Führung, die Hackordnung, die Gruppenstandards, die Rollenwahl, die Cliquenbildung etc. (siehe Brocher 1967, Heintel 1977). Indem diese Phasen immer wieder durchlaufen werden – natürlich nicht immer in derselben Reihenfolge – können Teams ihre Arbeitsqualität kontinuierlich steigern.

Führung und Zusammenarbeit im Team

Zusammenspiel
Ein differenziertes Bild über die Stärken und Optimierungspunkte in der Teamzusammenarbeit lassen sich mit Hilfe eines Einschätzbogens (siehe Francis, Young 1992) erfassen (Item-Beispiel: .»Unser Team lernt nicht aus Fehlern« – stimmt genau/stimmt teilweise/stimmt nicht). Wir lassen ihn von den Teammitgliedern anonym ausfüllen und fassen die Individualwerte zu einer Teamstrichliste zusammen. Meist bestimmen wir zusätzlich pro Frage einen einfachen »Opti-Bedarfs-Index« (OBI) (als %-Satz der Werte, die im Minus-Bereich liegen).

Führungsverteilung im Team

Führung
Inwieweit hat sich auch in der Führung eine teamorientierte Verantwortungsverteilung entwickelt? Meist sind Führungskräfte eher zurückhaltend, wenn es um die Delegation von traditionellen Führungsaufgaben geht. Sie befürchten, von außen als »schwach« bewertet zu werden. Solange die Führungskräftebeurteilung nach Hierarchiekriterien erfolgt, kann man nicht erwarten, daß sich die Potentiale der Teams wirklich entfalten können. Auch hier nutzen wir einen Einschätzbogen (siehe Francis, Young 1992).

Team-Rollen und Mannschaftsaufstellung

Jeder kann nachvollziehen, dass die Spielstärke einer Mannschaft davon abhängt, wie gut die verschiedenen Positionen besetzt sind, insbesondere wie stark die Spielerpersönlichkeiten sind, die für die Teamstrategie wichtigen Schlüsselpositionen besetzen. Entsprechendes gilt auch für Arbeitsteams. Bisher wird in Unternehmen dem Faktor »Mannschaftsaufstellung« wenig Aufmerksamkeit geschenkt, weil man bisher meist mit den Personen ein Team bilden muß, die in einer bestimmten Situation gerade von der Hierarchie zur Verfügung gestellt werden. Am ehesten werden noch die Teamleiter systematisch ausgewählt – allerdings meist nach hierarchischen Führungskriterien. Hier liegt noch ein erhebliches Teampotential verborgen. In dem Maße, wie der Unternehmenser-

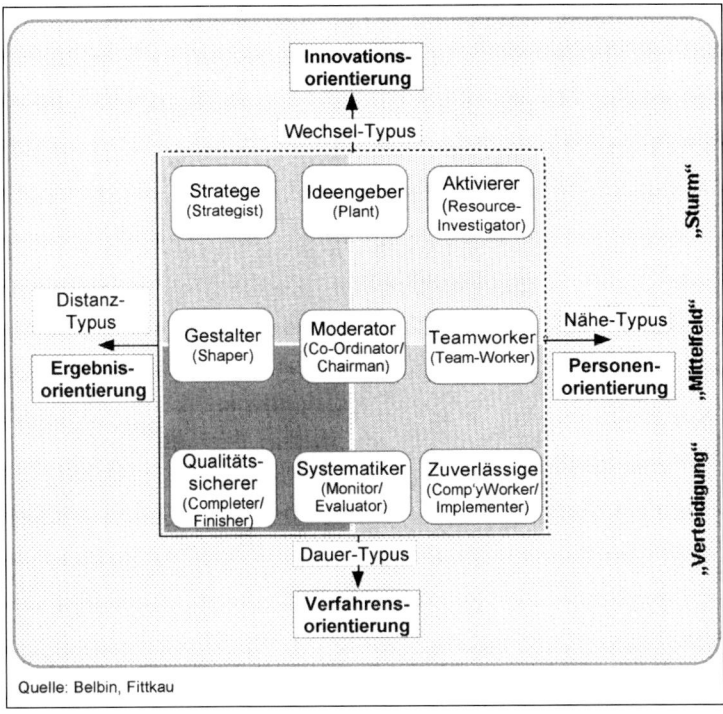

Quelle: Belbin, Fittkau

Abb. 5: Team-Spielfeld
Wo müßte Ihr Team von der Aufgabenstellung her besonders stark
besetzt sein?

folg von der Leistungsfähigkeit wichtiger Teams abhängig gesehen
wird, dürfte auch der Blick für die Qualität der Mannschaftszusammensetzung geschärft werden. Der englische Teamforscher
Belbin hat erfolgreiche Teams danach untersucht, welche Rollen
in ihnen vertreten waren und hat dann diese idealtypisch charakterisiert. Wir benutzen dieses Rollenmodell in leicht modifizierter
und ergänzter Form mit neun Teamrollen, die analog zu einer
Sportmannschaft auf einem Persönlichkeits-»Spielfeld« dargestellt
werden kann (Belbin 1986).

Rollen in erfolgreichen Teams

Fazit aus den Team-Diagnosen
Die zielführenden Team-Diagnose-Instrumente werden den Teilnehmern erläutert, Fragen geklärt, dann ausgefüllt und anonym
zur Auswertung an die Moderatoren gegeben. Die Funktion von
Diagnoseinstrumenten ist dabei eine doppelte: Einmal geht es
natürlich um die Bewußtmachung der spezifischen Stärken und

Team-Diagnosen

Team-Stärken

Optimierungs-
Maßnahmen

Wahrnehmungs-
sensibilisierung

Optimierungspunkte des Teams zur Planung und Priorisierung von Entwicklungsmaßnahmen am Ende des Workshops. Zum anderen wird durch die Entscheidungs-Herausforderungen bei Einschätzaufgaben die Selbstreflexionsfähigkeit und die Wahrnehmungssensibilität für wichtige Faktoren des Teamerfolges verbessert. – Eine solche instrumentelle Diagnostik hat Vor- und Nachteile: Sie vermittelt den Eindruck von Wissenschaftlichkeit und Objektivität und vermittelt insofern eine gewisse Verfahrenssicherheit. Gleichzeitig distanziert dieses Vorgehen die Teilnehmer und uns Teamentwicklungs-Berater von dem lebendigen Zusammenspiel der Teammitglieder. Wir haben damals diesen relativ formalen Einstieg vorgezogen, um den Teilnehmern zunächst Sicherheit durch dieses Angebot einer distanzierende Beobachterposition zu vermitteln, denn insgesamt befanden sich die Teilnehmer ja in einer sehr verunsichernden politischen Veränderungssituation. – Bei Teams, die sich in einem gesicherterem Feld bewegen, kann man die Teamdiagnose lebendiger gestalten, indem man den Teilnehmern eine

Outdoor-Übungen

praktische Teamaufgabe (z.B. mit spielerischem Outdoor-Charakter; siehe Reiners 1993; Gilsdorf, Kistner 1995) stellt und das Vorgehen und Verhalten beobachtet, auswertet und rückmeldet. Eine solche Diagnose führt das Team sofort in ein lebendiges Miteinander und kommt damit dem Charakter der realen Teamarbeit on-the-job näher.

Die Ergebnisse der Auswertungen wurden visualisiert und am Beginn des zweiten Tages von uns Teamentwicklern vorgestellt. Die Teilnehmer wurden gebeten, die Offenheit der Teamdiagnosen auf einer Skala von »0« = keinerlei Offenheit bis »100« = vollständige Offenheit einzuschätzen. Die Werte variierten zwischen 60 und 80. Wir fragten das Team, ob es mit dieser Eigendiagnoseleistung für den Einstieg zufrieden sei. Das schien der Fall zu sein. Wir wiesen darauf hin, daß Offenheit in dem Maße steigen kann, wie das Vertrauen wächst.

Die Teammitglieder wurden abschließend zu einem kurzen Brainstorming eingeladen, schon jetzt mögliche Maßnahmen aus den Ergebnissen abzuleiten, die auch die im Tagesgeschäft erlebten Optimierungspunkte berücksichtigen. Die Ideen wurden als erste Maßnahmenideen mitvisualisiert. – Mit dieser formalen Diagnose war die »Forming-Phase« unseres Workshops beendet.

persönliche
Selbstöffnung

Förderung der »Offenheit« durch ein »Persönliches Portrait«
Wir haben die Teilnehmer eingeladen, die Offenheit im Team durch erhöhte Selbstöffnung zu fördern. Selbstöffnung setzt Vertrauen voraus. Durch eine Selbstöffnungsaufgabe wird die Bereit-

schaft der Teilnehmer, einen Vertrauensvorschuß zu geben, vorausgesetzt und damit ausgelöst. Die vorgeschlagene Selbstöffnungsaufgabe sah die Erstellung eines »Persönlichen Portraits« auf einem Flipchartblatt und dessen Präsentation vor dem Team vor. Jedes Teammitglied wurde gebeten, zu vier Bereichen Stellung zu nehmen: Vertrauensvorschuss
– Meine Stärken
– Meine Schwächen / Optimierungspunkte
– Meine typischen Verhaltenmuster in Konfliktsituationen
– Teammitglieder, mit denen ich die Zusammenarbeit verbessern
  möchte

Das Feedback-Ritual »Heißer Stuhl« »Heisser-Stuhl«
Die Teammitglieder wurden eingeladen, Ihr Portrait den anderen vorzustellen. Nach jeder Vorstellung hatten die Zuhörer etwas Zeit, Stichworte zu drei Kategorien aufzuschreiben für das anschließende Feedback-Ritual:
  (1) »Das bitte beibehalten: ...!« (2) »Davon bitte mehr: ...!« (3) »Und davon bitte weniger: ...!«
  Jedes Teammitglied nahm auf dem sog. »Heißen Stuhl« Platz und bekam von jedem seiner Teamkollegen in einer ritualisierten »Ich-Botschaften«-Form Rückmeldungen. Diese Form wurde von allen Teilnehmern als sehr angemessen und hilfreich erlebt und ging durch die häufige Wiederholung in Fleisch und Blut über. Die anfänglichen Befürchtungen, es könnte zu persönlich werden oder unter die Gürtellinie gehen, wurden entkräftet – und dadurch das Vertrauen in den Workshop-Prozess gestärkt.

Die Beziehungs-Matrix
Als letzte Aufgabe dieses zweiten Tages wurden die Teilnehmer gebeten, anonym zu allen Zweierbeziehungen im Team subjektiv Stellung zu nehmen: »vertrauensvoll«-»sachlich-neutral«-»konflikthaft«. Die Auswertung wurde wiederum durch die Berater visualisiert – in Form einer »Beziehungslandschaft«.

Beziehungs-Klärung durch Konflikt-Moderation
Wir haben diejenigen Beziehungskonstellationen, die (durch eine Vielzahl von Konflikt-»Blitzen«) als besonders brisant eingeschätzt waren, in der Beziehungslandschaft eingekreist und die betroffenen Teammitglieder gefragt, ob sie hier im Gesamtteam an einer Klärung arbeiten wollten oder lieber unter vier Augen oder mit Unterstützung eines kollegialen Vermittlers. In allen Teams gab es einzelne Personen, die Klärungsbedarf mit mehreren anderen hat- Beziehungsklärung

ten. Wir haben dann eine Klärung exemplarisch im Team durchgeführt und dafür gesorgt, dass die anderen Klärungsgespräche terminiert wurden (siehe Thomann 1998).

Persönliche Entwicklungs-Pläne, Team-Maßnahmen-Pläne und Review-Termin

Maßnahmen-Planung

Im letzten Schritt unserer TE-Workshops beschließen wir gemeinsam mit den Teilnehmern praktische Umsetzungsmaßnahmen. Dabei ist es zweckmäßig, sich auf ein bis zwei erfolgversprechende Schlüsselmaßnahmen für das Team zu konzentrieren und jeweils einen engagierten »Projekt-Kümmerer« (ggf. mit einem kleinen Projektteam zur Unterstützung) und einen Stellvertreter zu bestimmen. Zur Förderung der persönlichen Entwicklungsthemen hat es sich als nützlich erwiesen, kollegiale Coaching-Partnerschaften zu verabreden. – Damit die beschlossenen Maßnahmen nicht im Tagesgeschäft untergehen, ist es nützlich, einen Review-Termin fest zu vereinbaren, an dem die Ergebnisse vorgestellt werden. Projekte ohne Termindruck rutschen in aller Regel immer wieder aufs neue ans Ende der Dringlichkeitsliste und werden so nie angepackt, auch wenn sie wichtig sind.

Workshop-Feedback

Feedback

Den Abschluß jedes Workshops bildet das Feedback der Teilnehmer an Berater und Auftraggeber. Systematische Feedback-Formen symbolisieren das Interesse der Organisation, sich zu verändern, zu lernen. Feedbackabfragen signalisieren den Teilnehmern, daß sie als Betroffene beteiligt werden – ein wichtiger Grundsatz einer Organisations-Entwicklungs-Kultur. Sie signalisieren den Teilnehmern, daß sie als interne Kunden gefragt werden und sind. Und natürlich erlauben die konkreten Rückmeldungen uns als Prozeßverantwortliche dieser TE-Maßnahme, die folgenden Workshops aufgrund der gemachten Praxiserfahrungen weiter zu verändern. Teilnehmer fordern uns als Experten heraus, Lernende zu bleiben oder wieder zu werden. Dafür dürfen wir als Berater dankbar sein – auch wenn (gerade kritische) Feedbacks unsere narzistischen Allmachtphantasien beleidigen und schmerzhaft sein können. Weil auch wir als Berater verletzbare Menschen sind, sollten wir mit uns selbst gut umgehen und auch hier Feedbackformen wählen, die einen konstruktiven Fokus ermöglichen. Analog zu unserem Feedback-Rituale bitten wir oft unsere Teilnehmer am Ende eines Workshops zu folgenden drei Aspekten auf Moderationskarten schriftlich Stellung zu nehmen und diese auf eine vorbereitete Pinwand zu heften: (1) »Fand ich gut«-»Beibehalten«, (2) »Bitte mehr davon«, (3) »Bitte weniger davon«.

Literaturhinweise:

Axelroth, R. (2000): Die Evolution der Kooperation. München: R. Oldenbourg.

Belbin, M. (1986): Management Teams – Why they Succeed or Fail. London: Heinemann.

Brocher, T. (1967): Gruppendynamik und Erwachsenenbildung. Braunschweig: Westermann.

Burow, O. (2000): Ich bin gut – wir sind besser. Erfolgsmodelle kreativer Gruppen. Stuttgart: Klett-Cotta.

Cohn, R. (1975): Von der Psychoanalyse zur Themenzentrierten Interaktion. Stuttgart: Klett.

Dröscher, V. B. (1994): Tierisch erfolgreich. Überlebensstrategien in Tierreich. München: Bertelsmann.

Fittkau, B. (1999): Zukunftsherausforderung: OE-Kultur-Entwicklung! In: Organisationsentwicklung 1/99, 76-81.

Fittkau, B., Weber, M. (2001): Kundenorientierte Team-Entwicklung. Wartenberg b. München: mtt.

Francis, D., Young, D. (1992): Mehr Erfolg im Team. Hamburg: Windmühle

Gilsdorf, R.; Kistner, G. (1995): Kooperative Abenteuerspiele. Seelze-Velber: Kallmeyer.

Goleman, D. (1999): Der Erfolgs-Quotient. München: Hanser.

Gray, J. (1993): Männer sind anders. Frauen auch. München: Goldmann.

Handy, C. (1993): Im Bauch der Organisation. Frankfurt: Campus.

Hartkemeyer, M., Hatkemeyer, J. F., Dhority, L. F. (1998): Miteinander Denken. Das Geheimnis des Dialogs. Stuttgart: Klett-Cotta.

Heintel, P. (1977): Das ist Gruppendynamik. München: Heyne.

Katzenbach, J.R., Smith, D.K. (1993): Teams: Der Schlüssel zur Hochleistungsorganisation. Wien: Ueberreuter.

Klein, I. (1995): Gruppenleiten ohne Angst. München: Pfeiffer.

Klippert, H. (2000): Teamentwicklung im Klassenraum. Weinheim: Beltz.

Kühl, S. (2001): Über das erfolgreiche Scheitern von Gruppenarbeitsprojekten. In: Zeitschr. f. Soz.,3/2001, 199-222.

Philipp, E. (1998): Teamentwicklung in der Schule. Weinheim: Beltz.

Pieper, A. (1992): Moderation und Teamentwicklung als Führungsaufgaben. In: Gruppendyn. Heft 3, 1992, 271-284.

Podsiadlowski, A., Spieß, E. (2000): Teamarbeit und Freiwilliges Arbeitsengagement. In: Gruppendyn., Heft 2, 2000, 197-212.

Quiske, F.H., Skirl, S.J., Spiess, G. (1973): Arbeit im Team. Stuttgart: DVA.

Raab, S. (1997): Full Power – Wie Sie aus Einzelkämpfern ein Hochleistungsteam formen. Neuwied: Luchterhand.

Reiners, A. (1993): Praktische Erlebnispädagogik. München: Fachhochschul-Schriften, Sandmann.

Riemann, F. (1974): Grundformen der Angst. München: Reinhardt.

Schreyögg, G. (1998): Organisation. Wiesbaden: Gabler.

Schulz von Thun, F. (1989): Miteinander reden. Bd.2: Stile, Werte und Persönlichkeitsentwicklung. Reinbek b. Hamburg: Rowohlt.

Senge, P. M. (1996): Die fünfte Disziplin. Stuttgart: Klett-Cotta.

Sprenger, R.K. (2000): Team-Dreams, Dream-Teams oder wie man Kreativität verhindert. In: ders. Aufstand des Individuums. Frankfurt: Campus.

Thomann, C. (1998): Klärungshilfe: Konflikte im Beruf. Reinbek b. HH: Rowohlt.

Towery, T. L. (1999): Die Weisheit der Wölfe. München: Goldmann.

Zink, K. J. (Hrsg. 1989): Qualität als Managementaufgabe.Landsberg/Lech: moderne industrie.

Organisations-Entwicklung und Action Learning in pädagogischen Einrichtungen

Heinz-Ulrich Thiel und Bernd Fittkau

Nach einer kurzen Begriffsdefinition werden im folgenden anhand eines Erfahrungsberichts aus einer pädagogischen Institution ausgewählte Prinzipien und Interventionsformen der Organisationsentwicklung (OE) illustriert. Neben Aus- und Weiterbildung sowie Personalentwicklung gehört dieser außerschulische, betriebliche Arbeitsbereich nach König (2000, S. 127) zu den »zentralen Feldern pädagogischen Handelns«. Das Konzept des »action learning« (AL) als eine weitere Methode der OE wird skizziert und ebenfalls am dokumentierten Praxisbeispiel veranschaulicht. Insgesamt stellt sich die Frage, welche spezifischen Kompetenzen und welches pädagogische Wissen ein Berater braucht, um auf dieser Ebene zu intervenieren. Zum Schluss werden geschichtliche Quellen und konzeptionelle Ausdifferenzierungen der OE sowie Gründe für die zunehmende Nachfrage nach und Kritik an dieser spezifischen, institutionsbezogenen Beratungsform beleuchtet.

Begriffsdefinition und Ziele der OE

Pädagogische Organisationen – Kindergärten, Schulen, Heime, Jugend- und Erwachsenenbildungseinrichtungen, Beratungsstellen, Vereine, (Wohlfahrts-)Verbände usw. – verändern sich normalerweise im Verlaufe ihrer Geschichte. Dieser Prozess kann gezielt geplant und gesteuert werden, wenn beispielsweise Leitungsstrukturen sich ändern, neue (Behandlungs-)Konzepte eingeführt, Fachbereiche anders geschnitten, Arbeitsabläufe rationalisiert oder ein Leitbild bzw. eine neue ›Unternehmenskultur‹ (corporate identity) entwickelt werden sollen. Im Gegensatz zu Wandlungsprozessen, die spontan – z.B. als Reaktion auf äußere Umstände – entstehen, verläuft die OE absichtsvoll, systematisch und reflektiert. Nach Becker/Langosch (1995, S. 5) und der bis 1998 existierenden »Gesellschaft für Organisationsentwicklung (GOE)« versteht man unter einer OE

OE als geplanter Veränderungsprozess

> »...einen langfristig angelegten, organisationsumfassenden Entwicklungs- und Veränderungsprozess von Organisationen und der in ihr tätigen Menschen. Der Prozess beruht auf Lernen al-

ler Betroffenen durch direkte Mitwirkung und praktische Erfahrung. Sein Ziel besteht in einer gleichzeitigen Verbesserung der Leistungsfähigkeit der Organisation (Effektivität) und der Qualität des Arbeitslebens (Humanität).«

Produktivität, Menschlichkeit und Selbstorganisation als Ziele der OE

Das Ziel der OE besteht also darin, die Funktionstüchtigkeit einer Organisation unter aktiver Beteiligung der MitarbeiterInnen zu erhalten bzw. zu verbessern. Den klassischen Konzepten zufolge soll die Steigerung sowohl der ›Produktivität‹ als auch der ›Menschlichkeit‹ (Becker/ Langosch 1995) insbesondere durch die Entdeckung vorhandener, aber ungebrauchter Ressourcen und eine professionelle Unterstützung der Selbstorganisationspotentiale (vgl. Baumgartner u.a. 1998) erreicht werden. Obwohl die Begriffe Organisationsentwicklung und -beratung in der Literatur häufig synonym verwendet werden, ist die *Organisationsberatung* dadurch charakterisiert, dass der Prozess der Veränderung durch zumeist externe professionelle BeraterInnen begleitet wird, während die *Organisationsentwicklung (OE) auch* institutionsintern in Eigenregie durchgeführt werden kann (z.B. durch Stabspositionen; vgl. Filsinger 1992).

Anlässe, Interventionsformen und Prozesse anhand eines OE-Erfahrungsberichts

Im folgenden wird der dokumentierte Erfahrungsbericht (vgl. Becker 1999) über die OE in einer Non-Profit-Organisation mit einer Bundeszentrale (70 MitarbeiterInnen) und mehreren Landesorganisationen systematisiert (Problemanlässe, Ziele der verschiedenen Status-/ Berufsgruppen, Katalog der geplanten und durchgeführten Maßnahmen sowie Erfolge und Unerledigtes). Hauptaufgabe dieser seit 50 Jahren bestehenden Organisation ist die Regelung von Ausbildung, Fortbildung und Arbeitsbedingungen für eine Berufsgruppe des Gesundheitswesens in Deutschland. Das Beispiel soll dazu dienen, typische Elemente eines organisationsumfassenden Veränderungsprozesses zu charakterisieren.

Das Fallbeispiel

Ein OE-Beispiel **(Problem-)Anlässe für die OE (Ist-Zustand):**

☐ Aktuelle personelle/ organisatorische Veränderungen in der Organisation (neuer Gesamtleiter, Schaffung einer mittleren Ebene von Referenten)

☐ Unbefriedigende Kooperation/ Koordination zwischen Bundes- und Landesorganisationen

☐ Neue Herausforderungen durch Hinzugewinnung neuer Landesorganisationen nach der Wende

☐ Fehlende Transparenz aufgrund mangelhafter interner/ externer Kommunikation (mit der Folge einer intern problematischen Corporate Identity und eines extern problematischen, d.h. uneinheitlichen Fremdbildes)

☐ Feste Hierarchien

☐ Motivation zur Veränderung der Organisation aufgrund einer Aufbruchsstimmung (z.B. Wunsch nach Beseitigung alter Besitzstände und Privilegien mit dem Ziel einer gleichberechtigten Mitarbeiterbeteiligung und –verantwortung)

☐ Zunehmend kritischer werdende Kostenentwicklung

Ziele auf unterschiedlichen Hierarchieebenen

Zielformulierungen aufgrund eines Workshops jeweils für Referenten, Führungskräfte, Sekretärinnen und Sachbearbeiter:

☐ Die *Führungskräfte* fokussierten als Ziele neben einer Bestandsaufnahme und Diagnose des Zustandes der Organisation die strategische Positionierung und das Festhalten an der strukturellen organisatorischen Ausrichtung der Bundesorganisation, die Analyse des internen Zusammenspiels der unterschiedlichen Funktionen, eine Einschätzung der Leistungsfähigkeit durch die Abteilungsleiter, die Benennung und Festlegung der weiteren Schritte für den Veränderungsprozess, eine Leitbildentwicklung.

☐ Ziele der *Referenten* konzentrierten sich auf eine Bestandsaufnahme und Standortbestimmung der Organisation, die Bestimmung der zu lösenden Aufgaben während des Organisationsentwicklungsprozesses, die Bildung einer Steuerungsgruppe zur Begleitung und Steuerung des OE-Prozesses, die Einrichtung von Arbeitsgruppen.

☐ Zu den Zielen der *Sekretärinnen und Sachbearbeiter* gehörten die Verbreitung und das Transparentmachen des OE – Prozesses, die Klärung von Fragen und Problemen der Sekretärinnen und Sachbearbeiter, die Wahl eines Mitgliedes als Vertreterin in der Steuerungsgruppe.

Maßnahmenkatalog der OE

☐ Entscheidung für einen externen Berater

☐ Voranalyse des Beraters durch Interviews mit Mitarbeitern aller Ebenen

☐ Zieldefinition in Workshops getrennt nach den drei Hierarchieebenen (s.o.)

- Bildung einer hierarchieübergreifend zusammengesetzten Steuerungsgruppe
- Projektgruppe zur Erarbeitung von Grundsätzen für die Arbeit von Projektgruppen
- Projektgruppenarbeit (4-8 Monate) zu den Themen Mitarbeiterfortbildung, Umweltfragen, Anwendung der EDV in der Geschäftsstelle, Erarbeitung eines Leitbildes
- Gemeinsame Projektgruppe zur Verbesserung der Zusammenarbeit zwischen Landes- und Bundesebene
- Einbeziehung des ehrenamtlichen Vorstandes in die Veränderungsprozesse

Planung der Umsetzung und Umsetzung der Planung

Der Fallbericht enthält keine Angaben über die genaue Planung und Kontrolle des Prozesses. Die Autorin schildert eher tatsächlich abgelaufene Schritte. Man kann vermuten, dass das Vorgehen – erst eine Situationsanalyse durch Interviews und dann das Arbeiten in Projektteams – einer Planung unterlag. Erarbeitete Grundsätze und Leitlinien für die Projektteams stellen vermutlich eine verbindliche Planungsvorgabe dar.

Erfolge der OE und Unerledigtes

Als Erfolge der OE wurden gewertet: Entwicklung von Prinzipien für die Projektgestaltung; Erfahrungen mit Projekten und deren Management; Verbesserung der Öffentlichkeitsarbeit; Verbesserung der Kooperation mit den Landesverbänden; Entdeckung der Mitarbeiter als zentrales Potential; Steigerung von Kreativität, Eigenverantwortlichkeit und Engagement; bottom-up-Beurteilung der Führungskräfte; offenes, neues Diskussionsverhalten mit Tendenzen der Enttabuisierung; Einbringen eigener Ideen und Meinungen; effektivere Nutzung von IT-Wissen/ Intranet/ virtuelle Online – Redaktion; Weiterbildung und Schulung; Selbstverständnis der Organisation als Dienstleistungsanbieter; Leitbildentwicklung; Überprüfen der Organisationsziele und kritische Reflexion der Arbeit; Aufgeschlossenheit gegenüber Neuem.

Nicht alle Vorschläge wurden umgesetzt. Es gab Widerstände im Vorstand. Durch zu viele Projekte gleichzeitig kam es teils zu Zusatzbelastungen bis hin zur Überforderung. Teilweise wurden hohe Erwartungen der Mitarbeiter enttäuscht, da Hierarchien erhalten blieben.

An diesem Erfahrungsbericht sind folgende Prinzipien und Strategien charakteristisch für einen OE-Prozess:

☐ Der *Einbezug von Mitarbeitern* unterschiedlicher Hierarchieebenen und Fachabteilungen erhöht das Ressourcen- und Lösungspotential der Einrichtung.

☐ Das *Managen mehrerer, gleichzeitig verlaufender Projekte* (vgl. Baumgartner u.a. 1998; Schiersmann/Thiel 2000), wodurch die Einrichtung einer Lenkungs- bzw. Koordinierungsgruppe notwendig wird, stellt das ›Herzstück‹ des komplexen Prozesses dar. Ein weiteres zentrales OE-Instrument – die Teamentwicklung – wird in diesem Fallbericht zwar nicht explizit erwähnt, war aber wahrscheinlich ein Bestandteil der Arbeit in den Projektteams (vgl. Fittkau in diesem Band).

☐ Unter einer *systemischen Perspektive* wird der Zusammenhang der sich wechselseitig beeinflussenden Problem- bzw. Einflussfaktoren aufgedeckt. Legt man die sieben Dimensionen einer

OE-Prinzipien

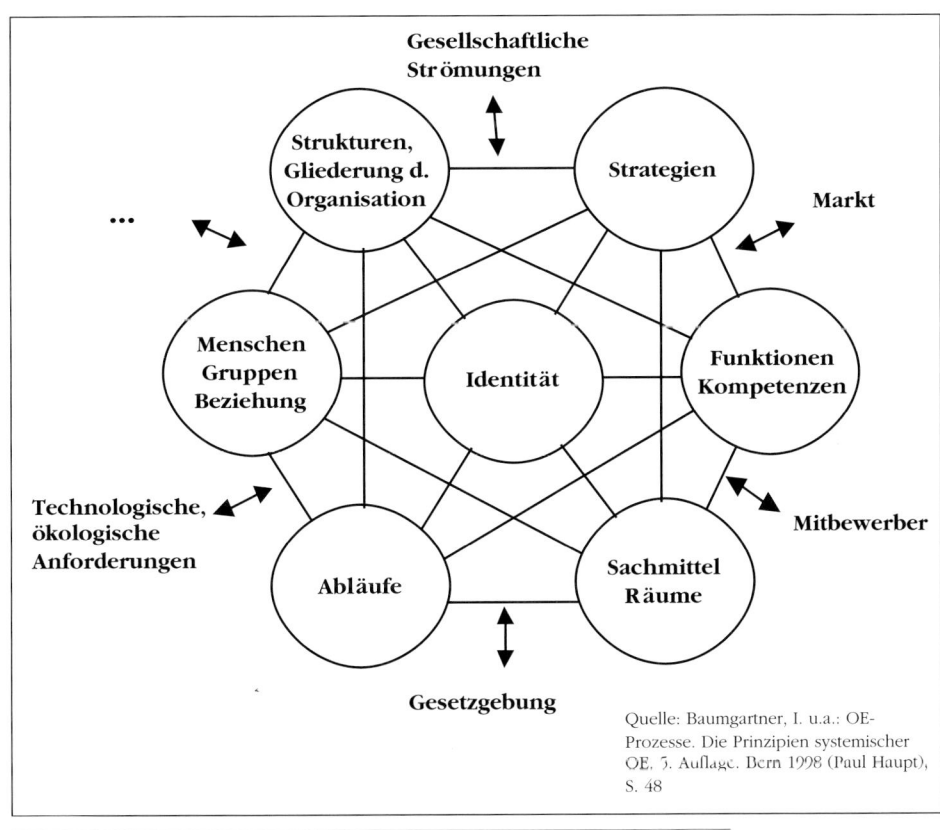

Quelle: Baumgartner, I. u.a.: OE-Prozesse. Die Prinzipien systemischer OE. 5. Auflage. Bern 1998 (Paul Haupt), S. 48

Abb. 1: Die sieben Dimensionen einer Organisation (nach Glas)

Der Problemanlaß im Organisations- kontext

Organisation (s. Abb. 1: Die sieben Dimensionen einer Organi- sation) als Diagnoseinstrument an den OE- Fallbericht, so zeigt sich, dass fast alle Problemanlässe, die durch Interviews des Be- raters bzw. auf Workshops erhoben wurden, auf diesen Dimen- sionen abbildbar sind. Häufig wird aber beim Erstkontakt mit dem Berater meist nur eine Dimension als Anlass angegeben (z.B. Erstellung eines fehlenden Leitbildes oder die Förderung kooperativer Beziehungen innerhalb/ zwischen Teams oder die Effizienz von Arbeitsabläufen). Unter systemischer Perspektive ist es aber wichtig, die Auswirkungen eines Anlasses auf die übrigen Dimensionen zu prüfen. Bereits beim Kont(r)aktge- spräch kann es daher sinnvoll sein, die vermuteten Auswirkun- gen bzw. Ursachen eines angegebenen Problems zu thematisie- ren: Welche Folgen hat beispielsweise das Problem einer unzureichenden kommunikativen Beziehung auf die Arbeitsab- läufe innerhalb oder zwischen Abteilungen? Zumeist ändert sich dadurch der Auftrag an den Berater, weil die Probleme (auch) in ganz anderen Bereichen gesehen werden (vgl. Fallbeispiele bei Becker/Langosch 1995; Doppler/Lauterburg 1995).

Action Learning – personnahe Implementierung von Veränderungs-Projekten

Gefahren von OE: Überforderung, Widerstände, Schuldgefühle als Stressoren bei den Beteiligten

Stressoren einer OE

Der Erfolgsfaktor der OE, die »Betroffenen zu Beteiligten zu ma- chen«, kann auch dazu verführen, sich selbst und dem System zu viel zuzumuten. Die Herausforderungen aus den mitbestimmten Veränderungsmaßnahmen machen Mut, sind zukunftsweisend und hoffnungsgeschwängert, aber auch ungewohnt, komplex und ent- sprechend widerstandsanfällig. Denn bei Veränderungsprojekten geht es ja immer auch um die Änderung eingespielter Arbeitsab- läufe und über Jahre gewachsener Zusammenarbeitsverhältnisse, gesteigerte Unsicherheiten und Ängste hinsichtlich eigener Macht- und Privilegienverluste etc. Alles das ruft ungewohnte soziale Empfindlichkeiten, Gefühle und Widerstandsbereitschaft auf den Plan und behindert ein zweckrational, planvolles Vorgehen. Und in aller Regel bleiben ja zunächst die Aufgaben im normalen Ta- gesgeschäft dieselben. Selbst wenn externe Berater bestimmte Zu- satzaufgaben übernehmen, bleiben die meisten Veränderungsauf- gaben aus den Projektzusammenhängen Zusatzarbeit für die

internen Mitarbeiter und können schnell die zeitlichen und ener-
getischen Ressourcen der Beteiligten übersteigen. Insbesondere
engagierte Mitarbeiter, die sich durch die verstärkte Einbeziehung
in wichtige Entscheidungsprozesse in ihrer Kompetenz gewürdigt
fühlen, empfinden es als eine besondere Herausforderung, die
über den OE-Ansatz in sie gesetzten Erwartungen (oft über freiwillig erbrachte Überstunden oder Vernachlässigung des Tagesge-
schäftes) zu erfüllen. Die Folgen sind häufig: steigender Stress, re-
duzierte Energien für das private Familiensystem, ein zunehmend
schlechtes Gewissen (wenn Aufgaben nicht plangemäß erfüllbar
sind), nicht haltbare Meilensteintermine (wegen zu ehrgeiziger
Zielplanungen), Frustration und steigende Widerstände bei den
hiervon Betroffenen, ein stockender Gesamtprozess, der lauter
werdende Ruf nach dem starken Mann, der für die Durchsetzung
der beschlossenen Maßnahmen sorgt – und damit die Konterka-
rierung der OE-Philosophie und -Kultur. Das Scheitern von Verän-
derungs-Projekten dürfte eher die Regel sein als ihr Erfolg. Wie also kann der Umsetzungsprozess von Veränderungen so gestaltet
werden, dass ihr Erfolg wahrscheinlicher wird? Hier bietet das
Konzept des Action Learning (AL) eine praxisnahe Hilfe an.

Was ist Action Learning?

Die Grundgedanken des AL sind so alt wie die Menschheit selbst.
Es handelt sich um einen selbstorganisierten Lernprozess aufgrund
von Erfahrungen bei neuartigen Problemstellungen und Losungs-
bemühungen. Solche anspruchsvollen, innovativen Aufgabenstellungen werden heute in Organisationen meist Projektteams mit einem verantwortlichen Projektleiter übertragen. Der Erfolg solcher
Veränderungsprojekte kann mit Hilfe von AL in aller Regel gesteigert werden (siehe Donnenberg 1999). Die Bedingungen und Faktoren für erfolgreiches AL haben wir in Abb. 2 (Bedingungen und
Faktoren des Action Learnings (AL)) zusammengefasst und werden
im folgenden kurz erläutert:

AL als selbstorgani-
sierter Lernprozeß

(1) Ausgangspunkt für einen AL-Prozess sind selbstinitiative Perso-
    nen, die möglichst freiwillig die Verantwortung für die Lösung
    eines Problems (meist organisiert als Veränderungs-Projekt)
    übernehmen und dabei aus ihren Erfahrungen gezielt lernen
    wollen.

(2) Dabei geht es in erster Linie um Aufgabenstellungen, für die es
    (noch) keine bewährten Drehbücher oder Lösungsansätze gibt,
    so dass die Projekt-Beteiligten durch Aktionen schrittweise die
    Zukunft neu gestalten.

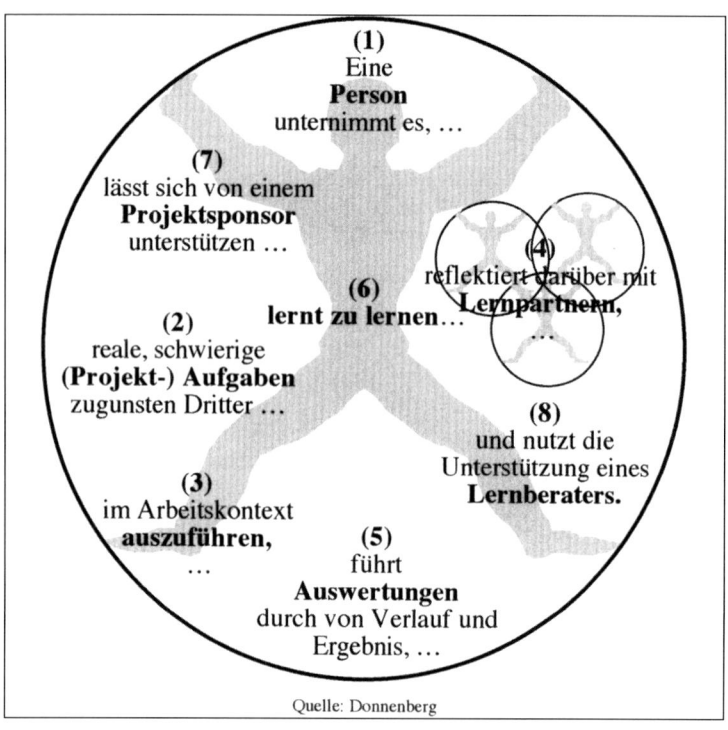

Quelle: Donnenberg

Abb. 2: Bedingungen und Faktoren des Action Learnings (AL)

(3) AL ist umso erfolgreicher, je mehr Personen aus dem direkten Umfeld des Projektes einbezogen sind (Projekt-Auftraggeber, -abnehmer, -sponsor, Vorgesetzter des Projektleiters, Kunden, Lieferanten) und so mitlernen können.

Synergieeffekte durch sich ergänzende Kräfte

(4) AL nutzt die Fähigkeit des Menschen, durch das Zusammenspiel von sich komplementär ergänzenden Kräften kreative Spannungen aufzubauen, so dass jeder Einzelne in einer Teamkonstellation über sich selbst hinauswachsen kann. Motto: »Einer für alle, alle für einen«. Zudem wird hier gelernt, wie man selbstorganisiert, auch unabhängig von Experten lernen kann.

(5) Wenn die einzelnen Schritte im AL-Prozess dokumentiert und systematisch auf innovationsförderliche Bedingungen und Impulse untersucht werden, kann gleichzeitig ein Aktions-Forschungsansatz verfolgt werden, der den Transfer des beim AL gewonnenen Know hows erleichtert.

(6) AL fördert beispielhaft die Lernbereitschaft in den beteiligten Organisationseinheiten und unterstützt die Lernkultur-Entwicklung und das Selbstverständnis einer Lernenden Organisation.

Organisationen überleben, wenn ihr Lerntempo mindestens so hoch ist wie die Veränderungen im Umfeld.

(7) Veränderungs-Projekte haben in einer Organisation dann eine besondere Realisierungs-Chance (gegen die natürlichen Widerstände), wenn das Projekt unter der Schirmherrschaft eines starken Hierarchen als Projektförderer steht.

(8) Der Lernberater als neutraler Coach und Moderator der Lernprozesse des AL-Teams kann als Vertreter der Außenperspektive immer wieder Lernanstöße geben:

- Anregen zum »Nehmen«: offene Fragen stellen, um Feedback bitten, sich interessieren für die Wahrnehmung der Kollegen, Zuhören, Zweifel akzeptieren
- Anregen zum »Geben«: Fragen stellen, Feedback anbieten, Gefühle und Eindrücke mitteilen, Unterstützung und Ratschläge anbieten
- Reflexion der Lernprozesse und Widerstände
- Unterstützung beim Durchbrechen persönlicher Abwehrmechanismen
- dafür sorgen, dass notwendige methodische Fähigkeiten (z.B. Projektmanagement-Tools) erarbeitet werden etc.

Wie könnte nun ein möglicher AL-Prozess in unserem Fallbeispiel ablaufen?

Wie geht ein Action Learning-Berater vor?

Nehmen wir an, der OE-Steuerungskreis unterstützt eine AL-orientierte Projektbegleitung, dann würde der Lernberater von obigem »Maßnahmen-Katalog der OE« ausgehen und die Leiter der vier Projekte zu einer Lerngruppe zusammenführen. Er würde das AL-Konzept vorstellen, Chancen und Gefahren diskutieren und den Status der Projekte erheben. Das Lernteam würde sich vermutlich schnell darauf einigen, dass das Projekt »Projekt-Grundsätze« zunächst Priorität hat und auch im AL-Team vorangetrieben werden soll, weil alle Projekte davon gleichermaßen profitieren. Gemeinsam könnte dann überlegt werden, wie die anderen Projekte schon nach Festlegung einer verbindlichen Startsequenz (z.B. »Projekt-KickOff-Leitfaden«) parallel starten können, ohne erst das Endergebnis dieser »Grundsatz-Projektgruppe« abzuwarten. Der Lernberater würde – je nach eigener Projektmanagement(PM)-Erfahrung und -Kompetenz – diese Projektgruppe durch Literatur hinweise, eigene Inputs oder Vermittlung eines geeigneten PM-Trainers unterstützen, um den Projekten eine gemeinsame professionelle Basis zu ermöglichen.

AL und der Fall

Er würde regelmäßig den aktuellen Projektlernbedarf seiner Lernteammitglieder abfragen, für die regelmäßig stattfindenden Lernteam-Meetings eine entsprechende Agenda vorbereiten und die Meetings moderieren. Je nach Bedarf könnte er zur Vertrauensbildung einen Teamentwicklungs-Workshop mit dem AL-Team anregen (siehe Fittkau »Teamentwicklungs-Training« in diesem Band). Ein Themenfeld, das sicher die gesamte Lernbegleitung durchziehen wird, dürfte der adäquate Umgang mit Widerständen bei der Umsetzung von Veränderungsmaßnahmen sein. Hier wird es immer wieder nötig sein, Geduld, Gelassenheit und gewinnende Kommunikationsformen einzuüben. Entsprechend sollten AL-Berater möglichst über eigene praktische (Veränderungs-) Projekt-Erfahrungen in einem ähnlichen organisationskulturellen Umfeld und Teamentwicklungs- und Kommunikationstrainings-Kompetenzen verfügen.

Kompetenzprofil und Rolle des OE-und AL-Beraters

Prozesse der Weiterentwicklung von Organisationen werden zumeist von einem externen Berater bzw. Beraterteam begleitet. Im Vergleich zur personzentrierten, interaktiv-gruppendynamisch orientierten Beratung muss ein Berater um die Eigendynamik und äußerst begrenzte Beeinflussbarkeit von Organisationen wissen und selber eine diagnose- und interventionsrelevante Vorstellung davon haben, wie eine Organisation ›funktioniert‹ (vgl. als Beispiel die Abb. 1). Zu den weiteren, vorwiegend pädagogischen Kompetenzen (vgl. Heintel 1992) gehören die Fähigkeiten, Lernsituationen zu *strukturieren* (z.B. in Form einer ›Interventions*architektur*‹ nach Königswieser/ Exner 1998), *prozessual*, d.h. in der Zeit zu gestalten (= ›Interventions*design*‹, wozu es eine Menge an Verfahren gibt, vgl. Königswieser/ Exner 1998) und zwischen den Interessen und Sichtweisen der Beteiligten zu *vermitteln* (im Sinne der ›Balanceautorität‹ nach Heintel 1992). Die Grundlage des Beratungsprofils bildet – neben einer umfassenden Kenntnis systemtheoretischer Ansätze (vgl. König 2000) – letztlich die kommunikative Kompetenz, wozu der flexible Einsatz unterschiedlicher Frage- bzw. Gesprächsstile auf der Ebene von Person, Team und Organisation gehört (vgl. König/Volmer 1997; s. ›Interventions*technik*‹ nach Königswieser/ Exner 1998). In den letzten Jahren rückt zunehmend der Umgang mit Konflikten und zu erwartenden Widerständen gegen Veränderungen in Organisationen in den Mittelpunkt des Kompetenzprofils (vgl. Thiel 2000).

Struktur-, Prozess- und Balance-kompetenz

Historische Quellen und konzeptionelle Ausdifferenzierungen

Seit der Human-Relations-Bewegung in den USA Ende der 30er Jahre wird deutlich, dass Leistungssteigerung wesentlich von den sozialen Beziehungen zwischen den Mitarbeitern und zu den Vorgesetzten beeinflusst wird. Sodann werden gruppendynamische Erfahrungen (aufgrund der Laborexperimente Lewins und entsprechender Trainingsgruppen) auf die Gruppenarbeit in bestehenden Organisationen übertragen (der Begriff »Organisationsentwicklungsgruppe‹ tritt erstmals 1957 auf). Im Vergleich zu diesen eher sozialpsychologischen Quellen der OE wird ein organisationsumfassender Blick auf ein Unternehmen wesentlich durch das sog. Survey guided feedback befördert – eine organisationsumfassende Datenerhebungs- und Rückkoppelungsmethode an die betroffenen Manager und Mitarbeiter. Dadurch entsteht – insbesondere auf den unteren Ebenen der Organisation – ein Engagement für Verbesserungen der innerbetrieblichen Zusammenarbeit. Der Durchbruch des Systemansatzes in der OE entsteht, als strukturelle Mängel der Arbeits- und Betriebsorganisation durch Versuche mit ‹teilautonomen Arbeitsgruppen‹ angegangen werden und zur erheblichen Steigerung der Leistungsfähigkeit und Arbeitszufriedenheit führen (vgl. auch Projekte zur Humanisierung der Arbeitswelt in der BRD seit den 70er Jahren).

Im Zeitraum vom Ende der 70er Jahre bis Mitte der 80er Jahre kann man in Deutschland die Hochphase der OE ansetzen (1978 gibt es den ersten OE Lehrstuhl in Wuppertal; nach dem 1. Europäischen Forum für OE 1979 in Aachen wird die Gesellschaft für Organisationsentwicklung (GOE) gegründet, die sich allerdings 1998 auflöst – deren Zeitschrift aber als Fachorgan weiterbesteht). *Euphoriephase der OE*

Seit Mitte der 80er Jahre und insbesondere zu Beginn der 90er Jahre ist die ursprünglich mit diesem Ansatz verbundene Euphorie verflogen und Grenzen dieses Konzepts werden (selbst)kritisch betont (vgl. Rieckmann 1991; Kühl 2001): So wird in Frage gestellt, ob die unterstellte Harmonie der beiden Zielperspektiven – Humanität und Effektivität – realistisch sei. An die Stelle basisdemokratischer Ansätze ist eine erneute stärkere Verankerung von OE-Strategien an der Unternehmensspitze getreten. Mit Rieckmann (1991) lassen sich vor diesem Hintergrund die folgenden Ausdifferenzierungen des OE-Konzepts konstatieren: *Ausdifferenzierung von OE-Ansätzen*

☐ eine Reduktion des Ansatzes auf strategisch-technische Verfahren im Sinne einer ‹praktischen OE›

☐ die Entwicklung zu einer ‹Tiefen-OE›, die anknüpfend an die psycho- und soziotherapeutischen Verfahren bemüht ist, das

Verständnis für bewusste und unbewusste Strukturen und Prozesse, Dynamiken und Phänomene im Wechselspiel zwischen Organisation und Mensch zu vertiefen sowie

☐ eine ›Meta-OE‹ im Sinne der allgemeinen Befähigung zur Lösung komplexer Probleme.

Kritik an der OE

Die Szene ist in jüngster Zeit noch unüberschaubarer geworden. Dazu trägt nicht nur die fortgesetzte Kritik an der OE bei – sie verbreite teilweise einen unangemessenen ›Veränderungsoptimismus‹ (vgl. Wimmer 1999) und sie erfülle nicht die Standardkriterien einer Profession (vgl. Kühl 2001). Außerdem erweisen sich für die Weiterentwicklung einer Organisation partiell konkurrierende Ansätze eines ›Change Managements‹ als bedeutsam, die – wie das Etikett der ›lernenden Organisation‹ sowie Konzepte des Qualitäts- und jüngst des »Wissensmanagements« – den kontinuierlichen Aspekt des ›lebenslangen Lernens‹ einer Organisation mit komplexen Aufgaben betonen gegenüber einer zeitlich befristeten OE-Maßnahme. Aber auch diese neueren Trends basieren methodisch (wenn sie denn überhaupt über eigenständige Interventionsverfahren verfügen) letztlich auf den ›Herzstücken‹ einer OE, nämlich der Team- und Projektentwicklung. Aus unserer Sicht sind diese neueren Entwicklungen in ein Gesamtkonzept von OE als Change Management gut zu integrieren.

Innovationsdruck auch auf pädagogische Einrichtungen

Mit erheblicher zeitlicher Verzögerung im Vergleich zum gewerblichen Sektor verzeichnet die OE im sozialwirtschaftlichen – insbesondere dem pädagogischen Arbeitsbereich – eine Boom-Phase (z.B. im Bereich der Sozialpädagogik, Erwachsenenbildung und Schulentwicklung). Als Grund für die zunehmende Nachfrage nach dieser Unterstützungsform ist u.a. sicherlich der spürbare Konkurrenz- und Innovationsdruck auf die pädagogisch-sozialen Einrichtungen, ihre Leitungskräfte und MitarbeiterInnen gerade in wirtschaftlichen Rezessionszeiten zu nennen. Betriebswirtschaftliches Kalkül (die Dienstleistungen müssen auf dem ›Markt‹ verkauft werden), methodisch-planerische sowie teamorientierte (Management)Kompetenzen gewinnen an Bedeutung, die in der pädagogisch-psychologischen Erstausbildung zumeist nicht angeboten bzw. gelernt wurden. Beschleunigt wird dieser Wandel durch die Tendenz einer Entwicklung weg von der funktions- und berufsorientierten Betriebsstruktur hin zur prozessorientierten Arbeitsorganisation (vgl. Baethge/ Schiersmann 1998). Außerdem wird zunehmend der Sinn von ›Arbeit‹ und die Rolle gerade etablierter Einrichtungen und großer Wohlfahrtsverbände hinterfragt (Selbsthilfeinitiativen sind oft billiger, flexibler und ›kundennäher‹).

Angesichts des schnellen gesellschaftlichen Wandels, auf den dieser komplexeste Ansatz der Beratung antwortet, plädieren die Autoren für etwas mehr Geduld mit dieser neueren Beratungs- und Interventionsform (Fallberichte und empirische Untersuchungen haben sich auch bei der systemischen Familientherapie erst allmählich nach Einführung des neuen Paradigmas eingestellt).

Literatur

Baethge, M., Schiersmann, C. (1998): Prozessorientierte Weiterbildung – Perspektiven und Probleme eines neuen Paradigmas in der Kompetenzentwicklung für die Arbeitswelt der Zukunft. In: Arbeitsgemeinschaft Qualitätsentwicklungsmanagement Berlin (Hrsg.): Kompetenzentwicklung '98. Münster u.a.: Waxmann, S15-87.

Baumgartner, I., Häfele, W., Schwarz, M., Sohm, K. (1998): OE-Prozesse – Die Prinzipien systemischer Organisationsentwicklung. 5. Aufl., Bern/Stuttgart/ Wien: Haupt.

Becker, C. (1999): Organisations- und Kompetenzentwicklung im Non-Profit-Bereich. Ein Erfahrungsbericht. Berlin: Arbeitsgemeinschaft Qualitätsentwicklungsmanagement Berlin.

Becker, H., Langosch, I. (1995): Produktivität und Menschlichkeit. Organisationsentwicklung und ihre Anwendung in der Praxis. 4. erw. Aufl. Stuttgart: Ferdinand Enke.

Donnenberg, O. (Hrsg.)(1999): Action Learning. Stuttgart: Klett-Cotta.

Doppler, K., Lauterburg, C. (1995): Change Management. Den Unternehmenswandel gestalten. 4., erw. u. überarb. Aufl., Frankfurt a. Main/ New York: Campus.

Filsinger, D. (1992): Der institutionelle Handlungskontext als Gegenstand von Supervision und Organisationsberatung. In: Auckenthaler, A., Kleiber, D. (Hrsg.): Supervision in Handlungsfeldern der psychosozialen Versorgung. Tübingen: dgvt-Verlag, S. 78-100.

Fittkau, B. (1999): Zukunftsherausforderung: »OE-Kultur-Entwicklung«! ZOE 1/99, S. 76-81.

Heintel, P. (1992): Lässt sich Beratung erlernen? Perspektiven für die Aus- und Weiterbildung von Organisationsberatern. In: Wimmer, R. (Hrsg.): Organisationsberatung. Wiesbaden, S. 345-378.

König, E. (2000): Gelungener Transfer: Anwendung von pädagogischem Wissen in der Organisationsentwicklung. In: Böhme, P. (Hrsg.): Von der Notwendigkeit der Erziehungswissenschaft: Begründungsversuche und Reflexionen. Neuwied/ Kriftel: Luchterhand, S. 127-136.

König, E., Volmer, G. (Hrsg.) (1997): Praxis der systemischen Organisationsberatung. Weinheim : Deutscher Studien Verlag.

Königswieser, R., Exner, A. (1998): Systemische Intervention. Architekturen und Designs für Berater und Veränderungsmanager. Stuttgart: Klett-Cotta.

Kühl, S. (2001): Professionalität ohne Profession. Das Ende des Traums von der Organisationsentwicklung als eigenständiger Profession und die Konsequenzen für die soziologische Beratungsdiskussion. In: Degele, N.,

Münch, T., Pongratz, H. J., Saam, N. J. (Hrsg.): Soziologische Beratungs-forschung. Perspektiven für Theorie und Praxis der Organisationsbera-tung. Opladen: Leske + Budrich, S. 209-237.

Rieckmann, H. (1991): Organisationsentwicklung – von der Euphorie zu den Grenzen. In: Sattelberger, T. (Hrsg.): Die lernende Organisation. Wiesbaden: Gabler, S. 126-143.

Schiersmann, C, Thiel, H.-U. (2000): Projektmanagement als organisationa-les Lernen. Ein Studien- und Werkbuch (nicht nur) für den Bildungs- und Sozialbereich. Opladen: Leske & Budrich.

Thiel, H.-U. (2000): Widerstand gegen Veränderungen in Supervision und Organisationsberatung. In: Pühl, H. (Hrsg.): Supervision und Organisati-onsentwicklung. Handbuch 3. 2. Aufl., Opladen: Leske + Budrich, S. 228-245.

Wimmer, R. (Hrsg.): Organisationsberatung. Wiesbaden: Gabler.

Wimmer, R. (1999): Wider den Veränderungsoptimismus. Zu den Möglich-keiten und Grenzen einer radikalen Transformation von Organisationen. Soziale Systeme, H. 1, S. 159 – 180

Sachregister

Autoren / Autorinnen

Dr. Bernd Fittkau, Dipl.-Psych., seit 1975 Professor für Pädagogische Psychologie und Beratung am Pädagogischen Seminar der Georg-August-Universität Göttingen; Gesprächs-, Gestalt- und Hypnotherapeutische Zusatzausbildungen; Psychologischer Psychotherapeut.
Arbeitsschwerpunkte: Kommunikationspsychologie und -training, Teamentwicklung, Organisationsberatung.
Pädagogisches Seminar der Georg-August-Universität Göttingen
Baurat – Gerber – Str. 4-6
D-37073 Göttingen
Tel.: 0551 399454 priv. 0551 4956360
Email: bernd.fittkau@t-online.de

Dr. Reinhard Fuhr, AOR, Lektor in Pakistan, Gymnasiallehrer, Didaktischer Leiter einer Gesamtschule, seit 1975 Lehre und Forschung in Pädagogik (Beratung und Didaktik) an der Universität Göttingen.
Gestalttherapeut (ECP, HP, DVG) und Ausbilder für den Integralen Gestalt-Ansatz.
Arbeitsschwerpunkte: Didaktik, Kommunikation, Gestalt-Ansatz, Persönlichkeits- und Gemeinschaftsentwicklung im Erwachsenenalter.
Pädagogisches Seminar der Georg-August-Universität Göttingen
Baurat – Gerber – Str. 4-6
D-37073 Göttingen
Tel.: 0551 399464, privat 0551 36581
Email: r.fuhr@gestaltzentrum.de

Annet Göhmann-Ebel, Diplom-Sozialwirtin
Kinder-und Jugendlichenpsychotherapeutin
Psychoanalytische Paar- und Familientherapeutin, Gestalttherapeutin
Leiterin der Psychosozialen Beratungsstelle des Studentenwerks Göttingen
Studentenwerk Göttingen
Psychosoziale Beratungsstelle
Platz der Göttinger Sieben 4
37073 Göttingen
Tel.: 0551/395108
Email: agoehma@studentenwerk-goettingen.de

Hubert Haas, Diplom-Verwaltungswirt
Vorsitzender des Deutschen Verbandes für Berufsberatung e.V.Berufsberater für Menschen mit Behinderungen
Bergstraße 9
55595 Roxheim
Tel.+Fax 0671/45592, Email: dvb1.haas@t-online.de

Katrin Hille, Gestalttherapeutin, Diplom-Sozialwirtin
tätig im Frauen-Notruf: Beratung, Fortbildung und Information zu sexueller Gewalt und bei Gewalt in der Partnerschaft e.V. Göttingen, Frauen-Notruf, Postfach 1825, 37008 Göttingen, Email: Frauen-Notruf.GOE@t-online.de

Jochen Kampmeier, Dipl.-Sozialwirt, tätig als neben- und hauptberuflicher Dozent in der Erwachsenenbildung und Weiterbildung, seit 1991 Pädagogischer Mitarbeiter und Regionalleiter für die Region Niedersachsen bei dem Bildungswerk der Vereinten Dienstleistungsgewerkschaft e.V. in Niedersachsen (ehemals BW DAG).
Zahlreiche Fort- und Weiterbildungen im Fach, Zusatzausbildung zum Supervisor.
Bildungswerk vere.di
Lange Geismarstr. 73
37073 Göttingen
Tel.: 0551 47188

Dr. Bodo Kayser, Pädagoge M.A., Studienberater, Leiter der Zentralen Studienberatung (ZSB) der Universität Göttingen
Zentrale Studienberatung,
Wilhelmsplatz 2
37073 Göttingen,
Tel.: 39-7493
Email: zsbgoe@uni-goettingen.de

Dr. Christina Krause, Dipl.-Päd. (Päd. Psych.), promoviert und habilitiert in Pädagogischer Psychologie an der Ernst-Moritz-Arndt-Universität Greifswald, seit 1995 apl. Professorin für Pädagogische Psychologie und Beratung am Pädagogischen Seminar der Georg-August-Universität Göttingen.
Kinder- und Jugendlichenpsychotherapeutin, Ausbildung in Verhaltenstherapie und Familientherapie.
Arbeitsschwerpunkte: Entwicklung des Selbstbildes und Selbstwertgefühls bei Kindern und Jugendlichen, pädagogische Beratung in Schule und Familie im interkulturellen Vergleich, Gesundheitsförderung, Familienberatung.
Pädagogisches Seminar der Georg-August-Universität Göttingen
Baurat – Gerber – Str. 4-6
D-37073 Göttingen
Tel.: 0551 399455
Email: ckrause@gwdg.de

M.A. Juliane Just-Nietfeld, Pädagogin, Studienberaterin in der Zentralen Studienberatung (ZSb), Ausbildung als Supervisorin (DGSv.)
Zentrale Studienberatung,
Wilhelmsplatz 2
37073 Göttingen,
Tel.: 39-7493
Email: zsbgoe@uni-gottingen.de

Dr. Heinz-Ulrich Thiel, Dipl.-Psych., Supervisor – OE-Berater, seit 1975 Lehre und Forschung am Pädagogischen Seminar der Universität Göttingen.
Arbeitsschwerpunkte: Familienbildung, Organisationsberatung, Projektmanagement, kollegiale und professionelle Supervision.

Pädagogisches Seminar der Georg-August-Universität Göttingen
Baurat – Gerber – Str. 4-6
D-37073 Göttingen
Tel.: 0551 399456
Email: hthiel@gwdg.de

Dr. Erika Voigt, Dipl.-Psych., promoviert 1975 an der Georg-August-Universität Göttingen, tätig in der Entwicklungshilfeforschung an der Universität Saarbrücken, Assistentin am Erziehungswissenschaftlichen Fachbereich der Universität Göttingen, seit 1976 Schulpsychologin am Schulamt Göttingen.
Psychologische Psychotherapeutin, Ausbilderin für Beratungslehrer/innen.
Arbeitsschwerpunkte: Kinderrechte. interkulturelles Lernen, internationale Schulpsychologie, schulische Integration, Prävention und Gesundheitsförderung.
Nikolausberger Weg 76a
37073 Göttingen
Telefon: 0551 43642
Email: evoigt@hotmail.com